37 | 계명한국학총서

1960년대 문학과 문화의 정치

— 계명대학교 한국학연구원 편 —

계명대학교 출판부

| 계명한국학총서 37 | 1960년대 문학과 문화의 정치

책을 내면서

최근 1960년대 문학과 문화에 대한 연구가 본격화되고 있다. 4·19와 5·16이라는 정치적 사건과 함께 시작된 1960년대는 지금 한국사회를 떠받치고 있는 정치적 · 경제적 · 문화적 토대의 기본구조가 형성되기 시작한 시점이라는 점에서 한국사회 근대의 기원이라고 할 수 있다. 그것은 문학도 마찬가지여서, 1960년대에 본격적으로 심화된 문학적 근대성과 문학정신은 이후 오랜 기간 한국문학의 정신사적 · 미학적 토대로 작용해 왔다. 따라서 1960년대 문학에 대한 연구는 과거에 대한 성찰이기도 하면서 한국사회의 현재에 대한 비판적 개입이기도 하다.

사실 1960년대 문학에 대한 연구는 근 10여 년 전부터 본격적인 학술적 의제로 등장하기 시작했지만, 최근 문화연구 방면의 주목할 만한 성과들이 축적되는 것과 맞물려 그 연구의 깊이와 질이 더욱 심화되고 있는 것으로 보인다. 그와 더불어 문학작품의 이데올로기적 · 물질적 토대인 1960년대의 사회경제문화에 대한 최근 여러 학문분야의 연구성과들은 1960년대 문학의 의미를 더욱 근본적이고 총체적인 차원에서 되돌아보는 것을 가능하게 하고 있다. 그런 시점에서, 이 책에 묶인 글들은 1960년대 문학과 문화에 대한 최근의 연구경향과 그것이 도달한 지점을 일별한 수 있는 의미 있는 성과다.

여기 실린 글들의 절반은 2013년 봄 계명대학교 한국학연구원이 주최한 〈1960년대 문학과 문화의 정치〉라는 제하의 기획학술대회를 통해 발표된 연구성과다. 그리고 이 학술대회에 토론자로 참여해주셨던 연구자들이 이 책의 나머지 절반을 위해 소중한 최신의 연구결과를 함께 수록하는 데 흔쾌히 동의하고 힘을 보태주셨다. 이로써 우리는 1960년대 한국의 문학/문화에 대한 연구가 어디까지 와 있는가를 한자리에 모아놓고 한눈에 볼 수 있는 기회를 얻게 되었다. 물론 여기 실린 글들은 최근 활발하게 전개되고 있는 1960년대 문학/문화에 대한 연구의 일편에 불과할 수도 있을 것이다. 그렇지만 이 글들에서 제기되고 있는 다양한 의제들과 문제의식은 이 분야의 연구가 해명해야 할 중요한 지점들이 무엇인지, 또 앞으로 어떤 방향의 연구가 더 진척되어야 하는지 등에 대한 의미 있는 암시와 영감을 제공해주고 있다는 측면에서 소중하다.

책의 머리글에서 흔히 그러하는 것처럼 이 글들의 요지를 굳이 요약할 필요는 없을 것 같다. 요지를 요약해 전달하는 순간, 그렇게 몇 마디 문장으로 요약이 불가능한, 글의 행간 속에서 이리저리 다양하게 뻗쳐가고 번져가는 문제의식(들)의 다성적인 잠재성과 또 문장 하나하나에 배어 있는 연구자들의 치열한 고심과 탁마(琢磨)의 흔적들이 쉬 지워져버리게 마련인 까닭이다. 이 책을 통독했을 때 하나의 덩어리로 다가오는 어떤 것, 말한 것과 말해지지 않은 것, 그 모든 것 안에서 지금 이 시점 1960년대 문학/문화 연구의 잠재성과 가능성을 볼 수 있었으면 하는 바람이다.

2014. 12.

김 영 찬

Contents

혁명, 언어, 젊음

4·19의 불가능성과 4·19세대 문학 | 김 영 찬

혁명, 언어, 젊음

—

4·19의 불가능성과 4·19세대 문학

—

김 영 찬

1. 4·19는 무엇이(아니)었나

한국문학사에서 4·19와 1960년대 문학은 통상 원인과 결과의 관계로 한데 묶여 서술된다. 즉 4·19는 1960년대 문학의 의미와 가치를 배후에서 결정한 최종심급으로서 항상 앞자리를 차지한다. 1960년대 문학은 4·19의 성공, 그리고 좌절과 궤를 같이한다는 정과리의 유명한 명제[1]도 그런 문학사 서술구도와 기맥이 통한다. 사회정치적 사건인 4·19를 원인으로, 1960년대 문학을 결과로 설명하는 이러한 '기계적 인과성'의 논리가 갖는 문제점에 대해서는 그간 여러 관점과 각도에서 문제제기가 있었다. 한국문학에서 4·19 이후에 본격화되는 문제의식들은 이미 4·19 이전에 1950년대 후반부터 나타나기 시작한 것이므로 "4·19를 60년대 문학의 결절점으로 해석하는 것은 무리"[2]라는 지적이 그렇고, 모더니티'들'의 개별성과 복수성, 그리고 차별성을 근거로 "1960년대 이후의 한국문학의 미적 모더니티

1) 정과리. 1985.「자기 정립의 노력과 그 전망」.『문학, 존재의 변증법』. 문학과지성사. 23쪽.

2) 하정일. 1998.「주체성의 복원과 성찰의 서사」.『1960년대 문학연구』. 민족문학사연구소 현대문학분과. 깊은샘. 14쪽 참조.

가 원인과 결과의 관계일 수는 없"음을 지적하는 논리[3]가 그렇다. 4·19와 5·16, 한국전쟁, 개발과 근대화, 교육환경의 변화 같은 외부적 요인, 그리고 문학 내부의 (비)연속적 변화 등 여러 조건들이 겹쳐지면서 만들어내는 복합적인 중층결정의 효과를 고려하지 않은 채 이루어지는 4·19의 특권화를 비판하는 논리[4]도 마찬가지다.

그런데 거꾸로 보면 이러한 문제제기들이 다양한 관점에서 거듭 반복적으로 제출되고 있다는 사실 자체가, 4·19와 1960년대 문학을 결속시키는 기계적 인과성의 논리가 그만큼 자명하고 강력한 효력을 지녔다는 것을 반증하는 것이다. 그리고 1960년대의 다양한 문학적 흐름을 4·19에서 제기된 '자유'와 '평등'이라는 '본질'의 현상적 표현으로 환원하는 문학사 내러티브[5]가 가졌던 지속적인 설득력도 그와 밀접하게 관련된 것이다.[6] 실제로 한국근대문학이 외부의 사회정치적 격변에 의해 많은 부분 영향받고 또 그 영향 속에서 그 자신의 정신과 육체를 탈바꿈해왔음을 상기해볼 때 저러한 설명방식은 어떤 측면에서 그 나름의 현실적 근거를 지니고 있다. 예컨대 멀리는 3·1운동과 1920년대 문학, 6·25와 1950년대 문학의 관계가 그러하고, 가까이는 5·18과 1980년대 문학, 현실사회주의의 붕괴와 1990년대 문학의 관계가 또 그러하다. 그것은 한편으로는 한국사회 전체가 당면한 역사적 문제/과제의 부하(負荷)를 어쩔 수 없이 그 자신의 몸에 짊어져야 했

3) 이광호. 2010. 「4·19의 미래와 또 다른 현대성」. 『4·19와 모더니티』. 우찬제·이광호 엮음. 문학과지성사. 45쪽 참조.

4) 김영찬. 2007. 「4·19와 1960년대 문학의 문화정치 – 이청준의 소설을 중심으로 한 시론(試論)」. 『근대문학연구』 15호. 137~141쪽 참조. 그와 함께 내가 거기서 특히 주목했던 것은 '4·19세대'의 문학적 주체성의 구성에서 4·19가 갖는 의미인데, 이 글은 그 연장선상에서 그러한 관점을 구체화하면서 1960년대 문학에서 4·19가 작동하는 방식을 조금은 다른 각도에서 조명해보려는 시도다.

5) 대표적으로는 김윤식·정호웅. 2000. 『한국소설사』. 문학동네.

6) 문화 분석에서 이런 의미의 '기계적 인과성'(이른바 당구공 인과성)과 '표현적 인과성'의 논리가 갖는 의미와 그 제한적인 유효성에 대해서는 Fredric Jameson. 1981. *The Political Unconscious: Narrative as a Socially Symbolic Act*. Cornell University Press. pp. 23~28 참조.

던, '불완전한 근대'의 역사적 산물로서 한국근대문학의 존재방식[7] 자체에서 비롯된 현상이기도 하다. 4·19와 1960년대 문학의 관계를 일직선적인 영향의 관계로 설정하는 통상적인 설명방식이 한편으로 갖는 불가피한 유효함의 근거는 여기에 있다.

그러나 불가피하다고 해서 그것이 전적으로 유효한 것은 아니다. 그러한 역사주의적 설명방식은 서로 다른 독자적 시간성을 갖는 제도적 가치영역들을 일직선적인 동질적 시간 위에 배치함으로써 그들 사이의 필연적인 시차와 어긋남은 물론이고 한 영역(문학)의 장(場)을 구성하는 여러 상호의존적 요소들이 겹치고 뒤얽히면서 만들어내는 시간성의 탈구(脫臼) 등을 보지 못하게 만들기 때문이다. 이 점이 중요한 것은, '4·19와 1960년대 문학'에 대한 역사주의적 설명이 그 자신이 갖는 문제틀의 한계 때문에 보지 못하는 바로 그 지점에, 그동안 단순화되어왔던 1960년대 문학 전체의 특이성이 걸려 있기 때문이다. 그리고 그것은 4·19에 대해서도 마찬가지다. 특히 한국문학사에서 4·19라는 사건 자체를 어떻게 의미화할 것인가의 문제는 '1960년대 문학'은 물론이고 그 이후에 이어지는 한국문학사의 연속과 불연속의 흐름에 대한 이해를 결정하는 데서도 결정적인 포인트가 된다고 할 수 있다. 그렇다면 한국문학에서 4·19란 대체 무엇인가?

이런 맥락에서, 바디우(A. Badiou)의 '사건'(event) 개념을 빌려와 문학에서 4·19를 정치와는 다른 층위에서 발생하는 문학적 · 미학적 '사건'으로 보는 최근의 관점[8]은 어느 면 의미 있는 전환이다. 이때 '사건'이란 무엇인가? 바디우에 따르면 '사건'은 기존의 상황(이미 주어진 것)과 제도화된 지식과는 '다른 것'을 도래시키는 것이다. 그것은 상황 속에서 발생하면서도

---

7) 이에 대한 상세한 설명은 김영찬. 2011. 「끝에서 바라본 한국근대문학」. 『비평의 우울』. 문예중앙 참조.

8) 대표적으로는 다음과 같다. 이광호. 2010. 앞의 글; 김형중. 2010. 「문학, 사건, 혁명: 4·19와 한국문학」. 『국제어문』 제49집; 오문석. 2010. 「전통이 된 혁명, 혁명이 된 전통」. 『상허학보』 30집.

그 상황의 규칙에서 절대적으로 분리되어 있는, 그래서 기존의 지식(savoir)으로 환원되지 않고 또 명명할 수 없는 잉여(excess)다. 그런 의미에서 사건이란 기존 상황과의 절대적 단절이며, 이 단절과 함께 사건은 진리 산출적 공정을 가동한다. 그 진리의 과정은 사건'에 따라' 상황을 사고하고 상황에 관계하려는 '결정'에서 비롯되는데, 그것을 일컫는 것이 바로 사건에 대한 '충실성'이다. 그리고 '주체'란 바로 그 사건에 대한 충실성의 담지자로서, 사건에 대한 응답을 통해서만 구성된다.[9] 그런 의미에서 사건이란 기존의 문법과 지식체계를 교란하고 그와 실질적으로 단절하는, 기존의 언어로는 이름 붙일 수 없는 어떤 불가능성이라고도 할 수 있겠다. 이광호와 김형중의 논리에 따르면, 4·19 이후 생산된 문학 텍스트가 바로 그 사건의 주체적 지점이다. 그리고 그런 관점에서 1960년대 문학에서 4·19는 그렇게 기존의 것과 단절하면서 진리를 생산하고 새로운 존재방식을 결정하도록 강제한 '미학적 사건'으로 재규정된다.

문학에서의 4·19를 그처럼 바디우적 의미에서 '사건'으로 정의할 때, 1960년대 문학은 '감각적인 것의 재분할'(랑시에르)로서 문학적 혁명의 실천으로 재규정되며 전후의 문학이나 세계관과 절대적으로 단절하는 새로운 주체와 모더니티의 도래로 위치지어진다. '사건'의 관점에서 다시 쓰여지는 4·19에 대한 이러한 재규정이 갖는 장점은, '4·19와 1960년대 문학'에 대한 기존의 역사주의적 통념에서 비롯된 착오와 단순화를 교정하면서 '문학'과 '정치'라는 서로 다른 시간성의 독자성과 그 접합의 구체적인 양상에 대한 개념적 사고의 전환을 보여준다는 데 있다. 문학'과' 정치라는 문제설정에서 문학'의' 정치라는 문제설정으로의 효과적인 이동이 예컨대 그런 것일 터다. 그렇게 본다면 예컨대 문학사에서의 이행과 단절 또한 단순

---

9) '사건'과 '진리', '주체'에 대한 좀더 구체적인 설명은 알랭 바디우. 2001. 『윤리학』. 이종영 옮김. 동문선. 53~88쪽 참조.

히 특정한 외부적 사건의 결과로서가 아닌, 그 사건과 공명하면서 그 자체의 독자적인 시간성 속에서 발생하는 자율적 현상으로 의미화하는 것이 어느 정도 가능해질 수도 있을 것이다.

그럼에도 불구하고, 4·19를 미학적 · 문학적 사건으로 재규정하는 이러한 관점이 갖는 유효성은 제한적일 수밖에 없다. 그 이론적 발상 자체가 갖는 내적인 문제와 난점은 논외로 하더라도, 예컨대 문학에서의 4·19를 의미화하는 데 동원되는 바디우의 '사건' 개념이 정작 1960년대 문학에서의 실제 사례에 적용되는 양상을 보면 그 점은 더욱 뚜렷해 보인다.[10] 거기에서 드러나는 것은 미학적 '사건'으로서의 4·19라는 이론적 재규정과 그 사례로서 '4·19세대 문학'의 구체적인 실체 사이에 존재하는 불가피한 거리와 불일치다. 그와 관련하여 이들의 논의에서 4·19라는 미학적 사건을 담지한 '1960년대 문학'이 『산문시대』에서 『68문학』, 『문학과지성』으로 이어지는 특정한 문학 에콜로서(좁은 의미에서의) '4·19세대' 문학으로 한정되고 있음을 이 지점에서 특히 눈여겨둘 만하다.

사실 바디우적 의미에서 '사건'이란 기존의 좌표를 뒤흔들고 벗어나는, 그래서 기존의 지식으로는 명명할 수 없는 전적으로 새로운 어떤 것의 출현과 관련되어 있는 것이다. 그런데 '4·19세대'의 문학이 스스로 내세웠던 문학적 지향의 핵심으로서 '자유'와 '개인의식'이 과연 그런 의미에서 진정 새로운 것이었다고 할 수 있는지는 의문이다. 그렇게 볼 때 미학적 사건으

10) 이와 관련된 이론적 차원의 문제에 대해서는 여기서 자세히 이야기할 계제가 아니므로 이 글에서는 더 나아가지 않는다. 다만 서로 뗄 수 없이 결합되어 있는 이 두 가지 차원에서 공히 문제가 되는 것이 '주체'의 문제라는 점은 간단히 지적해둘 수 있겠다. 그것은 가령 이광호가 바디우적 의미에서 '미학적 사건'으로의 4·19를 "개인의 자율성을 토대로 한 자기의식"과 "자기와 현실의 관계에 대한 비판적인 성찰을 미학화하는 미적 주체"의 탄생과 관련시키고 있는 데서 전형적으로 나타난다. 엄밀히 말해 바디우적 의미에서 '사건'은 그런 의미에서의 주체와는 아무런 관련이 없다. 실제로 바디우는 정체성의 지향이나 개인주의와 공동체주의, 자유주의 등을 적시해 그것이 사건 혹은 진리공정과 무관함을 지적하고 있기도 하다. 그 점은 알랭 바디우. 2008. 『사도 바울』. 현성환 옮김. 새물결. 27~28쪽 참조.

로 4·19를 재규정하는 그 같은 논리가 결국은 특정한 문학적 경향과 세계관(모더니즘)의 특권화로 귀결되는 것은 어찌 보면 예정된 수순인지도 모른다. 그리고 그것은 4·19세대가 그려놓은 기존의 문학사적 지배서사를 보다 세련된 논리로써 추인하는 데 머물 수밖에 없다는 점에서 한층 문제적이다. 그리고 '4·19세대의 문학' 자체에 한정해보더라도, 그것은 4·19 이후 세대론적 쟁투를 통해 '1960년대 문학'이라는 범주를 형성해가던 그들의 문학에서 현실에 대한 순응과 비순응, 굴절과 동요 등이 한데 뒤얽혀 만들어내고 있었던 복합적이고 양가적(兩價的)인 정체성 정치(identity politics)의 성격과 미학적 변화의 양상을 필경 단순화할 수밖에 없다.

바디우를 빌려 말한다면, '사건'은 진리의 흔적을 남긴다. 그리고 그 흔적은 주체(의 충실성)를 통해서만 비로소 현현한다. 따라서 우리의 관점에서 먼저 짚어야 하는 것은 '미학적 사건'으로서의 4·19 이전에, '정치적 사건'으로서의 4·19를 1960년대 문학의 주체가 어떻게 받아들이고 또 의미화했는가의 문제다. 그렇다면 1960년대 문학과 비평에서 4·19라는 '사건'은 어떤 흔적을 남겼으며 또 어떻게 현현했는가? 이 물음에 답하기 위해 이 글에서는 먼저 4·19와 문학적 주체[11]의 관계에 초점을 맞추어 1960년대 문학의 주체에게 4·19가 어떤 방식으로 지각되고 그것이 그들의 문학과 비평에서 어떻게 나타나고 있는가를 살핀다. 흔히 4·19세대의 문학에서 4·19는 "끊임없이 회귀해서 참조할 중요한 영감의 원천"(최원식)[12]으로 이야기된다. 이 진술에는 어떤 원점으로서 4·19의 의미가 강조되어 있는데, 중요한 것은 1960년대 문학/비평의 주체에게 저 원점으로서의 4·19가

11) 이 글에서 주로 문제삼고 있는 것은 특히 스스로를 '65년 세대'라고 명명한, 이후에 이른바 '문지그룹'으로 통칭되는 좁은 의미에서 '4·19세대'의 문학적 주체다. 이 글에서 '4·19세대'의 범주는 그에 국한한다.

12) 김병익·김승옥·염무웅·이성부·임헌영·최원식(좌담), 2002, 「4월혁명과 60년대를 다시 생각한다」, 『4월 혁명과 한국문학』, 최원식·임규찬 엮음, 창작과비평사, 44쪽.

어떤 방식으로 존재 혹은 부재하면서 작동했는가를 묻는 것이다.

2. 4·19 혹은 언어와 지식

해방 이후 국가에 대한 시민사회의 최초의 전면적인 저항으로서 4·19는 1960년대 이후 일련의 사회운동들에게는 원형적 체험으로서의 위치를 차지한다.[13] 그것은 정확히 문학에서도 마찬가지다. 1960년대 이후의 문학에서 4·19가 "끊임없이 회귀해서 참조할 중요한 영감의 원천"이라는 앞의 진술도 바로 그 점을 환기하는 것일 터다. 1960년대 문학의 주체에게 4·19는 일종의 원형적 체험이다. 즐겨 인용되는 김현의 다음 진술은 그 점을 분명하게 확인해주는 것으로 보인다.

> 내 육체의 나이는 늙었지만, 내 정신의 나이는 언제나 1960년의 18세에 멈춰 있었다. 나는 거의 언제나 사일구 세대로서 사유하고 분석하고 해석한다. 내 나이는 1960년 이후 한 살도 더 먹지 않았다.[14]

이는 김현 자신의 문학적 사유를 지탱해왔던 것이 4·19세대로서의 정체성이라는 사후 고백인데, '4·19세대'에게 4·19가 그들 문학의 정신적 원천이었음은 이로써 자명한 확증을 얻어왔던 바다. 이것이 4·19세대로서 문학 활동을 시작한 지 20여 년이 지난 뒤의 사후적 회고라면, 당시와 좀 더 가까운 과거의 발언도 있다. 가령 세대론적 비평쟁투를 통해 '4·19세대' 문학의 논리를 정립해나갔던 비평가들인 김병익, 김주연, 김치수, 김현 등이

---

13) 김호기. 2000. 「4월 혁명의 새로봄: 사회학적 해석」. 『문학과사회』. 2000년 여름호. 687쪽.

14) 김현. 1988. 「책 머리에」. 『분석과 해석』. 문학과지성사.

그간의 주요 비평들을 모아 1972년에 펴낸 4인 공동 비평집인 『현대한국문학의 이론』의 서문이 바로 그것이다. 거기에서 그들은 직접적으로 4·19 이후의 분위기를 거론하며 그것을 그들의 문학적 충동의 원천으로 내세운다.

> 1960년대 초기의 열기와 감동, 우리들의 문학적 충동은 이 시대의 들끓는 분위기와 깊은 관계를 가진다. 대학에서는 독문학, 불문학, 정치학 등 국문학이 아닌 학과에서 수업한 우리들이었으나 이 메마른 땅의 현실과 언어는 우리들의 문학활동을 그렇게 낯설게 하는 것이 아니었다. 그보다는 오히려, 우리는 우리의 사고를 황폐하게 하는 것들, 우리들의 행동을 무력하게 하는 것들, 우리들의 언어를 공허하게 하는 것들에 깊은 관심을 갖게 되었다. 4·19의 거센 홍분이 지나가고 난 뒤, 우리는 이렇게 하여 歷史의 의미와 만났다. 自由의 의미와도 만났다. 무엇을 어떻게 할 것인가. 비록 우리들이 갖고 있는 知識은 빈궁하고, 우리들이 쓰고 있는 언어는 粗野하지만, 바로 그렇기 때문에 우리는 知識과 言語에 대한 무한한 사랑을 지니고 있다. 이 사랑은 歷史의 의미, 自由의 의미를 탐구하고 現實의 괴로움을 극복할 수 있는 가장 큰 힘임을 우리는 자부한다.[15]

"1960년대 초기의 열기와 감동"이, 그 "4·19의 거센 홍분"이 그들 문학적 충동의 원천이었다는 말이다. 그리고 이것은 역사와 자유의 의미에 대한 그들의 탐구가 결국은 저 4·19의 영향에서 비롯되었다는 뜻으로 읽을 수 있을 것이다. 이러한 '4·19세대' 비평가들의 자기 발언은, '4·19세대'의 문학이 정치적 사건으로서 4·19의 영향 속에서 그 역사적 · 정치적 파장을 문학적으로 소화하고 내면화한 문학이었다는 통상적인 문학사적 평가에 중요한 근거를 제공해주고 있는 것으로 보인다.[16] 특히 '4·19세대' 문학의

15) 김병익·김주연·김치수·김현, 1972, 『현대한국문학의 이론』 '序', 민음사.

16) 최근에 이르기까지 4·19의 문학적 결과를 논하면서 예의 김현의 4·19세대로서의 자기고백은 물론이고 위의 공동비평집의 서문을 4·19가 1960년대 문학에 남긴 영향의 근거로 제시하는 논의도 적지 않다. 그것은 딱히 '문지' 계열의 문학적 논리를 그대로 승인하지 않는 경우에도 예

핵심에 있었던 키워드로서 '개인'과 '자유'라는 기표가 겉으로 보기에 4·19가 지향했던 정치적 가치지향과 내용적으로 일치하는 것으로 읽혔다는 점도 그러한 문학사적 평가를 가능하게 한 요인이라고 할 수 있다. 그러나 여기에는 '4·19'에 대한 직접적인 언표가 주는 자명함의 효과에 의해 가려지는 어떤 차원이 있다.

그것은 어떤 측면에서 이들이 말하면서도 말하지 않는 것이라기보다는, 차라리 우리가 보면서도 보지 않는 것 혹은 보지 못 하는 것이다.[17] 그리고 4·19의 정치적 영향과 '4·19세대' 문학의 형성과의 어떤 필연적인 연관관계를 상정하는 문학(사)적 담론에 의한 위 진술의 사후적인 독해에 의해 그것은 더 강화되어왔던 터다. 그렇다면 그 보이지 않는 것이란 무엇인가?

우리는 먼저 위 두 진술의 형식이 각각 1988년과 1972년에 이루어진 사후적 회고라는 점에 주목할 필요가 있다. 사실 이 이전에 1960년대 '4·19세대' 작가와 비평가 들의 글에서는 기이하게도 4·19에 대한 직접적인 언급을 찾아보기는 쉽지 않다. 이때 문제는 4·19를 직접 화제로 삼는가의 여부가 아니라, 그 4·19에 대한 언급의 부재가 어떤 정신적 지향과 담론적 배치 속에서 작동하는가일 터다. 사실 이들의 문학담론에는 어느 면 "4월 항쟁과 그 이후에 대해서는 구체적인 입장을 표명하지 않으면서도 '4·19세대'라는 자기 이해를 고집하는 불균형"[18]이 있었다. 그런데 사실, 정확히 말하면 정작 '4·19세대'라는 표현도 1960년대 내내 그들이 선호한 세대론적 자기지칭은 아니었다. 실제로 이들 비평가들은 1960년대의 세대론적 논의에서도 자기 세대를 '4·19세대'로 명명하기보다 '1965년대 작가(와 비

외가 아니다. 대표적인 사례로, 정희모, 1998, 「1960년대 소설의 서사적 새로움과 두 경향」, 『1960년대 문학연구』, 민족문학사연구소 현대문학분과, 깊은샘, 52쪽 참조.

17) 맥락과 함의는 조금 다르지만 '가시적인 것'과 '비가시적인 것'의 구조적 연관에 대해서는 루이 알튀세르, 1991, 『자본론을 읽는다』, 김진엽 옮김, 두레, 21~33쪽 참조.

18) 권보드래, 2010, 「4월의 문학혁명, 근대화론과의 대결」, 『한국문학연구』 39호, 272쪽.

평가)'로 명명하는 것을 선호했다.[19] 이들이 선호한 그러한 세대론적 자기 지칭이 의미하는 것은, 이들이 그들 문학세대의 정체성의 근거를 4·19의 정치적 영향보다는 오히려 그들의 문학적 자기선언이 집단적으로 가시화되고 공적(公的)으로 승인되는 그 시점의 문화적 상징성에서 찾고 있었다는 사실이다. 그렇다면 그들에게 4·19는 대체 무엇이었는가?

위 인용문으로 돌아가자. 사실 위 김현의 발언 뒤에는 그 발언 자체의 강렬한 아우라에 가려 잘 부각되지 않는 이런 진술이 있다. "나는 변화하고 있지만 변화하지 않고 있었다. 리듬에 대한 집착, 이미지에 대한 편향, 타인의 사유의 뿌리를 만지고 싶다는 욕망, 거친 문장에 대한 혐오……"[20] 김현은 여기에서 "정신의 나이"가 "18세에 멈춰"버려 변하지 않는 것, 즉 자신의 '4·19세대'로서의 정체성은 바로 언어와 글쓰기에 대한 자의식에 있음을 고백하고 있는 셈이다. 그런 의미에서 김현의 글쓰기가 "세대의식으로서의 4·19와는 거의 무관"하며 그는 단지 "글쓰기의 본질을 '4·19스런 현상으로 인식했을 뿐, 그 이상도 이하도 아니다"[21]라는 김윤식의 회고는 다소 과격하지만 나름 진실의 일면을 포착한 것이라고 할 수 있다.

그런데 이것이 4·19와 관련하여 갖는 의미는 그 다음 인용문과 나란히 놓았을 때 비로소 명확히 드러난다. 위 공동비평집의 서문에서, "4·19의 거센 홍분"과 "1960년대 초기의 열기와 감동"은 "智識과 言語에 대한 무한한 사랑"으로 비약한다. 이것은 곧 4·19의 정치적 에너지가 역사와 자유의 의미를 탐구하는 '지식과 언어'라는 문화적 코드로 변환되고 내면화되는

---

19) '1965년대 작가(와 비평가)'라는 세대론적 자기지칭은 1965년 김승옥이 동인문학상을 수상하면서 일련의 새 세대 작가군들이 문단에 등장한 사실을 근거로 하고 있다. '1965년대 작가'라는 표현은 1966년 김현의 글 「미지인의 초상」에서 처음 발견되고, 이후 김병익 등의 글에서도 반복적으로 사용된다. 김현, 1966, 「미지인의 초상 – 승옥과 성원의 경우」, 『세대』, 1966년 8월호; 김현, 1969, 「세대교체의 진정한 의미」, 『세대』, 1969년 3월호; 김병익, 1969, 「문단의 세대연대론」, 『사상계』, 1969년 10월호 등 참조.

20) 김현, 1988, 앞의 글.

21) 김윤식, 2005, 『내가 살아온 20세기 문학과 사상』, 문학사상, 373쪽.

풍경을 보여주는 것이다. 그리고 이 점은 4·19 이후의 자유로운 분위기를 언급하면서 정치적인 것을 괄호치고 그것을 곧바로 일종의 '문화적 자신감'과 직결시키는 김현의 발언[22]에서도 간접적으로 확인되는 바다. 이는 그 자체로는 언어와 내면에서 '자유'의 거처를 찾았던 '4·19세대'의 문화적 자유주의[23]의 일면을 새삼 확인시켜주는 풍경이라고 할 수 있을 것이다. 하지만 다름 아닌 4·19를 문제삼고 있는 이 지점에서, 이것이 문제적인 것은 정치적 충동과 문화적 충동, 경제적 요구 등이 뒤얽혀 파열한 어떤 충동의 복합체로서의 4·19에서 다른 차원을 거세하고 오로지 문화적 차원만을 따로 떼어내어 그것을 배타적으로 특권화하고 있기 때문이다. 더 나아가 바디우의 용어를 빌리자면, 여기에서 일어나고 있는 사태는 바로 정치적 사건으로서 4·19가 함축하는 '사건성'의 삭제다. 따라서 여기에는, 어떤 측면에서 4·19는 존재하지 않는다고도 할 수 있다. 아니 차라리, 그것은 존재하지 않는 방식으로 존재한다. 그런 의미에서 4·19에 대한 이 담론적 언표작용 속에서 작동하는 4·19는, 언어와 지식의 주체로서 그들 문학적 정체성의 보증을 위해 소급적으로 호출되는 일종의 상상적 기표라고도 할 수 있을 것이다.

이는 4·19의 그러한 문화적 내면화가 실제 현실에 대한 무관심과 구조적으로 정확히 짝을 이루고 있다는 사실에서도 간접적으로 확인된다. 실제로 4·19세대 작가들에 대한 전후세대 작가들의 비판 중 하나는 그들이 현실에 대해 극히 무관심하다는 점이었다. 가령 서기원은, 젊은 세대는 무관심할 수밖에 다른 도리가 없기 때문에 "극단적인 정치에의 무관심"을 가지게 되

---

22) "우리처럼 한 해에 - 국문과를 제외하고도, 일곱 명씩이나 등단한 것은 유사 이래 처음이자 4·19로 얻은 만족감, 그런 정신적인 충일감과 아울러 번역작품이 붐을 이루었는데 그것을 소화하는 자신 비슷한 것이 그때 상황이었지." 김승옥·김현·박태순·이청준. 1968. 「현대문학방담」. 『형성』(서울대 문리대 학회지). 1968년 봄호. 78쪽.

23) 이에 대해서는 김영찬. 2006. 『근대의 불안과 모더니즘』. 소명출판. 237~244쪽 참조.

었다는 박태순의 발언을 논거로 끌어들이면서 정치와 현실에 대한 '4·19세대' 작가들의 무관심을 비판한다.[24] 이는 신세대 문학에 대해 전후문학을 옹호하는 문학적 세대논쟁의 맥락에서 나온 비판이긴 하나, 4·19세대의 소설과 비평에서 외부의 정치적 현실에 대한 관심의 표명은 실제로 쉽게 찾아볼 수 없는 것이 사실이다.[25] 그 대신 '4·19세대' 작가와 비평가 들에게 발견되는 것은 차라리 "정치에 대한 불신과 혐오"[26]라는 것이 사태에 대한 정확한 지적일 것이다. 물론 김현은 작가가 그리는 현실이란 "작가의 세계 속에 완전히 소화된 현실"[27]임을 주장하며 그러한 비판에 반박하고 있지만, 현실을 '내적 현실'로 한정하는 그런 인식 자체가 이미 뒤집어보면 '내적으로 소화되지 않은' 직접적인 현실을 문학의 관심에서 배제하고 있음을 보여주는 것이기도 하다. 이때 직접적 현실(혹은 정치)에 대한 그런 혐오와 무관심은 의식적이었든 무의식적이었든 그 자체가 이미 문화적 차원 바깥의 사건적 실체로서 4·19를 지워나가는 담론화 과정과 같은 맥락에 있는 것이라고 할 수 있을 것이다.

그렇게 '4·19세대'의 비평에서 4·19는, 그것이 갖는 정치적 사건성을 삭제하고 그것을 언어와 지식의 체계 속에 포섭하려는 사후적 의미화에 의해 규정된다. 이 언어와 지식의 체계는 물론 외국 문학과 사상의 학습에 의해 습득되고 체화된, '개인의식'과 '자유'라는 키워드를 중심으로 구축된 그것이라고 할 수 있다. 그리고 그렇게 재의미화된 4·19는 '4·19세대'의 세대적 정체성과 연대의식을 확인하는 주체화의 점(point de subjectivation)으

24) 서기원. 1969.「전후문학의 옹호」.『아세아』. 1969년 5월호. 233면 참조.

25) 당대의 비교적 객관적인 평가에서도, 다음처럼 그 점은 흔히 지적된다. "(신세대의 문학은-인용자) 모든 종류의 사회현실과 관련되는 이슈에 대해서 한결같이 대담한 무관심을 반영한다." 천이두. 1969.「문학사적 위치-교훈과 유희」.『월간문학』. 1969년 12월호. 133쪽.

26) 전상기. 2004.「문화적 주체의 구성과 소시민 의식 - '소시민' 논쟁의 비평사적 의미」.『상허학보』 제13집. 499쪽.

27) 김현. 1968.「1968년의 작가상황」.『사상계』. 1968년 12월호. 134쪽.

로 기능한다. 그런데 이 지점에서 흥미로운 것은, 4·19를 둘러싼 이런 담론작용이 4월 혁명 직후 펼쳐지던 4·19에 대한 담론화 작업의 양상과 갖는 의미심장한 구조적 상동성(homology)이다.

사실 4·19혁명 당시 그 중심에는 대학생보다는 넝마주이와 구두닦이, 빈민과 부랑자, 창녀와 고등학생 등의 주변부 마이너리티의 존재가 있었다. 4·19 직후의 기록에 따르면, "이들의 생활에는 안녕이 없기에 흥분에 찬 이들의 행동은 물불을 몰랐다."[28] 4·19혁명의 와중을 "모든 기성의 질서들이 무시되는 혼란의 시기"[29]로 규정하는 박태순 소설 「무너진 극장」의 묘사도 바로 저 하위주체들에 의한 폭력과 무질서의 사태를 향해 있다. 그러나 4월 26일 이후 혁명의 주체로서 이들 주변부 마이너리티-하위주체의 존재는 역사에서 지워져버린다. 대학생들의 '질서 회복' 운동과 더불어 이루어진 혁명에 대한 담론화 작업은 4·19 이후의 정치적 공간에서 4·19의 실질적인 행동주체였던 그들 하위주체들에 의해 분출되던 혼돈과 무질서의 흔적을 지우고 그 대신 청년-대학생을 4·19의 유일한 주체로 부각하는 것으로 나타났던 바다.[30] 그런데 사실을 말하자면 그 폭력과 무질서야말로 기존의 질서를 교란하고 뒤흔드는, 명명할 수 없는 것으로서 (바디우적 의미에서) '사건'이 도래하는 형식이 아닌가. 청년-대학생을 혁명의 주체로 부각하는 과정은 따라서 저 '사건'을 순화해 기존의 질서와 체계 안에 포섭하는 과정이었다고 해석할 수도 있을 것이다. 4·19의 핵심에 있었던 하위주체들에 의해 새겨진 혼돈과 폭력, 무질서의 얼룩을 지우고 그것을 '순결'과 '이성' 혹은 '지성'이라는 레토릭으로 대체하는 저 배제와 포함의

---

28) 조화영. 1960. 『4월혁명투쟁사』. 국제출판사. 222~223쪽.

29) 박태순. 1968. 「무너진 극장」. 『월간중앙』. 1968년 6월호. 409쪽.

30) 그 전후와 경과와 실상에 대해서는 김미란. 2010. 「'젊은 사자들'의 혁명과 증발되어버린 '그/녀들': 4월 혁명의 재현 방식과 배제의 수사학」(『여성문학연구』 23호.)과 김주현. 2010. 「'의거'와 '혁명' 사이, 잊힌 여성의 서사들」(같은 책) 참조.

담론작용은, 어떤 측면에서 '4·19세대'의 문학담론에서 형태를 바꾸어 더욱 급진화된다고도 할 수 있을 것이다. 4·19에서 '정치'를 배제하고 그것을 '자신감'이라는 주관적 심리와 '지식과 언어'라는 문화적 상징자본의 정신적 원천으로 재의미화하는 데서 드러나는 것이 바로 그것이다.

3. 조로(早老), 억압, 혹은 냉소주의

그렇다면 소설에서는 어떤가. 1960년대 4·19세대의 소설에서 4·19는 어떤 방식으로 존재 혹은 부재하는가? 어쩌면 푸코의 말처럼 혁명에서 중요한 것은 혁명 자체가 아니라 혁명을 일으키지 않은 사람들 혹은 어쨌거나 혁명의 주동자들이 아닌 사람들의 머릿속에 일어나는 그 무엇일지도 모른다.[31] 그 점에서는 4·19 또한 다를 바 없다. 중요한 것은 4·19라는 사건이 개인의 의식과 감성을 자극해 그것을 이전과는 다른 어떤 것으로 변화시켜놓았다는 사실일 것이다. 4·19 직후 "우리는 혁명에서 비로소 자유와 민주주의를 찾았고 시민사회와 시민적 인간을 몸소 체험했다."[32]는 안병욱의 진술이 암시하듯이 그것은 자유와 시민적 인간에 대한 자기의식과 감각을 일깨우는 것이었고, 혁명으로서 4·19의 흔적은 바로 그 의식과 감각이 일상적 삶 속에서 내면화되는 모습에서 찾을 수 있을 것이다. 1960년대 문학에 각인된 4·19의 흔적 또한 그런 방식으로 존재한다. 따라서 문학에서 그 흔적은 단순히 4·19라는 사건에 대한 언급이나 재현의 차원에 있는 것이 아니다.[33] 하지만 그렇다고 해서 작품 속에서 작가가 정치적 사건인

31) 미셸 푸코. 1999. 「혁명이란 무엇인가?」. 『자유를 향한 참을 수 없는 열망: 푸코-하버마스 논쟁 재론』. 미셸 푸코 외. 정일준 옮김. 새물결. 171면.

32) 안병욱. 1960. 「利의 세대와 義의 세대」. 『사상계』. 1960년 6월호. 101면.

4·19를 정작 어떻게 그리고 또 그에 대해 어떤 태도를 보여주는가의 문제가 중요하지 않은 것은 아니다. 오히려 그 지점은 1960년대 문학이 영향받은 4·19가 도대체 실제로 어떤 4·19며 또 그것이 작가의 어떤 의식과 감성의 맥락 속에 존재하는가가 한층 직접적이고도 분명하게 드러나는 장소가 될 수도 있기 때문이다.

박태순은 "혁명으로서의 4·19는 그 4·19가 일어난 순간에 끝나는 것이 아니라 바로 그 순간부터 시작이 된 것"[34]이라고 말한 바 있다. 혁명은 그것이 일어난 바로 그 순간이 아니라 이후의 심화 · 확대 과정을 통해 비로소 스스로를 실현하고 완성되는 것이라는 말이겠다. 그러나 정작 '5·16이 돼버린 4·19'[35]라는 사태를 직접 몸으로 살고 있는 당대의 작가들에게, 그러한 거시적 관점을 가능하게 하는 원근법적 거리의 확보는 쉽지 않았을 것임을 짐작할 수 있다. 따라서 이들에게, 혁명은 혁명 자체로서 기억되지 않는다. 오히려 4·19는 일어나자마자 5·16에 의해 중단된 이미 흘러가버린 과거의 일시적 사건으로밖에 지각될 수 없었다. 그리고 바로 그것이 1960년대 문학이 혁명으로서의 4·19와 마주할 때 부딪혔던 한계지점이었다.[36] 그러한 딜레마는 특히 4·19가 5·16에 의해 흡수 통합되어버린 현실을 그 자체로 자신의 삶 속에서 수리(受理)하고 또 그럴 수밖에 없다고 생각했던 '4·19세대' 작가들의 포지션에 의해 더욱 강화되었던 터다. 이들의

---

33) 그럼에도 문학에서 4·19는 지속적으로 형상화의 표면에 등장하곤 했다. 1960년대 문학에서 4·19의 형상화에 대해서는 오창은. 1998. 「1960년대 소설의 4·19혁명 관련 양상 연구」. 중앙대 석사학위논문; 김지미. 2003. 「4·19의 소설적 형상화」. 『한국현대문학연구』 13집 참조.

34) 박태순. 1983. 「4·19의 민중과 문학」. 『4월혁명론』. 강만길 외. 한길사. 275면.

35) 권보드래·천정환. 2012. 『1960년을 묻다』. 천년의상상. 61쪽.

36) 1960년대 작가들이 4·19를 자신 있게 다룰 수 없었던 조건을 환기하는 김윤식의 다음 발언도 이와 관련하여 새겨볼 만하다. "4·19라는 역사적인 急變을 문학 쪽에서 과연 자신 있게 다룰 수 있느냐 하는 것입니다. 4·19의 이상주의인 자유의 개념이 전부 다 현실에서 유리되어 나가고, 흩어져 나갔다는 겁니다. 그러니까 작가들 중 60년대에 등단한 사람들이 그런 분위기에서 정직했나 안 했나, 하는 것이 문제의 초점이 되는 겁니다. 구중서·김윤식·김현·임중빈(좌담). 1970. 「4·19와 한국문학」. 『사상계』. 1970년 4월호. 310쪽.

소설에서 4·19가 과거에 잠깐 빛을 발했다가 지금은 상실된 어떤 젊음이나 열정의 표상으로 등장하는 경우가 많은 것도 그와 무관하지 않다고 할 수 있다. 가령 '4·19세대' 작가 중에서 유일하게 4·19혁명을 정면으로 다루었던 박태순의 「무너진 극장」도 그 점에서 예외라고는 할 수 없다.

> 그러나 우리는 나이를 먹어갔으며, 어떤 철학자의 말처럼 '한 순간의 흥분을 너무 과대평가하여 기억하는 것의 무의미함'을 어느덧 배우기 시작하였으며 우리가 힘들여 끌어올렸던 그 무질서의 위대한 형식이 역사성 속의 미아처럼 다만 한 순간의 고립에 불과하고 말았음을 보았다. 그것은 마치 그날밤에 우리가 저질렀던 그 놀라운 긴장감의 파괴가 시시한 것이지나 않았는가 하는 부당한 생각조차 가져다 줄 때가 많은데, 물론 거기에 대해서는 나의 사적인 느낌으로 완강히 부인해두는 수밖에 없을 것이었다. 마치 진실을 엿본 듯한 느낌으로…….[37)]

4·19와 그 "무질서의 위대한 형식"은 결국 젊은 시절의 "한 순간의 흥분"에 불과했으며 세월이 흘러서는 한갓 "한 순간의 고립"으로 판명되어버렸다. 그리고 "나이를 먹어"가며 "배우기 시작"했다는 표현에서 드러나는 것처럼, 그것은 젊은 한때 품었던 환(幻)의 멸(滅)을 수락할 수밖에 없는 성숙/사회화의 내러티브 속에 배치된다. 이로써 보건대, 작가에게 4·19는 나이를 먹고 현실논리를 내면화하면서 자연스럽게 유실될 수밖에 없었던 젊음의 가치로 받아들여지고 있었던 셈이다.[38)] 그런데 여기에는 이 인용문만으로는 잘 보이지 않는 어떤 사실이 있다. 그것은 '시간'의 문제와 관련된 것으로서, 4·19에 대한 이러한 화자의 회고적 시선이 비롯되는 시점이 혁명이 일어난 지 십 년도 채 지나지 않은 시점, 화자(혹은 작가)의 나

37) 박태순. 1968. 「무너진 극장」. 『월간중앙』. 1968년 6월호. 419쪽.

38) 박태순은 1970년대 이후 4·19에 대한 이런 감각을 수정하는데, 이에 대해서는 여기서 따로 논하지 않는다.

이가 아직 20대에 불과한 그 시점이라는 사실이다. 여기에서 징후적으로 드러나는 것은 이를테면 급격한 조로(早老)의 표정이다. 그리고 이 조로한 젊음의 표정이 가장 극명하게 드러나는 소설을 우리는 익히 알고 있다. 김승옥의 「서울, 1964년 겨울」(1965)이 바로 그것이다.

사실 1960년대 김승옥의 소설에서 4·19에 대한 직접적인 언급은 찾아볼 수 없다. 그렇다고 하더라도, 그의 소설에 4·19의 그림자가 존재하지 않는 것은 아니다. 그것은 부재하면서 존재한다. 김승옥의 소설에 등장하는 대학생들의 의식과 대화 속에 당시 젊음을 뒤흔들었던 강렬한 사건인 4·19가 기이할 정도로 아무런 흔적도 남기고 있지 않다는 사실은, 어찌 보면 그 자체가 하나의 증상이다. 어느 면 4·19가 젊음의 표상이라 할 수 있다면, 그것은 5·16 이후 어느 새 그들의 삶과 의식에서 흔적 없이 사라져버렸다. 그들이 스스로를 "늙어버린 원숭이"[39]라고 말하는 것은 저 젊음의 상실을 스스로 의식하는 자학적 · 체념적 표현이다. 따라서 어떻게 보면, 김승옥 소설에서 반복되는 좌절한 젊음의 환멸과 자기방어로서의 위악은 그 자체로 '좌절한 혁명'의 상징적 형식이라고도 할 수 있다. 「서울, 1964년 겨울」은 이 점을 좀 더 분명하게 드러내고 있는 소설인데, 다음은 그중 한 대목이다.

> "그것은 틀림없이 꿈틀거림입니다. 난 여자의 아랫배를 가장 사랑합니다. 안형은 어떤 꿈틀거림을 사랑합니까?"
> "어떤 꿈틀거림이 아닙니다. 그냥 꿈틀거리는 거죠. 그냥 말입니다. 예를 들면…… 데모도……"
> "데모가? 데모를? 그러니까 데모……"
> "서울은 모든 욕망의 집결지입니다. 아시겠습니까?"
> "모르겠습니다"라고, 나는 할 수 있는 한 깨끗한 음성을 지어서 대답했다.[40]

39) 김승옥. 2004. 「환상수첩」. 전집2권(개정판). 『환상수첩』. 문학동네. 12쪽.

"꿈틀거림"의 연상에서 시작해 "데모"라는 말로써 우발적으로 발화된 4·19는 발화되는 동시에 취소된다. 즉 그것은 이중으로 부인된다. 첫 번째는 "데모……"라는 말의 여운을 잘라버리고 화제를 전환하는 "서울은 모든 욕망의 집결지입니다. 알겠습니까?"라는 발언을 통해, 두 번째는 "모르겠습니다."라는 대답을 통해.(이때 "모르겠습니다"라는 말은 대화 전개상으로는 실제 그렇지 않지만 그 효과는 "데모"라는 말을 겨냥하는 듯한 울림을 갖는다.) 이때 4·19는 "꿈틀거림"이라는 모호한 개인 상징의 연상을 거쳐서만 가까스로 발화될 기회를 얻을 수 있는 어떤 것이고, 그마저도 곧 다급히 부인되어야만 하는 어떤 것이다. 여기서 작동하는 것은 '알고 있어. 그렇지만……'으로 표현되는 물신주의적 부인(fetishist disavowal)의 논리다. 달리 말해 이것은 이를테면 '냉소주의'의 논리라고도 할 수 있겠는데, 그 논리는 예컨대 이렇다. "그들은 자기들이 무엇을 하는지 알고 있다. 그러나 상황 논리나 자기 보존의 욕망이 그렇게 해야 한다고 말하기 때문에 그렇게 행하는 것이다."[41] 이때 4·19는 그것이 무엇이었는지 알고는 있지만 이제는 이미 속절없이 지나가버린, 현실논리가 용납하지 않는, 그래서 모른 척하고 부인해야만 하는 그 무엇이다. 그리고 「서울, 1964년 겨울」의 결론은 4·19의 물신주의적 부인이라는 이 사태가 무엇과 연관되어 있는지를 분명하게 보여주고 있다. 그것은 바로 '조로'다.

> "김형, 우리는 분명히 스물다섯 살짜리죠?"
> "난 분명히 그렇습니다."
> "나두 그건 분명합니다." 그는 고개를 한 번 갸웃했다.
> "두려워집니다."

---

40) 김승옥. 2004. 「서울, 1964년 겨울」. 전집1권(개정판). 문학동네. 263쪽.

41) 페터 슬로터다이크. 2005. 『냉소적 이성 비판』. 이진우·박미애 옮김. 에코리브르. 47쪽. 슬로터다이크에 따르면 이것이 계몽된 허위의식으로서의 '냉소주의'의 핵심적인 의식상황 중 하나다.

"뭐가요?" 내가 물었다.

"그 뭔가가, 그러니까……" 그가 한숨 같은 음성으로 말했다. "우리가 너무 늙어버린 것 같지 않습니까?"

"우린 이제 겨우 스물다섯 살입니다." 나는 말했다.[42]

4·19는 이렇게 젊음의 종결과 (부정적 의미에서) 삶의 '압축 성장'이라는 내러티브 속에 억압된 방식으로 존재한다. 짧고 억눌린, 그래서 너무 일찍 잃어버린 젊음에 대한 감각, 이것은 젊음의 표상으로서 저 4·19의 억압과 정확히 대응되는 것이다. 이때 4·19는 질식된 젊음과 마찬가지로 억압된 어떤 것이다. 4·19는 그렇게 상실과 종결의 감각 속에서 환기된다. 그리고 저 상실과 종결의 감각이란 물론 젊음의 상징인 기대, 포부, 야망, 갈망과 같은 정념들[43]이 사그라져버린 자리에서 생겨나는 것일 터다. 4·19가 부인(否認)이라는 부정적 방식으로, 발화되지 않는 방식으로 가까스로 발화되는 것은, 그것이 그렇게 억압된 것이기 때문이다.

그런데 '4·19세대'의 소설에서 4·19가 이렇게 조로의 감각 속에서, 그리고 억압된 방식으로 드러나는 까닭은 어디에 있는가? 물음에 답하기에 앞서, 이청준의 소설을 이 지점에 나란히 놓아볼 필요가 있다. 이청준은 소설에서 4·19를 세대적 정체성의 표지로 직접 언급하면서 그에 대한 자의식을 표나게 드러냈던 작가다. 그의 소설에서 4·19에 대한 언급은 주로 『쓰여지지 않은 자서전』에 집중되는데, 거기에서 4·19의 경험은 심문관 앞에서 자기 이야기를 강제로 진술해야 하는 상황에 처한 화자 '나'(이준)의 입을 빌려 진술된다. '나'에 따르면 4·19는 "세상을 좀 더 좋은 것으로 만들어보려는 의욕"[44]을 실현할 수 있는 가능성을 엿본 계기였다. 그렇지

---

42) 김승옥. 2004. 위의 책. 286쪽.

43) 프랑코 모레티. 2005. 『세상의 이치』. 성은애 옮김. 문학동네. 17쪽.

만 '나'는 곧바로 이어진 5·16로 인해 그 가능성의 좌절을 맛본다. 그래서 '나'의 입장은 4·19를 5·16과 따로 떼어서 말할 수 없다는 것이다. "따로따로라는 것은 무의미합니다. 나에게는 그 두 사건을 한꺼번에 경험했다는 것이 중요하니까요."[45] 이때 "두 사건을 한꺼번에 경험했다"는 진술에서 드러나는 것은, 4·19와 5·16의 실제 시간상의 격차와 그 사이의 현실운동이 무화되고 의식 속에서 그 두 사건이 겹쳐져 중층결정되면서 하나의 상황으로 공간화되는 사태다.[46] 그리고 이때의 지배소(dominant)는 말할 것도 없이 5·16이다. 이렇게 작가는 4·19를 '가능성과 좌절'이라는 특정한 의식상황의 내러티브 속에 배치함으로써, 4·19는 그 자체로서가 아닌 항상 5·16이라는 종결의 기준점에 의해서만 판단되고 규정되는 어떤 것으로 존재하게 된다. 이청준의 소설에서 4·19는 그렇게 5·16 이후의 좌절과 억압의 감각 속에서만 지각되고 이야기할 수 있는 잃어버린 가능성이다. 이것은 물론 너무 일찍 잃어버린, 질식되고 억압된 젊음이라는 김승옥의 감각을 다른 방식으로 반복하는 것이다.

이것이 4·19세대 작가들의 소설에서 4·19가 존재하는 방식이다. 거기에서 4·19는 지금은 속절없이 지나가버린 순간의 진실로서, 한때의 젊음의 가능성으로서, 지금은 기억나지 않는 "가장 절실하고 순수한 생의 포즈"[47]로서 회고된다. 이런 의식 속에서, 4·19는 지속되는 어떤 것이 아니다. 오히려 그것은 종언의 감각 속에서만 인식된다. 그것은 이미 지나가버려 지금은 붙잡을 수 없고 기억나지 않는 어떤 것이고, 심지어 짐짓 모른

44) 이청준. 1972. 『쓰여지지 않은 자서전』. 『소문의 벽』. 민음사. 108쪽.

45) 이청준. 1972. 위의 글. 122쪽.

46) '경험의 공간화'라는 이런 사태에 대한 이론적 설명은 라인하르트 코젤렉. 1998. 『지나간 미래』. 한철 옮김. 문학동네. 394~398쪽 참조.

47) 이청준. 1971. 「假睡」. 『별을 보여드립니다』. 일지사. 366쪽.

척해야 하는 어떤 것이다. 또 그것은 결국은 현실에서 좌절할 수밖에 없는 어떤 것이고, 상황논리가 용납하지 않는 어떤 것이다. 4·19의 이런 재현방식이 환기하는 것은, 4·19를 잠식하고 흡수 통합한 5·16 이후의 체제를 변할 수 없는 공고한 것으로 받아들이고 그에 순응하면서 급속히 소시민적 삶으로 침잠해들어가던 당시 지식인들의 표정이다. 당시 4·19세대의 비평에서 개인의 반성적 의식의 전제로서 강조되던 "현실의 전면수락"[48]이라는 태도도 사실 이와 맥이 닿아 있는 것이다. 그런데 이것이 전부인가? 물론 그렇지 않을 것이다. 4·19세대의 문학을 이렇게 비판하고 만다면 그것은 너무 단순하다. 그렇다면 우리는 이를 어떻게 이해해야 하는가?

4. 4·19의 불가능성, 혹은 문학과 정치

그 이전에, 좀 더 나가본다. 다시 김승옥의 소설 「서울, 1964년 겨울」로 돌아가자. 거기에서, '나'와 '안'은 너무 늙어버렸다. 그래서 그들은 자기만의 쇄말적인 사물에 유희적으로 집착하며 체념과 냉소의 시간을 흘려보낸다. 그런데 앞에서도 잠시 암시한 바 있지만, 저 소설의 그런 의식상황에는 겉으로는 잘 보이지 않는 일종의 전도(顚倒)의 논리가 작동하고 있다. 논리적으로 볼 때 그 전도란 말하자면 이런 것이다. 「서울, 1964년 겨울」에서 '나'와 '안'이 의미 없는 자기만의 사소한 것에 집착하며 공허한 시간을 흘려보내는 것(결과)은, 그들이 그럴 수밖에 없을 정도로 이미 "너무 늙

48) 김주연 1969, 「새시대 문학의 성립-인식의 출발로서 60년대」, 『아세아』, 1969년 2월호, 258쪽. 물론 이때 '현실의 전면수락'은 현실에 대한 객관적 거리화의 필요성을 강조하는 맥락으로 읽을 수 있다. 하지만 그렇다고 해도, 이것이 현실을 이미-항상 주어진 것으로 받아들이는 태도라는 점만은 변하지 않는다.

어"버렸기 때문(원인)이 아니다. 오히려 사태의 실상은 거꾸로라고 말해야 한다. 즉 그런 자의식적인 자조와 자기방기, 자기 체념의 유희(원인)가 결국은 그들을 너무 늙게 만드는 것(결과)이다. 그리고 더 나아간다면 이 전도의 논리는 이렇게 고쳐말할 수도 있다. 즉 젊음은 그들이 너무 급속도로 늙어버려서 상실한 것이 아니다. 오히려 거꾸로 이 소설에서 '나'와 '안'의 행위처럼 젊음을 그들 스스로 부인하고 취소하는 수행적(performative) 행위 자체가 그들을 너무 늙게 만드는 것이다. 그리고 그 점은 김승옥도, 그리고 그의 인물들도 알고 있다. "우리가 너무 늙어버린 것 같지 않습니까?" 라는 '안'의 물음은 바로 그 점을 스스로 의식한 자의식적인 진술이다. 그들은 알고 있다. 그럼에도 불구하고 그들은 그렇게 한다.[49)]

김승옥의 소설에서 4·19가 모른 척하고 부인해야 하는 그 무엇으로 나타나고 있고, 그것이 저 물신주의적 부인/냉소주의의 논리와 관련된다는 점은 앞에서도 지적했다. 다시 말하자면 그 논리는 이렇다. "4·19혁명이 있었다는 건 알고 있어. 그렇지만 나는……." 「서울, 1964년 겨울」이 4·19혁명과 관련된 4·19세대의 심리지도와 접촉면을 형성하는 것은 바로 이 지점이다. 그리고 김승옥의 소설 「서울, 1964년 겨울」에 나타나는 저 물신주의적 부인/냉소주의의 논리는 흥미롭게도 '4·19세대' 비평가들(특히 김현)의 문학담론의 한 측면과 정확히 일치하고 있다. 왜 그런가? 다음은 김현의 발언이다.

> 四·一九라는 행동 자체가 일종의 社會階層으로서 형성될 수 없는 學生層을 기반으로 해서 일어날 수밖에 없었다는 사실, 四·一九에 참여한 대부분의 학생들이 한 10여 년이 지난 오늘에 와서, 마치 30年代에 과테

---

49) 이것은 냉소주의의 공식이지만, 그럼에도 불구하고 김승옥의 소설에는 그 물신주의적 부인의 논리를 내면화하면서 소시민적 삶으로 침잠해들어가는 자기 자신에 대한 정직한 응시가 있다는 점은 여기서 덧붙일 필요가 있을 것이다.

말라에서 일어난 혁명대열에 참가한 대부분의 학생들이 그러했듯이, 자기가 속해 있던 계층을 확실히 파악하지 못했기 때문에 旣存社會에 그대로 적응, 쁘띠 부르조아가 되어 現實을 제대로 파악하여 그것을 지양·극복하겠다는 意志를 완전히 잃어버렸잖습니까? 그러한 사실을 적어도 60年代에 출발한 作家들로서는 대부분 최소한도나마 인식하고 있었다는 것이 중요한 一面이라고 생각합니다. 자기 자신이 學生層 속에 있으면서 理想이라든가 原理로서 배워왔던 것을 현실에 적용하여 실현 가능하다고 믿은 그 순간에 그것이 좌절된 셈인데……. 그것은 어디에서 온 것입니까. 내 자신의 이견으로는 四·一九에 참여했던 사람들이 하나의 계층을 이룰 수 있고, 혹 정치적인 사회적인 면에서 자신의 發言權을 행사할 수 있는 계층을 形成하지 못했다는 데 가장 큰 문제점이 있는 것이라고 봅니다. 결국 자기 자신이 어떤 社會에 뿌리박지 못하고 〈뿌리가 뽑혀진 사람〉이라는 생각을 하게 된 것이 四·一九 이후의 文學世界의 근본적인 특징이라고 나는 생각하고 있습니다.[50)]

이 앞에서 김현은 리얼리즘의 여건과 관련해 "자유를 획득하려는 노력을 할 만한 사회계층이 형성될 수 있느냐 없느냐"가 "문제의 초점"이라고 주장한다.[51)] 김현에 따르면 4·19에 참여했던 학생들이 좌절한 이유는 "자기계층의 부재"[52)]에 있으며 그것은 곧 그들이 4·19에서 제기된 "자유를 획득하려는 노력을 할 만한 사회계층"을 가질 수 없었음을 의미하는 것이다. 4·19세대가 현실을 극복하겠다는 의지를 잃고 소시민적 삶에 안주해버린 것도 그 때문이며, 60년대에 출발한 작가들이 스스로를 '뿌리가 뽑혀진 사람'으로 생각한 것도 그 때문이다. 그리고 그는 저 "자기계층의 부재"라는 문제로 인해 좌절한 작가들이 그 점을 "최소한도나마 인식"하고 있었다는

50) 구중서·김윤식·김현·임중빈(좌담). 1970. 「4·19와 한국문학」. 『사상계』. 1970년 4월호. 310~311쪽.

51) 위의 좌담. 1970. 305쪽.

52) 위의 좌담. 1970. 같은 곳.

데서 자기 세대 작가들의 문학적 의의를 찾는다. 자기 세대 작가들이 사회에 대해 발언하고 자유를 획득하려는 노력을 하기보다, 그럴 수 없는 자기 자신을 응시하는 길로 가게 된 것도 그 때문이라는 것이다.

겉보기에 꽤 복잡한 이 논리의 근저에 깔려 있는 기본 전제를 우리의 관점에서 알기 쉽게 간단히 정리하자면 그것은 이런 것이다. '(자유의 획득이 중요하다는 것은) 알고 있다. 하지만 우리 세대는 (자기계층의 부재 때문에) 자유를 획득하려는 노력은 할 수 없다.' 김현의 위의 논리를 달리 바꾸어 말하면 이렇게 정리할 수도 있을 것이다. 현실 극복의 의지를 잃고 기존 사회에 적응하는 소시민적 삶이 옳지 않다는 건 물론 알고 있다. 하지만 그럼에도 불구하고 우리 세대는 그럴 수밖에 없다. 이로써 분명해졌듯이, 김현의 저 논리는 우리가 김승옥의 소설에서 보았던 물신주의적 부인/냉소주의의 논리를 다른 층위에서 정확히 반복하고 있는 것이다. 그리고 여기서도 뚜렷이 드러나는 것처럼 그것은 '4·19세대'의 문학적 자기 정체성 구축의 논리에 닿아 있는 것이기도 하다. 현실과 문학, 정치상황과 작가의식이 괴리되어 있음을 지적하며 문학이 객관적인 현실에 밀착하여 그 둘(=문학과 정치)을 통일시켜야 한다는 임중빈의 지적에 대해서도 김현은 그런 맥락에서 단호하게 부정한다. "아마 그것은 힘들 겁니다."[53] 냉소주의의 논리는 이처럼 문학에서 정치를 분리해내려는 제스처로 이어지는데, 이것은 앞에서도 지적한바 4·19에서 정치를 배제하고 그것을 '언어와 지식'이라는 문화적 상징자본의 논리로 재의미화하는 담론화 과정과 맥이 닿는 것이다. 이것은 정치적 사건으로서 4·19의 지속 가능성을 배제하고 자기 세대 문학의 존재 가치와 존재방식을 그 지속의 불가능성 위에 정초하는 논리라고 할 수 있다. 이렇게 본다면, '4·19세대'의 문학과 비평에서 4·19가 갖는 의미는 전혀 다른 관점에서 의미화될 수 있을 것이다. 그들에

---

53) 위의 좌담, 314쪽.

게 4·19가 억압된 것으로 지각되고 있었음은 앞에서도 지적했지만, 그에 대해 여기서는 앞서 지적한 전도의 논리에 기대 이렇게 바꾸어 말할 수도 있을 것이다. 그들에게 있어, 정치적 사건으로서 4·19는 5·16에 의해 억압된 것이 아니다. 4·19는 오히려 5·16 이후의 체제를 변할 수 없는 삶의 조건으로 수락하고 4·19의 지속 가능성을 봉쇄하고 지워간 그들 삶/문학의 논리가 억압한 것이다.[54]

이것이 '4·19세대'의 문학과 비평에서 4·19가 부재하면서 존재하는 방식이다. 이로써 분명해진 바이지만, 그들의 의식과 문학에서 4·19의 존재 방식은 현실에 대한 그들 문학 세대의 포지션과 문학적 정체성의 구축, 그리고 더 나아가 '문학주의' 혹은 '문화적 자유주의'를 그들 문학의 이념적 토대로 정립해나가는 주체의 자기구성 과정과 밀접하게 연관되어 있다. 그들의 의식 속에서 정치적 사건으로서 4·19는 지속 가능하지 않은, 그래서 부인해야 하는 어떤 것이고, 그것은 5·16에 의해 구조화된 1960년대의 현실을 주체를 제약하는 변하지 않는 어떤 선험적인 존재조건으로 절대화하는 인식과 구조적으로 정확히 짝을 이루는 것이다. 그들 4·19세대의 주체성과 문학적 논리는 그런 전제 위에 구축된다. 그리고 4·19에서 '정치'를 삭감하고 그것을 언어와 지식의 차원으로 번역하는 담론화 방식 또한 그런 전제 위에서 가능해지는 것이다.

그런데 바로 이 지점에서 중요해지는 물음 하나가 있다. 그것은 이를테면 5·16 이후 박정희식 개발독재 체제와의 협상과 갈등을 오가며 문학적 언어로써 현실과 대면했던 1960년대 문학이 갖는 정치적 의미와 관련된 것이라고 할 수 있다. 그 물음은 가령 이런 것이다. 4·19의 지속 가능성을 회의하고 5·16 이후의 현실을 선험적인 존재조건으로 절대화하면서 자유

54) 그 스스로 '4·19세대' 비평가의 일원이었던 김병익의 다음 진술도 사실은 이 점을 겨냥하고 있는 것이었다. "우리의 한글세대는 거의 철저하게 보수 우파적 체계로 고착되어 있었다." 김병익, 「4·19와 한글 세대의 문화」, 『열림과 일굼』, 문학과지성사, 1991, 90쪽.

를 위한 싸움에서 문학의 자리를 분리해냈던 '4·19세대' 문학의 이 비정치적 제스처의 정치적 몫은 어디에 있는가? 이것은 아마도 5·16 이후 체제의 '전면수락'이라는 순응적 · 비정치적 포지션이 그럼에도 불구하고, 아니 바로 그런 한에서 가질 수 있는 정치성과 관련한 물음일 것이다. 그러나 이 단순하지 않은 문제에 성실하게 답하기 위해서는 또 다른 기나긴 우회로가 필요할 터, 이 물음에 대한 대답은 차후 기회의 몫으로 돌리고자 한다. 여기서는 다만, 물음 하나만 남겨둔다.

김 영 찬

성균관대학교 불문학과를 졸업하고 국문학과 대학원에서 박사학위를 받았다. 현재 계명대학교 한국어문학과 교수로 재직 중이다. 현대문학상, 대산문학상, 팔봉비평문학상을 수상했다. 저서로 『근대의 불안과 모더니즘』, 『비평극장의 유령들』, 『비평의 우울』 등이, 역서로 『성관계는 없다』, 『근대성의 젠더』 등이 있다.
E-mail: youngcritic@kmu.ac.kr

형성이라는 환영

4·19세대 작가들의 교양소설과 정치적 무의식에 대한 시론

| 복 도 훈

형성이라는 환영

—

4·19세대 작가들의 교양소설과 정치적 무의식에 대한 시론

—

복 도 훈

1. 서 론: 젊음의 문제적 형성과 1960년대 교양소설의 출현

이 글은 한국의 4·19세대 작가들의 1960년대 교양소설의 형성과정과 유형을 고찰하고 젊음의 역사적 의미, 곧 젊음의 교양체험과 자기형성에 내포된 정치적 무의식[1]을 분석할 예정이다. 젊음(youth)은 일반적으로 한 인간의 생애 전체를 하나의 기나긴 형성과정으로 간주할 때, 유년기에서 성년기로 나아가는 심리적·육체적 중간단계로 인식된다. 그러나 그것은 모더니티의 경험과 더불어 전근대적인 입사(initiation)와는 전혀 상이한 방식으로 그 자체로 독특하고도 특수한 상징적 의미를 부여받는다. 끊임없는 자기 갱신과 변형, 이동성과 불확실성, 성장과 발전에 대한 욕구 등으로 특징지어지는 모더니티의 체험은 유동적이고 불확실하며 미결정적인 상태로 자기 형성의 도정(道程)에 있는 젊음의 특질이기도 하며, 젊음 그 자체

1) 이 글의 맥락에서 프레드릭 제임슨의 비평 개념인 '정치적 무의식'(political unconscious)은 1960년대 4·19세대 작가들의 교양소설, 즉 '자기'와 '젊음'의 형성과 교양체험의 서사들에서 억압되고 묻힌 무의식으로서의 역사를 텍스트의 표면으로 복원하는 맑스주의적 해석 작업을 위해 동원된다. Fredric Jameson, 1981. "On Interpretation". *The Political Unconscious*. New York: Cornell University Press 참조.

를 인생의 그 어떤 단계보다 문제적인 것으로 만드는 결정적인 계기이기도 하다. 교양소설(Bildunsroman)은 바로 상징적 형식으로서의 젊음을 포착하고 그것이 모더니티의 경험과 불가분의 관계에 있다는 것을 서사적으로 의미 있게 취급하는 서구소설의 독특한 장르다.[2] 교양소설은 젊음을 보편적인 모더니티의 경험으로 상징화한 소설장르인 것이다. 또한 교양소설이라는 합성어에서 교양(Bildung)이라는 개념에는 젊음의 창조적인 자기형성에 내포된 다양한 특질들, 곧 문제적인 개인성과 내면성에 대한 인준과 보장, 유동성과 불확실성 그 자체에 대한 지속적인 경험과 자기 탐구, 그리고 거기서 비롯되는 자아의 자기 발전에 대한 욕구와 좌절, 타자에 대한 다양한 경험들, 개별적으로는 자율을 보장받으면서도 전체적으로는 그 자율을 인준하고 승인하고 보장받는 우애와 사랑의 공동체에 대한 다양한 실험, 거기서 비롯되는 욕망과 좌절의 경험 등을 포괄하는 등 종합적이고 전면적인 의미가 내포되어 있다. 젊음의 자기 체험인 교양은 모더니티의 혼란스럽고도 모순된 형성과 해체의 경험에서 결정적인 것이 된다.

교양소설은 근대 서구의 모더니티 체험과 더불어 맨 처음에 유럽에서 형성되고 이후에 전지구적으로 확산되어간 소설장르이다. 그런데 개화의 거대한 충격과 조선에 대한 일제의 기나긴 지배에서 해방에 이르는 오래된 질곡, 남북분단과 냉전, 전쟁 등 이른바 식민지배에서 탈식민화의 과정을 오랫동안 겪어온 한국의 모더니티 경험을 염두에 둔다면 이른바 한국형 교양소설이 하나의 문학 장르로 형성되지 말라는 법은 없을 것이다. 보통 한국근대최초의 장편소설이라고 불리는 이광수의 『무정』(1917)이 젊음에 대한 형성과 지도를 이끌어나가야 하는 모범적인 교육자인 동시에 그 자신이 문제적인 젊음의 담지자인 이형식이라는 주인공의 자기 각성과 모순의 독특한 체험을 통해 한국형 모더니티의 출발선상에 있는 젊음을 형상화한 최

2) Franco Moretti. 2005. 『세상의 이치: 유럽 문화 속의 교양소설』. 성은애 옮김. 문학동네 참조.

초의 교양소설이기도 하다. 『무정』과 더불어 출발한 한국형 교양소설은 일제로부터의 해방과 남북분단, 6.25 전쟁이라는 역사적 과정, 곧 식민체험에서 탈식민의 체험으로 이동하는 한국형 모더니티의 역사적 이동 경로 속에서 잠시나마 소강상태를 보이는 듯 했다. 젊음은 여전히 문제적이었더라도, 그것을 상징적으로 문제화하는 서사의 시도와 노력은 전반적으로 볼 때 불가피하게 중단된 듯 보였다.[3] 그러나 1960년의 4·19 혁명과 이듬해 5·16 군사쿠데타를 겪고 난 이후의 한국은 바야흐로 정치, 경제, 문화에 이르는 모더니티를 새롭고도 전면적인 충격으로 경험하기 시작했으며, 새로운 세대로 출현한 젊은 작가들의 한국형 교양소설은 4·19 혁명과 5·16 쿠데타에서 식민지시대나 해방기와는 상이한 방식으로 본격적으로 시작된 모더니티의 전면적인 충격과 체험을 서사의 질료로 삼고 그것을 이전과는 다르고도 새로운 방식으로 형상화하기에 이른다. 바로 이 시기에 이르러 젊음 그 자체가 식민지의 모더니티 체험 이후로 다시금 문제적인 것이 되며, 그것을 교양소설이라는 서사의 형식으로 형상화하는 과제를 담당한 작가들은 당시에 작가활동을 시작했던 4·19세대 청년작가들이었다.

최인훈(1936~), 김승옥(1941~), 박태순(1942~), 김원일(1942~), 이동하(1942~)는 모두 4·19 혁명의 직간접적인 충격과 더불어 본격적인 작품 활동을 시작하거나 그 당시에 막 대학생활을 시작했던 작가들이다. 다른 신세대 작가들과 연배 차이가 있고 전후세대로 분류되지만 최인훈은 첫 번째

---

3) 그러한 문학적 사례의 하나로 황순원의 장편소설 『나무들 비탈에 서다』(1960)를 들 수 있다. 이 소설은 6.25 전쟁에서 살아남은 젊은 제대군인들이 전쟁에 대한 심리적 외상을 극복하지 못하고 몰락해가는 비극적인 과정을 담담하게 재현한다. 6.25전쟁에 대한 심리적 외상은 너무도 직접적이어서 황순원 소설에서 젊음은 재현되자마자 파괴되고 만다. 즉 젊음은 외상을 봉합하는 서사적 통합을 달성하기에 역부족인 것이다. 이에 비해 4·19세대 교양소설 작가들에게 6.25는 황순원 소설과 마찬가지로 재현되지만, 그것은 황순원 소설의 작중인물들이 경험했던 것에 비해서는 전면적이지는 않은 유년시절의 기억으로 남아있다. 유년의 기억에 억눌린 심리적 외상은 '원초적 장면'을 구성하는 방식으로나마 서사를 형성하는 네는 싱공하지민, 이 젊은 작가들의 무의식을 다양하게 지배한다.

교양소설인 『광장』(1961)의 「작가의 말」에서 '빛나는 사월이 가져온 공화국에 사는 작가의 보람'을 이야기하고 있다. 또한 『회색인』(연재 당시에는 『회색의 의자』, 1963)도 한국형 모더니티에 대한 비판적 의식을 실향민인 젊은 주인공의 자기 각성의 형식으로 형상화한 최인훈의 중요한 교양소설이다. 김승옥은 대학 1학년 당시 4·19 혁명을 겪었으며, 그것이 가져다준 원체험을 바탕으로 소설에서 '감수성의 혁명'을 불러일으킨 60년대의 작가로 익히 알려져 있다. 김승옥의 『환상수첩』(1962)과 『내가 훔친 여름』(1967)은 60년대적 모더니티의 경험이 가져다 준 환멸의 체험을 각각 귀향과 여행이라는 경로를 거쳐 참회에 가까운 젊음의 자기고백으로 발산하는 교양소설들이다. 박태순과 김원일, 이동하는 공교롭게도 그들의 등단작이 바로 젊은이의 자기형성을 문제적으로 취급한 교양소설이기도 한 작가들이다. 박태순의 『형성』(1966)은 기성의 가치가 제공해주는 삶의 형식을 완강히 거절하면서도 한편으로는 자신의 이상을 펼치지 못하는 와중에 자기에 대한 환멸과 자조의 의식을 속물이라는 어휘로 반추하는 젊음을 형상화하는 작가의 데뷔작이다. 김원일과 이동하는 1967년 당시 『현대문학』장편소설 신인상에 응모해 각각 가작과 당선작을 수상한 신세대 작가들이었다. 김원일의 『어둠의 축제』는 밤이 되면 재즈클럽에 모여들어 불안정하고도 충동적인 젊음의 객기를 발산하고 우정을 나누는 등 젊음의 고뇌와 방황을 형상화하고 있는 작품이다. 이동하의 『우울한 귀향』은 서울의 도시생활에 환멸을 느낀 대학생이 고향으로 내려가 자신의 유년기를 반추하는 소설을 쓰는, 예술가소설의 전신(前身)에 가까운 교양소설이다.

그런데 위의 교양소설들은 제목에서부터도 젊음의 자기기록이라는 이미지가 비교적 뚜렷하게 반영되어 있어서 흥미롭다. '광장'은 제목 자체에서 환기되지는 않더라도 젊은 주인공이 공적인 삶의 영역에서 삶에 대한 문제적인 도전의식을 펼칠 무대에 대한 중심적인 은유로 제시되어 있다. '회색인'은 명시적인 가치체계의 어느 쪽에도 귀속하지 못하고 흔들리는 젊음의 불확실성뿐만 아니라, 현실의 가치체계에 대한 비판적인 독립성을 확보하겠다는 고독한 자기의식의 결단을 표상하는 어휘이다. '환상수첩'은 젊음이 경험한 도시의 대학생활이 하나의 뻐저린 환상에 지나지 않았음을 깨닫는 환멸의 기록, 일그러진 자화상에 대한 명명이다. 마찬가지로 '내가 훔친 여름'에서 젊음이 여행의 형태로 경험한 여름날의 어느 한때에 벌어진 사건에 대한 인상은 '여름'이라는 어휘가 환기하는 것처럼 청춘의 회고이기도 하다. 그리고 '형성'은 교양소설이라는 개념에서 교양(Bildung)이 함축하는 바, 젊음의 자기형성이라는 의미를 가장 상징적으로 표현하는 제목이라고 할 수 있겠다. 한편 '어둠의 축제'는 낮이라는 자기검열의 현실에서는 발산하기 어려웠던 젊음의 자기 충족적이고도 향락적인 의식(儀式)과 제의(祭儀)를 표상하는 제목이다. 그리고 '우울한 귀향'은 서울에서 겪었던 환멸적이고도 우울한 젊음의 경험을 귀향이라는 반성의 여로를 통해 추체험하는 의미를 내포하는 제목인 것이다. 일련의 소설제목들에서도 직간접적으로 환기되는 것처럼, 4·19세대 작가들은 모두 젊음을 문제적인 것으로 부각시키고 이것을 형상화하는데서 작품 활동을 시작한 젊은 작가들이었다. 그렇다면 이 작가들에게 젊음을 그토록 문제적이고 중요하게 형상화하게 된 원인들은 무엇이었을까. 왜 그들은 특별히 교양소설이라는 형식을 선택해 젊음을 그 자체로 문제적인 것으로 취급하게 되었던 것일까. 그것은 4·19 혁명과 5·16 군사쿠데타라는 '거대한 변환'이 1960년대라는 이 시기의 젊음을 특권화하고 문제적인 것으로 부각시킨 사건들이었기 때문이다.

2. 본 론

1) 4·19와 5·16이라는 거대한 변환과 젊음의 서사

서론에서도 말한 것처럼, 상징적 의미의 젊음은 부단한 자기 확장과 이동, 기존의 것에 대한 부정과 혁신, 발전과 성장에 대한 욕망으로 특징지어지는 모더니티와 구조적으로 상동적이다.[4] 한편으로 젊음은 유비와 상동의 차원에서가 아니라 그 실제적인 특징에서 모더니티의 변화무쌍한 속성과는 조금 변별되게 한시적이고 일회적이라는 특징도 내포하고 있다. 젊음의 무정형적 특질만 갖고는 교양소설이 형성될 수 없다. 부단한 유동성, 이동성 때문에 젊음은 재현되자마자 파괴될 위험이 크기 때문이다. 젊음이 영원하지 않다는 바로 그러한 특수성 때문에 교양소설은 젊음을 하나의 형식으로 취급할 수 있었던 것이고, 그래서 특별히 근대의 중요한 소설장르로 가능했던 것이다. 다른 맥락에서 젊음은, 에릭 에릭슨의 말을 빌리면, 일종의 "심리사회적 유예기간"[5]이다. 젊음은 특유의 신체적, 심리적 성장과 성숙에 따른 변화, 자신이 이상적으로 생각하는 이상적 자아와 사회적 초자아의 모델인 자아 이상 사이의 갈등, 아이덴티티의 획득에 따른 혼란 과정, 사회적 요구에 대한 저항과 타협 등에 이르기까지 인생의 다른 어떤 단계들보다 다양한 변화와 충돌로 특징지어진다. 에릭슨은 이러한 과정을 다른 말로 청춘화(adolescing)라고 부르며, '아이덴티티의 위기'가 이러한 청춘화의 국면을 그 자체로 고찰해야만 한다고 말한다. 이러한 설명이 단

---

4) 이러한 입장으로는 Marshall Berman, 1998, 『현대성의 경험』, 윤호병·이만식 옮김, 현대미학사. 그리고 Franco Moretti, 같은 책.

5) 심리사회적 유예기간은 "젊은 성인이 자유로운 역할실험을 통하여 그의 사회의 어떤 부분에서 확고하게 정의되었으나 한편으로는 그를 위하여 독특하게 준비된 것 같이 보이는 적소를 발견할 수 있는" 청년기를 뜻한다. Eric H. Erikson, 1990, *Identity: youth and crisis*, 『아이덴티티』, 조대경 옮김, 삼성출판사, 325쪽.

계론적이긴 하더라도, 교양소설에서 젊음이 가진 독특성의 다른 측면, 그 일시성과 유예의 특징을 설명해준다.

교양소설은 교양소설이 문제적인 것으로 취급하는 젊음 또한 언제든 끝날 수밖에 없다는 것을 소설 그 자체의 특별한 형식으로 고려하지 않을 수 없는 소설장르다. 그리고 교양소설이 다양한 형태로 제작되면서 하나의 역사적인 소설장르로 성립할 수 있었던 것은 젊음이 모더니티에 부합하는 속성 못지않게 모더니티와 언제나 갈등을 일으키면서 그것을 배반할 소지가 다분하기 때문이기도 하다. 그런데 젊음은 모더니티에 부합하면서도 한편으로는 모더니티에 대항하는 영구혁명으로서의 모반과 자기갱신만 언제나 가능하게 만드는 것은 아닐 것이다. 젊음과 모더니티의 유비관계 덕택에 젊음은 모더니티의 일정한 요구를 거슬러 적극적으로 배반하는 것뿐만 아니라, 모더니티가 특별히 사회화의 요구로 다가올 때 거기에 적극적으로 영합하기도 할 것이다. 영구혁명으로서의 젊음이 있다면, 어떠한 젊음은 모더니티의 영구혁명에 대한 반동형성에 기여할 수도 있다. 이러한 젊음은 그 자신마저 배반하는 '자기기만'(mauvaise foi)에 노출될 뿐만 아니라, 어떻게 보면 자기기만 자체가 젊음의 상징이기도 하다. 여기에서 자기기만은 마냥 기각되어야 하는 젊음의 부정적 속성이라기보다는 모더니티와 마찬가지로 젊음의 이율배반에 내포되어 있는 의식과 행위의 모순된 경험으로 특별하게 취급할 필요가 있겠다.

4·19 혁명과 5·16 군사 쿠데타는 그것들이 각각 내포하는 숱한 정치적, 문화적 의미들에도 불구하고 1960년대 신세대 작가의 교양소설에서 젊음의 자기 체험의 원초적 장면을 구성하는 상징적 사건들로 해석할 수 있다. 이 시기의 교양소설들이 4·19 혁명과 5·16 쿠데타를 직접적으로 재현하고 있는가, 어떻게 재현하고 있는가라는 문제와는 별도로 4·19 혁명과 5·16 쿠데타는 1960년대 모더니티의 원체험에 속한 중요한 두 개의 사건이다.

그것들은 긍정적이든 부정적이든, 혁명이든 혁명을 참칭하든 간에 영원한 활력과 생성이라는 영구혁명으로서의 젊음의 양가적인 이미지를 뚜렷하게 부각시켰으며, 그런 점에서 문제적이다. 게다가 그것들은 지배담론과 서사의 형식으로 구체화되든, 그에 대한 대항 사사와 담론으로 구축되든 간에 이후에 서로 길항하고 갈등하고 중첩되면서 역사라는 거대서사를 형상화해왔다. 1960년대와 향후의 한국사를 결정짓는 거대한 전환이라고 일컬을 만한 4·19 혁명과 5·16 쿠데타에서 추출할 수 있는 모더니티의 원체험이 그 시기의 교양소설이라는 특수한 소설적 형식에 우회적으로 각인되거나 부정되는 방식으로 형상화된다고 말하는 것은 지나친 예단만은 아닐 것이다. 1960년대부터 본격적인 작품 활동을 시작했던 4·19세대 작가들의 교양소설을 연구한다는 것은 바로 교양소설이라는 특수한 서사적 형식을 출발하게 만든 혁명과 쿠데타라는 두 개의 역사적 사건에 내포된 모더니티가 자기 자신을 서사화하는 방식에 대응한 최초의 문학적 사례로서의 교양소설이 갖고 있는 특수한 의미를 밝히는 것이다. 뿐만 아니라 1960년대 이후 한국소설사에서 다양하고도 변별된 방식으로 출현하는 교양소설의 또 다른 형식을 예고하고 배태하는 시발점을 밝힌다는 데서 중요한 의의가 있는 것이다.

1960년의 4·19 혁명과 1961년의 5·16 군사쿠데타는 분단과 6.25전쟁 이후 전개된 한국인들의 모더니티 경험에서 가장 핵심적일 뿐만 아니라 젊음을 문제적인 것으로 특권화하고 그것의 서사적 자기전개를 뚜렷하게 부각시킨 사건들이라고 말할 수 있다. 그렇지만 4·19 혁명과 5·16 쿠데타를 모더니티의 상징적 형식으로서의 젊음과 결부시키기 위해서는 두 역사적 사건으로부터 특정한 차이점과 공통점을 추출해내는 작업이 무엇보다도 중요하다. 보통 4·19 혁명과 5·16 쿠데타는 그것을 대립적인 것으로 파악하든 하나를 다른 하나의 연장으로 파악하든, 둘 사이의 공통점을 부각시키든 한국인들의 모더니티 경험에서 매우 다양한 벡터를 형성한다. 아래로부터의 혁명사와 민중사적인 관점에서 볼 때 "4·19이후의 역사는 4월 혁명을 계속 추진하려는 세력과 그것을 저지하는 세력과의 투쟁의 역사" 즉 "4·19이후의 역사는 4월 혁명의 철저화와 그것에 대한 반혁명의 역사"로 이해되고는 한다.[6] 그런데 "4·19 혁명의 '의거'와 5·16 쿠데타의 '거사'는 분단사회의 야누스적 표정"이라는 이러한 대립적인 관점은 4·19 혁명의 민족적 주체성과 정통성을 강조하는 영구혁명, 정신혁명의 입장과 5·16 군사쿠데타가 가져온 독점자본주의에 따른 사회변동이라는 경제주의적, 물질주의적 입장을 이분법적으로 대립시키는 결과를 낳는다.[7] 물론 이러한 입장을 견지하는 4·19세대의 소설가 박태순에게 4·19 혁명은 영구혁명으로서의 모더니티라는 관점과 부합하는 측면이 있다. 또한 이것은 당시에 문학을 시작했던 4·19세대 작가와 비평가들에게도 마찬가지로 해당되는 사항이기도 하다. 4·19 혁명과 5·16 쿠데타를 대립시키는 이러한 전형적인 관점들은 혁명과 반혁명의 역사적 대립, 아래로부터의 민중혁명과 위로부터의 관제적인 혁명, 자유와 빵의 대립 등 매우 다양한 변주를 낳게 된다. 혁명에 따른 자유에의 열망과 그것의 변질(타락)의 서사로 각각 4·19와 5·16을 규정하려는 논의 또한 앞의 관점에서 파생된 것이다. 그러나 이러한 이분법적 관점은 박정희가 5·16 군사쿠데타를 혁명으로 규정하고, 모더니티의 중요한 부분인 경제적 발전에 주력한 결과를 부정적인 방식으로나마 인준하는 것과 결국 합치되지 않을 수 없게 된다. 이러한 관점은 무엇보다 박정희 자신이 그러했듯이 5·16 혁명담론과 서사를 4·19 혁명의

6) 박태순·김동춘. 1991. 『1960년대의 사회운동』. 까치. 110쪽.

7) 같은 책. 137쪽. 이러한 이분법에 대해 의문을 던지는 권보드래의 다음과 같은 진술은 이 글의 맥락에서 꽤 중요하다. "4·19가 4·19로 끝나지 않고 5·16에 의해 폭력적으로 중단되었다는 인식. 그것은 5·16의 '빵'에 대한 도더저 단지의 편향을 고조시켰고 '자유'의 정신주의를 정당해왔다." 권보드래. 2012. 「4·19는 왜 기적이 되지 못했나?」. 권보드래·전성환. 『1960년을 묻다: 박정희 시대의 문화정치와 지성』. 천년의 상상. 60쪽.

발전적인 연장이자 4·19 혁명이 열어놓은 미완의 모더니티에 대한 완성태로서의 의의를 부각시키는 입장과 결국 연결되지 않을 수 없는 것이다.[8] 물론 그것이 담론의 측면에서뿐만 아니라 그 실천의 측면에서 유력하고도 부인하기 힘든 현실적 결과인 '조국 근대화'의 달성이라는 목표를 어떤 식으로든 성취했기 때문에 박정희의 입장을 전적으로 승인하자는 식의 담론이 될 수는 없겠다. 그것보다는 모더니티에 내포된 영구혁명의 성격과 발전주의적인 측면 두 가지를 함께 고려하고 그것이 분절되는 방식으로서의 젊음을 이해하자는 것이다. 4·19 혁명과 함께 생성된 영구혁명적 성격 및 그것을 담론화하고 서사화하는 청년세대의 전략과 더불어 5·16 군사쿠데타와 박정희 체제의 근간을 이루는 발전주의적 성격 또한 모더니티의 상징적 형식인 젊음의 엄연한 속성이라는 점을 놓쳐서는 안 될 것이다. 나아가 모더니티의 영구혁명과 발전주의는 서로 대립되는 것이 아니라, 때로는 교차하고 갈등하는 만큼이나 나란히 길항한다는 것도 염두에 두어야 할 것이다.

일반적으로 반독재, 반부패 투쟁으로 알려져 있는 4·19 혁명은 그것을 청년 세대의 본격적인 자기주장과 스스로를 특권화하는 양상과 관련지어 말해보자면, "청년 세대의 혁신 능력을 한국 사회가 최초로 인정하게 된 계기"인 동시에, "정치와 사회, 문화의 영역에 이르기까지 이전의 질서를 재구축할 수 있는 존재로 적극적으로 자기 규정한 최초의 청년 세대가 등장하게 된 계기"였다.[9] 나아가 그것은 영구혁명적인 측면과 관련지어서도

---

8) "1960년 이후의 역사는 4·19의 좌절을 '비료로만 삼아온 5·16의 전개과정'이었다고 해도 좋을 것이다." 박태순·김동춘. 위의 책. 302쪽. 박태순과 김동춘의 이러한 관점이 전도된 형태, 뒤집힌 거울상이 바로 박정희와 박정희 체제가 구상하고 실행한 모더니티의 서사라고 할 수 있다. 앞으로 보겠지만, 4·19 혁명의 서사를 혁명적 기원으로부터 멀어지는 타락의 서사로 보는 이러한 관점과 『국가와 혁명과 나』(1963)와 같은 자서전에서 박정희가 잘 보여주는 것처럼 혁명이라는 기원을 정초 짓기 위해 기존의 역사를 타락과 파국으로 간주하는 서사적 시도는 1960년대 이후의 역사를 형성하는 방식에서 일종의 '서사적 경합'을 이루는 주요한 대당(對當)이다.

9) 김미란. 2005. 「4·19 혁명의 정치적 상상력과 개인 서사」. 『겨레어문학』 35집. 겨레어문학회. 177쪽. 김미란. 2005. 「김승옥 문학의 개인화 전략과 젠더」. 연세대학교 국어국문학과 박사논문. 49쪽. 73쪽.

독재와 부패, 부정선거로 상징되는 이승만정권의 형식상의 민주주의나 법치주의의 '표준과 규범'을 효력 정지시키는 하나의 사건, 오히려 그러한 표준과 규범을 가능하게 만드는 '절대적 현재'이기도 했다.[10] 4·19 혁명에서 현실을 파열시키는 사건의 위치를 부여받고 그것을 주도하고 자기화했던 젊음은 그것의 절대적 지속성, 영속적 권위를 획득하게 된다. 이것이 4·19 혁명의 이야기와 담론, 그리고 이를 특권화하면서 문학 활동을 수행했던 60년대 문학에서 젊음이 가지는 중요한 상징적 형식인 것이다. 그런가 하면 5·16 군사쿠데타는 쿠데타를 일으킨 군인들을 '청년'이라고 호명하고 쿠데타를 '혁명'이라고 부르는 것에서도 알 수 있는 것처럼, 4·19 혁명의 의장(意匠)이자 적극적인 패러디로서의 역할을 수행한다. 동시에 이 '혁명'은 이후에 박정희 체제가 이승만 체제에서 비롯된 몰락하고 타락한 국가를 재건하고 빈곤으로부터 인민을 해방한다고 부르짖으면서 "발전주의적 감수성"을 대중적으로 확산시키는 결정적인 계기가 된다.[11] 이것이 국가가 혁명을 내세우면서 위로부터의 계몽을 강력하게 추동하는 개발동원체제로서의 박정희 체제[12]에 내포된 '발전'(development) 개념의 특수성이었다. 보통 '발전'이 모더니티의 핵심적인 개념이라는 것은 익히 잘 알려져 있다. "모더니티의 경제적 과정과 문화적 비전을 매개하는 중간항은 '발전이라는 개념'이다. 한편으로 발전은 자본주의적 세계시장의 등장으로 박차를 가하게 된 사회의 거대한 객관적 변화들 (중략) 본질적으로 경제적인 발전을 의미한다. 그러나 다른 한편으로 발전은 이러한 거대한 충격으로 개인적인 삶과 인격에 발생하는 중요한 주체상의 변화를 지칭한다. 즉 인간 능력의 고양이나 인간 경험의 확장으로서의, 자아발전이라는 관념 속에 내포된 모

10) 김 항. 2010. 「알레고리로서의 4·19와 5.19」. 『상허학보』 30집. 상허학회. 197쪽.

11) 황병주. 2008. 「박정희 체제의 지배담론: 근대화 담론을 중심으로」. 한양대학교 박사논문. 138쪽.

12) 조희연. 2010. 『동원된 근대화: 박정희 개발동원체제의 정치사회적 이중성』. 후마니타스. 9쪽.

든 것을 지칭한다."[13] 그런데 5·16 군사쿠데타와 1963년 집권 이후 박정희 체제에서 근대화의 이름으로 지속적으로 내세우고 실천한 발전이라는 개념은 '경제적인 발전'을 중심으로 하되, 인간경험의 확장이나 인간능력의 고양과 같은 자아의 자율적인 성장이나 발전과는 거리가 다소 멀게 보인다. 박정희 체제에서 발전 개념은 기본적으로 "후손들의 번영과 행복을 위해 현 세대의 희생과 노력을 통해 근대화"[14]를 달성하는 것과 관련된 것이었다. 그것은 정체와 후진으로 상징되는 과거의 시간을 현재에 복구하고 만회하려는 노력이었다. 시간은 속도와의 싸움을 의미했으며, 이를 위해서 개인은 어디까지나 공동체의 일원, 한 계기로 존재하는 것이어야 했다. 민족의 번영이 곧 개인의 번영이었으며, 개인의 특수한 자아발전과 자율에 대한 추구는 후손들과 더 나은 내일을 위해 당장은 지양되어야 하는 것으로 존재해야만 했다.[15]

박정희 개인의 회고와 견해가 가장 많이 반영되어 있다고 여겨지는 자서전 『국가와 혁명과 나』(1963)는 어떻게 보면 1960년대 교양소설에서 젊음을 서사화하는 상징적 방식의 다른 편에 대극으로 놓이는 흥미로운 징후적인 텍스트로 간주할 필요가 있겠다. 『국가와 혁명과 나』는 한마디로 말하면 5·16 군사쿠데타의 정당성을 확보하고 선점하기 위한 서사적 경합의 극적인 사례이다. 박정희가 5·16 군사쿠데타를 혁명이라고 규정짓고 그것을 "4·19 학생혁명의 연장"[16]으로 정당화하는 서사적 전술을 고안할 때, 그가 가장 특징적으로 동원하는 어휘들이 '파국'(파멸)과 '청춘'(청년)이라

13) Perry Anderson. 1993. "Modernity and Revolution". 「근대성과 혁명」. 김영희·유재덕 옮김. 『창작과비평』. 여름호. 338쪽.

14) 황병주. 같은 논문. 138쪽.

15) 황병주. 위의 논문. 152~154쪽.

16) 박정희. 2005. 「국가와 혁명과 나」(1963). 『하면 된다! 떨쳐 일어나자』. 동서문화사. 250쪽. 앞으로 이 책을 인용할 경우, 본문에 쪽수를 병기한다.

는 점은 흥미롭다. 이 두 어휘는 각각 끝과 시작, 또는 시작과 끝이라는 고리로 맞물리면서 하나의 서사적 체계를 완성한다. "불안한 정치 정세와 각박한 경제 사정 등으로 사회 여러 상황은 한마디로 말해서 내일 없는 파국 전야라 할 수 있었다."(253쪽) 이승만 정권의 부패한 장기독재 16년의 역사에 대한 진단으로 등장하는 '파국'이라는 어휘는 나아가 한반도의 수천 년의 역사를 파국과 타락에서 구원을 대망하는 일종의 수난사로 재구성하고, 5·16 군사쿠데타를 새로운 역사가 개시하는 구원사의 기원으로 전유하려는 이데올로기적 수사이다. 여기서 추가되는 흥미로운 사실은 박정희가 혁명을 '인생'에 비유한다는 것이다.

> 또한 우리는 혁명을 달리 우리의 인생에 비할 수도 있다. (중략) 혁명은 당시 사회의 안정이기보다는 내일의 사회를 위하는 것이다./그러기 때문에 혁명을 맞은 당대는 그만큼 고생을 지불하지 않을 도리가 없다. (중략) 혁명을 괴롭다 하고 당장의 쾌락을 추구한 나머지 자녀들로 하여금 우리가 겪은 그대로의 고난을 물려준다면 참으로 오늘날의 우리 부모들은 크나큰 죄를 지었다 하지 않을 수가 없을 것이다./억만금을 물려준다 한들 후세 사회가 온전하지 못하다고 한다면, 결국 그 자산이 무슨 힘이 되겠는가./혁명은 이같이 오늘보다 내일을 위하여 제기되는 윤리에 있다.(353쪽)

인용문에 잘 드러나는 것처럼, 박정희 자신이 무언중에 혁명과 삶, 역사를 하나의 서사로 간주하고 이들을 동일시하고 있는 것이나. 그가 혁명을 인생, 즉 인생의 특정단계에 비유할 때, 청춘은 그 맨 앞자리를 당당히 차지하면서 담론 투쟁과 서사적 경합에서 우위를 차지하려는 전술적 용어로 변신한다. 예를 들어 그가 "4·19 혁명을 대낮의 공사(公事)에 비하고 5·16 혁명을 밤의 거사에 비유하는" 것에 맞서 "5·16 혁명"이 일어났던 시각이 밤이 아닌 "새벽"으로 규정하려고 하거나, 군사쿠데타를 주도했던 장교들을 '청춘'으로 호명하는 행위는 꽤 흥미롭다. "30대의 청춘을 민족에 걸고 오직 한 나라의 운명을 바로잡으려던 저들 모습 뒤에는 사랑하는 아내와 아들, 딸, 그리고 나이 많은 부모가 계시지 않는가. 아니, 인생의 꽃으로 아직 열매조차 맺지 않은 청춘이었다."(256쪽) 아마도 "우리 한국은 20대의 청년이다"(402쪽)라는 진술은 5·16 군사쿠데타와 이후의 조국 근대화의 담론과 실천에 내포된 개발독재 모더니티의 상징적 성격을 함축하고 있다고 할 수 있다. 그러나 박정희가 호명하는 청년, 청춘에 함축된 젊음은, 앞서 잠시 언급했지만, 자아의 발전과 인간경험의 확장을 도모하면서도 그것을 현재가 아니라 미래에 투사하고 국가를 위해 사회와 개인을 지양하는 성격을 지닌다. 젊음은 어디까지나 조국 근대화라는 의미에서의 국가의 발전과 그에 따른 개인적 성숙으로 지양되기 위한 하나의 계기로서만 그 의의를 획득하는 것이다.

흥미로운 것은 박정희와 같은 개발독재의 영웅이 호명하는 젊음의 자기형성의 과정과 결코 배타적으로 대립되지는 않는다는 것이다. 여기서 헤겔의 교양개념을 잠시 참조할 필요가 있겠다. 보통 헤겔에게 교양은 그 자신이 말한 것처럼, 권력과 부(富), 즉 국가와 시민사회와 적극적으로 대립하고 그것을 부정하려는 '비천한 의식'이 수행하는 자기 전개의 변증법으로 읽힌다. 그러나 이러한 '비천한 의식'은 실제로는 '고귀한 의식', 즉 국가권력과 사회적 부를 획득하려는 적극적인 열망과 동일시의 과정을 부정적으로 매개하지 않을 수 없다. 한마디로 비천한 의식은 거꾸로 서 있는 고귀한 의식인 것이다. 헤겔은 교양체험의 자기전개 과정의 중요한 계기로 "영웅적 정신"에 대해 언급하는데, '영웅적 정신'은 자신이 비천한 의식임을 대자적으로 깨닫는 고귀한 의식이다. 헤겔에 따르면 '영웅적 정신'은 "개인의 존재를 전체를 위하여 희생하는 덕성이며, 또한 소유나 향유를 스스로 포기하면서 오직 권력만을 위해서 행동하는 가운데 자기실현을 기하는 인격"[17]으로 거듭나게 된다. 이것은 어떻게 보면 박정희가 구상했던 모더니티에 내포된 젊음의 측면과 상당히 부합한다고 하겠다. 내일을 위해 오늘을 지양하고, 미래의 부와 번영을 위해 오늘의 절약과 소유의 포기를 정당화하며, 전체를 위해 개체를 희생하는 정신으로서의 젊음. 그러나 국가권력과 부의 성취는 그것이 개인의 발전에 대한 무조건적 희생이 아닌 개인의 발전에 대한 정당화로 나타나게 하려면 하나의 타협책을 필요로 한다. 그것은 개인의 발전이 국가의 발전과 부의 형성의 직접적인 계기가 되는 것으로 인식되는 타협책이다. 헤겔이 비천한 의식과 고귀한 의식의 변증법을 전개하면서 빠뜨린 설명이 바로 이것이다. 물론 그것은 비천한 의식을 대자적으로 인식하는 고귀한 의식, 즉 영웅적 정신에 어느 정도 내포된 것이다. 비천한 의식을 대자적으로 지양하면서 고귀한 의식으로 상승하려는 것을 정당화하는 출세주의가 그것이다. "국가적 출세와 개인적 출세, 이 두 가지 층위를 갖는 개발연대의 추억은 "나라의 융성이 나의 발전의 근본임을 깨달아"야만 했던 국민의 교육용으로 제격이었다."[18]

그런데 박정희 체제의 슬로건인 '발전'은 서구 부르주아 사회에서의 발전 개념이 그러했듯이, 경제적인 발전과 개인의 발전이 충돌하면서 빚어내는 모순을 아이러니하게 체현했다기보다는 경제적인 발전을 위해 개인의 발전을 희생시키거나 경제적인 발전을 개인의 발전으로 정당화하려는 특징을 띠고 있다. 이러한 발전 개념에 입각한 '동원된 근대화'에 비해 오히려 개인의 자율성 및 자기경험의 확장이나 고양과 같은 특성은 4·19 혁명에서 비롯된 청년들의 경험에 보다 가깝다고 해석해야 옳을 것이다. 그렇

17) G. W. F. Hegel. 1988. Phänomenologie des Geistes.『정신현상학』 2. 임석진 옮김. 지식산업사. 619쪽.

18) 황병주. 2009.「박정희와 근대적 출세 욕망」.『역사비평』. 겨울호. 258쪽.

다고 4·19 혁명에서 비롯된 젊음의 자기고양과 5·16 쿠데타에서 비롯되는 근대화에 대한 요구, 발전에의 욕망이 반드시 대립되거나 차별되는 것만은 아니라는 것에도 유의할 필요가 있다. 그것들은 때로는 서로 충돌하기도 하지만, 모더니티의 두 층위 또는 계기로 서로를 보충하거나 필요로 하는 관계일 수 있다.[19] '조국 근대화'라는 1960년대적인 발전 개념에 대해 이 시대의 교양소설에서 엿보이는 젊음의 평가는 비천한 의식이 수행하는 바, 부정적이라기보다는 그에 대해 판단을 유예하거나 중지하는 쪽이다.

김승옥 소설을 비롯해 1960년대 문학에 상징화된 개인의 자율성, 문화적 능력의 확보와 같은 성과에 대한 문학적 정당화를 수행하던 문학비평이 소설에서 젊은이로 표상되는 주인공이 교양의 능력과 자아의 자율적 정체성을 확립하려는 노력을 평가하려할 때 수반될 수 있는 두 가지 문제를 고려해야 할 것이다. 첫째, 젊음의 자율성과 교양의 확보는 '동원된 근대화'가 요구하는 발전에의 욕망과 경제적 발전과 어느 정도 대립할 수밖에 없게 된다는 것이다. 동원된 근대화의 특성 가운데 하나는 박정희 체제가 주도했던 산업적 근대화에 필요한 노동력을 보다 용이하고도 빠르게 확보하기 위한 수단으로 개인의 사회화를 일방적으로 앞당기는 것이다.[20] 그런데 이 시대의 소설에 등장하는 젊은이들이 대개 그러하듯 1960년대에

19) 이상록은 1960년대의 자유주의 지식인들이 4월 혁명의 다양하고도 다중적인 욕망을 "'탈후진 근대화의 길'로 단성화 시키는 역할을 수행해나갔다"고 말한다. 이상록. 2011. 「경제제일주의의 사회적 구성과 '생산적 주체' 만들기」. 『역사문제연구』 25호. 역사문제연구소. 4. 129쪽. 이러한 '탈후진 근대화의 길'은 정치적으로는 대의제 민주주의를, 경제적으로는 '건설하자'라는 이승만 대통령 하야 구호에서 상징적으로 드러나듯이 경제제일주의적 발전주의를 목표로 삼는다. 5·16 군부쿠데타 세력의 등장 이전에 이미 생산적 주체와 경제 제일주의, 후진성 극복 등이 4·19에 대한 담론의 다양한 형태에서 배태되어 나왔던 것이다. 모더니티의 발전주의적 속성에서 볼 때, 4·19 혁명에 대한 담론적 투쟁에서 헤게모니를 쥔 세력과 5·16 군사쿠데타를 주도했던 군부의 담론은 어느 정도 동질적이었다.

20) 이것은 1961년 문교정책 실천요강 등에서 나타난 박정희 체제의 교육정책의 핵심인 '발전교육론', 즉 근대화를 이루기 위한 인력개발의 수단으로서의 교육을 강조하는 것과 상통한다고 말할 수 있다. 유대근. 1991. 「5·16 군사 독재정권과 60년대 한국교육」. 『중등우리교육』 13호. 3. 124쪽.

들어서면서 급증한 대학생 계급은 사회적 입사에 필요한 교육과정이 연장됨에 따라 사회 심리적 유예기간으로서의 젊음을 그 이전보다 상대적으로 더 많이 확보하게 된 특수한 계급이기도 하다. 이렇게 대학생들로 표상되는 젊음은 사회 심리적 유예기간에 속해 있기 때문에 동원된 근대화의 방식을 일방적으로 요구받는 개인의 사회화에 대해 어떤 식으로든 부정적으로 반응할 수밖에 없다. 그렇지만 둘째, 젊음의 그러한 유예기간에 내포되어 있는 불안정성, 유동성을 해소하려는 노력도 마찬가지로 뒤따르게 된다. 개인에 대한 일방적인 사회화에서 비롯되는 딜레마를 해결하기 위해 젊음은 경제적, 정치적 요구에 대한 보충의 형식으로 문화적 역량을 확보하는 것으로 사회 심리적 유예기간에서 오는 공백을 메우려고 하는 것이다. 그런 경우 문화역량의 확보는 딱히 국가 주도의 발전에 대한 욕망과 날을 세우면서 대립하지 않고서도, 사회화의 무리한 요구로부터 물러나고 도피하는 방식으로 자신에게 부과된 딜레마를 풀 수 있는 방법을 발견하게 된다. 젊음은 사회화로부터 유리되고, 또 유예됨으로써 그 존재가치를 확보하게 된다. 4·19와 5·16로 상징되는 1960년대적 근대에서 젊음을 구현하는 교양소설은 개인의 자기 발전과 개인의 희생을 전제로 한 경제적 발전 사이의 타협형성의 산물이다. 그리고 교양소설을 통한 문화적 역량의 확보는 이윤추구 위주의 경제활동으로 인해 결여된 문화적 소양의 능력을 보충할 수 있는 중산계급의 이상이기도 하다.[21]

이러한 측면에서 볼 때 4·19세대 작가들의 교양소설은 4·19 혁명으로부터 촉발된 정치적 자유주의와 개인주의의 문화적, 문학적 자기표현의 이상에 비교적 충실하다고 말할 수 있다. 비록 그것이 5·16 군사쿠데타와 박정희 체제의 발전주의 그리고 사회적 출세주의와 적극적으로 대립하지

21) Terry Eagleton, 1995, The Aesthetic Ideology, 『미학사상』, 방대원 옮김, 한신문화사, 22~29쪽; 김미란, 「김승옥 문학의 개인화 전략과 젠더」, 73쪽.

는 않는다고 하더라도 부정적인 방식으로, 소외된 형태로나마 그것에 거리를 두고 있다. 그런 한편으로 그것은 동시대의 정치적 자유주의가 박정희 체제와 공유하고 있는 공통분모인 반공주의 이데올로기로부터 자유롭다고 말하기도 어렵다. 이 시기의 교양소설에 재현된 젊음의 형상이 어디까지나 이후에 특권화된 중간계급으로 흡수될 수 있는 젊음이라는 것도 계급적인 측면(대학생)에서 살펴볼 필요가 있겠다. 말하자면 이 시기의 교양소설은 정치적 이념에서 자유를 확보했지만, 평등에 대한 의식은 거의 없었다고 보아도 좋다. 그 대신 형제들만의 연대가 평등의식의 빈 공간을 채운다. 젠더이론의 측면에서도 이 시기의 교양소설에 재현된 젊음에 대해서 다른 각도의 접근이 가능할 것이다.[22] 이 이론에 따르면, 4·19 혁명과 5·16 쿠데타는 적어도 하나의 공통분모를 갖고 있다. 그것은 이승만 체제라는 '나쁜 아버지'를 몰아낸 오직 형제들만의 연대를 서사화하는 가족 로망스의 특징을 지니고 있다는 것이다. 물론 젠더의 측면에서조차 4·19 혁명과 5·16 쿠데타를 같은 층위에서 이야기할 수는 없다. 그것은 이후에 혁명과 쿠데타를 각각 주도한 형제들 간의 무한경쟁과 권력투쟁을 낳게 되지만, 이러한 형제들의 무리 가운데 하나인 박정희 체제는 자율적 개인과 그 연대를 바탕으로 하는 민주주의적 이상과 실천을 지향하는 형제들의 연대를 반공주의적 개발독재의 강압적 시스템으로 탄압했으며, 그러한 탄압의 대상에는 정치적으로 배제된 여성들의 자율성에 대한 요구와 권리도 포함되어 있었기 때문이다.

정치적 측면과 젠더 이론적 측면에서 4·19세대 교양소설에 대한 다각도의 접근과 비판이 가능할 것이지만, 이 시기의 교양소설이 어떤 방식으로 현실에 대해 문학적으로 대응하는지에 대해서 체계적으로 유형화할 필요가

22) 김미란, 같은 논문. Lynn Hunt, 1999, The Family Romance of the French Revolution, 『프랑스혁명의 가족로망스』, 조한욱 옮김, 새물결.

있다. 최인훈의 『광장』에서 시작되는 4·19세대 작가들의 60년대 교양소설은 크게 세 개의 교양소설 범주로 나누어 살펴볼 수 있다. 첫째, 비판적 소설(critical fiction)로서의 교양소설이다. 이것은 헤겔의 교양개념에 내포된 부정의 노동과 비판, 해체의 과업을 서사적으로 적극적으로 인준하는 것이다. 기존의 질서와 체계에 대한 부정의 과업을 수행하는 젊음의 의식은 교양서사의 충동과도 얼마든지 부합하는 것이다. 물론 최인훈이 실험한 이 소설형식은 서사보다 논평이 압도되면서 계승되지는 않는다. 둘째, 아이러니 소설(ironical fiction)로서의 교양소설이다. 모더니티의 상징적 형식으로서 젊음의 불확실성과 미혹, 현실과 이상의 간극, 기대와 환멸 등이 복합적인 방식으로 체현하는 교양소설은 아이러니 정신을 근간으로 하고 있으며, 그것은 젊음의 변화무쌍한 속성에 부합한다. 김승옥과 박태순 등의 교양소설은 이 시기의 교양소설을 반교양소설로 새롭게 정의하게 만든다. 셋째, 자기형성 소설(self- formation fiction)로서의 교양소설이다. 그것은 앞서 비판적 기능이나 아이러니적 유희로 해체되는 젊음의 속성과는 다소 다르게 자신의 정체성을 확립하고 '나는 누구인가'라는 질문에 대한 목적론적인 답을 마련하는 식으로 개인에서 공동체에 이르는 정체성을 확보하고 형성하는데 복무한다. 그것은 젊음을 특권화하려는 서사적 전략에서 여전히 비롯되지만, 그로부터 결국 벗어나려고 노력한다는 점에서 젊음에 대한 최종적으로 부정적인 가치평가가 수반된다. 비판적 서사로서의 교양소설에서 출발해 자기형성 서사로서의 교양소설에 이르면, 1960년대 신세대 작가들의 교양소설에서 형성의 의지는 젊음의 사회화과정에 대한 별다른 출구 없는 전략에서 비롯된, 비록 가망은 없더라도 그 나름대로 치열한 환영(phantom)으로 육화되는 것처럼 보인다.

2) 1960년대 한국적 교양소설의 형성과 그 계보

흔히 교양소설로 번역되는 Bildungsroman에 대한 개념정립은 1960년대의 교양소설의 특징을 해명하는데 반드시 필요한 작업이다. Bildungsroman에서 보통 '교양'으로 번역되곤 하는 Bildung이 '번역'의 운동과 긴밀하게 관련되어 있다는 다음의 설명은 우리의 논의에서 꽤 중요하다.

> 왜냐하면 번역의 운동은 자기 혹은 동일자(알려진 것, 평범한 것, 친숙한 것)에서 출발하여, 낯선 것 혹은 타자(미지의 것, 비범한 것, 친숙하지 않은 것)를 향해 가는 것이고, 이러한 경험을 통해 자신의 출발점으로 다시 되돌아오는 것이기 때문이다. (중략) 이러한 순환적이고 주기적이며 왕복적인 빌둥은 그 내부에 자기를 넘어서서 스스로를 위치시키는 것(Über-Setzung)으로서의 번역(translation)적인 요소를 담고 있다."[23]

Bildung은 Bild의 뜻이 그러한 것처럼 하나의 이미지(像)일뿐만 아니라, 자기 발전과 확산을 꾀하는 운동적인 개념이기도 하다. 물론 이러한 발전이란 동일자의 자기운동으로 수렴되는 것이되, 동일자와 타자의 끊임없는 충돌의 결과로 타자인 자기 자신을 발견하는 것이다. 또한 Bildung은 언어와 서사로 전환할 잠재적 가능성 또한 내포하고 있다. 헤겔이 『정신현상학』(1806)에서 이미 말한 것처럼, Bildung에서 "정신의 국면에서 빚어지는 분열을 표현하는 언어야말로 자기의식의 형성으로서의 교양의 세계 전체를 포괄하는 완전한 언어이며 또한 그 속에서 참으로 살아 움직이는 정신이기도 한 것이다."[24] 이러한 맥락에서 볼 때 이 글에서 젊음이 자기의 분열된 내적 갈등을 겪어가고 그러한 정신의 운동을 언어화, 서사화하는 교

23) Antoine Berman. 2009. 「빌둥과 번역의 요구」. *L'epreuve de l'etranger*. 『낯선 것으로부터 오는 시련』. 이향·윤성우 옮김. 철학과현실사. 93~95쪽.

24) G. W. F. 헤겔. 같은 책. 637쪽.

양(Bildung)의 서사를 교양소설로 명명하고 정의하는 것은 꽤 타당하다고 할 수 있다.[25] 헤겔의 『정신현상학』전체가 자기의식에서 절대지에 이르는 서사적 여정을 따르고 있고, 철학으로 쓴 일종의 교양소설이라고 말할 수 있다면, 헤겔의 교양 개념은 자기의식에서 절대지에 이르는 자아의 형성과정에서 가장 핵심적인 개념이다.

교양소설적인 맥락에서 헤겔의 교양개념에서 추출할 수 있는 세 가지 일반적인 특징은 다음과 같다. 첫째, 헤겔에게 교양은 무엇보다도 부정의 노동이다. 둘째, 교양은 이러한 부정을 행하는 '비천한 의식'이 그 최종적인 목적에서 국가와 부의 발전을 위해 노동을 수행해 마침내 그것들과 통합되는 자기전개의 변증법이다. 셋째, 교양은 하나의 형상인 동시에 운동이라는 것이다. 그러나 우리의 맥락에서는 교양에 대한 헤겔의 변증법적 체계는 다소간 수정해야 할 필요가 있으며, 교양에서 핵심적인 몇 가지 계기들을 다른 것보다 강조하는 쪽으로 나아가야 할 필요가 있다. 이것 또한 '문화적 번역'으로서의 교양의 개념에 충실한 것이다. 첫째, 부정의 노동은 주체의 자기존립을 위한 부단한 해체작용[26]으로 다소 수정되어 번역할 필요가 있다. 헤겔의 노동 개념은 국가와 부의 창출이라는 목적(telos)을 향해 나아가는 경향이 있지만, 우리가 다루는 교양소설에는 국가와 부의 창출이라는 목적은 적극적으로 설정되지 않는다. 대신 국가와 부의 기존 현상 형태에 대한 해체적 비판을 떠맡거나 맹아적인 형태로나마 문화적 개인주의와 민주주의의 형태에 대한 실험을 시도한다. 무엇보다 젊음은 적극적인 자유의 실현으로서의 자기표현인 것이다. 4·19세대 작가들의 교양소설에서 그것은 흔히 여자들을 배제하고 남자들 간에 이루어지는 우정의 연대

25) 교양소설의 한국적인 맥락에 대한 적확한 관점으로는 황종연. 2001.「편모슬하, 혹은 성장의 고행」.『비루한 것의 카니발』. 문학동네. 그리고 허병식 2005.「한국 근대소설과 교양의 이념」. 동국대학교 박사논문 참조.

26) G. W. F. 헤겔. 같은 책. 598쪽.

와 결사 형태의 조직이나 모임으로 나타난다. 둘째, 교양의 과업을 수행하는 '비천한 의식'은 헤겔에서처럼 고귀한 의식 또는 영웅적 정신으로 변증법적으로 거듭나는 것이 아니라, 앞서의 해체적 비판을 반복하는 '비천한 의식'에 머무르거나 그러한 비판을 자신의 언어에게도 겨냥하는 아이러니적 정신이 된다. 이것은 헤겔이 드니 디드로의 소설 『라모의 조카』(1761)에 대해 논평하면서 '교양의 무상성을 선포하는 기지의 언어'라고 부른 것이다.[27] 이러한 기지의 언어는 비천한 의식이 그것의 타자인 현존질서인 국가와 시민사회로부터 아이러니하게 수혜를 받고 있음을 폭로하고, 그러한 폭로와 비판을 행사하는 정신과 언어가 현존질서보다 우위에 서 있거나 오히려 그렇지 않음을 드러낸다. 교양과 속물이라는 이분법적 대립은 교양소설에서 기지의 언어, 즉 젊음에 내포된 끊임없는 자기부정에서 비롯된 언어의 산물임을 고찰할 필요가 있다. 교양의 무상성을 선포하는 유희적 기지와 스스로를 적극적으로 속물로 간주하는 비천한 의식은 사실상 같은 성질의 것이다. 셋째, 교양이 그러하듯이 삶을 목적론적인 서사로 간주하며, 젊음이라는 것을 자기 정체성을 부단히 형성하고 재발견하는 삶 전체에 있어서의 주요한 한 계기로 간주하는 것이다. '자기형성 소설'로 부를 수 있는 이러한 교양소설은 비판적 소설, 아이러니 소설로서의 교양소설과도 구별된다. 자기형성 소설로서의 교양소설은 무엇보다도 자신을 둘러싼 삶의 여러 지평을 두루 재확인하는 데에 복무한다. 삶은 자기를 미적으로 표현하는 하나의 작품이며, 그러한 표현 속에서 자신과 자신을 둘러싼 공동체를 재발견하는 일련의 서사적 과정인 것이다. 특수성으로서의 젊음은 그 자체로 의미가 있다기보다는 삶이라는 보편성 안으로 지양되면서 의미를 획득하게 된다. 여기서 『광장』에서 『어둠의 축제』에 이르는 교양소설들에 재현된 젊음의 상징적, 역사적 의미론을 약술할 필요가 있다.

27) G. W. F. 헤겔, 같은 책, 639~640쪽.

먼저 최인훈의 『광장』과 『회색인』을 '비판적 소설'로서의 교양소설의 개념에서 고찰할 필요가 있겠다. '비판적 소설'(critical fiction)은 교양소설을 정의하는 개념에서 볼 때 다소 생소하지만, 헤겔적인 의미에서 교양(Bildung)에 내포된 해체와 부정의 노동이라는 개념을 서사적으로 확장한 것이라고 생각하면 좋을 것이다. '비판적 소설'로서의 최인훈의 교양소설에서 젊음은 헤겔의 개념에 따르면 무엇보다도 노예의 반성적 자기의식, 또는 비천한 의식과 상관성이 있다. 이러한 교양소설에서 드러나는 기존질서와의 충돌, 자기반성적인 젊음은 세계에의 입사를 준비하는 방식이 아니라, 기존 세계에 대해 의심과 비판, 해체를 수행하는데 서사적으로 이바지한다. 두 소설 모두 4·19 혁명 이전의 현실을 배경으로 하고 있지만, 주인공을 통해 수행되는 비판 정신은 4·19 혁명의 정신에서 비롯된 결과이다. 『광장』에서 이명준은 사적인 개인에서 공민의식을 가진 정치적 비판자로 자신의 역할을 바꾸며 연기한다. "사람이 무엇 때문에 살며, 어떻게 살아야 감격을 가지고 살 수 있는지를 알아야 했다."[28] '이 세계에서 나는 무엇을 할 수 있는가'라는 이명준의 질문은 세계에 기여하고 흡수되는 방식이 아니라, 기존에 주어진 '밀실, 광장'이라는 정치적 타락상에 대한 추상적 비판을 행하는 방식으로 이어진다. 광장과 밀실의 대립은 다양한 은유적 변주를 통해 유토피아에 대한 열망과 이데올로기에 대한 비판이라는 대립으로 부각된다. 또한 그것은 소여(所與)된 교양에 대한 비판으로도 나타난다. 예를 들어 이명준에게 공산주의체제의 교양이란 "현실에서 일어나는 사상(事象)의 원형을 또박 또박 〈당사〉 속에서 발견하고, 그에 대한 답안 역시 그 속에서 찾아내는 것"(126쪽)에 불과하다. 그러나 그가 그러한 체제비판을 남한에 대해서도 수행할 때, 그는 남한체제가 주는 우월성을 은밀히 인정하며 그 우월성을 '자유'에서 찾는다. "다만 장점이 있다면 그곳

28) 최인훈. 1961. 『광장』. 정향사. 24쪽.

[남한—인용자]에는 타락할 수 있는 자유와 나태할 수 있는 자유가 있었다. 정말 그곳은 자유향(自由鄕)이었다."(191쪽) 그러나 자의식적인 고아인 이명준은 사방으로부터 절대적으로 고립되어 있는 상황이다. 그는 최소한의 결사 공동체를 형성할 친구도 없고, 하나밖에 없는 스승마저 배반한다. 오로지 의존할 수 있는 것은 사랑밖에 없는 상황이다. 그러나 이명준이 혼자서 감당해야 할 현실은 너무도 크며, 『광장』에서 6·25라는 모더니티의 파국은 결국 그 자신의 파멸로 이어지고 만다. 이러한 심리적 손상과 결여는 『회색인』에 와서는 하나의 타협형성으로 이어진다. 한국적 모더니티에 대한 보다 심층적인 비판과 해체로 이어지는 한편으로 이 소설은 『광장』에 결여되었던 다른 부분들을 서사적으로 보완한다. 4·19 혁명이 일어나기 직전인 1958~59년, 구체적으로는 58년의 2.4 보안법파동을 역사적 배경으로 한 소설 『회색인』의 주인공 독고준은 친구 김 학 등과 우정을 맺는 한편으로 이명준이 추상적 부정의 방식으로 수행했던 근대에 대한 비판과 해체를 보다 구체적으로 심화하고 확장한다. 김 학 등과 맺고 있는 소모임인 『갇힌 세대』동인은 이 소설에서 사유하는 민주주의적 공동체 형식에 대한 소규모 축소판이라고 할 수 있다. 『회색인』에서 우정은 "시민 사회의 공동체 결성을 사회·정치적으로 배태하는 하나의 가능한 양식이 된다."[29]

"우리는 이렇다. 가족이 없다, 그러므로 자유다. 이것이 우리들의 근대 선언이다."[30] 이 말은 독고준이 소설에서 수행한 한국형 모더니티에 대한 비판과 해체를 요약하는 문장이다. 그런데 이것은 소설에서 서사적 플롯의 형태가 아니라 논평적 개입의 형태로 수행되는 것이기도 하다. 『서유기』(1978) 등에서 보이는 논평 위주의 사변적 텍스트는 이렇게 가능해진 것이

---

29) Siegfried J. Schmidt. 2004. *Die Selbstorganisation des Sozialsystems Literatur im 18. Jahrhundert*. 『구성주의 문학체계이론』. 박여성 옮김. 책세상. 144쪽.

30) 최인훈. 1977. 『회색인』(1963). 문학과지성사. 110쪽.

다. 『회색인』에서는 1960년대 4·19세대 작가들의 교양소설에서 주요하게 취급하는 타자와의 만남과 인정욕망의 두 형식인 사랑과 우정의 문제 등이 본격적으로 부각된다. 이 소설에서 사랑은 물러나고, 우정이 보다 중요해진다. 민주적 결사체를 형성하는데서 여성은 아무래도 걸림돌에 가까운 것으로 보인다. 결론적으로 말하자면 『광장』이 교양에 내포된 해체적 정신의 문학적 구현물이라면, 『회색인』은 가능한 한국식 자유주의, 민주주의에 대한 소설적 실험이자 재구축이라고 말할 수 있다. 김현이 일찌감치 지적한 것처럼, 최인훈의 교양소설은 한국적 모더니티에 대한 계보학적 비판을 통해 얻어진 정치적 자유주의의 문학적 표현이었다.[31)]

두 번째로 김승옥의 『환상수첩』과 『내가 훔친 여름』 그리고 박태순의 『형성』에 나타난 젊음의 아이러니적 측면에 주목해 이들 소설을 아이러니 소설로서의 교양소설로 분류해 분석해보자. 아이러니는 수사법과 철학적인 측면에서 생성과 해체, 긍정과 부정, 정체와 변화 등 모더니티 특유의 변증법적 속성이기도 하며, 모더니티의 상징적 형식으로서의 젊음이 갖고 있는 변화무쌍한 성격과도 잘 어울린다. 나아가 이러한 아이러니는 근대소설의 밑절미를 떠받치는 중요한 세계관이기도 하다. 아이러니 소설로서의 교양소설은 김승옥의 소설에서는 귀향과 여행이라는 서사적 여정의 방식을 통해 젊음이 가질 수 있는 삶에 대한 기대(환상)와 환멸의 이중적이고도 아이러니한 체험을 극대화하는 방식으로 형성된다. 그것은 최인훈의 소설(『광장』)에서도 이상과 환멸의 대립으로 어느 정도 암시된 바 있지만, 최인훈의 소설과 다르게 김승옥 소설에서는 세계에 대한 비판과 부정이라는 교양의식 또는 교양충동은 분해되고 언어는 교양세계의 무상성을 선포하는 기지의 언어로 탈바꿈한다.

---

31) 김 현, 1991, 「최인훈에 대한 네 개의 산문」, 『사회와 윤리』(1974), 김현 전집 2권, 문학과지성사, 352쪽.

> 서울대학교에 합격했다고 해서 무엇을 얻었던가. '예링'을 가르치는 구역질나는 강의. 또 거기에는 '헤겔'과 '쇼펜하우어'가 동시에 위대한 것이었다. 당사자들이 들었으면 펄펄 뛰었을 텐데도 순전히 보편적 진리란 이름으로 그들이 서로서로 상대편이 오류라고 하며 자기를 관철시키려던 얘기는 하나의 에피소드에 불과한 것이었다. 그리고 그 보편적 진리를 배웠다는 친구들의, 아아 날뛰는 꼴. 감색 교복에 은빛 배지를 빛내며 버스칸 같은 데서 가죽가방을 무릎에 세우고 영감님처럼 점잖게 앉아 있는 국립대학생. '헤겔'도 못 되고 '쇼펜하우어'도 못 된 것들이. 더구나 '예링'의 절규가 어디서 나온 것인 줄도 모르고 그 절규의 메아리만 배워서 실천하려고 드는 무리들. 그러나 그들은 행복해 보였다.[32]

이것은 언뜻 최인훈 소설에서 행했던 박래품으로서의 모더니티에 대한 비판의 연장처럼 보이지만, 흥미로운 것은 이러한 비판에서 김승옥 소설의 주인공 스스로도 자유롭지 않다는 사실이다. 그것은 자신이 교양이라고 배우고 학습했던 것을 무화하고 희화화하는 데 소비된다. 교양은 지식과 진리의 생산이 아닌 소비품목의 하나가 된다. 그것을 모르지 않지만 안다고 해도 다른 도리가 없이 그 상황을 수용하면서도 부정하기, 이것이 김승옥 소설의 주인공에게 나타나는 의식의 '자기기만'적 성격이다. 교양의 비판 정신은 아이러니적 유희로 변하게 된다. 또한 열등감과 위악을 통해 드러나는 젊음은 그 자기기만적인 속성을 희화화하기에 이른다. 김승옥의 소설들에서 젊음을 희화하는 방식의 서술양태는 대개 고백과 반고백의 형식으로 드러난다. 김현은 김승옥의 소설이 결국 자기기만의 악순환으로부터 벗어나기 위한 서사적 분투와 구원의 모색이라고 말하지만[33], 그것은 진정성(authenticity)이나 성숙의 관점으로 자기기만을 비판하는 것에 불과하

32) 김승옥. 2004. 「환상수첩」(1962). 『환상수첩』. 문학동네. 38~39쪽.

33) 김 현. 「구원의 문학과 개인주의」. 같은 책. 388~389쪽.

다. 자기기만은 김승옥 소설에서 젊음의 상징으로 나타난다.

박태순의 교양소설 『형성』은 제목에서도 암시되어 있듯이, 속물의식이라는 자기기만의 한 속성과 유희하면서 무정형으로서의 젊음에 형식('형성')을 부여하려고 한다는 점에서 김승옥의 교양소설과 함께 묶일 수 있다. 속물의식은 사르트르가 말한 '자기기만'(mauvaise foi)을 통해 이해될 수 있는 의식의 체험이자, 젊음의 가능태와 현실태 사이에서 빚어지는 간극을 이해하기에 유용한 개념이다. 또한 자기기만은 사르트르가 말했듯이, 기본적으로 아이러니와도 관련되어 있다. 자기기만적인 존재는 부정하기 위해 긍정하고 긍정하기 위해 부정하는 존재다.[34] 그런데 『형성』의 주인공은 기존의 가치와 세계를 부정하는 자신을 특별한 예외가 아니라, 부정하기 위해 기존의 가치에 의지하는 의식과 행동의 이율배반적인 분열을 체험하는 자신을 일컬어 '미스터 속물'로 명명한다.

> 벼락부자인 우리 아버지는, 대한민국이 아주 우습고 어색하게, 마치 농담하는 기분으로 살아두면 그럭저럭 재미를 볼 수도 있는 곳이라고 설명하고 싶어하는 듯한 기분으로 늘 내가 꽁생원이라고 핀잔을 주셨다. 그러니까 내가 꽁생원이라는 자의식을 피하는 방향에서 꽃 핀 것이 '미스터 속물'이라는 별명이었다. 나 스스로도 '속물'이라고 긍정해버림으로써 아주 간결하게 마음속에 있는 '아웃사이더'적인 요소를 축출해 버릴 수가 있었다. 나는 인생이라는 것의 형식을 탐구하는 구도자적인 입장에 설 수는 없었다. 하나의 질서로서 주어진 인생이라는 내용물을 소비시켜가는 소비자의 입장에 서 있었다. 나는 무조건 인사이더였다.[35]

이때 속물의식은 교양체험의 반대편에 자리 잡은 것이 아니라, 소여된

34) Jean Paul Sartre, 2009, *L'Être et le Neant*, 『존재와 무』, 정소성 옮김, 동서문화사, 114쪽.
35) 박태순, 1966, 「형성」, 『세대』, 6월호, 338쪽.

방식으로 젊음에게 일방적으로 떠맡겨진 가치체계에 대한 부정을 희극적으로 극화한 것이다. 이 소설에서 속물은 속물에 대한 일반적인 용법을 벗어나 아버지 세대의 출세주의와 대립하고 있는 것으로 제시된다. 자신을 속물로 인정할 수밖에 없는 주인공의 의식은 벼락부자가 된 아버지가 마련한 물질적 조건을 벗어나기 어려운 자신을 희화화함으로써 그러한 물질적 조건에 대해 딱히 정신적 우위를 확보하려하기보다는 자신이 기반하고 있는 물질적 조건을 자조적으로 인정하고 수용하는 편을 택한다. 이것은 한편으로 김승옥 소설에서 자신의 속물주의에 대해 예외적인 제스처를 취하려고 했던 주인공들의 희극적인 태도와는 다소 상이하다는 점에서도 흥미롭다. 한편 김승옥, 박태순 소설에서 아이러니는 사랑과 우정의 결합과 배반에서 보다 역동인 모습으로 체화된다. 사랑과 우정은 자율적으로 어울리는 것이 아니라, 서로 갈등상태에 놓이거나 결국 하나를 위해 다른 하나를 포기하는 방식으로 형상화된다. 이 소설들에서 작동하는 젊음의 정신인 아이러니는 결국 스스로를 부정하기에 이르며, 소설들은 젊음을 막다른 유예상태로 내몰고 서둘러 종결을 취한다.

셋째, 1967년『현대문학』장편소설 현상공모에 당선작과 가작으로 각각 당선된 작품이기도 한 이동하의『우울한 귀향』과 김원일의『어둠의 축제』를 자기와 공동체를 형성하는 자기형성 소설로서 생각해볼 필요가 있다. 자기형성 소설은 하나의 인격적 정체성의 확립이 어떤 이야기의 통일성이 요청하는 성격의 통일성에 의해 전제되는 정체성이라는 관념을 근간으로 한다.[36] 김승옥이나 박태순 소설에서 보였던 바와 같은 아이러니적인 분열은 이동하와 김원일의 소설에 와서는 정체성의 통합을 통해 극복되어야

---

36) Alasdair Macintyre, 1997, *After Virtue*,「덕들, 인간 삶의 통일성, 그리고 전통의 개념」,『덕의 상실』, 이진우 옮김, 문예출판사, 322쪽 그리고 Charles Taylor, 1989, *Sources of the Self: The Making of the Modern Identity*, Cambridge, Massachusetts: Harvard University Press, p. 50.

할 것으로 상정된다. 자기형성 소설에서 중요한 것은 『우울한 귀향』의 경우, 그것이 자신의 정체성을 확인하고 수립하는 작업으로 글쓰기(소설쓰기)가 본격적으로 출현한다는 것이다. 소설쓰기를 통해 주인공은 젊음이 도심에서 체험했던 혼란과 분열의 기원에 공포의 체험으로 각인된 6.25에 대한 외상적 기억이 있음을 발견하고, 그것을 기록함으로써 분열과 혼란을 정돈하고자 한다. 한편 『어둠의 축제』에서는 도시와 고향이라는 두 세계에 대한 체험이 상충하거나 대립하는 것이 아니라, 조화와 타협을 모색하는 방향 쪽으로 서사가 전개된다. 주인공의 정체성은 도시의 생활에서 경험하는 분열과 혼란을 고향의 인륜적 공동체에 대한 향수에서 보충하는 방식으로 형성된다. 물론 『우울한 귀향』과 『어둠의 축제』또한 김승옥의 소설들과 비슷하게 각각 귀향과 여행이라는 서사적 여정을 통해 이야기가 전개된다. 그러나 귀향과 여행의 의미는 김승옥의 소설과는 다르게 젊음의 분열과 희화화라는 아이러니적 분열이 아닌 정체성의 통합으로 이어진다. 젊음이 자신의 분열을 치유하고 정체성을 확립한다는 것은 어떤 의미에서는 젊음 그 자체가 특권화될 수 없고 딱히 문제적일 필요도 없다는 뜻이기도 하다. 『우울한 귀향』에서 도심에서 경험했던 젊음은 소설의 결말에서 마침내 벗어나야 할 것으로 부정되기에 이른다. "나는 이 진저리나는 젊음이, 얻을 것도 간직할 것도 없는 이 허망한 젊음이 내게서 빨리 떠나가 주었으면 좋겠다고 신음하듯 뇌까렸다. 그러면 적어도 더 이상 헤맬 일은 없을 것이었다."[37]

『어둠의 축제』는 『우울한 귀향』과 다르게 젊음의 특권으로서의 향유(축제)와 또래집단을 중심으로 한 우정의 공동체의 의미가 강조된다. 그러나 그것은 어디까지나 고향의 가족이라는 인륜적 공동체와 조화를 모색하는 방식으로 강조될 뿐이다. 이 소설은 작가 자신도 밝히고 있듯이 평범한

37) 이동하. 1972. 『우울한 귀향』(1967). 삼성출판사. 211쪽.

시민과 길 잃은 시민인 예술가의 대립과 분열이라는 토마스 만의 『토니오 크뢰거』(1903)의 문제의식에서 출발한다. 그러나 소설은 고향과 서울로 표상되는 바, 공동사회와 이익사회 또는 가족이라는 인륜적 공동체와 우정으로 묶이는 또래집단의 화해를 서사적으로 추구한다. 그 결과가 이른바 '사내의 세계'로 표상된다.

> 나는 이렇게 부모님의 사랑 속, 그 심부에 자리잡고 앉아 밀린 여러 가지 학과 공부에 비교적 충실한 시간을 바쳤다. 두 동생의 귀여운 재잘거림과, 닭의 게으른 울음과, 하루에 한두 번씩 하늘을 가로지르는 까마귀떼의 수다스러운 지저귐 외 집안은 온실에서 꽃피는 소리라도 들릴 듯 조용한 고향에서, 다시 말하지만 나는 전원생활을 즐겼는데 그런 생활에도 곧 익숙해져서, 하루바삐 서울로 올라가고 싶어 하지는 않았다. (중략) 그러나 나는 나의 서울 생활과 고향에서의 생활을 비교해서 내가 이중생활을 한다는 자책을 느껴보지는 않았다. 사내의 세계란 항시 가정과 사회를 따로따로 계산함으로써 그런대로의 양쪽 생활을 원만히 해결해 나가듯, 아직 독립된 가정을 갖지 못한 나였지만 도대체 집에서는 부산히 떠벌릴 수 없는 분위기가 마련되어 있었다.[38]

멀리는 최인훈의 『회색인』에서 김학이 서울이라는 모더니티에 대한 하나의 대당으로 경주라는 향토를 발견하고, 김승옥의 소설들에서 젊은 주인공들이 귀향과 여행이라는 서사적 여정을 통해 고향과 시골이 도시생활의 '거대한 기대'가 '가없는 환상'으로 귀착되고 마는 종착지임을 깨닫게 된 이후로, 이동하와 김원일의 소설에서 고향은 다시 한 번 의미론적인 굴절을 겪게 된다. 『우울한 귀향』에서 고향은 6·25전쟁을 경험했던 유년에 대한 글쓰기를 통해서 재발견되며, 이러한 글쓰기는 도시생활에서 정체성의 혼란과 방황을 겪었던 젊음에 대한 치유적인 봉쇄로 나타난다. 거기서 불안

38) 김원일. 1975. 『어둠의 축제』(1967). 예문관. 159~160쪽.

정한 젊음은 재발견되면서 확고해진 유년에 비해 상대적으로 가치가 절하되며, 이러한 유년에 대한 역사적 기억을 상기하는 과정은 정치적 외상로서의 반공주의가 부상하게 되는 계기이기도 하다. 또한 『어둠의 축제』는 보다 온건한 방식으로 도시와 시골, 모더니티의 상징적 형식으로서의 젊음의 가치와 인륜적 공동체 사이의 갈등보다는 타협이 서사적으로 모색된다. 축제로서의 젊음의 가치는 이 소설이 5·16 군사쿠데타가 일어나기 바로 직전에 끝나는 것처럼, 유예적이고 일시적일 뿐이다. 한편으로 이동하와 김원일의 소설에서는 사랑은 우정에 비해 그 가치가 평가 절하되거나 남성들 간의 우정의 연대만이 남아있는 형국으로 묘사된다. 이 두 소설에 이르러서 젊음은 사회화라는 통과의례의 한 절차가 되며, 그런 한에서만 젊음은 자신의 특권을 유지할 뿐이다.

3. 결론을 대신하여

이 논문은 4·19세대 작가들의 교양소설을 살펴봄으로써 젊음이 스스로를 특권화하기 시작한 1960년대의 정치사회적인 모더니티와 젊음의 상관관계를 문제 삼고 이러한 관계가 교양소설이라는 서사적 우세종에 정치적 무의식으로 각인되는 과정을 복원하기 위한 일종의 시론이다. 4·19 혁명과 5·16 군사쿠데타라는 한국형 모더니티의 거대한 변환의 와중에서 당시의 교양소설은 기존세계에 대한 가치의 부정과 해체의 운동을 수행하거나 가능한 한국적 민주주의에 대한 소설적 실험을 수행하면서 출발했다. 그것은 적어도 4·19 혁명이 가져다 준 정신혁명의 문학적 구현이었다. 그러나 젊음의 야심찬 가능성은 점차로 이식되고 강요된 발전 위주의 모더니티에 대한 환멸과 좌절을 동반하는 부정적인 자기고백에 이르게 되며, 이러한 자기고백을 통해 드러난 바, 젊음은 평준화되고 몰가치적인 것이 된다. 젊음은 더 이상 특별하거나 예외적인 것이 아니다. 개발독재체제에서 젊음은 발전주의와 강요된 사회화를 요구받게 된다. 유예되고 소외된 형식으로서의 젊음은 서사적으로는 타협과 화해, 봉쇄의 작용으로 그 의미가 축소되거나 삶의 특정한 한 단계로만 점차 인식되기에 이른다. 1960년대 4·19세대 작가들의 교양소설은 젊음을 문제적인 것으로 부각시키는데 성공했으며, 이후에 한국형 교양소설이라는 서사적 범례를 만드는데 기여했다고 평가할 수 있다. 그러나 최인훈의 『광장』에서 시작된 젊음의 문제적 형성이라는 이상은 갈수록 가속화되던 박정희 식의 개발독재의 발전주의적인 모더니티에서 볼 때, 일종의 환영에 불과한 것으로 드러나게 된다. 마찬가지로 발전과 성장이라는 모더니티의 지배적 특징은 1960년대 4·19세대 작가들의 교양소설에 재현된 바, 젊음에게 가없는 환멸과 피로의 징후로 나타난다.

복 도 훈

1973년생이며 문학평론가이다. 평론집으로는 『눈먼 자의 초상』(2010), 『묵시록의 네 기사』(2012)가 있다. 논문으로는 「단 한 명의 남자와 모든 여자: 아마겟돈 이후의 유토피아와 섹슈얼리티-문윤성의 〈〈완전사회〉〉론」 (2011), 「대지와 그의 적들」(2011) 등이 있다. 현재 충남대학교 등에 출강중이다.

E-mail: nomadman@hanmail.net

1960년대 소설과 민족/국가의 경계를 사유하는 법

| 김 미 란

1960년대 소설과 민족/국가의 경계를 사유하는 법

김 미 란

1. 4월혁명과 북한 표상의 수정

4월혁명은 무엇보다 이승만 정권에 의해 도탄에 빠진 국가를 수호한다는 관념에서 추동되었다. 이것은 혁명기에도 남한의 국가성에 대한 질문이 봉쇄되었음을 의미한다.[1] 또한 4월혁명기의 정치적 상상력은 남한을 균질적인 영토로 단일화하는 데 집중되었기 때문에 북한은 이 시기에도 여전히 '적'으로 간주되었다. 그렇다고 해서 이것이 북한까지 아우르는 '온 겨레'의 상상력이 이 기간에 전혀 작동하지 않았음을 주장하는 일은 아니다. 가령, 대통령 이승만이 하야를 선언했을 때의 정황을 "서울장안은 마치 15년전의 8·15해방을 맞은 양" "2백만 서울 시민, 아닌 3천만 온 겨레가 자유만세를 드높이 외쳤"다고 기록하는 방식에서[2] 우리는 민족적 공간으로서의 한

---

1) 4월혁명을 국가 수호의 관점에서 해석한 글로는 졸고. 2010. 「'젊은 사자들'의 혁명과 증발되어 버린 '그/녀들'」. 『여성문학연구』 23; 2011. 「'순수'한 청년들의 '평화' 시위와 오염된 정치 공간의 정화: 4월혁명기에 선호된 어휘에 대한 개념사적 접근을 중심으로」. 『상허학보』 31을 들 수 있다.

2) 이효식. 1960. 「일선취재기자의 수기: 4·19에서 4·26까지의 서울」. 『민주혁명의 빌사취』. 이강현 편. 정음사. 262쪽.

반도에 대한 인식이 재부상하고 있음을 감지할 수 있다. 달리 말하면 혁명기에 분단국가의 경계에 대한 감각과 북한을 그 일부로 포함하는 민족적 단위로서의 한반도에 대한 감각이 혼재되어 있는 상황이 여기서 포착되는 것이다.

물론 한국전쟁 후인 1956년에 출판된 김동명의 『적과 동지』[3]에서 보이듯, '북'에 대한 강렬한 적개심에서 나오는 사고의 이분법과 고발정신, 처벌의 욕망은 대중적이었으며, 이것이 북한에 대한 공격적인 표상 방식을 한층 견고하게 만드는 데 기여했을 것이다. 4월혁명기에도 시위의 참가자들은 제5열의 잠입을 끊임없이 경계하고 공산주의에 대한 혐오감을 지속적으로 환기시켰다. 그 점에서 이 시기에 북에 대한 적대적인 인식이 수그러들었을 것이라고 기대하는 것은 순진한 일이다.

북에 대한 표상 방식과 연루되어 있는 대표적인 문학적 행위로는 『사상계』가 1960년의 동인문학상 수상 작품으로 이범선의 「오발탄」[4]을 선정하였다는 사실을 떠올릴 수 있겠다. 잘 알려져 있듯이 이 소설은 "꽤 큰 지주로서 한 마을의 주인격으로 제법 풍족하게" 살았던 한 가족이 월남 후 전락을 경험하게 되는 과정을 비극적이면서도 담담한 어조로 다루어 주목 받았다. 특히 7년 내내 "가자! 가자!"를 반복한 어머니의 절규를 통해 개인의 삶을 붕괴시키는 분단의 파괴적 성격을 비판함으로써 독자들에게 주는 호소력이 극대화되었다.

그렇지만 본고에서는 이 가족이 전락을 경험하는 장소가 북한이 아닌 남한이라는 사실에 더 큰 주의를 기울인다. 이것은 「오발탄」이 남한 체제의 우월성을 드러내는 따위의 소설에 속하지 않는 근거가 될 것이다. 작가

3) 김동명, 1956, 『적과 동지』, 부평사.

4) 「오발탄」은 1959년 10월에 『현대문학』에 발표되었으며, 『사상계』의 제5회 동인문학상 수상작으로 선정되어 동지의 87호(1960. 10)에 다시 게재되었다.

는 이 소설을 통해 적의 통치를 받는 북한은 남한과 '자연스럽게' 통합될 수 없는 외부이지만, 그와 동시에 남한 역시 개인의 생존을 도모할 수 있을 만큼 안전한 정치체로 판단할 수 없다는 생각을 드러냈기 때문이다. 그의 견해는 당대의 대중적인 정치 감각을 반영하는 것이겠고, 그 점에서 우리는 4월혁명이 남한 사회에서 일어날 수밖에 없는 내적 필연성과 그 조짐을 작가가 일찍부터 알아차렸을 가능성을 여기서 타진해 볼 수도 있다. 하지만 본고의 문제의식과 관련해서 더 중요한 것은, 이 소설이 '월경이 금지된 장소'로서의 '삼팔선'을 환기시킴으로써 남과 북의 경계 혹은 분단된 국가의 경계에 대한 당대의 인식을 극명하게 보여주는 역할을 맡았다는 점이다. 「오발탄」에서 삼팔선은 민족의 '양단'을 표상하는 동시에 남과 북의 정치체의 차이와 그 적대적 성격을 부각시키는 '국경'으로 기능한다.

하지만 이 텍스트에 등장하는 어머니에게 국가는 남과 북이 통합되어 있는 "내 나라"이자 이북은 그저 되돌아가 몸 누일 고향이라는 점을 다루지 않고 넘어갈 수는 없다. 1950년대 후반에도 그녀는 여전히 북한을 정치적 대결의 장소가 아닌 고향이라는 문화적 장소 차원에서 받아들이고 있는 것이다. 이것은 당대에도 어머니와 아들 간의, 나아가 세대 간의 인식차가 크게 벌어져 있었음을 짐작케 한다. 게다가 그녀는 북한을 한반도의 일부로 삼는 영토 관념을 고수하고 있는 탓에 삼팔선의 정치적 성격을 끝내 이해하지 못한다. 더욱이 이 관념은 완강해서 북한에는 죽음이, 남한에는 자유가 있다는 아들의 옹색한 설명으로는 결코 해소되지 못하는 것이다. 또한 이 해소 불가능성은 삼팔선을 중심으로 한 남북의 정치적 분할과 적대적 대치가 아직 남한의 모든 거주민이 느끼는 생활공간의 감각과 온전히 통합되지 못하고 있음을 적시한다.

그럼에도 불구하고 여러 연구자들이 확언하고 있듯이[5] 이주의 북방 한계선이자 사상과 의사 표현의 경계로서의 삼팔선 표상은 해방기에 이미 형성되기 시작하였으며, 이 시기부터 월북과 월남은 명백하게 사상과 체제의 선택을 뜻하게 되었다.[6] 한 연구자는 지정학적 상상력을 동원해서, 이 시기에 '38선 이남 / 이북'이라는 균질화된 장소가 전체로 지각되는 상황으로 변해하고 있었으며 분절된 공동체는 각각 미국과 소련으로 대표되는 세계 체제의 심상지리 안에 편재되어 갔다고 인상적으로 묘파했다.[7] 그런데 여기서 삼팔선 이남을 전체로 상상한다는 것은 바로 국가(특히 식민지하에서 상상된 근대국가)의 크기를 지각하는 기왕의 방식에 전면적인 수정이 가해졌음을 의미한다. 그리고 대중들에게 강제된 이러한 공간 인식은 「광장」의 이명준이 월북한 1948년 즈음의 시기뿐만 아니라 4월혁명이 일어난 1960년에 이르기까지 민족 단위의 한반도 표상 방식과 자주 충돌하였을 터이다. 사실 이 두 가지 공간 표상 방식은 60년이 넘게 분단 상황이 지속되고 있는 오늘날까지 모순적으로 공존하고 있다. 그러나 당대에는 공식적인 발언의 장에서 민족적 감성으로 '북'에 접근하는 것마저 억제되었다는 점에서 문학 텍스트에서든 비문학 텍스트에서든 북한을 하나의 국가로 인정하는 태도를 발견하기란 더더욱 어렵다. 말하자면 1950년 내내 남한 정부는 북한 정권을 '적'으로 지명했을 뿐, 단 한 번도 조선민주주의인민공화국을 국가로 인정한 적이 없다.[8]

---

5) 정종현. 2009. 「탈식민지 시기(1945~1950) 삼팔선 표상의 지정학적 상상력」. 『현대문학의 연구』 39; 이혜령. 2012. 「사상지리의 형성으로서의 냉전과 검열」. 『상허학보』 34가 대표적이다. 해방기에 등장한 귀환과 소속의 문제를 다룬 김예림. 2010. 「'배반'으로서의 국가 혹은 '난민'으로서의 인민: 해방기 귀환의 지정학과 귀환자의 정치성」. 『상허학보』 29도 중요한 연구로 거론될 수 있을 것이다.

6) 이혜령. 위의 글. 134~138쪽.

7) 정종현. 앞의 글. 430쪽.

8) 대한민국 정부는 1948년 10월에 국가보안법을 제정하여 언론 통제를 강화하면서 '북조선인민공화국'이라는 것은 '북한괴뢰정부'라 할 것, 김일성 수상 운운의 정식예우를 하는 듯한 문구 사용을 말 것, 인공기 달은 것을 보도하지 말 것 등 아홉 가지 사항의 신문 게재를 금지했다(「반민족행위처벌법실시에 관한 질문(1949. 제2회 31호. 2. 15)」. 『제헌국회속기록』 3권. 576~577쪽(임종명. 2007. 「설립 초기 대한민국의 북한 실지화(失地化)와 조선민주주의인민공화국 타자

허나 한반도의 내부이자 남한의 외부라는 북에 대한 이중 표상은 일관된 방식으로 북한을 지시하는 데 장애가 되기 마련이다. 그렇기 때문에 외부와 내부를 가르는 경계는 담론상으로 모호했을 뿐만 아니라 실제로도 허술했다. 가령 1950년대에 남한은 항상 적의 공격을 받거나 적의 잠입으로 오염될 것이라는 위기의식에 시달렸다. 그러면서도 내부를 오염시키는 공산주의자를 색출해내는 일은 수시로 혼선을 빚었던 것이다. 1958년 9월에 삼천포의 극우인사들이 "삼천포 오만여 시민 중에 그 팔할에 해당하는 사만여 명이 적색분자"라고 주장하면서 이 지역은 "불원간 제2의 모스크바가 될듯하니 이들을 조치하여 달라."는 진정서를 제출한 사례에서 짐작되듯이,[9] 1950년대 대한민국은 외부자의 식별과 색출 불가능성에 따른 추문으로 가득 찼다.

경제학자들의 글에서는 북한을 객관적으로 평가하려는 태도가 발견되기도 하지만, 당대의 분위기에 비추어볼 때 이들의 시도는 차라리 예외적이다. 가령 농업문제전문가 주석균이 휴전협정 직후에 "공산주의를 박멸"시키는 길은 "공산주의의 단점과 장점을 섭취하는 동시에 우리들의 과오와 단점을 정확하게 비판하여 이를 혁신함으로써 공산주의보다 우월한 정치조직과 경제체제와 사회제도를 건설"하는 것이라고 주장하는 것마저 당시로선 매우 진귀하다.[10] 동서 양 진영의 공존이 정착되면서, 군사적 대치에

화(1948. 8～1950. 6)」. 『사학연구』 88. 1123쪽 각주 18) 재인용))

9) 『경향신문』. 1958. 9. 15. 1면(「사설: 왜 국민을 억지로 공산당으로 만드는가?」).

10) 주석균. 1953. 「방향론(상)」. 『사상계』 7. 10·11 합본호. 24쪽. 이 글에서 저자는 "적의 장점"으로, ① "적을 접촉한 사람들이 이구동성으로 인정하고 있는바", "적의 관공리는 부패하지 않았다." 또한 적이 사상무류(史上無類)의 강력한 독재국가라는 것은 누구나 다 알고 있지만, "제한된 어떤 면에서는 민권이 신장되고" 있다. 이것이 "일견 이상일 일인 듯이 생각되"지만 "적의 조직력과 자가숙청제도 그리고 강력한 계몽과 교육 조직력 등을 엄밀히 검토"해 보면 이해할 수 있다. ② 자가숙청제도로 "적은 비행은 직장단위로 자기들끼리 숙정할 수 있"으며, 상당한 자치권을 줌으로써 "적은 일은 말단에서 자치적으로, 그리고 연대책임제로 처리할 수 있게 하"

서 정치적, 경제적 경쟁으로 이행했던 1950년대 후반의 국제정치적 상황 아래에서도[11] 남한 사회에서는 북한에 대한 객관적인 정보가 거의 제공되지 못했기/않았기 때문이다. 즉 이 시기에도 "한국으로서 북한괴뢰를 과대평가하는 경향은 없더라도 자칫하면 과소평가하기 쉬운데 이것은 좋지 못한 영향을 가져올 염려가 있다."라는 진단이나 "공산제국은 국민소득의 25%를 자본형성에 매년 투자하고 연성장률은 약 7~8%(복리)"이며 "북한괴뢰의 성장률도 적어도 5%(복리) 이하로 보아서는 안될 것 같다."[12]라는 정보 제공은 지나치리만큼 드물었다.

이것은 1950년대 후반에도 북한은 여전히 괴뢰정권의 '점령 지역'으로만 상상되었음을 뜻한다. 예컨대 재일동포 북송 문제에 대한 남한의 시각을 이론화하는 일이 긴급했던 상황에서 국제법학자 이한기는 북한을 '괴뢰'로 규정하면서, "북한 또는 공산지역은 자유국가가 허용하고 있는 국내의 거주 이전의 자유조차 존재하지 않는 지역이"며, "일본정부가 재일 한국인의 북한 귀환을 원조하였다고 해서 그것이 괴뢰정권을 승인하는 것은 아니다."라고 강변한다.[13] 국제법 전문가가 북한을 지역화하는 방식으로 국가성을 삭제하는 것은 그 자체로 대중적 권위를 확보하는 발언이었겠지만,

---

여 남한과 달리 준법사상이 철저하다. ③ 중점적인 정책을 안정적으로 시행하여, "남한과 비교할 때에 유감이나마 적의 성공을 인정하지 않을 수 없다"는 점을 들고 있다. 참고로, 한 연구에 따르면 1949년 남한의 1인당 GNP 추정치는 75~90불이었으나, 국가건설과 경제복구·성장에 앞선 북한의 1인당 GNP 추정비는 105불이었다(함택영. 1998.「북한의 국민총생산 추정」.『국가안보의 정치경제학』. 법문사. 274쪽. 281쪽 참조).

11) 김보영. 2000.「4월민중항쟁 시기 남북협상론」.『4·19와 남북관계』. 한국역사연구회 4월민중항쟁연구반. 민연. 140쪽.

12) 최기일. 1959.「크랑크를 돌리자: 한국경제의 임상진단을 위하여」.『사상계』 77. 12월호. 56쪽. 최기일은 평안북도 삭주 출신으로 장준하, 김준엽과 동향이다. 당시 그는 하버드대학교에서 경제학 전공으로 박사학위를 취득한 뒤 동 대학 극동연구소 연구원으로 있었다.

13) 이한기. 1959.「외교적 승리의 논리적 배후: 국제법상으로 따져본 재일동포 북송문제」.『사상계』 70. 5월호. 58쪽. 64쪽.

본고에서는 이를 4월혁명이 일어나기 전까지 지식인들 사이에서도 북한을 국가로 인정하는 태도를 발견하기 어려웠다는 것을 증명하는 사례로 참조한다. 하지만 다른 한편으로 이것은 남한 지식인 사이에서 북한에 대한 지식을 확보하는 것이 중요한 지적 행위로 받아들여지지 않았다는 점을 말하는 일임을 지적해 둘 필요는 있다. 북한에 대한 무지는 국가 차원에서 조장되었고 지식인들의 지적 선별 작업을 통해 강화되었다.

북한 표상의 변화는 4월혁명 직후에 남한 사회에서 번성한 통일 논의에서 뚜렷하게 확인된다. 잘 알려져 있듯이 혁명 직후부터 군사쿠데타가 일어나기 직전까지의 약 1년간은 한국전쟁 이후 최초로 반독재 민주주의운동을 비롯해서 '민족 자주와 자주 통일'이 제기되었던 시기이다.[14] 사실 4월혁명기에 계엄사령부가 "평화통일에 국민이 합작 투쟁하라는 「삐라」를 뿌린 소위 「민족통일촉진연맹」과 또한 정당문제에 대한 불온한 「삐라」를 살포한 소위 「4·19청년학생동맹」" 등의 '불법단체'는 "군법회의로 처단할 것"이라고 밝힌 데서도[15] 우리는 앞으로의 통일 논의가 이 시기에 예비되었음을 눈치 챌 수 있다. 하지만 본격적으로 통일 논의가 진행되는 과정에서는 대중의 민족주의적인 감성을 자극하는 방식이 요청되는 한편으로, 북한의 국가성에 대한 승인 문제를 다루어야 한다는 점에서 대중적인 감상적 민족주의를 넘어서는 태도 역시 요구되었다. 전자의 예로는 학생남북회담을 지지하기 위해 1961년 5월 1일 민족자주통일협의회가 개최한 남북회담 환영 궐기대회에서 처음 선보인 "이 땅이 뉘 땅인데 오도가도 못하느냐", "가자 북으로, 오라 남으로, 만나자 판문점에서"라는 구호를 들 수 있을 것이다.[16] 여기서 남북한이 순전한 민족의 땅으로 표상되는 것은 당연히 대

14) 정창현. 2004. 「1960년대 반공이데올로기의 정착과 지식인층의 대북 인식 변화」. 『1960년대 한국의 근대화와 지식인』. 선인. 229쪽.

15) 『동아일보』. 1960. 4. 28. 3면(「비밀결사 불법단체 군재(軍裁)로 처단방침」).

중적 호소력을 획득하기 위한 전략이다. 하지만 본격적인 논의의 과정에서는 감상적 민족주의가 아닌 제법 '과학적인' 현실 진단과 대안 제시가 중요했다. 가령 1960년 여름부터 중립화통일론을 중심으로 통일 논의가 불붙기 시작하였을 때[17] 중립화통일론의 주창자들인 김삼규, 김용중 등은 남북한 당국이 모두 참여하는 국제협상이 가장 합리적인 통일 방법임을 역설했다. 이것은 북한을 하나의 독립적인 국가로 승인하는 일이자, 북한에 대한 종래의 인식 방법과 태도에 변화를 요청하는 일이다. 물론 그해 11월에 민주당, 신민당을 중심으로 한 보수세력이 북한을 인정하지 않는 유엔감시하 남북한총선거론을 제기하였고 이것이 대중적 지지를 가장 많이 받은 것은 명백하다. 하지만 중립화통일론 및 뒤늦게 통일 논의의 장에 등장한 남북협상론(1961년)이 모두 남북한 당국이 참여하는 국제협상을 강조하였다는 점에서[18] 이 사태를 접한 한국인들은 한국 전쟁 후 처음으로 북에 대한 기존의 인식 방법을 수정해 보는 경험을 하게 되었을 것이라고 말할 수는 있겠다.

이러한 분위기를 타고 북한에 대한 학술적인 연구의 필요성이 제기되었고,[19] 『사상계』에서는 〈긴급특집〉 형식으로 "휴전선 이북의 「현실」"이라는 제하에 양호민, 박동운 같은 북한 전문가들의 의견을 발 빠르게 수집하였다. 여기서 정치학자 양호민이 "북한정권은 조선인민을 대표하는 것이 아니라 쏘련을 대표하는 것"이므로 "소극적으로나마 자주성 있는 민족적

16) 1961년 5월 3일 서울대학교 민통련이 공개적으로 남북학생회담을 제의하자, 학생들이 5월 5일 민족통일전국학생연맹발기준비위원회를 결성하여 5월 이내에 학생남북회담을 가질 것을 결의하면서 그동안 논의수준에 그쳤던 통일문제는 대중운동적 차원으로 한 단계 발전하는 계기를 맞았다(김지형. 2000. 「4월민중항쟁 직후 민족자주통일협의회의 노선과 활동」. 『4·19와 남북관계』. 한국역사연구회 4월민중항쟁연구반. 민연. 124~125쪽 참조; 『경향신문』. 1961. 5. 13. 3면(「남북회담 환영궐기대회」) 참조).

17) 서중석. 1999. 「1950년대와 4월혁명기의 통일론」. 『통일시론』 2. 170쪽.

18) 김보영. 앞의 글. 145쪽 표 참조.

19) 1960. 「국내의 움직임: 대이북관계의 현황과 북한연구의 긴급성」. 『사상계』 86. 9월호.

양심이 성장발로할 수 있는 기회와 여지가 없다."라고 주장하기는 하였으나 "조선민주주의인민공화국이란 국호"를 공개적으로 명기함으로써 북한을 괴뢰 집단이 점거한 지역으로 표상하는 관행에 제동을 걸었다.[20] 경제학자 박동운은 북한의 경제적 성과를 구체적으로 살피면서도 반강제적 노동 동원에 의한 결과라는 점에서 "그 거대한 숫자속에 허다한 약점이 내포되어 있"다고 비판하였지만, 역시 북한의 경제 성과에 대한 정보를 제공함으로써 기왕의 통념을 수정하게 된 것은 분명하다.[21] 하지만 이 학자들과 함께 보수적인 김창순을 위시해[22] 귀순의 형식으로 1957년과 1959년에 각각 월남한 이철주와[23] 한재덕까지[24] 필자로 선정되었다는 점에서 『사상계』는 북한의 괴뢰성을 강조하면서 남한을 유일한 민족국가로 확정하는 방식에 더 기울어져 있었다 해도 무방하다.

---

20) 양호민. 1960. 「쏘련의 위성국가로서의 북한: 그 일반성과 특수성」. 『사상계』 89. 12월호. 69쪽. 76쪽.

21) 박동운. 1960. 「「천리마운동」하의 북한경제」. 『사상계』 89. 12월호. 103쪽 참고로 박동운은 한국일보 논설위원 등을 거친 경제학자이다.

22) 이를테면 김창순은 "북한괴집(傀集)의 정권구조의 본질에 변동이 없는 한 우리는 중립주의와 연합정부론에 기대를 걸 수가 없다."는 결론을 내렸다(김창순. 1960. 「북한의 정권구조분석」. 『사상계』 89. 12월호. 95쪽.) 참고로 김창순은 『북한십오년사』(1961. 지문각)를 쓴 시사평론가이며, 1960년도에는 고려대학교 아세아문제연구소 연구위원으로 있었다.

23) 이철주는 "북한의 문화, 예술, 창조 활동이 우리 자유대한에서와 같이 자체의 주제성과 독자성에 의해 자유롭게 진보되"지 못하고 있다고 적음으로써 자신의 이념이 남한의 그것과 일치한다는 것을 증명하고자 하였다(이철주. 1960. 「정치의 수단으로서의 예술: 북한 문화예술의 현황과 비판」. 『사상계』 89. 12월호. 112쪽). 참고로 이철주는 1956년까지 북한에서 황해도인민위원회 문화선전부 군중문화과장, 민청기관지 민주청년 문화예술부장, 북한 문화선전성 기관지 부주필 등을 역임하다가 1957년에 남한으로 귀순하였다. 『북의 예술인』(1966. 계몽사)의 저자이기도 하다.

24) 한재덕. 1960. 「북한노동당의 15년」. 『사상계』 89. 12월호. 참고로 한재덕은 「북한이 제기한 통일방안의 문제점」(1961. 『사상계』 93. 4월호)에서도 "북한공산집단"의 평화통일론은 "쏘련의 목소리"라는 점에서도 "쏘련의 충실한 괴뢰"라는 점이 증명된다고 주장하였다. 반공주의자로서 남한 사회의 인정을 받고자 한 한재덕은 『사상계』에서 북한 문제를 다루는 중요 필진 중 한 사람이었다.
  한편, 북한의 괴뢰성 표상을 강화함으로써 남한의 합법성, 유일성, 정통성을 강조하는 남론 작업에 대한 연구는 임종명. 2007. 앞의 글. 참조.

그럼에도 불구하고 4월혁명으로 정권이 바뀜에 따라 정치적 사유의 지평은 일시에 확장되었고, 특히 남한 사회에서 북한이 새로운 탐구의 영역으로 등장하였다는 것은 의미가 적지 않다. 이것은 북한에 대한 정보의 필요성을 이해하고 그것을 요구하는 태도가 형성되기 시작하였음을 뜻한다. 가령 『사상계』의 북한 문제 특집은 1950년대에는 존재하지 않았던 기획이다. 그리고 이와 같은 경로를 통해 남북한의 분할(분단)과 통합(통일)에 대한 인식과 관심이 증폭되기 시작했던 것이다. 그리고 이것은 남과 북, 그리고 한반도에 대한 지정학적 상상력이 재구성되는 일과 밀접하게 관련되어 있었다. 「광장」은 그 대표적인 문학적 사례이다.

2. 최인훈의 「광장」과 국가론

최인훈 자신의 말처럼 「광장」이 4월혁명의 산물이라면 그것은 혁명을 통해 남과 북이 모두 정치적 사유의 영역 안에 들어올 수 있는 가능성이 생겨났기 때문이겠다. 실제로 제2공화국의 등장과 함께 북진통일론이 공식적으로 폐기되었고,[25] 「민족일보」와 같은 혁신계 신문이 발간될 수 있을 정도로 언론과 사상의 자유는 확대되었다. 「광장」은 문학의 영역을 대표해서 이를 증거한다. 비록 『새벽』에 광장이 실렸을 때 일부가 자체 검열로 삭제되었다고는 하나,[26] 상대적으로 자율적인 문학의 영역에서도 4월

25) 김보영, 앞의 책, 139쪽 참조. 7·29총선거로 집권한 민주당 정부는 1960년 8월 24일 정일형 외무부장관의 7개 외교정책 성명을 통해 "유엔감시하 남북한 총선거"와 함께 "과거 자유당이 주장한 무력에 의하여 한국통일을 하려는 무모한 책동은 이제 불가능"하다고 밝혔다.

26) 최인훈은 정향사판 서문에서 「광장」이 "〈새벽〉지에 실렸을 때 잡지의 사정 때문에 그중 일부를 할 수 없이 떼어버리지 않을 수 없어 나로서도 못마땅하였었다. 이번에 그 부분을 완전히 살릴 수 있는 기회를 얻어 200여매를 보충하여 얘기를 완성할 수 있었음을 기꺼히 여긴다."라

혁명 이전까지는 적이 아닌 하나의 독립된 실체로서 북한을 다루는 것이 불가능했다. 그 점에서 최인훈이 「광장」에서 협소한 반공 논리를 걷어내고 남과 북의 체제가 지닌 가능성을 탐사하는 형식을 취할 수 있었던 것은 분명히 4월혁명의 덕분이자 그 성과이다. 작가가 「광장」은 "해방 후(1950년-인용자)에 이북에서 넘어왔기 때문에 이북의 정치체제를 그나마 경험했고, 또 1960년까지 남한에서 상당히 극적인 생활경험을 가졌기 때문에 그런 것들을 압축해서 작품을 하나 써보면 좋겠다는 생각을 늘 가지고 있다"가 "4·19 이후" '단기간'에 써서 세상에 내놓게 된 작품이라고 밝힌 것처럼 말이다.[27)]

그런데 「광장」에 나타난 남한과 북한의 경계에 대한 인식은 국경 관념보다는 이데올로기에 의해 분할된 경계 인식에 가깝다. 이것은 북한을 남한의 타자이자 잃어버린 땅(失地)으로 담론화하면서 회복되어야 할 "남한의 일부"로 상상했던 당대의 인식 방식과 차이가 있다.[28)] 가령 북한을 '광장'으로 비유하는 것은 적이 점령한 지역이라는 당대의 표준화된 인식과 뚜렷하게 거리를 두는 효과를 낳는다. 무엇보다 월경을 결심하는 이명준에게 북한은 남한의 타자가 아니라 한 사회의 정상성을 판단할 수 있는 기준 중 하나인 광장이 존재하리라 믿어지는 한반도의 일 지역이다. 물론 남북의 정치적 절연 상태를 물리적으로 확증하는 삼팔선이 "기관총이 걸려 있"

고 썼다(최인훈. 1961. 「추기: 보완하면서」 『광장』. 정음사. 5쪽). 이와 관련하여 정규웅의 회고가 주목되는데, 그에 따르면 『새벽』의 편집장이었던 시인 신동문이 맹목적인 반공 이데올로기가 여전히 잔존해 있는 상황에서 「광장」을 출간하기 위해 11월호 편집 마감이 임박했을 때 혼자 인쇄소에 찾아가 아무도 몰래 이 작품을 인쇄하였다(정규웅. 1999. 『글동네에서 생긴 일』. 문학세계. 84쪽). 이 과정에서 「광장」의 일부가 삭제된 것으로 보인다.

한편으로 이 시기의 검열에 대해서는 이봉범. 2005. 「반공주의와 검열 그리고 문학」. 『상허학보』 15를 참고할 수 있다.

27) 최인훈. 1989. 「변동하는 시대의 예술가의 탐구(『신동아』. 1981. 9)」. 『최인훈 산문집: 길에 관한 명상』. 청하. 66~67쪽.

28) 임종명. 앞의 글. 『사학연구』 88; 2008. 「탈식민지시기(1945~1950) 남한의 지리교육과 국도표상」. 『한국사학보』 30 참조.

는 '경계선'으로만 상상된다는 점에서 당대의 대중적인 국경 표상이 『광장』에 에누리 없이 도입되어 있는 것을 간과할 수는 없다. 그러면서도 이 경계선을 넘는 행위가 다름 아닌 "남한 사회의 탈출"로 명명됨으로써 텍스트에서 '월북'의 통상적인 의미는 곧바로 효력을 상실 당한다.[29] 1950, 60년대에 남한 사회에서 '탈출'이란 월남이나 귀순의 형식으로 북에서 남으로 이동해 오는 행위만을 가리켰기 때문이다. 그러므로 이와 같은 최인훈의 용어 선택은 한반도에 대한 남한의 대표성을 주장하는 당대의 지배 담론 바깥에 서서 이명훈이 대한민국과 조선민주주의인민공화국이라는 두 정치체를 탐사하는 작업을 일관되게 수행할 수 있도록 돕는다. 하지만 여러 연구자들이 지적하였듯이 남북한을 대립되는 두 이데올로기로 선명하게 분할할 때 발생하는 이분법의 한계에서는 벗어나지 못할 것이다.

그렇다고 해서 분단된 국가의 경계를 사유하는 최인훈의 방식, 또는 월경을 통해 다른 이념이 지배하는 장소로 이동하는 삶에 대한 감각이 남북한에 대한 통상적인 재현 방식을 집요하게 파헤쳐 마침내 재현의 위계를 건드리기에 이른다는 점을 지적하는 일은 결코 무의미하지 않다. 가령 「광장」에서 남북한은 조국이라는 대단위에 종속되어 있는 소단위로 기능한다. 조국 단위는 남과 북의 정치적, 사회적, 문화적, 일상적 공간을 사유하는 데 지속적인 영향력을 행사하며, 제3국행을 선택한 후 이명준이 바다로 투신할 때까지 영향력은 이어진다. 따라서 이러한 단위 설정은 당대의 남한 사회에 널리 유포되어 있던 북에 대한 인식을 직접적으로 겨냥함으로써 북한뿐만이 아닌 남한의 공간 표상 방식까지도 변용시킨다. 앞서 다루었듯이, 해방기부터 1950년대에 남한의 공간 관리 전략에서 개개인이 삶을 영

29) 참고로, 월북은 일반적으로 간첩이나 '좌익공명자'들의 정치적 선택을 지시하는 기표였지만(『간첩개념 확대반대』, 『동아일보』, 1958. 11. 15. 1면), "애욕의 도피행" 같은 사적 행위로서의 월북이 이 시기에 병존했다는 점만으로도(「애인 태우고 월북」, 『동아일보』, 1959. 11. 24. 3면) 그것은 복합적, 중층적인 의미망 속에 놓여 있었음을 알 수 있다.

위할 수 있는 유일한 선택지는 남한이었으며, 북은 적의 점령 지역이자 수복되어야 할 잃어버린 땅에 불과했다. 냉전의 지정학적 상상력이 유감없이 발휘되고 있던 때에 최인훈은 그 격량에 휩쓸리지 않으면서 남한의 내부와 외부를 가르는 지정학적 관념 및 그에 연동된 남북한 표상 방식에 도전장을 내민 것이다. 이를테면 그는 「광장」에서 각 사회의 운영 방식을 검토하는 방식으로 두 정치체를 상대화함으로써 남한을 중심으로 한 남북한의 공간적 위계를 해체한다. 이것은 남북한에 대한 인지 방식을 결정해주는 지정학적 코드들[30]을 변경시킴으로써 냉전적 사고에 의해 제한된 시야를 확대하는 행위이다. 작가가 한 산문에서 다음과 같이 서술한 내용이 눈에 들어오는 것은 이 때문이다.

> 지금 돌이켜 보면 조선 왕조가 압록강, 두만강으로 국경을 확정지운(은-인용자) 업적은 굉장한 사업으로 보입니다. 이 국경선이 이조 말까지 유지되고 일본의 점령 기간에도 유지되었던 것입니다. 이 선은 해방과 더불어 뜻이 달라졌습니다. 비록 민족의 감정 속에서는 이것이 우리나라의 국경임에 틀림없으나 현실적으로 이 선을 지배하고 있는 것은 옛 영토의 북쪽 절반을 차지한 권력입니다. (중략) 그러나 민족을 단위로 하고, 그 민족이 차지한 영토를 기준으로 삼아 볼 때, 우리는 〈그 민족의 실질적으로 차지하고 있는 영토 위에 전 민족을 실절적으로 대표하는 단일 정부를 세우지 못하고 있는 민족〉이라는 초상을 그릴 수밖에 없는 것입니다.[31]

최인훈이 한반도의 공간성과 경계의 확정 방식에 지속적인 관심을 보였음을 증명하는 사례이다. 이와 관련하여 1961년 4월 유엔총회 정치위원회에서 유엔주재 미국대사 스티븐슨이 남북 대표 동시 초청안에 대한 수정결

---

30) 콜린 플린트, 2007, 『지정학이란 무엇인가』, 한국지정학연구회 옮김, 도서출판길, 102쪽 참조.
31) 최인훈, 1987, 「상황의 원점」(『문학과 지성』, 1980, 봄), 『최익훈 산문집: 길에 관한 명상』, 11쪽.

의안을 제출함으로써 미국이 '두 개의 한국'을 인정하기 전까지[32] 남한만이 유일한 합법정부로서 국제적인 승인을 받았다는 점을 상기할 때, 그가 「광장」에서 남북한을 동등한 정치체로 바라보려고 애쓴 것은 자체로 고평될 일이다.

하지만 「광장」의 이명준이 남과 북을 탐색하던 시기는 4월혁명과 무관하다. 「광장」이 4월혁명의 성과로 쓰여졌지만, 알다시피 서사는 4월혁명 이전의 상황을 중심으로 전개되기 때문이다. 말하자면 최인훈은 해방기부터 한국전쟁 직후까지를 소설의 시간적 배경으로 선택하였던 것이다. 당연히 이것은 이명준이 4월혁명기에 열린 정치의 광장을 경험하지 못했음을 의미한다. 최인훈은 왜 이명준이 해방에서 휴전에 이르는 기간에 남북한을 탐사하도록 조치한 것인가? 이 시기에 보인 그의 행적을 통해 작가는 독자로 하여금 무엇을 숙고하도록 한 것인가? 여기서는 그 이유가 해방기의 가장 중요한 정치적 의제였던 국가 형성 및 국가 선택의 문제와 관련이 있다고 본다. 하지만 「광장」에 대한 지금까지의 설명 방식은 이에서 좀 비켜나 있다. 가령 "정치사적인 측면에서 보자면 1960년은 학생들의 해이었지만, 소설사적인 측면에서만 보자면 그것은 「광장」의 해이었다고 할 수 있다." 라는 말로 「광장」에 문학적 가치를 부여함으로써 이후의 연구에 큰 영향을 미쳤던 김현은 이 작품의 특질로 '이데올로기와 사랑'을 추출해 내었다.[33] 그런데 이러한 해석은 「광장」에 대한 당대의 반응, 특히 초기의 반응과도 중요한 차이가 있다.

---

32) 서중석, 앞의 글, 173~174쪽. 국제 정세의 변화에 따라 박정희정권이 추진한 7·4남북공동성명은 남한 정권 중 처음으로 북한을 '실체'로 인정하면서 성사되었지만, 분단을 고착화하는 결과만을 낳았다(이주봉, 2013, 「1960년대 정치세력의 통일논의 전개와 성격」, 『한국사학보』 50(2), 213, 230쪽 참조).

33) 김현, 2007, 「사랑의 재확인: 『광장』 개작에 관하여」(1976, 『최인훈 전집1』), 『광장/구운몽』, 문학과지성사, 313쪽.

「광장」이 나오기 직전까지 "문명악에 도전하는 작가"로 알려졌던[34] 최인훈은 이 소설을 통해 가장 주목받을 만한 1960년의 작가로 떠오른다. 이 작업을 주도한 평론가는 백철이다. 그는 1960년도의 문학적 성과를 정리하는 자리에서 "최인훈군의 「광장」(11월)이 금년도작 수위首位에 오"른다고[35] 상찬하였다. 또한 이 소설이 "금후의 우리 문학을 위한 방향의 도표와 같은 위치를 차지한"다고 고평하면서 「광장」에 대한 독법의 하나를 다음처럼 제시하였다.[36] "지나간 남북의 현실과 한국동란과 그것들과 함께 온 하나의 수난의 운명아를 그리면"서 "오늘 현실에 리앨리티로 육박해오는 데 성공"하였다는 진술이 그것이다. 수난사로 한국 근대사를 바라보는 관점이 「광장」의 주요한 접근 방법이었던 셈이다. 최인훈의 초기 단편을 추천해 준 안수길 역시 1960년의 중요 작품을 거론하는 자리에서 「광장」을 첫손에 꼽았지만, "중립국을 택한 포로의 자살로써 이정권하의 독재 한국과 적괴의 어느 한 곳에도 몸 붙일 곳이 없는 지성청년의 현실적 비극을 그려줌으로써 제2공화국이 반공산독재로 지향할 것을 암시해" 주었다고 평가하는 방식으로 그의 소설을 반공 반공재 담론과 연계시켰다.[37]

그러나 당대의 신진 평론가 이어령은 "해방후에서 지금까지 단 한 편의 소설을 추천하려면 나는 서슴지 않고 이 "광장"을 택하겠다."라고 역설하면서도 그 근거를 전혀 다른 정치적, 문화적 상상력에서 끌어와 눈에 뜨인다. "「병든 에고」들이 질식해가는 남한의 밀실과 생명 없는 집단이 화석처럼 굳어가던 북한의 광장. 여기서 조국과 삶의 근거를 상실한 젊은 지성인의 슬픈 편력이 전개된다."라는 말로 「광장」의 의미를 포착한 이어령은

34) 『경향신문』, 1960. 10. 22. 4면(「문명악에 도전하는 작가」).

35) 『동아일보』, 1960. 12. 10. 4면(백철, 「1960년도 작단 (상): 전환기의 작품자세」).

36) 『동아일보』, 1960. 12. 11. 4면(백철, 「1960년도 작단 (하): 우리문학의 도표는 세워지다」).

37) 『경향신문』, 1960. 12 .21. 4면(안수길, 「1960년의 문화계 정리」).

"중립국을 선택하지 않을 수 없었던 이 소설의 주인공. 새로운 가능성의 항로에서 자살하지 않을 수 없었던 주인공은 모든 우리들의 운명이었고 모두 우리의 초상"이라고 설명함으로써 이명준의 선택을 "새로운 가능성"을 찾고자 하는 '우리들'의 보편적 경험으로 치환시켰던 것이다. 아마도 4월혁명을 주도한 것으로 평가 받은 당대의 '젊은 지성'들이 「광장」에 열광한 것은 이어령과 동일한 세대 감각과 역사 감각을 소유하였기 때문이겠다. 말하자면 그들에게 '조국'은 "남한의 밀실"과 "북한의 광장"으로 통합되어 있었으며, 자신은 그 두 정치체 모두에 환멸을 느낀 나머지 삶의 가장 중요한 근거인 '조국'을 상실하게 되었다고 환각하는 것이다. 당대의 젊은이들에게 나타나는 조국 관념이 남북한을 아우르고 있었다는 것은 중요하다. 실제로 「광장」의 이명준 역시 남과 북을 모두 조국으로 포용하고 있다.[38] 하지만 이 글에서는 그가 한반도의 분단을 양 체제의 가능성을 실험할 수 있는 기회로 활용하였다는 점을 더 부각시키려 한다.[39] 작가가 이명준으로 하여금 1948년도에 월북하도록 유도한 것은 이 시기에는 남북한의 경계가 고착되지는 않아 두 체제를 탐사하는 데 가장 적합하다고 판단했기 때문일 것이다.[40] 앞에서 살펴보았듯이 삼팔선은 해방기에 이미 국경으로

38) 가령 이명준은 남한에서 정보기관의 조사를 받은 후 "좋은 계절/ 철학공부하는 친구는/ 보람을 위함도 아니면서 코피를 흘렸는데/ 조국의 하늘을 매양 곱구나"라는 해학적인 시를 읊조리고, 북한에서 노동자 휴양소에 머물렀을 때에는 "조국의 하늘은 일류 풍류객"이라고 감탄한다. 또한 중립국으로 가는 타골호에서는 상상의 형식을 통해 자신이 '코리언'임을 밝힌다. 여기서 '코리언'은 남과 북을 모두 포괄하기 위한 작가의 의도적인 언어 선택일 것이다. 이에 대해서는 권보드래, 2012, 「중립의 꿈 1945~1968: 냉전 너머의 아시아, 혹은 최인훈론을 위한 시론」, 『상허학보』 34를 참조할 수 있다.

39) 최인훈이 택한 '광장'과 '밀실'이라는 이분법은 남과 북을 한눈에 조망하고 평가하기 위한 방법론이라는 김윤식의 지적은 타당하지만(김윤식, 1993, 『한국현대소설사』, 예하, 348쪽), 본고에서 주목하고자 하는 것은 체제 실험의 기회로서의 분단 상황과 이명준의 남북 체험이다. 사실 「광장」의 이명준이 월북하여 환멸을 경험하면서 "행동만이 있는 곳에 가서 다시 한번 실험해 보고 싶다"고 생각하는 데서도 단적으로 드러나듯이 「광장」은 무엇보다 한반도를 정치적 실험 무대로 삼은 당대 유일의 텍스트이다.

인식되기 시작하였지만 한국전쟁 직전까지는 당국의 묵인하에 밀무역이 진행되었으며, 이것은 현실 정치의 영역에서도 이 경계가 아직은 완전한 금기의 대상으로 확정되지 않았음을 시사한다.[41] 더욱이 남한에서는 1950년대 내내 월북 사건이 발생했으며, 이것은 한반도 이남의 거주민들에게 북한은 여전히 남한의 비교 대상이었고 때로는 불가피한 상황에서 선택할 수 있는 한반도 내의 이동 가능한 지역 중 하나로 간주되었음을 증명한다.[42] 따라서 이 시기에 넘을 수 없는 경계로서의 국경이라는 인식은 오늘날과 같은 철옹성의 위력을 발휘하지는 못했다고 할 수 있다. 하지만 월북은 남한의 법제하에서는 결코 용납될 수 없는 위법 행위였다는 점에서 상

---

40) 『광장』과 관련해 최인훈이 "이 작품의 첫 발표로부터는 30년, 소설 속의 주인공이 세상을 떠난 날로부터는 40년이 가까운 세월이 흘렀다. 이 소설의 주인공이 겪은 운명의 성격 탓으로 나는 이 주인공을 잊어버릴 수가 없다. 주인공이 살았던 것과 그렇게 다르지 않은 정치적 구조 속에 필자는 살고 있기 때문이다. 이명준은 그가 살았던 고장의 모습이 40년 후에 이러리라고 생각하였을까(최인훈, 2007, 『1989년판을 위한 머리말』, 『광장/구운몽』, 문학과지성사, 8쪽)." 라고 질문한 것은 시사적이다. 작가가 역사적, 정치적 공간뿐만 아니라 그 시간에 대해서도 매우 예민했다는 점을 보여주기 때문이다. 이와 같이 볼 때 최인훈이 해방기부터 한국전쟁까지를 『광장』의 시간적 배경으로 선택한 것은 심사숙고의 결과라고 할 일이다.
참고로 이수형은 『〈광장〉에 나타난 해방공간의 나라 만들기와 가족로망스』(2008, 『현대소설연구』38)에서 『광장』이 해방기의 나라 만들기와 관련이 깊다고 주장하였지만, 남북한이 근대 민족국가 건설이라는 사명을 저버렸기 때문에 해방기의 나라 만들기에 내재된 가능성이 축소되었다는 점을 부각시킬 뿐 구체적으로 어떠한 점에서 양자가 관련되어 있는지를 설명하지는 못했다는 점이 아쉽다.

41) 1947년 이후 공식 교역이 제한됨에 따라 미군정하에서 38선무역은 밀무역으로 규정되었다. 이때 사용된 밀무역은 밀수와는 전혀 다른 개념이다. 이와 관련해서 김귀옥은 이 시기의 남북 밀무역은 과거 유기적으로 결합되어 있던 남북지역이 1945년 미·소에 의해 분단됨으로써 빚어진 어쩔 수 없는 결과라고 설명한 바 있다. 한국전쟁 이전의 남북 분단 상황에서 38선을 월경한다는 것은 오늘날과는 아주 달랐고, 그 점에서 당시 분단 상황은 오늘날처럼 고착적이며 체제 적대적인 것이기보다는 일시적이며 쉽게 극복 가능한 것으로 인식되었던 것이다(김귀옥, 1999, 『월남민의 생활경험과 정체성: 밑으로부터의 월남민 연구』, 서울대학교출판부, 62~67쪽 참조).

42) 이러한 관념은 군사쿠데타가 일어나기 직전인 1960년대 초기까지 이어졌을 것으로 보인다. 이와 관련해 1961년 2월 28일자 『민족일보』 1면에 4월혁명에 참여했던 한 대학생의 인터뷰 기사가 실린 것이 주목된다. 그는 실업문제를 다루는 대목에서 "현재 이곳 실업자들 가운데 북에서 받아들이겠다면 아마도 지원할 자가 더러 나올" 것이라고 진술하였으며, 이것은 북한과 남한을 한반도 내의 이동 가능한 지역으로 표상하는 방식이 1960년대 초까지도 잔존해 있었음을 말해준다(오창은, 2010, 「4·19 공간 경험과 거리의 모더니티」, 『상허학보』 30, 41~42쪽 재인용).

대적으로 위법성이 약했던 해방기의 월경이 「광장」의 남북한 탐사에 필요한 기본 조건으로 선택되었을 듯하다. 그래서 이명준은 "인천 부두에서 이북으로 다니는 밀수선"을 타고 월북한다.

그런데 남한에서 북한으로 이명준이 이동한 경로가[43] 해방기 월북한 사회주의자들의 동선과 일치하기는 하지만,[44] 당대에 그들의 월북은 남한이 아닌 북한을 정치적 선택지로 결정하는 적극적인 행위였다는 점에서 타율적으로 강제된 이명준의 월북과 의미가 동일하지는 않다. 사회주의자가 아니었던 이명준이 북한으로 이동하여 정치적 인간의 삶을 실천해 보고자 한 것은 무엇보다 아버지 덕분에 '빨갱이'로 지명된 탓이다. 물론 그가 월북을 감행하기 전부터 "정신을 쏟을만한 일을 찾아내"고자 하였으며 "가슴이 뿌듯하면서 띵한 그런 사건"이 발생하기를 원했던 것은 사실이다. 또한 정선생을 만나 남한 사회에 대한 자신의 의견을 피력할 때 "한국의 정치의 광장"이 집중적으로 비판되었다는 점에서 의식의 영역에서 이미 그는 정치적 인간이었음이 확인된다.

하지만 이 글과 관련해 더욱 중요한 것은 이명준이 국가 폭력을 경험함으로써 북한이 본격적인 인지 대상으로 떠오른다는 점이다.[45] 고문을 당

---

43) 본고에서는 「광장」과 이동의 문제를 중시한다. 이와 관련해서 작가는 "정치적으로 타율에 의해서 우리 집안 자체의 필연적인 삶의 길을 찾아 이동"해 온 것이 "문화적으로 굉장한 갈등을 안겨 주었으"며 "그런 이동이 그 동안에 저 자신 작가로서 가장 집착하는 문제가 되었고, 앞으로도 아마 필연적으로 정해진 저의 길이 아닌가" 생각한다고 밝힌 적이 있다(최인훈, 1989, 「변동하는 시대의 예술가의 탐구」, 앞의책 50쪽). 그는 자신이 경험한 "집단적인 인구이동"이 "일종의 탈출 같은, 생명의 안전이 보장되어 있다고 할 수 없는 조건에서 앞길 모르는 망망대해와 같은 이동"이었다고 회상한다(위의 글, 52쪽). 그런데 「광장」의 이명준은 작가보다 더 많은 이동의 경험을 한 자로 드러난다. 만주 → 남한 → 북한 → 남만주 → 북한 → 남한 → 제3국행(중립국)의 경로가 그것이다.

44) 이와 관련하여 손유경은 "1947년도에 월북한 철학자 신남철은, 철학도 이명준의 월북을 역사의 '사건'으로 상연하는 스크린이 돼 준다."라는 흥미로운 지적을 한 바 있다(손유경, 2011, 「최인훈의 『광장』에 나타난 만주의 '항일' 로맨티시즘」, 『만주연구』 12, 33쪽).

함으로써 그는 "시민의 생명권"이 유린되는 장소로 남한을 인식하게 되는데, 이것은 폭력을 통해 국가의 경계가 감지되는 방식에 다름 아니다.[46] 그는 정보기관의 조사를 받으면서 "육체의 모욕"을 느끼게 되고 이를 통해 "에고의 방"에서 세계의 보편적 원리를 탐사하던 관조적 태도에서 벗어나 '조국'의 현실을 실감하고 '탈출'을 감행하기에 이른다. 말하자면 "강제에 가까운 동기가 아니면 행동으로까지 나서지 못하는 그"가 세계에서 국가로 사유와 실천의 대상을 급격하게 변경시키게 되는 것은 바로 국가의 폭력성 때문이다. 국가 폭력에 의해 자신이 비국민으로 지명되었음을 깨닫는 것은 곧 자기가 남한의 외부로 밀려나게 되었음을 실감하는 일이다. 이처럼 내부와 외부에 대한 이전에 없던 감각이 생겨남으로써 그는 처음으로 북한의 존재를 뚜렷하게 인식하게 되며 그에 대한 탐색의 욕망까지 얻게 되는 것이다. 이 과정을 통해 남한은 한반도의 절반에 불과한 불완전한 공간인 데다가 폭력만이 난무하는 비민주적인 공간으로 의미화된다.

그래서 이명준은 "목숨을 묻고 싶은 광장"을 찾아 남한 탈출을 감행하는 것이지만, 사회주의 체제 하의 북한에서도 역시 국가의 폭력성을 경험하게 된다는 점에서 「광장」에서 한반도 표상은 동일한 경로를 통해서 만들어지

45) 그리고 이것이 "아버지는 그에게 튼튼히 연결돼 있었다."는 것을 느끼는 방식으로 이루어진다는 점에서 남북한이 정치적 경계에 대한 인식이 혈연적 상상력과 연계되어 만들어지는 방식을 감지할 수 있다.

참고로, 분단국가와 폭력의 관계에 대해서 상술한 대표적인 글로는 김동춘, 1997, 「국가폭력과 사회계약: 분단의 정치사회학」, 『경제와사회』 36; 2013, 「분단이 낳은 한국의 국가폭력」, 『민주사회와 정책연구』 23을 들 수 있다.

46) 한편으로 그가 경찰의 무자비한 폭력을 경험하는 자리에서 친일의 문제를 떠올리는 것은 해방기에 남북한 인구의 이동 방식을 환기시키기도 한다. 1946년 이후 북한에서 실시된 '민주 개혁'의 기본 목표 중 하나는 "일본 제국주의와 지주, 예속 자본가를 비롯한 반동계급들의 사회·경제적 기반"을 없애는 데 맞추어져 있었다. 그 '민주 개혁'에서 불이익을 받은 대상의 하나가 친일파 즉 "일제 정권 기관에 적극 협력한 자"로서 그들의 소유지와 개인재산은 우선적으로 몰수되었다. 이것은 토지 개혁 직후 친일파들의 월남이 우세해졌던 이유를 설명해준다(김귀옥, 앞의 책, 52쪽 참조).

는 측면이 존재한다. 그는 한반도 전 영역을 조국으로 받아들이지만, 이 조국에서 실험되고 있는 두 정치체는 모두 개인이 삶의 근거를 상실할 만큼 전일적인 폭력을 행사하고 있는 것이다. 다만 남한의 경우에는 국가 폭력이 직접 육체에 가해지는 방식으로 경험되며, 북한에서는 죽어 있는 사회주의 언어가 살아 있는 사람들을 총체적으로 지배하고 있다는 점에서 언어 폭력으로 경험된다는 차이가 있을 뿐이다. 따라서 이것은 작가가 남북한에 유사성을 부여하는 대표적인 방식이다. 더욱이 "좋은 아버지, 나쁜 인민의 종복"인 남한의 정치인과 특권을 누리는 "중앙정부의 고관"인 북한의 혁명가는 모두 그에게 "구역질이 나는 부르죠아"일 뿐이라는 점에서 양자는 구분 불가능하기 때문에 남북한은 이념과 체제 차이에도 불구하고 동질적인 공간으로 형질 전환된다.

이와 같은 이명준의 남북한 탐사를 살피면서 「광장」에서 읽어낼 수 있는 것은 크게 두 가지이다. 하나는 남한과 북한의 정치에 대한 비판 기준이 동일하지 않다는 점이다. 가령 남한의 정치에 대한 비판은 "하수도 시설이 잘 돼 있"는 "서양의 정치사회"를 기준 삼아 이루어졌다. 반면, 북한에서는 "인민의 공화국"이 그 기준이다. 이를 통해 북한은 혁명이 아닌 "혁명의 모방"만이 있어 "우리와 자본주의자들을 구별"짓는 것이 불가능하다는 주장이 가능해지는 것이다.[47] 이처럼 최인훈이 「광장」에서 자본주의와 사회주의를 모두 실험하는 장으로 한반도를 상상할 때 상이한 기준을 적용하는 것은 양자의 가능성을 모두 살펴보고자 하는 태도의 일환일 터이다.[48] 그렇지만 한편으로는 이명준이 "붉은 심장의 흥분"이야말로 "우리와

---

47) 이와 관련하여 "위에서부터 내려오는 명령('공문')에 의해서가 아닌 '아래로부터의' 민주주의 혁명(4월혁명)을 성취한 동시대인의 자부심이 여기에 자리잡고 있다는 차미령의 지적이 흥미롭다(차미령, 2010, 「최인훈 소설에 나타난 정치성의 의미 연구」, 서울대학교 박사학위논문, 76쪽).

48) 하지만 이명준이 북한의 토지개혁을 비판하는 방식이 모호하다는 점은 문제로 남는다. "그가 조사한 바에 의하면 북조선 농민들의 경우 토지개혁을 좋아하는 층은 소수에 극(국-인용자)한

자본주의자들을 구별하는 단 하나의 것"이라고 주장할 때 러시아혁명이 아닌 프랑스혁명이 모델로 권장되기 때문에 사회주의에 대한 평가 기준이 모호해지는 것 역시 사실이다. '아래로부터의 혁명'의 고전적 모델인 프랑스혁명, 러시아혁명, 중국혁명 중에서[49] 프랑스혁명을 사회주의혁명의 모델로 택하는 것은 매우 이례적인 일이다. 비록 그가 사회주의혁명의 상징인 망치와 낫을 채용하여 "인민 정권은 인민의 망치와 낫이 피로 물들어지며 세워"져야 한다고 주창하거나 "〈인민의 원수〉들은 공문혁명의 결과 모조리 이남으로 뺑소니"쳤다고 비판하면서 북한의 "계급투쟁 없는 계급혁명"[50] 혹은 그 반反혁명성을 공격하기도 하지만, "붉은 심장"의 표상으로 인민의 자발성과 주체성을 강조할 때에는 어김없이 프랑스혁명이 모델로 등장하는 것이다. 그리고 이것은 4월혁명 직후 남한의 지식인들이 자신의 경험을 프랑스혁명과 비교함으로써 그 성과와 한계를 짚어내려고 시도했다는 점과 무관하지 않은 듯하다. 또한 이 맥락에서 볼 때 최인훈은 남한의 4월혁명에서 가장 큰 가능성을 발견했다고 말할 수도 있겠다. 또한 이명준이 선택한 중립국이 구체적으로 어디인지는 텍스트에 밝혀지지 않았지만[51] 당시 사회주의 국가는 '석방포로'들을 받아들이는 중립국의 명단에 올라오지 않았다는 점에서 작가가 최종적으로는 사회주의를 폐기 대상으로 확정했을 가능성도 짐작된다. 그렇지만 비교 기준의 혼란 때문에 양 정

돼 있었으며" 그 이유는 "농토는 매매가 금지돼 있"어 "국가의 소작인"이 된 농민들이 "〈부지〉가 될 가망은 없"었기 때문이다. 여기서 이명준의 설명이 자본주의 경제 논리를 긍정하는 것인지 초기 사회주의 국가에서 취해야 할 방향을 암시하는 것인지는 모호하다.

49) 박명림. 1997. 「북한혁명의 성격: 반정복과 반혁명」. 『아세아연구』 40(1). 35쪽.

50) 위의 글. 191쪽.

51) 이명준이 인도로 가는 배를 타기는 하지만, 당시 중립국을 선택한 석방포로 88명 중 인도에 정착하기로 결정한 사람은 25명이었으며 나머지는 멕시코 등이 남미를 정착지로 삼았다는 점에서 그의 최종 선택이 어디인지는 알 수 없다(이에 대해서는 김경학. 2005. 「인도로 간 반공포로」. 김경학 외 4인. 『전쟁과 기억』. 한울아카데미. 246쪽 참조).

치체의 탐사를 통해 그 가능성을 확인하려고 시도한 것은 결국 이명준이 두 체제를 서둘러 비판하고 죽음을 택하는 데로 귀결되었다고 할 만하다. 이를 통해 남과 북 혹은 양자가 통합되어 있는 정치적 공간으로서의 조국은 개인의 소속 불가능성을 현시하는 장으로 최종 확정된다.

「광장」에서 읽어낼 수 있는 다른 하나는 남북한에 대한 인식에서 발전의 법칙을 따르는 역사관이 발견되지 않는다는 점이다. 그리고 이처럼 역사를 발전 가능성의 차원에서 바라보지 않음으로써 생겨나는 것은 변화가 있을 수 없는 고정된 실체로서의 남북한 상像이다. 「광장」에서 남북한이 모두 조국으로 통합되어 표상되면서도 그 내부에서 통일의 전망이 싹트지 못하는 것은 이 때문이겠다. 이명준이 마지막으로 기댈 수 있었던 은혜가 "이데올로기로 양단된 세계 지도를 잃어버린 사람"이라는 점에서 이상적인 국가란 이데올로기로 양단된 세계 외부에 존재한다는 작가의 생각이 전달되기는 한다. 그러나 중립국 행도 마찬가지로 이 '세계 지도' 외부로 향하는 것이 아니라는 점에서 자살 선택은 중립국에서 대안 가능성을 모색하는 일이 잠정적으로 중단되었음을 암시한다.[52] 따라서 만주 → 남한 → 북한 → 남만주 → 북한 → 남한 → 제3국행(중립국)이라는 이명준의 이동 경로에 따른 「광장」의 공간 배치는 인물의 탐사 경로일 뿐만 아니라 그 잠정적 결론의 물리적 표현 방식이다.

그렇다고 해서 이것이 작가의 관심은 일국 단위 혹은 민족 단위를 떠나 있음을 의미한다고 보기는 어렵다. 진영간 대결이 걷잡을 수 없이 가속화되었던 냉전 체제 하에서 좌우 이데올로기로 세계를 선명하게 이원화하는

---

52) 한국전쟁기에 이명준이 만난 남한의 인물은 윤애와 태식이며 이들은 명준의 폭력에 맞서 자기 자리를 지킨다. 이와 달리 북한의 인물로는 오직 은혜만 등장하며, 그녀가 죽음을 맞음으로써 이명준은 제3국(중립국)을 선택하게 된다. 여기서 남한을 선택한 윤애와 태식을 통해 밝혀지는 것은 최인훈이 말한 다음과 같은 점이 아닐까 싶다. 지난 전쟁 때에 우리 '국민'들은 대한민국이 민족적 정통성과 제도적 합리성에 있어서 침략 집단들의 그것보다 우수하다고 판단하였다는 작가의 진술이 그것이다(최인훈, 「상황의 원점」, 앞의책 22쪽).

공간 상상력이 당시 강제되었다면, 아시아, 아프리카, 남아메리카의 이른바 제3세계 국가들이 표방한 중립주의 내지 비동맹운동은 이 냉전기 지정학적 사고를 내파해 내는 측면이 확실히 존재했다. 무엇보다 이 운동은 냉전이 아닌 평화 공존을 표방하면서 양 군사 블럭 어디에도 가입하지 않는 것을 원칙으로 삼았기 때문이다.[53] 그런데 중립주의가 국제 사회의 새 변수로 등장하였기는 하지만 그 시기가 냉전의 절정기였던 1950년대였기 때문에 『광장』이 나올 무렵에는 아직 그 역할과 영향력이 크지 못했다.[54] 따라서 『광장』을 염두에 두고 제3세계 국가들의 비동맹운동을 고찰할 때는 무엇보다 결성 동기를 확인하는 일이 긴요해진다. 그것은 다름 아닌 국가건설 과정에서 기존 국제질서가 강요한 어느 진영에도 종속되기를 거부함으로써 자신들의 국가 이익에 입각한 정체성을 모색하려 했다는 점이다.[55] 이명준의 국가 의식과 맞닿아 있는 대목이기도 하다. 하지만 적어도 1950년대에서 1960년대 초반까지는 이 운동이 "이데올로기로 양단된 세계지도"를 변경시키는 역할을 수행해내지는 못하였다. 그렇다면 휴전 후 이명준이 원했던 중립국 역시 그 세계 지도를 파열시키는 공간이 될 수 없었을 터이며, 이에 따라 그의 선택도 냉전 체제 바깥을 향해 있다고 보기가 어려워진다. 더욱이 "광장과 밀실이 조화롭게 어울리는 사회가 바람직한 사회이며 그런 사회에서 인간은 비로소 참된 행복을 누릴 수 있다."는 확고부동한 정언적 철학을 한번도 포기하지 않았던[56] 그가 머릿속에 그린 중립국에 정착한 삶이란 광장과 밀실이 조화를 이룬 곳이 아닌, "아무도 나를 아는 사람이 없는 땅"에서 일상을 영위하는 것이라는 점에서 더욱 그

53) 「중립국정상회담의 의의」, 『경향신문』, 1961. 9. 9. 1면.

54) 조순구, 1978, 「식민지체제의 붕괴와 제삼세계의 생성발전에 관한 연구: 비동맹 중립주의 제국의 외교정책을 중심으로」, 『법학연구』5, 167쪽.

55) 이인균, 1991, 「비동맹운동이 제3세계에 끼친 영향」, 『대구보건대학 논문집』12, 183쪽

56) 정호웅, 2010, 「문학교실에서의 「광장」 읽기」, 『문학교육학』32, 43쪽.

러하다. 이명준에게 중립국은 존재를 증명할 필요가 없는 장소로 개인화되어 있기 때문이다.

그래서 차라리 타골호를 타고 인도로 향하면서 그가 한국을 다음처럼 상상하는 것이 더 의미심장하게 느껴진다. "한국 관광협회에는 한국에 오는 외국 여행자들이 해마다 증가하기 때문에 어린 애들이 그들을 따라다니느라고 공부를 게을리 한다는, 현지 주민의 불평을 정부 당국에 강력히 반영한 탓으로 내각이 넘어졌다."라는 기사가 해외 토픽란에 실린다. 기사를 본 인도의 간호부는 "이런 나라는 얼마나 살기 좋을까."라고 한 마디를 남긴다. 그런데 이 상상에서 한국은 타국의 언어로 표기될 것이기 때문에 남북한의 어디를 가리키는지가 불분명해지며, 이로 인해 양자를 모두 포괄하여 독해하는 것이 가능해진다. 그리고 이와 같은 상상의 형식을 통해 작가가 남기고 싶었던 전언은 아마도 이명준의 중립국 행이 남북한의 현실에 대한 절망을 표현하는 한 방식이자 이데올로기로 양단된 세계에서 '코리아'라는 국가 건설의 대안을 탐색하는 방식이었다는 점일 터이다.[57] 그리고 대안 탐색이 설사 실패했다고 이 전언이 의미 있는 것은 『광장』의 지정학적 상상력이란 확실히 당대의 최대치였기 때문이다.

3. 1960년대 소설과 정보의 배타적 독점체로서의 국가

최인훈의 「광장」은 혁명을 경험한 사회에서 국가에 대한 사유의 지평이

57) 손유경 역시 이명준의 삶의 궤적을 남한–북한–(중립국)이라는 단선적 구도가 아니라 '만주'–남한–북한–'만주'–북한–(중립국)이라는 보다 확장된 시공간적 맥락에서 다시 바라보아야 한다고 주장하였다. 하지만 만주를 혁명의 공간으로만 바라봄으로써 이명준이 거쳐 간 공간이 이데올로기로 양분된 세계 안에 놓여 있음을 놓치고 있다는 점이 아쉽다(손유경, 앞의 글, 31~42쪽 참조).

어느 정도까지 확장될 수 있는가를 예증한다. 더욱이 이 사유 패러다임은 남북한을 초월해 국제 사회로까지 영역을 넓혀갔다는 점에서 냉전 국제 질서를 추수하는 방식으로 국가 건설이 이루어진 현실에 대한 작가의 강도 높은 비판이 느껴진다. 그렇다면 비슷한 시기인 4월혁명 직후에 국가를 다룬 소설들은 어떤 행보를 보이는가?

결론부터 말하자면 이 소설들은 대체로 냉전의 세계 질서에 압도당해 있다. 남북한의 적대적 분할을 통해 국가의 정체성을 확인하거나 민족 단위로서의 한반도를 재부상시키는 문제에 온 관심이 쏠려 있는 것은 이 때문이다. 여기서 시야는 오직 국가와 민족의 내부로 향함으로써, 남북한의 경계를 모호하게 만드는 방식으로 각 공간의 의미 변용을 시도한 「광장」의 전복적 성격 대신 냉전의 지정학적 상상력이 득세한다. 위반의 상상력조차 금기를 건드리지 않는 방식으로 동원되기 때문에 이러한 축소된 시선으로 가하는 국가 비판은 상당히 제한적이다. 연좌제의 문제를 직접적으로 거론한 김동립의 「연대자」(『사상계』. 1960. 7)와 김이석의 「흐름 속에서」(『사상계』. 1960. 8)가 대표적이다.[58)]

이중 「흐름 속에서」에는 아버지가 "육이오때 월북"한 사실 때문에 고통받는 고학생 상철이 등장한다. "그런 사람(빨갱이를 가리킴-인용자)의 아들로선 사관하교 시험 쳐야 쓸데 없는 일"이 아닐까 의심하던 그는 결국 시험에 떨어졌고, "4·19데모대에 나가서 죽"은 뒤에야 사회의 환대를 받는다. 이와 같이 볼 때 「흐름속에서」는 연좌제의 문제가 4월혁명을 거쳤어도 해결되지 못하였음을 역설하고 있다고 할 만하다. 상황이 어떻든 빨갱이를 아버지로 둔 그는 죽음으로 자신의 '국민됨'을 증명해야 스파이가 될 가능성에서 벗어날 수 있기 때문이다. 그리고 이것은 남한의 전 영역에서

58) 연좌제를 중심으로 두 소설을 검토한 논문으로는 안미영. 2010. 「4·19식후 『사싱계』의 민주화 담론과 서사에 제기된 연좌제 문제」. 『현대소설연구』 43이 있다.

삶의 터전을 마련했던 월남자들이 항상 스파이의 혐의에서 벗어나기 어려웠다는 점을 환기시킨다. 말하자면 월남자들은 남한의 곳곳에 편재해 있는 잠재적 스파이였던 것이다. 이것은 남한 공간의 순수성을 훼손시키는 일이지만 한편으로는 남한의 순수성을 지키기 위해 월남민들 모두가 개인의 자기 증명 혹은 자기 정화의 형식을 통해 저마다의 국민성을 증명해야 한다는 논리를 만들어내는 데 소용되기도 했을 터이다. 그렇지만 여기서 더 주목되는 것은 상철의 정보가 철저하게 국가에 의해 관리되었다는 점에서 죽음은 국가가 자행한 타살로 밝혀진다는 것이다. 남북 분할과 이로 인한 남한에서의 국가주의 강세가 비판의 표적이 되고 있는 상황이다.

정보의 배타적 독점체로서의 국가 표상과 개인의 자기 증명 의무가 한층 강도 높게 표현되어 있는 것은 김동립의 「연대자」이다. 강한 반공주의를 배면에 깔고 있는 이 소설은 1950년대 만연했던 간첩에 대한 상상력을 4월혁명과 접속시켰다는 점에서 문제적이기는 하나 그 근간에는 무엇보다 정보를 수집하고 활용하는 국가가 있다는 것이 중요하다. 「연대자」의 홍태는 보도연맹에 가입해 있다가 6·25 직후에 죽은 아버지와 6·25때 부역하다가 월북한 형 때문에 신원조회를 받으면서 "죽은 아버지와 형이 나의 혈육이었다는 사실을" 뼈저리게 느끼게 된다. "신원조서에 나타난 사실에 얽매어" 있는 그는 "내 이상으로 나를 잘 아는" 국가 권력에 의해 "내가 나를 설명해야 할 아무런 일도 없는데 나는 나를 설명해야" 하는 고통을 절감하다 스스로 자신을 사회와 격리시켜 정릉 골짜기로 잠적한다. 하지만 그가 작성한 신원조서는 어디서나 "도깨비처럼 그를 따라 다"니면서 자기 검열을 자발적으로 수행하도록 강제한다. 한편으로 이북에 있던 형은 "괴뢰의 신원조서"를 통해 홍태가 남한에서 박해 받고 있다는 사실을 알게 되며, 남파되어 "동생 홍태를 찾아 비밀조직망을 부식하라."는 명령을 수행하기에 이른다.

이처럼 남과 북은 개인의 모든 정보를 확보하기 위해 신원조서를 쓰게 한다는 점에서 공통성을 지닌다. 하지만 북의 신원조사는 남한과 비교할 수 없을 정도로 수위가 높으며, 확보된 정보를 바탕으로 남한을 적색화하고자 한다는 점에서 매우 위험하다. 따라서 홍태가 "4·19 혁명이 휘몰아치고 있는 지금의 전국민의 자유로운 분위기"는 "신원조서의 구속력에서 벗어날 수 있는 길의 가능성"을 열어준다고 판단하는 일과 간첩인 형을 고발하겠다고 결심하는 일이 동시에 이루어지는 것은 자기 구제의 형식이 곧 북의 적색화 위협에 처해 있는 국가를 구제하는 형식임을 암시한다. 또한 "모든 것은 이제 시작"임을 알리는 신호로 4월혁명을 이해하는 것이 고발의 결심으로 즉각 이어지면서 이 혁명은 개인의 자기 확증과 국가에 대한 의무를 이어주는 매개의 역할을 맡게 된다. 말하자면 여기서 4월혁명은 고발과 이를 위한 자살 선택이라는 자기 정화의 형식이 국가를 위한 신성한 의무임을 깨닫게 하는 매개체로 의미가 전환되어 있는 것이다. 더욱이 "모든 것"이 "이제 시작"임을 알리는 중요한 정치적 표상으로 작가가 '계엄군대'를 선택하는 것은 예사롭지 않다. "빈틈없는 포위망"을 좁혀 간첩인 홍식을 체포하는 '계엄군대'는 정치적 정당성을 획득한 새 정부를 지시하거니와 이를 통해 남한은 비로소 정상 상태를 회복하게 되기 때문이다.

서사가 이렇게 전개되면서 남한은 외부자 혹은 스파이가 어느 곳에나 침투해 있는 불온한 공간이나, '사이비'가 아닌 정당한 국가권력에 의해서라면 분쇄 가능하다는 논리가 만들어진다. 또한 북에 가족을 둔 사람들은 이들과 혈연관계에 있기 때문에 쉽게 불온한 사상에 오염될 수 있는[59] 이등국민이며, 죽음을 통해서라도 자기 증명을 해야 국민으로 정당하게 인정받을 수 있다는 발상 역시 창출된다. 이것은 개인의 모든 것을 파악하고

59) 이수정. 2010. 「국가 판타지와 가족의 굴레: 월북자 가족의 남한 국민되기」. 『비교문화연구』 16(1). 172쪽 참조.

있는 국가의 전일적 능력, 달리 말하면 국가 폭력을 의미하는 것이겠지만, 「연대자」에서는 다만 국민의 자기 증명 및 국가의 불가피한 내부 정화 행위로 설명되고 있을 따름이다. 이를 통해 정당한 국가 권력으로 내부를 보호하는 민주 국가 남한과 외부를 적화하는 괴뢰 국가 북한의 대비가 선명해진다. 또한 여기서 개개인이 자신을 국민으로 증명하는 행위가 적극적인 고발 행위와 연동되면서 이들은 북한에 대한 적의를 표명하면서 내부를 지키는 수행자로 자신을 호명하는 국가에 자발적으로 귀의하게 된다. 말하자면 국민들은 국가의 공간 관리 전략에 호응하여 적으로서의 북한 표상을 강화하는 역할을 스스로 떠맡은 적극적인 수행자들이다.

정보를 배타적으로 독점하는 국가와 자기 증명을 통한 자기 구제의 의무를 진 국민, 이를 통한 남한 공간의 정화라는 도식은 남정현의 「천지현황」(『사상계』. 1965. 6), 안수길의 「IRAQ에서 온 불온문서」(『문학춘추』. 1964. 4)와 「동태찌개의 맛」(『신동아』. 1970. 6)에서 재확인된다. 그렇지만 군사 쿠데타 이후 반공주의가 더 큰 위세를 떨침에 따라 검열이 강화되면서 정치적 상상력이 왜소해진 상황에서 비판 의지를 날카롭게 가다듬은 점이 돋보인다. 가령 남정현은 「천지현황」에서 아들의 출세만을 바랐던 가난한 목수가 빨갱이로 몰리는 상황을 희화적으로 다루면서 '불온분자'를 자의적으로 창출하는 국가 권력의 비합리성과 전면 대결한다. 목수인 아버지는 "너만은 이 애빌 알겠지. 말하라. 어서 말해."라고 다그치지만 나는 아버지의 혈연관계나 인척관계만을 나열할 뿐이며, 이에 아버지는 "네가 알고 있는 것이 그 지경이니 관가에서는 알 턱이" 없다는 말로 필요한 정보만을 수집, 독점하여 개인의 일상을 관할하는 국가에 의해 개인의 모든 행적이 판단되는 부당한 현실을 통렬하게 비꼬는 것이다. 즉 이 소설에서 대한민국은 개인의 자기 증명이 아예 불가능한 공간이다. 국민/비국민의 판단은 국가가 수집한 정보를 바탕으로 그것을 어떻게 해석하느냐에 달려 있기 때문이다. 하지만 국가는 온전한 해석 능력을 갖추고 있지 못해 누구나 불온분자로 지명될 수 있는 상황이다.

「천지현황」은 이처럼 불온성이 생성되는 방식과 전 국민을 고발자로 만드는 국가의 만행을 비판하는 데 초점을 맞추고 있기 때문에 「연대자」와는 달리 고발이 자기 구제를 통한 남한 사회의 정화 형식이 아닌 남한 정치 권력에 대한 대중적 불신을 강조하는 장치로 기능한다. 이것은 국가 주도적인 반공주의 이데올로기가 낳은 폐해를 적시하고 있는 작가의 시선 때문에 가능해졌을 터인데, 이미 그는 「부자전 상서」(『사상계』. 1964. 6)에서 '양민들'을 '간첩'으로 모는 국가와 정부를 강력하게 비판했던 이력이 있다. 또한 이 텍스트에서 그는 남한과 북한을 비교하는 방식을 택해 "믿고 살던 정부란 그게 실은 하나의 신기루였"으며 "사람이 살 곳이 아니라는 북한의 공산치하에서도 감언이설을 하여 노동력을 수입하는 판국인데 우리는 어찌된 팔자에 광부가 되어서라도 그저 외국으로 떠나가기만 하면 그것이 곧 출세며 성공이라고 생각하게끔 세상이 되어버렸는지"라고 한탄함으로써 북한에 대한 대중적 이미지를 분쇄해내기도 한다. 물론 이것은 북한을 남한과 비교 가능한 정치체로 간주하는 태도이다. 더욱이 그는 「부자전 상서」에서 남북한을 "삼천리 근역"으로 표상하는 공간 통합적 상상력을 동원해 "공산당과 동포에 대한 깊은 애정과를 구별"할 것을 요청하기도 했다. 말하자면 남한과 북한은 서로 다른 정치체를 택했고 두 정치체 모두 결함이 크지만 민족적 동일성의 감각으로 양자가 결합될 수 있다고 전망하는 것이다.

남정현과 달리 월남 작가인 안수길은 개인의 일상에 대한 국가의 검열과 통제에 더욱 민감한 촉수를 지닌 것으로 보인다. 예컨대 「IRAQ에서 온 불온문서」는 대학의 시간강사이자 소설가이며 월남인인 남진석씨가 '불온문서'를 받음으로써 자기 검열을 수행하는 과정을 차근히 보여준다. 불온문서를 받은 남진석씨는 "마치 노리우고 있다는 생각이 치솟아" "속이 후들후들"해진다. 이때 그를 "노리우고 있"는 것은 분명히 국가일 터이다. 그래서 남진석씨는 불온문서의 배달로 인해 "선량한 〈백성〉들"이 "불안과 공포분위기"에 휩싸일 것을 염려하지만, 곧 다른 사람이 아닌 자신에게 이런 문서가 왔다는 사실이 환기되면서 자기의 정치적 성향을 점검하기에 이른다. 말하자면 자신이 "혁명정부의 정책을 모두 옳다고 생각하는 편은 아"니었으며 "더우기 2·27선서 전후의 번의의 번의엔 철저하게 비판적인 태도를 가지고 있었다."는 점을 떠올리는 것이다. 이러한 자기 검열은 "그런 자신을 어디선가 감시하고 노리고 있다"는 생각을 동반하면서 이루어지는데, 여기서 '어디선가'는 전방위적인 정보력을 갖춘 국가이겠지만 이 국가 권력은 남한의 모든 곳에 편재해 있다는 바로 그 점 때문에 확정된 장소가 없는 무형의 실체이다. 그러므로 개인은 그 감시 범위를 자신의 무의식까지 포함한 광범위한 것으로 지각할 수밖에 없다. 그가 비록 자기의 생각을 "일종의 피해망상"으로 설명하려 하지만, 곧 과거 행적 하나하나를 기억 속에서 불러내어 자발적으로 자기 검열을 수행하는 것은 이 때문이다. 하지만 자신을 찾아온 정복경관이 언제 월남했는가를 묻는 지경에 이르러서는 "불온문설 고스란히 신고하고도 심문받는 듯 해서" 괴로움이 증폭될 뿐이다. 월남자인 안수길에게 북한은 「동태찌게의 맛」에서처럼 향수를 불러일으키는 고향의 맛으로 감각될 뿐이지만, 그의 출신 성분은 자신의 목을 옭아매는 현실적인 위력을 지녔기 때문에 불온문서를 신고해도 그는 결코 개운한 기분을 느낄 수 없다. 국가의 감시는 언제 어디에서도 지속적으로 이루어질 것이며 자신에 대한 정보를 독점하고 있는 국가는 언제든지 이를 활용할 수 있을 것이라는 생각에서 벗어날 수 없기 때문이다.[60] 이처럼

60) 이와 관련해서 명랑의 불가능성이라는 틀을 도입해 안수길 소설의 자기 검열 체계를 분석한 임유경, 2013, 「불가능한 명랑, 그 슬픔의 기원: 1960년대 안수길론」, 『현대문학의 연구』 49를 참조할 수 있다.

자기 검열을 수행하는 국민의 표상을 통해 텍스트에서는 남한의 외부에 있는 적대적인 정치체로서의 북한이라는 대중적 표상이 재생산되지만 「IRAQ에서 온 불온문서」가 문제적인 것은 이보다는 작가의 다음과 같은 냉전기 고유의 지정학적 상상력 때문이다. 이 텍스트에서 북한은 지도상에서 볼 때 남한과 매우 먼 거리에 놓여 있는 이라크와 겹쳐지는 방식으로 재현되기 때문에 남북한의 지리적 근접성이 최소화된다. 문화적 공간으로서의 고향이 미각을 통해 안수길의 육체에 간직되어 있지만, 정치적 공간으로서의 북한은 최대한 그의 손길이 닿지 않는 곳에 안치되어 있는 것이다. 이러한 이중 표상은 월북 작가 안수길의 자기 보존 전략의 일환일 터이다.

비록 「동태찌게의 맛」에는 남과 북의 인위적인 공간 분할과 삼팔선의 이동 한계선에 대한 성찰이 담겨 있다 해도 사정은 크게 달라지지 않는다. 두 줄기의 서사로 교직되어 있는 이 텍스트는, 자신의 사상이 "지극히 온건"하다고 생각하는 김수만이라는 평범한 속기사가 수사기관의 출두 명령을 받고 불안해 하지만, 그 이유가 "고기떼를 쫓아 휴전선을 넘"다가 "요전에 돌아온 납북 어부들" 틈에 끼어 있는 친척의 신분을 보증하는 것임을 알게 되어 안도하는 것을 그 한 줄기로 삼는다. 그러나 이 안도는 곧바로 불안으로 대체되는데, 그것은 친척이 "아주 먼 일가"이며 "평소에 별로 내왕도 없"지만, "납북 중에 세뇌나 되지 않았는지" 하는 생각에서 발생한다. 서사의 다른 한 줄기는 김수만의 동료이자 '월남가정'을 이루고 있는 속기사 강신호가 엮어간다. 그에게 북한은 "고향 생선에 대한 미각"으로 끈덕지게 남아 있다. 그런데 자기가 좋아하는 명태는 "이북 바다에서 많이 잡히는 괴기"지만, "어선의 납북사건이 빈발해짐에 따라 당국에서도 감시를 엄중히" 해서 쉽게 구하기가 어렵다. 어로저지선이 "휴전선 훨씬 남쪽"에 남하하게 됨에 따라 "미각에서나마 찾던 고향이 더욱 멀어지"게 된 것이다. 개인의 미각이 국가에 의해 관리되고 있는 형국이다. 여기서 북한이 향수와 맛으로 심미화되어 있다는 것은 그의 미적 상상력에 정치성이 거세되어 있음을 뜻하지만 그마저도 국가는 제동을 걸고 만다. 자크 랑시에르 식으로 표현한다면, 북에 대한 향수는 국가가 관할하는 감각적 확실성의 체계 안에 자리를 배정 받을 수 없는 이질적이고 불온한 감각 질료인 것이다.[61] 하지만 이 감각의 불온성 혹은 낭만주의적인 고향 표상이 북한을 한반도의 한 지역으로 인식하도록 대중적 상상력을 자극할 수는 있겠지만, 남북한의 간극을 해소할 수 있는 방식을 통찰하는 데까지 이르지는 못할 것이다. 작가 스스로 정치성을 소거하고 문화적인 것으로 이를 대신했기 때문이다.

그렇더라도 두 소설을 통해 작가는 월남/월북의 방식으로 금지된 공간으로 이동한 자들과 그의 가족들이 국가의 지속적인 감시를 받는 상황 및 감각마저 통제되는 상황을 부각시킴으로써 한반도의 분단이 개개인에게 가하는 폭력성을 간접화된 방식으로 고발하는 것마저 도외시할 필요는 없다. 안수길은 여기서 대한민국은 '세뇌' 당할 위험에 노출되어 있는 자들로 가득한 공간이자, 그 점에서 실제로 누가 세뇌되었는지가 확인 불가능한 공간으로 재현하며, 그에 따라 남한 공간의 정치적 불투명성이 강조된다. 그러면서도 이것은 국가의 영토 관리 방식과 남한 거주민들의 경계에 대한 감각이 불일치했던 1950년대와 달리, 이 시기에는 이동에 대한 국가의 규제가 강하게 내면화되기에 이르렀다는 점을 말해주는 것이기도 하다. 즉 1950년대까지는 대중적인 감각에서 월북/월남이 체제를 선택하는 행위뿐만 아니라 생활공간을 선택하는 행위로도 받아들여졌지만, 1960년대 후반으로 갈수록 이러한 관념은 크게 약화되었다. 대신 들어선 것은 분단은 엄연한 정치적 현실이자 삼팔선은 넘어서는 안 되는 절대적 금기라는, 국가

---

61) 자크 랑시에르. 2008. 『감성의 분할: 미학과 정치』. 오윤성 옮김. 도서출판비. 1장 참조.

에서 발신한 관념이었다.

4. 마치면서

4월혁명은 한국 사회에 삼팔선의 경계를 넘는 감각 내지 국경 이동의 감각이 재조정될 수 있는 기회를 제공하였다. 그에 따라 이 시기에는 한반도 및 남한과 북한의 경계에 대한 상상력이 그 어느 때보다 확장된다. 1950년대 내내 북한은 남한이 점령해야 할 한반도의 일부이자 공산주의에 오염된 남한의 타자로 인식되도록 강제되었지만, 대중적 감성에서 북한은 아직도 불가피한 상황이라면 이주할 수 있는 생활공간으로 이해되기도 하였다. 이것은 남북한의 분할에 대한 정치적 감각과 생활에서 나오는 공간 감각이 그들에게는 아직 통합되지 않았음을 의미한다. 말하자면 법적 규제에 기초한 국가의 영토 관리 방식과 대중의 일상적인 공간 감각은 일치 상태에 있지 않았던 것이다. 이것은 남북한의 경계에 대한 대중적 인식이 아직 국가의 인식 통제에 완전히 장악되지 않았음을 뜻하는 것이기도 하다.

4월혁명을 직후 통일담론이 번성하면서 북한에 대한 이해 방식에 수정을 가할 필요성까지 더해져 이 시기에 남과 북의 거리는 심리적으로 매우 가까워졌다. 하지만 곧 군사 쿠데타가 일어났고 국가는 이 시기에 생겨난 남북한 경계에 대한 개방적 인식을 전면적으로 통제하기에 이른다. 말하자면 4월혁명을 경유하면서 민족의 공간으로서의 한반도에 대한 인식이 다시 떠오르기 시작하였고 이와 더불어 북에 대한 적대적 인식이 재조정될 가능성도 생겨났지만, 군사 쿠데타에 의해 이것은 철저히 봉쇄되고 말았던 것이다. 그 점에서 4월혁명 직후 최인훈이 「광장」을 통해 냉전기 지정학적 사고를 거스르면서 남북한의 정치체를 모두 탐사하려고 시도한 것은 그 이전에는 물론이고 그 이후에도 감행하기 어려웠던 문화정치적 기획이었다고 할 만하다. 이와 달리 1960년대에 생산된 김동립과 김이석, 남정현과 안수길의 소설에는 남한의 거주민들을 스파이로 지명하는 국가의 폭력적 태도에 반발하는 양상이 나타나지만, 북한은 더 이상 하나의 국가가 아니라 같은 민족이 사는 공간으로만 재현되었다. 이와 동시에 북한은 항시적으로 남한에 스파이를 내려보내는 위험한 공간으로 상상되었던 것이다. 작가들은 이러한 인식을 공유하면서도 남한을 스파이라는 외부자가 편재하는 공간으로 이해하도록 강제하여 오염과 정화의 상상력을 자극했던 국가의 방식에는 수긍하거나 저항하는 등 서로 상이한 태도를 보였다. 하지만 대체로는 월남/월북을 통해 금지된 공간으로 이동한 자들이 시기와 이유를 불문하고 모두 국가의 지속적인 감시를 받는 상황에 대해서는 비판적인 태도를 유지함으로써, 거주민 모두가 안전하게 거주할 수 있는 공간으로 남한을 이해하지 못하게 만든 것은 국가의 책임임을 명시하였다고 할 것이다. 그리고 이것은 당시의 상황에 비추어 보았을 때 작가들이 문학에서 힘겹게 구현해낸 공간 정치적 상상력이 아니었는가 한다.

김 미 란

성균관대학교 학부대학 교수로 재직 중이다. 대표 논문과 저서로는 「감각의 순례와 중심의 재정위: 여행자 이효석과 '국제 도시' 하얼빈의 시공간 재구성」, 「문화 냉전기 한국 펜과 국제 문화 교류」, 『냉전과 혁명의 시대 그리고 사상계』(공저) 등이 있다.

E-mail: cejourla@naver.com

카뮈, 마르크스, 이어령

1960년대 에세이즘을 통해 본 교양의 문화정치

| 오 혜 진

카뮈, 마르크스, 이어령

—

1960년대 에세이즘을 통해 본 교양의 문화정치

—

오 혜 진

1. 1960년대 '에세이 붐': 혁명 이후, 교양의 시대

1960년대 출판독서계를 어떤 '분열' 없이 묘사하는 일은 불가능하다. 혹자는 "전에 없이 자유로운 출판의 자유" 시대가 열렸으니 "진정으로 그 자유를 선용하는 것"[1]만이 당면한 문제였다고 회고하는가 하면, 다른 한켠에서는 "4월 이후 오늘날까지 일간신문, 월간잡지 기타를 제외하고서는 구매력은 '제로'에 가까운 상태에 처해 있으며 출판계는 완전히 빈사촌전(瀕死寸前)에 허덕이고 있다"[2]는 호소도 끊이지 않았다.

모두에게 인상 깊게 기억되듯, 기념비적인 '혁명'으로 화려하게 막을 연 1960년대 초두에는 새로운 앎에 대한 욕망이 넘쳐흘렀다. 유례없는 중립화통일론을 상상하는 데에 무람없을 정도로 온갖 정체(政體)와 이념에 대한 모색이 왕성했고,[3] 외국문화와 지식의 번역에도 열정적이었으며,[4] 철

---

1) 『출판문화』 19, 1967. 1.

2) 징경희, 「디당성 있는 기준 하에서」, 『경향신문』, 1960. 8. 22.

3) 김건우, 2009, 「1964년의 담론지형—반공주의, 민족주의, 민주주의, 자유주의, 성장주의」, 『대중서사연구』 22, 대중서사학회.

벽같이 수비되던 일본대중문화의 수용 또한 암암리에나마 광범위하게 이루어졌다.[5)]

그런 반면, 문화계의 '혁명'이 일어날 것으로 생각했던 여러 인사들의 기대는 무참히 배반당했다. "민정이양 후 새해"에는 "체호프의 작품을 상연" 할 수 있을 것으로 믿었던 연출가 이해랑의 소망이 달성될 날은 요원했으며, "민정이라는 심리적인 작용 때문에 우선 민심이 다소나마 안정을 가져올 것은 물론, 혁명을 통해서 체득한 실력 위주의 인재등용이라는 좋은 기풍이 확고히 진작되면 학술연구도 활발해질 것이고, 국민들도 실력양성을 위해 부지런히 독서하는 습관이 되면 출판계에서는 힘을 얻을 것"[6)]이라고 낙관했던 출판인 정진숙의 꿈도 다소 성급한 것이었다.

이처럼 1960년대를 설명하는 데에 자주 차용되는 '꿈과 좌절의 서사'는 당대 출판문화계의 조울(躁鬱)을 설명하는 데에도 고스란히 적용된다. '잔치가 끝난' 1960년대는 전례 없는 출판계의 불황기이기도 했던 것이다. "지금은 절망상태"[7)]라는 출판인들의 이구동성은 거의 공동화(空洞化)되다시피 한 1960년대 출판계의 현황을 잘 말해준다.

그런데 이 '공동(空洞)'은 양가적인 의미를 지닌다. 하나는 그야말로 책이 정말 팔리지 않는다는 뜻일 테지만, 다른 한편으로는 거미줄처럼 복잡다단하게 얽힌 모양으로 연상되곤 하는 구텐베르크 은하계의 군데군데가 '텅 비어' 있다는 것, 그러니까 '구멍이 숭숭 뚫린 지식계'를 지시하는 표현으로도 읽힌다. 여기서 전자의 질문, 왜 획기적으로 폭발한 앎에의 욕망에

---

4) 박지영. 2011. 「번역된 냉전, 그리고 혁명 : 사르트르, 마르크시즘, 실존과 혁명」. 『서강인문논총』 31. 서강대학교 인문과학연구소; 박연희. 2012. 「1950~60년대 냉전문화의 번역과 '김수영'」. *Comparative Korean Studies* 20(3). 국제비교학회.

5) 권보드래·천정환. 2012. 「'1960'은 왜 일본문화를 좋아했을까?—일본문화에 대한 1960년대 한국사회의 분열증」. 『1960년을 묻다—박정희 시대의 문화정치와 지성』. 천년의상상.

6) 「문화계 전망 다시 기점에 서서」. 『동아일보』. 1963. 1. 1.

7) 김익달. 위의 글; 「좌담 : 특집 출판 20년—출판 불건강의 진단」. 『출판문화』 1. 1965. 2.

도 불구하고 독자들의 지갑이 쉽사리 열리지 않았는지는 매우 궁금한 문제이긴 하나 이 글의 본격적인 관심사는 아니다. 다만 이 글은 후자, 즉 혁명 이후 일어난 지식출판문화계의 지각변동, 그 한 부분임에 틀림없는 어떤 '융기'와 '함몰'에 대해서 이야기해보고자 한다. 그 '넘침(overflow)'과 '모자람(shortfall)'의 에너지가 맺고 있는 함수관계를 구명함으로써 1960년대에 형성된 교양의 구조와 성격을 입체적으로 사유해보는 것이 이 글의 목적이다.

> 〈저 하늘에도 슬픔이〉 가득한데, 〈하늘을 보고 땅을 보고〉 〈절망은 없다〉고 다짐하면서, 〈내 인생 내 지게에 지고〉 나서 보니 〈101번지의 여승〉이 〈푸른 하늘에 침을 뱉어라〉 하고 염불 아닌 괴성을 울렸다. 그런가 하면 〈내 별은 어느 하늘에〉 〈이 땅에 저 별빛을〉 하고 마구 별을 불렀다.[8)]

그야말로 "논픽션 경작의 해"였던 1965년 12월, 대한출판문화협회의 기관지인 『출판문화』[9)]의 「면지」란은 당대 논픽션류의 성행을 해당 작품의 제목들을 이어 만든 위와 같은 재치 있는 문장으로 표현했다. 이처럼 1960년대의 베스트셀러 집계와 독서출판담론을 검토하다 보면 메마른 지평에 홀로 돌올한 한 지점을 발견하게 되는데, 1950년대 후반부터 1970년대 초까지 비교적 근성 있게 지속된 논픽션의 유행과 '에세이 붐'이 바로 그것이다.

1964~1965년을 정점으로 한 이 논픽션의 인기[10)]는 전에 없던 베스트셀러 집계를 시작할 만큼 확대된 독서시장과 독서층의 성장, 그리고 교양의

---

8) 「면지」. 『출판문화』 8. 10쪽. 1965. 12.

9) 대한출판문화협회 및 『출판문화』의 역사와 그 성격에 대해서는 이건웅. 2007. 「월간 〈출판문화〉 내용에 대한 연구 : 1965년 2월(창간호)~2005년 12월(통권 481호)」. 동국대학교 석사학위 논문.

10) 「흘러간 만인의 사조 베스트셀러(5) : 이어령 수필집 『흙 속에 저 바람 속에』」. 『경향신문』. 1973. 3. 10.

대중적 보급현상과 결부되어 1960년대 내내 빈번하게 묘사됐다. 예컨대 1962년, 출판시장의 동향을 정리한 한 기사는 외국의 베스트셀러가 주로 "대담한 폭로나 비상식적인 세계를 그려내어 독자들에게 어떤 경이를 주는" "성 문제, 정치의 잔학, 신기한 체험" 등을 다룬 책들이 주를 이루는 반면, 논픽션이 주가 되는 한국의 베스트셀러는 "거짓이나 괴기적인 요소가 없고 넓은 의미에서 교양적인 책들"이라는 점에서 "우리 출판계도 건전한 코스를 걷고" 있는지 모른다고 진단했다.[11] 그런가 하면 사회통계센터의 조사를 바탕으로 1962년 한 해의 서점가 경기를 검토한 또 다른 기사는 삼중당의 에세이집 시리즈, 박우사의 『현대인 강좌』(전7권), 휘문출판사의 『나의 교양선집』(전12권) 및 『사상의 주변』(최재희), 『사색인의 향연』(안병욱), 『고독한 군중』(이어령)과 같은 국내 필자의 저서를 들어 "에세이"야말로 5·16 이후 출판계의 가장 두드러진 특징인 "교양물 붐"을 견인하고 있는 핵심동력임을 지적한 바 있다.[12]

이처럼 1960년대에 가장 특징적인 출판 · 독서현상이었던 에세이류의 약진은 한국출판사(史)에 자주 의미심장하게 기록된다.[13] 이는 당대 지식계가 열정적으로 추진한 '교양의 대중화'가 성공적으로 진행되고 있음을 가장 웅변적으로 보여주는 현상이었기 때문이다. 그 공적의 주역들은 단연 『영원과 사랑의 대화』(1961)의 김형석, 『고독한 군중』(1962)의 이어령, 『끝없는 여로—세계일주무전여행기』(1962)의 김찬삼과 같은 베테랑 에세이스트들이었다. 그밖에도 최신해, 이숭녕, 박종화 등이 서로 다투며 수상록 · 회고록 · 평론집 형식의 에세이집을 발간했는가 하면, 조연현 · 정비

11) 「베스트셀러의 조건. 외국의 경우와 비교하여. 으뜸은 교양서적들」. 『조선일보』. 1962. 10. 16.

12) 「꾸준한 교양서적의 출판. 잘 팔리는 철학에세이집. 하반기의 서점가 경기」. 『조선일보』. 1962. 11. 20.

13) 1960년대 베스트셀러 순위는 이임자의 『한국출판과 베스트셀러, 1883~1996』(경인문화사. 1998)에서 확인할 수 있으며, 논픽션류의 유행현상에 대한 언급으로는 윤금선. 2007. 「독서대중화운동 연구—1960년대를 중심으로」. 『한국도서관·정보학회지』 38(2). 도서관정보학회 참조.

석 · 송건호와 같은 문인과 저명인사들도 꾸준히 서평을 제출하여 에세이 유행에 일조했다. 그런데 1960년대 주류미디어의 일급 필자로서 가장 적극적으로 독서 · 교양담론을 설파한 이들 대부분은 한국문학의 정전화에 관계한 각종 전집의 편찬자이자 문학사가이기도 했다. 그러므로 이들의 지속적인 관심의 대상이 되었던 에세이의 문화정치는 오늘날 '순문학주의'나 '교양주의'로 일컬어지는 당대 지식문화의 전반적인 성격과 긴밀하게 관련된다.

1960년대에 성행한 비허구산문 장르에는 수필/수상/수기/일기/서간류가 모두 포함되는데, '에세이'는 이들을 총칭하는 이름이기도 하고, 이들과 구분되는 고유한 성질을 지닌 특정 양식을 지칭하는 말이기도 했다. 동일한 텍스트를 가리키는 데에도 수필/수상/에세이/비평 등의 용어가 혼용된 사례를 어렵지 않게 찾아볼 수 있다. 그러나 '에세이'보다 '수필'이라는 용어가 더 선호됐던 1930년대의 용례를 고려한다면, 직업적 에세이스트가 본격적으로 등장했던 1960년대의 '에세이'는 보다 특화된 명명이었다. 상술하겠지만, 수필과 에세이의 지시대상이 화용론적 맥락에서는 겹치면서도 인식론적으로는 미묘하게 분리될 수 있었던 것이 1960년대 에세이즘[14)]의 한 특징이라고 할 수도 있을 것이다. 따라서 1960년대에 통용됐던 에세이의 반경과 그 특징을 추출하고, 그것이 수필 · 수기류와 이루는 위상학적 관계를 정립하는 것은 가능한 시도일 것이다.

그런데 1960년대 에세이의 위상은 단순히 '문학의 하위장르 중 하나'라고만 설명될 수 없다. "외국 베스트셀러는 거의 정치 · 경제 · 종교 · 국방에 관한 것인데 우리 베스트셀러는 '인생', '사색'과 같은 센티멘탈한 것"[15)]이

14) 에세이즘(essayism)은 "1. the habit of writing essays. 2. the quality that allows a composition to be called an essay."(*The Free Dictionary*)라고 정의된다. 이 글에서는 '에세이즘'을 에세이의 생산과 수용은 물론, 에세이의 성격과 그에 대한 사회적 인식 및 문화적 효과까지 아우르는 개념, 즉 에세이와 관련된 문화현상을 총칭하는 의미로 사용하고자 한다.

라는 지적에도 멈추지 않을 만큼 1960년대 한국에서 에세이가 지닌 성격과 그 특권적 지위는 분명 문제적인 것이었다. "무게 있는 내용, 세련된 감정, 건설적인 비판, 지성의 향기"[16]를 특기하고 있는 당대 에세이에 대한 소개와 서평이 시사하듯, "에세이정신"은 한국지식인의 지성과 비판의식의 수준을 보여주는 중요한 척도로 여겨졌던 것이다. 요컨대 "지성의 양식(style of intelligence)"이라는 표현이야말로 인생에 대한 성찰의 총화이자 고귀한 이성의 산물로 여겨진 에세이에 대한 가장 효과적인 정의였다.

이러한 에세이의 자기정의야말로 문제적인데, 역사적 · 기술적 · 형식적 특성을 바탕으로 진술된 여타 문학장르의 일반적 정의를 고려한다면,[17] '지성(교양)'이라는 이데아적인 어젠다를 특정 글쓰기의 양식적 특성을 구성하는 한 요소로 수렴하는 방식은 다분히 이데올로기적인 함의를 내포하고 있었다. 예컨대 "성숙한 남성의 형식"이라는 수사학적 명명을 간취함으로써 "규범적인 어린아이의 형식"이라고 정의된 '서사시'로부터 분리되어 근대의 특권적인 문학양식으로 부각될 수 있었던 '소설'[18]의 경우를 상기한다면, 특정 양식을 이데올로기적 차원으로 고양시키는 인식론의 효과는 자못 크다. 1960년대 에세이즘의 정체를 해명함으로써 당대 교양의 문화정치를 해명하려는 시도가 유의미한 까닭이 여기에 있다. 그러니까 한 편

---

15) 조상현. 1966.「독후감·독서논문 현상 입선작 발표 : 국민개독운동의 방안」.『출판문화』16.

16) 김형석.「김태길 저『빛이 그리운 생각들』」.『경향신문』. 1965. 1. 20.

17) 잘 알려져 있다시피, '시'는 "문학의 한 장르. 자연이나 인생에 대하여 일어나는 감흥과 사상 따위를 함축적이고 운율적인 언어로 표현한 글"로, '소설'은 "사실 또는 작가의 상상력에 바탕을 두고 허구적으로 이야기를 꾸며 나간 산문체의 문학양식. 일정한 구조 속에서 배경과 등장인물의 행동, 사상, 심리 따위를 통하여 인간의 모습이나 사회상을 드러냄. 옛날의 설화나 서사시 따위의 전통을 이어받아 근대에 와서 발달한 문학양식"으로, '수필'은 "일정한 형식을 따르지 않고 인생이나 자연 또는 일상생활에서의 느낌이나 체험을 생각나는 대로 쓴 산문형식의 글"로 정의된다. 그러나 후술하겠지만, 1960년대의 에세이는 안정적인 제도적 정의를 확보하지 않은 채, '지성'과 '교양'이라는 당대의 어젠다를 광범위하게 수렴하는 방식으로 확대재생산되며 특권화된 지위를 점할 수 있었다.

18) 게오르그 루카치. 1998.『루카치 소설의 이론』. 반성완 역. 심설당. 76~78쪽.

의 "잘 씌어진 글"이라고만 치부할 수도 없고, '학문과 윤리와 예술이 분화되지 않은' "동경의 형식"[19]이라거나, '사소한 일상사를 통해 심원한 것을 표현하는' "모럴리티"의 표현[20]이라고만 하기에도 어쩐지 불충분한, 철저하게 '60년대적'인 것이 당대 '에세이'에는 있었다.

그러므로 1960년대 에세이즘의 성격과 그 효과를 해명하기 위해서는 에세이가 지닌 일반적인 '문학형식으로서의 특징(genre)'과 '1960년대의 역사 · 문화적 조건하에 결정 · 구성된 의미(style)'를 동시에 고려해야 한다. 개성론이나 문체론을 통해 수필의 심미적 · 형식미학적 특성을 밝힌 기존 연구로부터 더 나아가, 에세이를 사회적 담화의 한 형식이자 시대의 산물로 간주하는 시각이 요청된다. 근대 산문의 역사적 계보를 추적한 김현주[21]의 연구는 선구적인데, 그는 '수필'과 '에세이'의 성립을 가능케 한 동 · 서양의 철학적 · 사회적 조건을 섬세하게 검토함으로써 한국에서의 '수필'을 역사적 장르로서 사유할 수 있는 인식론적 토대를 구축해놓았다.

한편, 1960년대 에세이즘에 대한 연구는 이어령[22] · 전혜린[23] · 김찬삼[24]과 같은 개별 작가의 텍스트와 사유체계에 대한 연구로도 온전히 수렴되지 않는 면이 있다. 이 에세이들의 특성이라고 이야기되는 개인주의, (탈)식민주의, 서구주의, 보수주의 등을 곧바로 1960년대 에세이의 본질로

19) 게오르그 루카치. 1988. 「에세이의 본질과 형식—레오 포퍼에게 보내는 편지」. 『영혼과 형식』. 반성완·심희섭 역. 심설당.

20) 임화. 「수필론—문학장르로서의 새길도」. 『동아일보』 1938. 6. 18~6. 22.

21) 김현주. 2004. 「한국 근대 산문 연구의 시각과 가능성」. 『한국 근대 산문의 계보학』. 소명출판.

22) 조영복. 1997. 「수사, 동경 그리고 에세이」. 『오늘의 문예비평』 27. 오늘의 문예비평; 박훈하. 1997. 「서구적 교양주의의 탄생과 몰락—이어령론」. 『오늘의 문예비평』 27. 오늘의 문예비평; 황호덕. 2010. 「일본, 그럼에도 여전히, 세계의 입구—『축소지향의 일본인』으로 읽는 한 후기식민지인의 초상」. 『일본비평』 3. 서울대학교 일본연구소.

23) 서은주. 2004. 「경계 밖의 문학인—'전혜린'이라는 텍스트」. 『여성문학연구』 11. 한국여성문학학회.

24) 우정덕. 2010. 「김찬삼의 『세계일주무전여행기』 고찰—1960년대 독서대중의 세계 인식과 연결하여」. 『한민족어문학』 56. 한민족어문학회.

환원할 수 없기 때문이다. 오히려 우선적으로 규명되어야 할 것은 그러한 성격을 근본적으로 규정했을 1960년대 에세이가 처한 지식문화의 구조와 성격이다. 그러므로 이 글은 1960년대에 에세이가 폭발적으로 생산되고 특권화된 지위를 점하게 된 경위를 해명함으로써 당대에 수행된 교양의 문화정치와 그 동학을 밝히고자 한다.

2. 복수(複數)의 앎과 교양의 외부 : 『이방인』과 『자본론』

1950~1960년대에 실존주의가 전 세계를 관통하는 첨단의 사상이자 가장 강력한 교양의 표상으로 등극했음은 주지의 사실이다. 그러나 냉전 이후 번역(장)의 정치학을 밝힌 최근의 연구들[25)]이 섬세하게 논구했듯, 카뮈와 사르트르로 대표되는 실존주의의 수용은 결코 단일한 방식으로 이루어지지 않았다. 실존주의야말로 다양한 주체와 시점에 따라 선별적으로 번역·전유되어야 했던 치열한 각축의 대상이었던 것이다. 그렇다면 실존주의의 수용에 개재된 이 분열이 1960년대 교양의 구조 및 성격과 관련해 우리에게 말해주는 것은 무엇일까.

한국에서의 실존주의 수용사를 말할 때 자주 언급되는 한 사례로부터 이야기를 시작해보자. 주지하다시피 1960년대에 거듭 발생한 '문학소녀'[26)] 들의 자살사건을 추적하는 과정에서 발견된 독서목록에 카뮈와 사르트르는 늘 있었다. 그녀들의 자살원인은 "무분별한 염세감에서 나온 비정상 심

25) 박지영, 앞의 글; 이평전, 2012, 「1950년대 실존주의 비평과 신인간론 연구」, 『인문연구』 65, 영남대학교 인문과학연구소.

26) 1960년대의 독서문화와 '문학소녀' 표상에 대해서는 정미지, 2011, 「1960년대 문학소녀 표상과 여성독서」, 성균관대학교 석사학위논문.

리상태"[27]라고 간명하게 진술됐다. 그런데 소녀들의 자살과 실존문학의 인과관계에 대한 이처럼 자명한 판단은 어떻게 가능했을까. 한 기사는 "그녀들이 그 지성을 가지고서는 결코 소화할 수 없는 실존주의사상에 영향을 받아" "값싼 니힐에 빠져 '죽음'을 택"[28]한 것으로 판단했다. 이화여대 불문학 강사였던 박이문의 해석도 이와 크게 다르지 않아, "실존주의문학은 결코 데카당적 문학이 아니라 어느 것보다도 진지하고 정직한 문학"이므로 "어린 두 소녀에게 『구토』와 『이방인』이 치명적 독약이 되었다 해도 죄는 독약 자체에 있는 것이 아니요, 그것을 잘못 복용한 어린 소녀의 지성에 있을 뿐"[29]이라고 진단했다. '실존주의의 진정한 의미를 제대로 이해하지 못한 우매한 독자'라는 질타만이 그녀들에게 헌정된 유일한 추도사였던 셈이다.

"군데군데 붉은 줄이 그어져 있"는 『이방인』과 『전락』을 "죽음의 길"에 대한 암시로 '잘못' 읽었다는 미디어의 분석은 그녀들의 죽음을 한낱의 우스꽝스러운 해프닝처럼 묘사한다. 그런데 이는 바꿔 말하면, 그 책들에는 언제든 오독·오해될 가능성이 내장되어 있다는 말이기도 했다. 예컨대 실존문학에 대한 '문학소녀'들의 오독을 강조한 기자가 『이방인』을 읽는 방식이야말로 의심스러운데, 그는 이 책을 "부조리한 세상에 대해 전혀 무관심한 태도로 살던 한 사나이가 살인죄를 범하고 사형이 선고되어 세상에서 버림받고 죽음 앞에 맞서서야 비로소 삶의 의미와 행복을 깨닫게 된다는 줄거리"라고 소개하고 있다. 굳이 따지자면 "나는 이렇게 살았으나, 또 다르게 살 수도 있었을 것이다. 나는 이런 것은 하고 저런 것은 하지 않았다. 어떤 일은 하지 않았는데 다른 일은 했다. 그러니 어떻단 말인가."[30]라고

---

27) 「앞으로는 이런 일이 없어야」, 『경향신문』, 1962. 2. 13.

28) 「실존문학과 두 여고생의 경우」, 『경향신문』, 1960. 8. 21; 「자살 세 건」, 『경향신문』, 1963. 3. 27.

29) 박이문, 『두 소녀와 문학작품—여고생의 자살을 생각하며』, 『경향신문』, 1960. 8. 30.

자문하며 사형집행날까지 사제의 면회를 거절하고, '진리와 죽음에 대한 확신'을 강조했던 뫼르소의 독백을 '성장과 회개의 서사'로 각색한 기자의 독해야말로 오독에 가깝겠다. 그러나 이는 실존주의가 말하는 '허무'와 '저항'의 의미망을 "정신의 근대화를 통한 조국의 근대화"로 그 목표가 설정된 당대 교양[31]의 스펙트럼 내에서 구성해야만 했던 정황을 고려한다면 필연적인 것이기도 했다.

> 불문학자 정명환 씨는 실존주의라는 말이 "세상에서 제일류급으로 알려져 있는 평론가"들에 의해 "얼마나 터무니없는 뜻으로 사용되고 있는지"를 따졌다. (…) 손창섭 씨의 작품을 "실존적인 의미가 소극적으로 반영된 것"이라고 말한 백철 씨의 평이나 정태용 씨의 「실존주의론」 등도 모두 정명환 씨가 보기에는 "오용된 실존주의"라는 것. "잘못된 용어를 함부로 쓸 때 우리는 대화를 위한 기반을 잃을 뿐 아니라 정신의 위패를 남발한다는 무서운 결과를 초래한다."고 정명환 씨는 말하고 있다. 〈『사상계』 문예판 증간호에서〉
>
> 그러나 (…) "도대체 실존주의라고 하면 그것이 일부 불어학자나 불문학자나 또는 정씨 자신이 무슨 전매특허나 맡은 것처럼 딴 사람이 발언하면 그것이 다 오해요, 무식이 된다고 착각하는" 정씨에게 조연현 씨는 또 "문학을 암호의 해득처럼 생각하는" 태도를 나무라며 "인생을 해석하는 데 그러한 편리한 척도나 기계가 있을까." 하고 스스로 반문했다. 〈『현대문학』 신년호에서〉[32]

---

30) 알베르 카뮈. 2009. 『이방인』. 김화영 역. 책세상. 157쪽.

31) 이철범. 「논단 : 출판 20년의 궤적—문화적 독립을 위하여」. 『출판문화』 1. 1965. 2. 1960년대 교양의 '관제적' 성격에 대해서는 권보드래·천정환. 2012. 「박정희 군사독재시대의 '교양'과 자유교양운동—교양의 재구성, 대중성의 재구성」. 『1960년을 묻다—박정희 시대의 문화정치와 지성』. 천년의상상.

32) 「실존주의 해석 싸고 논쟁」. 『경향신문』. 1962. 12. 29. ('(…)' 표기는 인용자의 것. 이하 동일)

중요한 것은, 이 같은 언설에 의해 실존주의는 결코 그것의 '정수(精髓)'나 '심급'이 체현될 수 없는 '미지의 앎'으로 표상됐다는 점이다. 즉, 독자는 언제나 '실존'을 '진정한' 의미가 아닌 '통속화된 앎'으로밖에 접할 수 없는 '미달의 독서'를 수행할 운명이었다. 당대 실존주의 논쟁이 '실존', '자유', '참여'와 같은 개념들의 원전적 의미를 밝히는 방식으로 진행된 것도 같은 맥락이다. 서구 지성계로부터 발신된 실존주의가 한국사회에 끼친 영향을 논하기보다[33] '실존' 개념에 대한 여타 논자들의 오해를 바로잡고 계몽하는 데에 주력했던 불문학자들이 담론을 주도했던 사실은 이를 반증한다.

이 같은 현상은 1960년대 한국 지식문화의 '후진성'을 드러내는 징표이기 전에, 그 개념들을 독점적으로 전유하고자 하는 주체가 있었음을 의미한다. 예컨대 4월혁명이 한창 일어나고 있는 중에 한 필자는 실존주의문학의 근본이념이 '부조리하고 허망한 생'에 대한 "저항과 도전의 의식"을 일깨우는 것이라고 말하면서도, "실존주의문학에서 의미하는 바의 항거나 저항은 무작정인 도전을 의미하지는 않는다"며 "저항의 형식"이 있어야 할 것을 거듭 강조했다. 그는 "병적인 상상 이전의 공허한 정신상태로 돌입하는 감을 주며, 현실을 인위적으로 초월하고 유리시키는, 현실생활에 대한 너무나도 냉담한 과장이 강조되어서 나온다는 점"이 "이 문학관에 불만을 갖는" 원인이라고 지적하며 실존주의에 대한 회의를 표했다.[34] 물론 이러한 논변은 변혁의 주역인 청년들의 열정을 자원화하면서도 질서와 안정에 대한 옹호의지를 버리지 않았던 당대 지식인들의 보수화된 담론[35]과 일정

33) 1950년대 실존주의담론이 한국사회에 미쳤던 효과에 대해서는 나종석, 2010, 「1950년대 실존주의 수용사 연구—'교양'으로서의 실존주의를 중심으로」, 『헤겔연구』 27, 한국헤겔학회.

34) 장정남, 「실존주의문학에 대한 회의—문학의 독자적인 영역을 위하여」, 『동아일보』, 1960. 4. 12.

35) 4월혁명 당시 대학생(청년)담론의 전개양상과 그 효과에 대해서는 김미란, 2010a, 「'청년 세대'의 4월혁명과 저항의례의 문화성지학」, 『시이』 9, 국제한국문학문화학회; 김미란, 2010b, 「'젊은 사자들'의 혁명과 증발되어버린 '그/녀들'—4월혁명의 재현 방식과 배세의 수사학」, 『여성문학연구』 23, 한국여성문학학회; 김미란, 2011, 「'순수'한 청년들의 '평화' 시위와 오염된 정

하게 조응하는 것이었다.

이후에도 카뮈와 사르트르의 '허무', '부조리', '저항' 개념은 당대의 전일적인 가치였던 반공주의와 근대화 드라이브의 유의미한 추동력이라기보다는 오히려 그것을 저해할 수 있는 '위험한 앎'으로 여겨졌다. '허무'가 박정희정권의 모토인 '근면'과 '생산력주의'를 강화・보조할 만한 '건전한' 개념이 아니었음은 물론이거니와 '부조리'의 정확한 함의를 파고들면 들수록 만연한 부정부패로 인해 민심을 잃고 있는 한국의 후진적인 정치・사회문화를 환기할 수밖에 없었다. '저항'과 '참여' 개념 역시 기성체제의 안정에 대한 도전과 전복을 뜻하는 것으로 얼마든지 그 의미가 확장될 수 있었다.[36] '저항'과 '참여'의 실존주의적 의미를 엄밀히 밝히는 작업과, 그것의 대상 및 범위・임계를 확정・한정하는 일의 병행은 그리 간단치 않았던 것이다. 실존문학을 읽은 소녀들의 자살사건에 대한 분석이 "기성세대는 옷깃을 여미고 이 땅의 새싹들이 참되고 건전하게 자랄 수 있는 바탕을 마련"하기 위해 "교육, 가정생활 등 모든 부면에 걸친 재검토"를 해야 한다는 다소 엉뚱한 과제로 귀결되는 것은 이처럼 섬세한 규율과 통제의 필요 아래 긴박되어 있었던 1960년대의 해석의 지평을 잘 보여준다.

요컨대 사회주의의 운동성과 복잡한 함수관계를 맺고 있는 카뮈와 사르

치공간의 정화—4월혁명기에 선호된 어휘에 대한 개념사적 접근을 중심으로」, 『상허학보』 31, 상허학회; 박대현, 2012a, 「청년문화론에서의 '문화/정치'의 경계 문제」, 『한국문학이론과 비평』 56, 한국문학이론과 비평학회.

36) "한편 까뮈의 반항정신과 그 준엄한 정의감은 우리나라 젊은 세대에도 적지 않은 영향을 주었을 것이며, 무엇보다도 이번 사월혁명의 폭풍 속에 불덩어리처럼 우리들의 가슴속에 되살아오르던 그의 몇 마디—"나는 반항한다. 고로 우리는 존재한다." "반항함으로써 노예는 일순 존엄한 인간으로 변모한다"—이론이 아니고 뼈저린 체험으로 직접 우리들의 폐부를 찔러주던 그 정의의 군호(軍號)를 상기할 때 우리는 그에게 각별한 관심을 기울여 마땅한 것으로 안다."(R. M. 알베레스, 김붕구 역, 「까뮈 추도논문 : 시인과 이방인—까뮈의 위치」, 『사상계』 85, 1960. 8 중 '역자의 말')라는 서술에서 보듯 김붕구는 실존주의사상을 4월혁명의 사상적 토대라고 규정할 정도로 실존주의에 내재한 '변혁'과 '운동'의 가능성을 강조했다. 이러한 에너지야말로 박정희정권의 지속적인 관리와 규제의 대상이 되어야 했음은 물론이다.

트르의 사상[37]은 '제대로 번역되지 못했을 때'에는 '낭만적 치기'의 소산으로 간주됐으며, '제대로 번역되었을 때'에는 공산주의에 접근하여 박정희정권의 전복을 추동할 수 있는 '위험한 앎'으로 간주됐다. 즉, 실존주의는 '미성숙의 앎' 혹은 '미지의 앎'으로 표상되어 각각 '문학소녀'와 '전문지식인'에게 게토화된 방식으로 할당됨으로써 타자화된 앎으로 자리매김된 것이다.

이처럼 특정 앎이 '교양의 외부'로 간주되는 사정을 보여주는 사례는 더 있다. 1964년 5월 25일에 33개 대학이 추진한 '난국타개궐기대회(5 · 20데모)'에 대한 조사과정에서, 대구에 내려와 있던 서울대 학생의 집을 수색하여 마르크스의 『자본론』 및 『세계 공산주의의 역사—레닌에서 흐루시초프까지』(시튼 와트슨, 양호민 · 박준규 역, 중앙문화사, 1961), 『새로운 계급—공산제도의 분석』(밀로반 질라스, 이우현 · 김대훈 공역, 대학교재공사, 1957) 등의 "불온서적"을 "압수"한 사건이 그것이다.[38] 이 사건이 미친 사회적 파장은 자못 컸는데, 『경향신문』이 이에 대한 "사계 학자"들의 의견을 "조용히 타진"함으로써 28일 아침 신문지면에는 『자본론』이라는 '뜨거운 책'이 지니는 지식사적 위상에 대한 강의가 새삼 대대적으로 펼쳐졌다. 서울대 교수 이용희는 "『자본론』은 서양에서 대중문고로 나올 만큼 고전의 하나로 볼 수 있으며 도리어 정치 · 경제를 연구하는 사람에겐 일독을 권하고 싶다."라고 당국이 행한 "무식한 소치의 규정"을 질타했다. 『사상계』 사장 장준하 역시 "『자본론』을 가지고 있다고 해서 사상을 의심하는 것은 우민정책을 하려는 것이나 미찬가지"라고 역설했으며, 『대한일보』 논설위원 신상초도 "어떤 책을 갖고 있다는 것, 읽는다는 것, 그리고 그 책의 내용에 공명한다는 것은 서로 다른 것인데 단순히 갖고 있다는 것만으로 범

37) 카뮈와 사르트르의 사상이 사회주의/공산주의와 맺고 있는 절합·길항관계에 대해서는 박지영. 앞의 글, 로널드 애런슨. 2011 『사르트르와 카뮈—우정과 투쟁』. 변광배·김용석 역. 연암서가.

38) 「『자본론』 등 압수」. 『경향신문』. 1964. 5. 26; 「공산주의 비판 교양서」. 『동이일보』. 1964. 5 29; 「여적」. 『경향신문』. 1964. 5. 30.

죄시한다는 것은 위험천만한 일"이라며 정부의 "매카디즘적 수법"을 "일제 때의 치안유지법 하"와 비교했다.[39] 그뿐만 아니라, 『세계 공산주의의 역사』와 『새로운 계급』은 백낙준 박사가 서문에도 썼듯 "공산주의의 뿌리와 성격 자체에 대한 예리한 비판"을 담은 "철저한 공산주의비판서"로서, 미국 대사관으로부터 출판권을 얻고 육군사관학교에서도 부교재로 채택한 저술임이 알려져 당국의 처사는 더더욱 세간의 빈축을 샀다.[40]

한편, 이 설문에 첨가된 또 하나의 물음은 『자본론』과 함께 적발된 "친진보 반보수"라는 문구를 "국시위반"으로 본 당국의 규정에 대한 것이었다. 이에 대한 학자들의 대답은 적실하게도 '보수'와 '진보'라는 사회학적 개념이 지극히 자의적인 방식으로 유통되는 한국지식문화의 불구성을 전면적으로 드러내고 이에 대한 정상화를 시급히 촉구하는 것으로 이어졌다.

"책을 읽으면 반하기 쉬웁니다."[41]라며 노어과를 설치하고도 원서 구입을 금지하는 "이율배반적인 문교정책"[42]이 횡행하던 당시를 고려할 때, 이 설문은 중요한 의미를 지닌다. 이는 어떤 앎을 '통용 가능한 보편적 지식'으로 규정할 수 있는 배타적 권력을 지닌 특정 주체에 의해 당대 지식구조가 편제되고 있음을 선명하게 상기시켰다. 예컨대 "이론적으로 비판하려면 공산주의의 이론도 알아야 할 텐데"라는 "지식인 및 새 세대"의 요청에, "덮어놓고 어떻게 출판합니까. 바른 비판력이 있는 학생이 몇 프로나 되겠습니까."[43]라는 답변이 반복적으로 돌아오는 상황은 공산주의가 사회적 앎으로 등재되기까지의 지난한 과정을 말해준다. 그리고 바로 그 앎의 헤게모니를 대상으로 한 국가담론과의 팽팽한 접전 가운데에 『자본론』은 있었다.

---

39) 「"친진보 반보수" 과연 국시에 위배되나?」, 『경향신문』, 1964. 5. 28.

40) 「공산주의비판교양서」, 『동아일보』, 1964. 5. 29.

41) 「대학생들과 문인의 좌담회 6·25 동란과 새 세대」, 『경향신문』, 1962. 6. 28.

42) 최광진, 「노어과생의 처지」, 『동아일보』, 1963. 11. 18.

43) 「대학생들과 문인의 좌담회 6·25 동란과 새 세대」, 『경향신문』, 1962. 6. 28.

마르크스의 『자본론』 압수 계기로 높아가는 여론

현재 한두 대학을 제외하고는 본격적인 공산주의 관계 강좌를 두고 있는 대학이 없다. 국방대학원과 반공센터 같은 특수연구기관에서 공산주의 관계 자료를 비교적 풍부하게 갖추고 있기는 하지만 일반 대학생이나 교수들에게는 자유로운 열람이 불가능하기 때문에 대학교육과는 별로 관계가 없다. 대학 커리큘럼에 왜 공산주의비판 강좌를 따로 두지 않느냐는 물음에 서울대학교의 한 정치학 교수는 "누가 오해를 받아가며 그런 강좌를 맡겠느냐?"고 반문하면서 학문의 자유 분위기 보장을 강조했다.

대학교육을 관장하고 있는 문교부의 한 고위관계자는 『자본론』 정도는 대학생에게 자유로이 읽혀도 좋다고 전제하고, 그러나 공산주의는 빈곤과 퇴폐가 있는 곳에서는 마약과 같은 것이므로, 일반 대중이 선전적인 팜플렛 같은 것에 일시라도 휩쓸릴지 모를 우리의 여건을 들었다.[44]

「국시와 학문과 교양」이라는 3항의 낯설고도 긴밀한 관계를 시사하는 제목의 위 기사에서 보듯, 이 사건은 곧 "헌법에 보장된 학문과 예술의 자유 및 출판의 자유"의 문제로까지 이어졌다. 이 기사는, "『자본론』 정도는 대학생에게 자유로이 읽혀도" 될 '교양'의 일부일 수 있지만, 그러한 앎은 "마약"과 같은 흡입력과 중독성을 가지고 있다고 평함으로써 '지식' 그 자체가 지니는 보편적이고도 특수한 위상에 대해 언급했다.

과연 마르크스와 레닌, 모택동과 김일성, 공산주의의 역사와 문화에 대한 앎은 허용될 수 있는가. 『자본론』 압수사건에 대한 학자들의 강경한 반발이 이어지자, 며칠 후 치안국장은 "서적 자체가 불온해서가 아니라" "책 속에 메모한 글의 내용이 불온한 혐의가 있어서"[45]였다며 한 발 물러나는 제스처를 취한다. 그리고 이후에도 이러한 사건이 거듭 발생하자,[46]

---

44) 「국시와 학문과 교양—모호한 불온의 한계, 재검토돼야 할 반공교육」, 『조선일보』, 1964. 5. 31.
45) 「책 내용 아니다, 책 속의 메모」, 『동아일보』, 1964. 5. 30.

결국 '효과적인 반공'에 복무한다는 전제 하에 공산주의에 대한 연구가 소극적으로나마 허용된다.47) 공산주의서적 검열의 "단계적 해제를 통한 무조건 제약을 지양하는" "묘안"48)이 필요함을 강조한 당대 한 연구자의 말은 공산주의서적에 대한 검열완화를 소망하는 언사이면서 동시에, 기존에 편성된 지식구조의 '경계'와 '외부'가 엄연히 존재함을 적시하는 말이기도 했다. 마르크스를 보편적 지식으로 수용할 것인지, 금지할 것인지의 문제를 매개로 '반공'에 입각한 한국 지식문화의 편향과 모순이 본격적인 사회적 의제로 제출된 것이다.

요컨대 반공을 위해서는 공산주의지식에 대한 규제가 필수적이었으나, 그것을 보편적 지식으로 등록하지 않는다면 그토록 열렬히 추진해왔던 아카데미즘의 근대화는 결코 달성되지 못할 것이었다. '공산주의'라는 앎을 허용하되, 그에 대한 '비판'의 양상으로만 그 앎이 작동하도록 하기 위해서는 별도의 기술과 제도가 필요함은 물론이다.49) 결국 이 사건을 계기로 1960년대 한국 지배계층이 편성한 지식문화는 '앎'에 내장된 근원적인 모순 및 불가역성과 직면하는 인상적인 경험을 했던 셈이다. 이때 『자본론』

---

46) 「검찰서 불기소처분」, 『동아일보』, 1967. 9. 21; 「맹목적 봉쇄 지양할 때」, 『동아일보』, 1967. 9. 23; 「변론 요지」, 『동아일보』, 1967. 12. 15; 「문화계 67년 결산과 과제(5) : 공산권 연구의 분위기」, 『동아일보』, 1967. 12. 28.

47) 물론 이러한 발전적인 모색이 흔들림 없이 지속된 것은 아니었다. 남정현 필화사건, 동백림사건, 통혁당사건 등에서 보듯, 『자본론』은 여전히 보편적 지식의 바운더리 안에 편입될 수 없는 '문제적인' 책이었다.

48) 「맹목적 봉쇄 지양할 때」, 『동아일보』, 1967. 9. 23 중 고려대 아세아문제연구소 김준엽 교수의 말.

49) '(북파)간첩'은 이러한 '기술'과 '제도'가 가장 집약적으로 구현된 산물 중 하나이다. 즉, 간첩은 공산주의지식의 모순적 존재론을 가장 강렬하게 체화하고 있는 형상으로 상상된다. 그는 공산주의에 대해 가장 많이 알지만, 결코 그것에 동화되는 법이 없다. 오히려 그는 '공산주의'에 대한 앎을 무기로 '적국'의 붕괴를 도모하는, 말하자면 '적의 칼로 적을 치는' 자다. 1960년대 북한 및 공산주의와 관련된 지식(인)에 대한 통제와 기술, 그 효과에 대해서는 권보드래·천정환, 2012, 「엇갈린 운명, 1960년대의 지성과 사상전향—동백림 사건 임석진과 통혁당 사건 김질락의 삶과 사상」; 「"내 귀에 도청장치"—간첩의 존재론과 반공영화 텍스트의 문화정치」, 『1960년을 묻다—박정희 시대의 문화정치와 지성』, 천년의상상.

은 '반공주의'와 '근대화'라는 1960년대의 '이중구속(double-bind)'을 드러내는 가장 '불온한' 앎의 한 표상이었다.

> (1) 표현(연예인 모델이 가장 많음. 특히 주요 모델은 문희, 남정임, 태현실), (2) 화보(배우, 가수 등 인물 화보 다수, 누드도 있음), (3) 본문(소설이 아닌데, 소설이라는 제목을 다는 일 다수, 원고료 지불 못 하는 형편, 다른 출판물에서 절취한 것 다수. 대중잡지가 불건전한 이유는 이런 비정상적인 기업방법에 있으므로, 위원회는 고료 지불에 의한 문인동원을 종용했음), (4) 컷 및 삽화(영화스틸 컷, 애욕적인 것이 많음), (5) 제목(난잡한 것 다수, 내용과 달리 요란한 제목 다수), (6) 면수(1면인 화보를 2면이라 하는 등 독자를 기만하고 있음)의 항목으로 되어 있음. 대중잡지 경향에 대한 탐구를 위해서는 '일본대중잡지 편집경향'을 알아야 하므로, 지금 조사보고서를 작성 중에 있음. (미국 대중잡지도 분석 중)[50]

그 외에도 '교양'의 외부로 밀려난 앎들은 무수히 많다. 일본소설과 대중소설, 그리고 라디오 · 영화 · 대중잡지로 대표되는 대중문화도 '비속한 앎'으로 간주되며 배제의 대상이 되었다. 『출판문화』 19호에 게재된 「잡지윤리위원회의 활동—그 조사업무와 심의결과를 중심으로」라는 보고서는 대중잡지 검열에 적용되는 '출판의 윤리'[51]가 지시하는 내용이 무엇인지를 위와 같은 '꼼꼼한' 진술을 통해 보여주었다.[52] 섬세하게 진행된 검열의 내면화는 이처럼 "출판의 윤리"를 창간과 함께 그들이 시종일관 부르짖던 "출판의 자유"에 선행하는 가치로 인식하게 만든 것이다. 그 많던 '폭력적인 것', '외설적인 것', '일본적인 것' 그리고 '비합법적인 것'들은 다 어디로

50) 「잡지윤리위원회의 활동—그 조사업무와 심의결과를 중심으로」, 『출판문화』 19, 1967. 1.

51) 『출판문화』 4, 1965. 7.

52) 각종 윤리위원회의 생성과 그 성격에 대해서는 이봉범, 2011, 「1960년대 검열체재와 민간심의기구」, 『대동문화연구』 75, 성균관대학교 대동문화연구원.

갔을까.

하지만 1960년대에 행해진 수많은 표절 및 도용, 그리고 해적판 도서의 사례가 잘 말해주듯, 1960년대의 지성은 그 자체로 일본과 미국의 (대중) 문화와 사상을 (비)합법적으로 수용·조립하여 구성된 것이기도 했다.[53] 심지어 가장 개인적이고 내밀한 것이라고 여겨지는 '감수성'의 영역에서 이루어진 '혁명'조차도 전후(戰後) 일본의 청년세대가 지닌 "세련된 감각"의 영향과 무관하지 않았다.[54] 결코 '교양'이 될 수 없었던 이 모든 '위험하고', '불온하고', '비속한' 복수(複數)의 앎들이야말로 1960년대 지식문화계의 이데아였던 '교양'의 부정적 참조물이었던 것이다.[55]

3. '공동(空洞)의 교양' 혹은 '지성의 양식'으로서의 에세이

그러니까 1960년대 에세이즘은 특정 앎들을 교양의 외부로 밀어냄으로써 형성된 '앎의 공백지대'를 독점한 결과였다고 말할 수밖에 없겠다. 그리고 1960~1970년대의 교양계를 지배했던 '양서(良書) 이데올로기'는 이 독

---

53) 권보드래·천정환, 2012, 「'1960'은 왜 일본문화를 좋아했을까?—일본문화에 대한 1960년대 한국사회의 분열증」, 『1960년을 묻다—박정희 시대의 문화정치와 지성』, 천년의상상.

54) "전 요즘 일본의 작가 다자이 오사무(太宰治)에게 빠져 있습니다. 굉장히 아름다운 친구인 듯합니다. 번역된 그 사람의 소설을 두 편 읽었는데 반해버렸습니다. 당분간 그 사람 밑에서 숨도 크게 못 쉴 듯합니다. 지드도 다시 한 번, 그리고 카뮈도 도스토예프스키도 다시 한 번 만나봐야겠습니다." 김승옥, 「사제 간의 신년편지 : 이휘영 선생님 좌하(座下)」, 『경향신문』, 1963. 1. 1.

55) 그러나 이러한 진술은 '교양의 외부'로 밀려난 이 '복수의 앎'들이 당대 지성계에 아무런 흔적이나 영향도 남기지 못한 채 사상(死傷)됐다거나 무력했음을 의미하는 것으로 오해되어서는 안 된다. 앞서 실존문학의 사례에서 상술했듯, 이들은 특정한 해석의 코드를 통해 유통됨으로써 나름의 방식으로 한국 지성계에 틈입했다. 이 글의 초고가 발표된 자리에서 토론을 맡아주셨던 이선미 선생님은 그와 같은 굴절과 변형을 통해 형성된 '또 하나의 계보'의 가능성을 암시해주셨다. 이 글은 '계보화의 욕망'에 집중하지 않아 그러한 문제의식을 전면화할 수 없었지만, (반)교양의 한국적 유통과 축적의 문화적 효과에 대한 문제는 1960년대 (반)지성사를 해명하는 데에 있어 중요한 논점이리라고 생각된다.

점을 가능케 한 대표적인 문화적 장치였다. 예컨대 에세이의 전일적인 제패는 "이 란은 근간 양서만을 다루는 란입니다"라는 설명을 병기한 당대 주류미디어의 서평정치에 의해 가능했다. 그 밖에도 유명인사들의 독서편력과 독서습관 및 독서법에 대한 소개, 독서목록 및 독서감상문 작성, 독서습관 기르기와 생활지도, 학교와 마을 등의 소단위 문고 설치, 서점과 도서관의 확장 · 확대 및 양서 광고 등 '독서장려운동'[56]이라는 명목 하에 전개된 각종 제도와 담론들은 '양서'라는 이데올로기와 공모하며, 그것의 물질적 토대를 구축하기 위해 동원된 것이었다. 물론 이때 '양서'는 앞서 언급한 '교양의 외부'를 철저히 배제 · 은폐한 채 성립하는 것이었다.

그러나 1960년대의 '에세이 붐'을 이 같은 텍스트의 외적 조건과 그 동학으로만 설명한다면 불충분하다. 당연히 당대 에세이가 지닌 흡인력과 문화적 가능성의 정체를 대상 자체의 성격으로부터 추출하는 작업 또한 필요하다.

1960년대 에세이가 다루는 내용은 문학, 철학, 어학, 역사, 신학, 기행 등 실로 방대했는데, 그것들의 대다수는 '문화론, 청춘론, 인생론, 행복론' 등을 표방하고 있었다. 이는 최근의 도서분류법을 따르자면 '인문/철학에세이'로 범칭될 만한 것들이다. 또한 이 텍스트들은 '지성 · 사색 · 휴머니티'의 수사를 동반하고 있다는 점에서 공통적이었다. 후술하겠지만, 지금까지도 교양의 가장 강력한 속성으로 이야기되는 이 수사들과 결부됨으로써 에세이는 가히 '지성의 양식'으로 등극할 수 있었다. 이는 물론 '이지적 요소'를 강조한 칼라일이나 에머슨의 글처럼 거의 '논문'에 가까웠던 영문학적 전범을 토대로 에세이의 전통을 구성한 이광수[57]나 김광섭,[58] 김진

56) 언급된 각각의 항목은 『출판문화』를 구성하는 코너들이자 편집체재 그 자체였다. 이러한 '문화적 장치'들의 동역학과 그 효과에 대해서는 윤금숙, 앞의 글; 김경민. 2012. 「1960~1970년대 '독서국민운동'과 '마을문고' 연구」. 성균관대학교 석사학위논문; 권보드래·천정환. 2012. 「박정희 군사독재시대의 '교양'과 자유교양운동—교양의 재구성, 대중성의 재구성」. 『1960년을 묻다—박정희 시대의 문화정치와 지성』. 천년의 상상.

섭[59] 등의 이해를 잇는 것이기도 했다.

그러나 '논문'이나 '평론'과 같은 학술적 양식과의 친연성이 일정 정도 이상으로 허용되지 않았던 것이야말로 1960년대 에세이의 한 특징이기도 하다. '소박한 정서를 화려한 문체로 표현하는 것'과 같은 '감각'과 '기교'의 문제 또한 당대 에세이가 감당해야 할 과제였던 것이다. 물론 이러한 인식은 에세이의 심미적 · 예술적 성격을 강조한 이태준[60]이나 이병기[61]의 오랜 지론과도 관련된다. 요컨대 "논문에 가까운 글들을 읽은 독자들은 너무 어렵다고 하고, 수상문들을 읽은 어떤 교수들은 너무 내용이 빈약하다고"[62] 하는 모순된 평가는 당대 에세이의 복합적이고도 모호한 성격을 정확하게 지시한다.

그런데 의아한 것은 당대 에세이들에서 '수필 범람의 시대'였던 1930년대 조선의 에세이전통에 대한 언급을 거의 찾아볼 수 없다는 점이다. 오히려 1960년대 에세이의 모델은 동시대 서구문화의 동향을 점검하는 과정에서 발견됐다. 그들은 고트프리트 벤 · 하인리히 뵐 · 루이제 린저와 같은 독일문학으로부터 에세이의 출현을 목격하기도 했으며,[63] 휘트먼과 같은 영문학의 지반 위에서 에세이가 정위되는 모습에 주목하기도 했다. 그러나 이때 서구의 문화전통에서 에세이에 요청됐던 사회문화적 역할이나 문제의식 등은 깊이 성찰되지 않았다.

---

57) 이광수. 「문학에 뜻을 두는 이에게」. 『개벽』. 1922. 3; 「조선문단의 현상과 장래」. 『동아일보』. 1925. 1. 1.

58) 김광섭. 「수필문학 소고」. 『문학』. 시문학사. 1934. 1.

59) 김진섭·이헌구. 「수필문학에 대하여」. 『조선일보』. 1938. 1. 1; 김진섭. 「수필의 문학적 영역」. 『동아일보』. 1939. 3. 14~3. 23.

60) 이태준. 1940. 『문장강화』. 문장사.

61) 이병기. 1939. 「『한중록』 해설」. 『문장』. 문장사.

62) 「책 이름을 짓는 데 애먹었다는 김형석 교수」. 『출판문화』. 1965. 8.

63) 전혜린. 1960. 「체험과 사색의 형식」. 『사상계』 87.

더욱 흥미로운 것은, 1960년대에 '논(論)'의 형식으로 발표된 수많은 에세이들 가운데 정작 '에세이론'을 목적으로 작성된 글이 거의 없다는 점이다. '에세이적 글쓰기', 혹은 '에세이정신'에 대한 자의식을 서술한 경우도 매우 드물었다. 오히려 에세이의 정의와 특징, 그 전통과 가능성에 대한 분석은 에세이스트 자신보다는, 에세이가 대중적 호응을 얻기 시작한 1950년대 후반에 당대의 '에세이 붐'을 조명한 미디어와 저널리스트들에 의해 간헐적으로만 제출됐다.[64] 이는 에세이가 지극히 위계적이고 외래적인 글쓰기임에도 매우 '자연화된' 양식으로서 당대 지식문화계에 안착했음을 뜻한다.

이는 에세이가 동·서양의 문화전통 속에서 지녔던 철학적·사회적 맥락을 거의 탈각한 채, 일단 '붓 가는 대로 쓴 글'이라는 단출한 의미로 통용되던 '수필'의 정의에 편승함으로써 가능했다. 그리고 이 편승은 '에세이의 대중화'를 위해서는 가장 효과적인 것이었다. 즉 에세이는 특정 작가의 직업적·전문적 산물인 시나 소설에 비해, '누구나' '무형식의 형식'으로 쓸 수 있는 것으로 상정된[65] '수필'과의 오버랩을 거부하지 않음으로써 그 저변을 넓혀나갈 수 있었던 것이다.

이러한 에세이의 양식적 특성과 1950~1960년대에 걸쳐 이루어진 인문교양의 대중화[66]에 힘입어 1960년대의 에세이는 문인들의 전유물에만 머물지 않게 됐다. 여타 문학장르의 창작이력을 가지지 않은 전문 에세이스

64) 양기석, 「에세이문학의 사상성」, 『조선일보』, 1957. 8. 13; 강두식, 「수필문학의 대두」(전3회), 『경향신문』, 1959. 4. 20~4. 22.

65) 수필이 '누구나 쓸 수 있는', '무형식의 형식'의 글쓰기로 표상되면서 기타 문학장르와 달리 비계급적·비정치적 양식으로 인식되는 과정에 대해서는 김현주의 앞의 책이 다소 서술하고 있지만 불충분하다. 이는 장르론적 고찰과 함께 특정 문학장르가 제도화되는 과정에서 작용하는 힘들이 섬세하게 고려되어야 해명될 수 있을 것이다.

66) 최기숙, 2010, 「1950년대 대학생의 인문적 소양과 교양 '知'의 형성—1953~1960년간 〈연희춘추/연세춘추〉를 중심으로」, 『현대문학의 연구』 42, 한국문학연구학회; 소영현, 2010a, 「교양론과 출판문화—교양의 제도화와 출판문화로 본 교양붐」, 『현대문학의 연구』 42, 한국문학연구학회.

트들이 끊임없이 탄생했음은 물론, 교수, 판 · 검사, 의사, 국회의원, 교사, 목사 등의 이력을 지닌 이들이 에세이 필자로서 새롭게 등장했다.[67] 거듭 강조하는바, 이는 1930년대의 에세이 유행과는 확연히 구분되는 현상이었다.

> 20여 년 동안을 정신환자와 더불어 생활하면서 실지 자신이 호흡하고 느낀 바를 글로 모아놓은 최 박사의 수필집은 차차 세련도를 더하고 있다. 전공분야에만 편중되지 않은 그의 해박한 지식과 통찰력, 그리고 기지와 유모어에 넘쳐흐르는 따뜻한 인간미는 수필문학의 정수를 느끼게 하며 생활의 지혜 같은 것을 암시한다.
>
> 이번 제4수필집인 『내일은 해가 뜬다』를 통독하며 느낀 것은 소탈하면서도 경묘하고 관찰대상이 다양다형로운 데 놀라지 않을 수 없었다는 것이다. 그 관찰이 예리하면서도 공감을 주는 건전성과 따뜻한 휴매니티를 직감하게 해주고 신랄하면서도 냉소하지 않고 긍정적인 그의 생활태도는 정신위생독본으로서의 구실까지 해준다고 할 수 있다.
>
> 수필문학의 평면적 시츄에이션을 부정하고 있는 요즈음 최 박사의 등장은 우리 문단에 청신한 기풍을 불어넣어주고 있다. 여기서 특기할 것은 문학전문가가 아닌 의사가 문학을 썼다는 것이다. 더구나 처음이 아니고 이것이 네 번째의 작품집이란 것, 이 점에 나는 경의를 표한다.[68]

그러나 이러한 에세이 수용범위의 확대는 무한정한 것이 아니라, 철저하게 근대적으로 분화된 직업구조와 지식편제에 따른 것이었다는 점이 주목된다.[69] '의박(醫博), 법박(法博), 국회의원' 등의 수식어를 동반한 채 등

---

67) 저자가 '비(非) 문인'이라는 점에서 주목된 에세이로는 최태호(옥천상업교장·문교부 편수관·예술원 사무국장·국립도서관장)의 『애처론』(1961), 이병용(판사)의 『법창의 여백』(1962), 최신해(청량리뇌병원장)의 『심야의 해바라기』(1961)·『문고판 인생』(1963)·『내일은 해가 뜬다』(1965), 민관식(국회의원)의 『낙제생』(1962), 김성진(의학박사)의 『덤으로 산다』(1965), 김형익(의학박사)의 『회고의 여창』(1966), 강원용(목사)의 『오분간의 사색』(1966) 등이 있다.

68) 정비석, 「서평 : 『내일은 해가 뜬다』(최신해 저, 정음사 간)」, 『출판문화』, 1965. 6·7월 합병호.

69) 이 같은 현상은 오늘날 더욱 강고한 형태로 자리 잡았다. 2013년 4월 현재 교보문고의 분류에 따르면 '시/에세이'라는 대분류 안에 '테마에세이/청소년에세이/나라별에세이/인물에세이'라

장한 이 '새로운 에세이스트'들은 자못 소박하고 담담한 어조로 "병원에서, 법창에서, 관청에서"[70]의 삶과 문화를 소개했다. 이처럼 전문가나 테크노크라트들이 에세이 열풍의 주역이 될 수 있었던 것은 의학박사의 글 중 "건강의 유지를 위해서 승마를 권장한"[71] 대목을 유심히 보거나, "은밀히 숨겨둔 법관의 수첩을 펼쳐보는 '재미'"[72]가 있었기 때문이다. 당대의 에세이는 '성공적인 전문가로서의 삶'에 대한 독자의 광범위한 관심과 선망, 호기심[73]을 충족시키는 기능을 충실히 소화하고 있었다.

그러나 그러면서도 지나치게 전문적인 지식과 삶의 양식을 전달하는 데에만 그치지 않을 것은 이 '새로운 에세이스트'들에게 요청되는 가장 중요한 덕목 중 하나였다. 시인 이상로는 의학박사인 포정 김성진의 에세이에 대한 서평에서 "대개 사람들은 자기의 전공부문적인 인생관이나 그러한 주변의 이야기(글)가 대부분"일 수 있으나, "포정의 수필에서는, 그러한 직업 냄새가 아니라 아주 폭넓은 격 높은 글들"이 발견된다는 점을 표 나게 강조했다.[74] 즉, 자신이 전공하지 않은 분야에 대해서도 '다양한 취미'와 '해박한 지식'을 가지고 있다는 점은 그들을 '에세이스트'이게 하는 강력한 동력이자 자산이었던 것이다. 바꿔 말하면, 자기의 전문분야는 물론 타 분야까지 통어하는 '공통의 앎'으로 상상된 '인문교양'에 대한 기대야말로 전문

는 중분류가 설정되어 있는데, 그중 '인물에세이'의 소분류는 '정치가·법조인/기업가/언론인/문인·작가/예술가/과학자/의료인/철학가·사상가/종교인/역사인물/사회운동가/여성인물/운동선수·무도인/대중연예인'에서 보듯 직업군의 편제에 따라 구성되어 있다. (www.kyobobook.co.kr)

70) 「풍년 든 수상수필집」, 『경향신문』, 1962. 9. 6.

71) 한철영, 「서평 : 『회고의 여창』(김형익 저, 의사시보사 출판부 간)」, 『출판문화』, 1966. 7·8월 합병호.

72) 「풍년 든 수상수필집」, 『경향신문』, 1962. 9. 6.

73) 1960년대의 성공과 행복에 대한 독자의 욕망에 대해서는 권보드래·천정환, 2012, 「자기계발 혹은 실존을 위한 책읽기—'60년대식' 독서와 자아의 운명」, 『1960년을 묻다—박정희 시대의 문화정치와 지성』, 천년의상상.

74) 이상로, 「서평 : 『덤으로 산다』(김성진, 을유문화사 간)」, 『출판문화』, 1966. 1.

직업인들이 수행한 왕성한 글쓰기의 바탕이었다.

그러므로 필자들이 그들의 에세이에서 기계적으로 구획된 직업세계에 거하는 '전문지식인'이면서 동시에 "평범한 생활인"의 모습을 띠고 있는 것은 우연이 아니다. 그들은 누구나 생각하고 느낄 법한 일상의 단상(斷想)과 교훈을 풀어냄으로써 대중독자의 삶에 밀착할 수 있었다. 즉, 이들의 에세이는 1950~1960년대 대학의 확장에 힘입어 구축된 근대 아카데미즘[75]의 '제도적 · 전문적 앎'과 독서대중이 지닌 '보편적 앎'의 간극을 보충하는 가교 역할을 했던 것이다. 에세이는 바로 그러한 '매개적 앎'의 표상이자 양식이었으며, '각종 직업군의 구성과 분포'라는 방식으로 다양하게 성립 · 분기한 1960년대 지성계의 제유(提喩)였다.

그러나 이러한 필진의 확장에도 불구하고, 1960년대 에세이는 철저하게 '지식인'의 산물이었음을 기억할 필요가 있다. 흔한 예지만, 당대 소설가들은 '수필'을 잡문으로 취급하거나 "소설가로서는 어쩐지 낭비인 듯하여"[76] 쓰기를 꺼렸고(물론 그러면서도 엄청나게 써댔다), 전문 에세이스트들 역시 '수상 · 수기'나 '감상'보다는 '문화비평'이나 '철학 아포리즘'에 가까운 에세이의 서구적 전범을 참조하며 글쓰기를 수행했다. 즉 당대 지식인들에게

---

75) 소영현. 2010b. 「제도와 문학 : 문학의 아카데미즘화와 학술적 글쓰기의 형성」. 『한국근대문학연구』 22. 한국근대문학회; 김정인. 2012. 「1960년대 근대화정책과 대학」. 『한국근현대사연구』 63. 한국근현대사학회.

76) 김승옥. 1977. 「후기」. 『뜬 세상에 살기에』. 지식산업사. 245쪽. 이 외에도 1960년대부터 황순원의 유별난 '결벽주의(?)'는 유명했다. "우리나라 소설가들 사이에는 잡문 컴플렉스가 없지 않은 듯하다. 이 고상한 컴플렉스를 전염시킨 장본인은 내가 알기로는 우리 모두가 작가로서 진심으로 존경할 수 있는 황순원 선생이신 모양인데 (…) 언젠가 그 점에 대해서 여쭤봤더니, "이 사람아, 소설에 쓸 소재를 흘려버리게 되잖나!" 하시며 웃으시는데, 이건 물론 약간만의 진심이 섞인 농담이었을 것이다. (…) 내 경험에 비추어 선생의 진심을 짐작해보면, 잡문에는 많든 적든, 크든 작든, 쓰는 사람의 의견 또는 주장이 아니 들어갈 수가 없는 법인데 글로 나타낸 의견이나 주장이란 술김에 한 말과는 달라서 그 쓴 사람이 앞으로 무슨 생각이나 일을 하는 데 굉장한 구속이 되고, 구속이란 대부분이 얌전한 사회인이 되기 위해서는 자꾸자꾸 필요할지라도 소설 제작에는 신통한 노릇을 해주지 않기 때문이다." 김승옥. 1977. 「작가와 비평가의 현실적 원근론」. 『뜬 세상에 살기에』. 지식산업사. 177~178쪽.

'에세이'와 '수필 · 수기류'는 엄연히 위계적이고 모순적인 방식으로 상상됐던 것이다.

그러나 에세이가 이처럼 강고한 지적 위계에 기반을 둔 산물임에도, '수필적 글쓰기'의 일부임을 거부하지 않음으로써 대중독자의 '쓰기' 욕망을 추동할 수 있었다는 점은 중요하다. 1960년대에 에세이 못지않은 대중적 호응을 획득한 수필 · 수기 · 일기 · 서간류의 활발한 생산은 지식인이 수행한 에세이적 글쓰기의 확산과 정비례하는 현상이기도 했던 것이다. 수필 · 수기류를 포함한 일반 대중의 논픽션이야말로 지식인의 에세이에 상응하는 '대체적 글쓰기'의 산물이었다는 위계적 · 상보적 구도도 가정해볼 수 있겠다. 물론 대중의 글쓰기가 단순히 그러한 '대체적 의미'만을 지닌 것이 결코 아니었음은 아무리 강조해도 지나치지 않다. 이들의 글쓰기는 고유의 자생적 동력을 가지고 있었으며, 별도의 사회적 효과를 겨냥한 것이기도 했다. 이윤복의 『저 하늘에도 슬픔이』(1965)나 이윤숙의 『흰 멧꽃은 떨어졌어도』(1965)[77]의 사례가 잘 보여주듯, 이미 '민중의 글쓰기'의 일부였던 이들의 논픽션은 1970~1980년대에 하위주체(subaltern)들이 광범위하게 실천할 열정적인 글쓰기를 의미심장하게 예고하고 있었다.[78]

4. 지성, 사색, 휴머니티 : 에세이의 수사학

그런데 '지성의 양식'이라는 에세이에 대한 규정은 에세이의 문법과 필

---

77) 배태옥 「이윤복 저 『저 하늘에도 슬픔이』를 읽고」, 『출판문화』, 1965. 10·11월 합병호; 송명숙, 「서평 : 이윤숙 저 『흰 멧꽃은 떨어졌어도(아인각 간)』, 『출판문화』, 1965. 10·11월 합병호.

78) 천정환, 2011, 「서발턴은 쓸 수 있는가—1970~80년대 민중의 자기재현과 '민중문학'의 재평가를 위한 일고」, 『민족문학사연구』 47, 민족문학사연구소, 234~235쪽 참조.

진이 당대 지식(인)계의 구성과 편제를 따르고 있다는 사실만을 의미하지는 않는다. 에세이가 다른 장르에 비해 압도적인 권위를 누릴 수 있었던 데에는, 그 자체가 이미 '에세이'라는 양식의 한 특징을 지시하는 것으로 간주됐던 수사들의 영향이 컸다. '지성, 사색, 휴머니티' 등의 수사로 상징되는 '에세이정신'이야말로 여타의 글쓰기와 확연히 구분되는 에세이의 '심급'이었던 것이다.

당대 에세이에 대한 서평과 광고에 가장 빈번하게 등장하는 용어는 '지성(인텔리전스), 철학(사상), 교양, 사색, 성찰, 모럴, 휴머니티' 등이며,[79] 개별 작품의 특징이자 장점으로 자주 꼽히는 것은 '예리한 관찰, 독특한 관점, 화려한 문체, 인간에 대한 애착, 새타이어, 아이러니, 패러독스' 등이었다. 『사상계』와 『청맥』 역시 당대의 대표적인 지식인잡지답게 에세이에 대한 관심이 자별했는데, 『사상계』가 설치한 에세이란의 부제 또한 "사색의 포럼"이었으며, 여기에는 "철학적 인생론"이라는 부제가 붙은 글들이 종종 연재됐다.

> 그러나 오늘 우리들이 살고 있는 세계의 가장 큰 철학과 세계관적 대립이 바로 여기에 있음을 잊어서는 안 된다.
>
> 유물사관에 근거를 둔 마르크스주의가 그 한 편을 차지하고 있으며 영혼의 구원과 신의 뜻에서 세계를 개혁해나가자는 기독교가 그 반대의 위치에 자리를 잡고 있다. 그러기에 전자는 언제나 무자비한 투쟁을 일삼는가 하면, 후자는 사랑에 의한 인간개혁을 일으켜나가려 한다.

---

79) 전형적인 광고문구의 일부를 제시하자면, 「심오한 사색의 모노로그—『사색인의 향연』(안병욱)」, 『사상계』, 116, 1963. 1; 「백만 지성인의 절찬과 박수 속에 독서계를 석권한 김 교수 수상집의 에센스!」, 『경향신문』, 1964. 9. 5; 전광용, 「김태길 수필집, 『빛이 그리운 생각들』 사유와 비판의 값진 에세이」, 『조선일보』, 1964. 11. 19; 「젊은 지성의 효장(驍將)이 보내드리는 문제의 엣세이집」, 『동아일보』, 1966. 1. 7; 「목마른 오늘의 세대에게 현실적 공감을 던진 지성의 에센스!」, 『동아일보』, 1966. 6. 4; 「오늘의 어둡고 황폐한 시대를 증언하는 젊은 지성의 횃불!」, 『동아일보』, 1966. 6. 15 등이 있다.

우리들 각자가 어느 편을 택하는가 함은 자유이다. 그러나 이렇게 엄청난 차이가 두 세계 사이에 있다는 사실은 도저히 부정할 수가 없다. 그리고 공산세계의 모든 가지와 잎이 이 유물론 위에 자라고 있으며 민주적인 사고방식과 태도가 상당히 후자적인 접근성을 가지고 있다는 현실도 오늘의 역사가 보여주는 그대로이다.[80]

그런데 이 수사들의 전거(典據)를 검토해보면, 1960년대 에세이가 이 개념들을 전용하는 데에는 적지 않은 '단절'과 '누락'이 있음을 발견하게 된다. 예컨대 1960년대 에세이를 열렬하게 수식했던 '지성'의 화용론적 맥락을 점검해보면, 여기에는 프로문학이 퇴조한 당대를 '전환기/전형기'로 진단하고, 이를 타개하기 위한 방법론으로서 모색되었던 1930년대 후반 임화, 최재서, 박치우 등의 지성론[81]이 가졌던 문제의식은 나타나지 않는다. 그런가 하면 이어령, 최일수, 손우성, 김붕구 등이 실존주의 지성론과 부정성 · 주관성 · 전위정신 · 앙가주망의식의 결합을 둘러싸고 치열한 논쟁을 벌였던 1950년대 지성론의 맥락 또한 생략되어 있다.[82] 1950년대 실존주의비평의 전개양상을 검토한 최근의 한 연구는 실존주의가 반공주의 및 민족주의에 의해 전유되면서 '실존=휴머니즘=순수'라는 계보가 형성되는 과정을 규명한 바 있는데,[83] 이는 1960년대 에세이의 수사들이 구성한 의미의 계열체와 거의 일치한다. 당대의 에세이들은 1950년대 반공주의의 자장 안에 포획된 개념들을 별다른 여과 없이 스스로를 지시하는 말로 차용

---

80) 김형석. 1961.「모랄과 영원의 문제」.『영원과 사랑의 대화』. 삼중당. 222~223쪽.

81) 1930년대 비평계의 화두였던 지성론·교양론·휴머니즘론에 대해서는 구장률. 2001.「휴머니즘론의 사적 전개과정 연구 : 1930~1950년대를 중심으로」. 연세대학교 석사학위논문; 임환모. 1994.「1930년대 지성의 실체와 의미—최재서의 지성론을 중심으로」.『한국언어문학』32, 한국언어문학회; 장지영. 2009.「박치우의 사회·문화비평 연구」. 성균관대학교 석사학위논문.

82) 1950년대의 '지성' 담론 및 반공논리가 실존주의적 지성론을 배제한 경위에 대해서는 정영진. 2011a.「1950년대 시의 '지성'의 기원」.『겨레어문학』46, 겨레어문학회; 2011b.「1950년대 실존주의 지성론과 시적 사고의 보수성」.『서강인문논총』31. 서강대학교 인문과학연구소

83) 이평전. 앞의 글.

했던 것이다. 위에 인용한 「모랄과 영원의 문제」라는 김형석의 에세이에서 잘 드러나듯, 그의 '철학'과 '모랄'은 민주주의와 마르크스주의를 특유의 기독교적 선악구도로 대별하는 행위 속에 깃들어 있었다.

그러나 이러한 현상이 1960년대 지성론의 부재를 의미하는 것은 아니다. 주지하다시피 '지식인/지성인의 사회참여' 문제야말로 각종 매체의 '단골특집'이라고 할 정도로 지식인론이 번성했던 것이 1960년대 담론장의 풍경이었다. 간략하게만 살펴보더라도 1960년대 지식인론은 '대학생론', '사회참여론' 등과 연동되면서 다양한 의제를 왕성하게 생산해내고 있었다. 특히 "5·16에서 오늘날까지의 4년간의 두드러진 특징" 중 하나가 "민생을 논하고 법을 두둔하고 민주주의를 해설하던 사람들의 일부가 군사정부와 그 뒤를 이은 정권에 참여함으로써, 그리고 지식인들 중의 일부가 군사정권이 대표하는 통치방식을 적어도 불가피한 것으로 생각하게" 된 것이라고 진단한 『사상계』에게 '지성'의 현재적 의미와 사명을 새롭게 정립하는 일은 가장 긴박한 과제 중 하나였다.[84] 『사상계』의 핵심필자 중 한 명이었던 김진만은 5·16 이후 "자유와 민권의 수호자로 자임해오던 지식인의 전통적인 자세"에 나타난 "균열"을 두 가지로 파악했는데, 지식인에 대한 정권의 규율과 탄압이 더욱 강화됐다는 것과, 이에 따라 지식인들이 체제에 대한 비판의식을 잃고 그에 대해 무조건적으로 복종하게 됐다는 점이 그것이다.[85]

그리하여 『청맥』과 『사상계』의 지식인론이 적극적으로 참조한 것은 다

84) 실제로 1967년에 탈고된 것으로 알려진 이청준의 『조율사』(1972)는 자기기만에 사로잡힌 '가짜 지식인 상'과 대결하는 지식인 자신의 절박한 고투를 문제 삼고 있다. 『사상계』를 중심으로 1960년대 박정희정권이 수행한 지식인통제의 기술과 그 효과를 구명한 연구로는 김건우, 2011, 「1960년대 담론환경의 변화와 지식인 통제의 조건에 대하여」, 『대동문화연구』 74, 성균관대학교 대동문화연구원.

85) 김진만, 「지식인의 사회의식—금제에서 사회개혁으로 성장하는 지성」, 『사상계』 146, 1965. 5, 81쪽.

시 사르트르였다.[86] 이들은 "전문가는 체제봉사자이기를 그만두며 자기가 관여하지도 인식하지도 못한 목적의 수단이 되기를 거부함으로써 비로소 하나의 지식인이 되는 것이다. 즉 지식인의 특징은 자기 및 사회에 있어서 실천적 진리의 탐구와 지배계급의 가치체계와의 사이에 모순을 자각함에 있다."라며 '전문가'와 '지식인'의 구분을 단호히 강조한 사르트르의 지식인론을 번역 · 소개함으로써 '지성(인)'의 1960년대적 함의를 구성하는 작업에 집중했다. 이때 구축된 새로운 '지식인' 상의 핵심은 '실천성', '비판정신', '저항과 참여'를 바탕으로 '만인을 위하여 지배계급에 저항하고 자기모순을 극복하는 것'이었다.

그러나 이러한 지적 정황에도 불구하고 1960년대 에세이에 다만 남아 있는 것은 반공주의와 결합하여 특유의 부정정신과 현실참여정신을 거세당한 채 '안온한 삶'을 획득하는 능력으로서의 '지성'이었다. "학생들은 자기의 의사를 충분히 제시했으면 조용히 학원으로 돌아가는 것이 옳다. 데모를 자꾸 계속할 경우 그들은 한계를 상실하기 쉽다. 그러면 사회는 혼란에 빠지고 말 것이다. 국민들도 데모를 여러 번 보면 그 찬동하던 열의가 식기 쉽다."[87]라는 자못 엄중한 경고야말로 당대 대학생의 필독서목록에 늘 있었던 교양서의 저자이자 그들의 '멘토' 격인 이가 '한일굴욕외교반대' 데모에 참가한 대학생들에게 보내는 메시지였다.

이제 '급진주의에 입각한 자기모순의 극복'이라는 사르트르의 명제를 잊은 1960년대 에세이의 '지성'은 더 이상 '참여'를 말하지 않는다. 1950년대

86) 임갑, 1965, 「싸르트르의 사상과 정치참여」, 『청맥』 6, 1965. 3; 장 폴 싸르뜨르, 고성훈 역, 「지식인의 저항—그 고독한 사명」, 『사상계』 166, 1967. 2. (후자의 글은 사르트르가 1966년 가을에 일본에서 강연한 내용을 발췌번역한 것인데, 역자는 "이 강연의 내용은 많은 문제점을 가지고 있고, 그러므로 해서 많은 반론과 비판을 받고 있다. 그런 의미에서 우리대로 그의 사상을 평가해볼 가치가 있다고 본다."라는 부기를 통해 당대 사르트르 사상에 대한 규율적 해석을 의식하고 있음을 드러냈다)

87) 김형석, 「질서 있게 합시다」, 『경향신문』, 1964. 3. 26.

후반까지 줄곧 "순수에의 반역"[88]을 꿈꾸며 사회참여의 중요성을 강조하던 이어령이 1967년에 김수영과의 논쟁에서 드러낸 '자유'에 대한 빈곤한 상상력[89]은 이를 가장 드라마틱하게 보여준 사례였다. 한국전쟁 이후의 문화재편과정을 논구한 이봉범은 반공에 위배되지 않는 범위 내에서 자유, 민주, 교양 등의 온갖 담론이 번성했던 1950년대의 문화현상을 '폐쇄적 개방성'이라는 개념으로 설명한바 있는데,[90] 이는 수많은 배제된 앎들이 축적된 장소인 '교양의 외부'를 상상하지 못한 채 '순수 · 자유'라는 술어를 의심하지 않았던 이어령의 사고체계를 설명하는 데에도 유효하다. '지식인의 사회참여'를 말하는 대신 "지식인의 자기반란"을 말하는 그의 화두는 더 이상 '참여'가 아니라 "고독"이었다.[91]

1960년대 에세이를 지칭하는 데에 수없이 거론됐던 '사색'은 바로 이러한 맥락에서 선택된 것이라고 볼 수 있다. '참여'를 사사화(私事化) · 비정치화하여 운동성을 거세하는 방식으로 표백한 형태인 '사색'이야말로 1960년대의 지배담론이 용인한 유일한 '참여'의 방식이었던 것이다. 그리하여 수많은 에세이가 '사색'의 산물로서 탄생했다. "생활의 주변에서 하찮게 느끼는 일도 곰곰 사색 속에 담아두었다."[92]라는 언급에서 보듯, 이때 사색의 대상은 "하오의 막걸리 좌석"에 앉은 "평범한 시민의 생활 편편상",[93] "소크라테스, 플라톤, 베이컨, 베르그송, 듀이" 등의 현대철학,[94] 그리고

88) 이어령. 1959. 『저항의 문학』. 경지사.

89) 이어령. 「'에비'가 지배하는 문화」. 『조선일보』. 1967. 12. 28. 이어령과 김수영의 논쟁에 대해서는 강웅식. 2005. 「전체주의적 반공주의와 순수·참여논쟁—이어령과 김수영의 '불온시' 논쟁을 중심으로」. 『상허학보』 15, 상허학회.

90) 이봉범. 2008. 「1950년대 문화재편과 검열」. 『한국문학연구』 34. 동국대학교 한국문학연구소.

91) 이어령. 1963. 『오늘을 사는 세대』. 신태양사 출판국; 1962. 『고독한 군중』. 경지사. 이어령 비평의 탈정치성과 1960년대 지배담론의 조응에 대해서는 박대현. 2012b. 「이어령 비평의 탈정치성과 청년문화론」. 『한국민족문화』 44. 부산대학교 한국민족문화연구소.

92) 「풍년 든 수상수필집—『사상의 주변』(최재희 저)」. 『경향신문』. 1962. 9. 6.

93) 「풍년 든 수상수필집—『오후의 좌석』(마해송 저)」. 『경향신문』. 1962. 9. 6.

"인간의 마지막 의지로 내세우는" "신의 영역"[95] 같은 것이었다. 바쁜 일상에서 잠시 벗어나 "고요히 책상 앞에 마주 앉아서" "독서삼매경 속에" 빠져 "인생"에 대해 생각할 때, 그들은 가장 "자유"로웠다.[96]

> 필자는 이번 4월혁명을 휴머니티의 행진이었다고 생각한다. 해방을 맞이했을 때 기껏해야 3, 4세 밖에 되지 못했던 고등학교 학생들이 대구와 마산에서 혁명의 전초행진을 감행한 사실, 그들보다 2, 3년 앞선 대학생들이 서울서 본격적인 데모에 참여했다는 사실은 아무리 평가한대도 정치적인 혁명으로 발단된 것은 아니라고 생각한다.
>
> 또 그들이 주장하고 외친 구호를 아는 사람들은 누구나 그들에게서 목적과 방법이 뚜렷한 정치적 혁명의 색채는 찾을 길이 없었을 것으로 믿는다. 저녁때까지 아우성을 치고 데모를 감행한 학생들이 다음날 아침에는 얌전히 책상을 대하고 앉아 수학문제에 몰두하고 있었던 아담스런 장면을 회상해보면 좋을 줄 생각한다.[97]

'지성'과 '사색'이 에세이의 이지적 성격을 지시하는 수사였다면, "인간에 대한 무한한 애착"이라는 표현과 곧바로 등치되곤 하는 '휴머니티'는 에세이의 정서적인 면을 가리키는 술어였다. 주지하다시피 1930년대에 전개된 휴머니즘론은 앞서 언급한 지성론 및 교양론과 결부되어 '새 시대'의 인간상을 확립하기 위한 지적인 노력이었다. 이때 김기림, 김오성 등의 휴머니즘론이 '생의 본능'을 내세웠던 백철의 '추상적 · 낭만적 인간론'을 극복하기 위해 제기됐던 사실에서 알 수 있듯, 1930년대의 휴머니즘론은 이미 수

94) 「꾸준한 교양서적의 출판, 잘 팔리는 철학에세이집—『사색인의 향연』(안병욱)」, 『조선일보』, 1962. 11. 20.

95) 최원, 「서평 : 『오뷰 간의 사색』(강원용 저)」, 『출판문화』, 1965. 12.

96) 안병욱, 「심오한 사색의 모놀로그—『사색인의 향연』(안병욱)」, 『사상계』 116, 1963. 1.

97) 김형석, 새 세대와 모럴 창조 : 휴머니티를 살려야 한다」(전2회), 『동아일보』, 1960. 7. 7~7. 9.

차례 지적 갱신을 거듭한바 있었다.[98] 또한 1950년대에는 서구의 행동주의와 앙가주망의 결합으로 형성된 휴머니즘론이 제출된 적도 있다. 그러나 1960년대 보수우익이 '탈이데올로기'라는 명분하에 '휴머니즘'을 자신의 전용어로 삼은 사례[99]에서 보듯, 휴머니즘은 '반공주의'와 '보수주의'라는 벡터의 간섭을 끊임없이 받는 개념이기도 했다.

그렇다고 할 때, 위에 인용된 김형석의 글은 1960년대 에세이가 채택한 '휴머니즘'의 의미가 무엇이었는지를 잘 말해준다. 그는 4월혁명을 "정치적인 혁명"으로부터 분리해낼 때에만 그것을 "휴머니티의 행진"이라고 부를 수 있었던 것이다. 이와 유사한 방식의 표백은 "한국적 휴머니즘"의 이론화를 시도한 이어령의 글에서도 나타난다. 이어령은 예의 그의 전매특허인 서구의 문화전통과 동양의 그것을 대비하는 방식으로 '휴머니즘'의 한국적 특성을 추출하고자 한다. 여타 동물과 구분되며 신(神) 중심주의로부터 탈피한 "인간(휴먼 빙)의 의지"를 강조한 것이 서구의 휴머니즘이라면, '천성(天性)'과 '인성(人性)'의 두 축 사이에서 후자를 절제하고 전자의 회복을 강조하는 동양의 인간론은 반휴머니즘적 전통을 형성했다는 것이다. 그리하여 그는 '인간애'를 강조한 서구의 휴머니즘과 대별되는, '인의예지'를 강조한 유교전통의 '군자론'으로부터 "한국적 휴머니즘"을 발굴해낸다. "현대인이 잃어버린 '자연성'(質)을 회복시키면서 그에 알맞은 인위적인 문명(文)을 꽃피워"가는 것이야말로 그가 추출한 "한국적 휴머니즘"의 과제였다.[100] 이어령 특유의 대쌍구도가 '불균질한 것들의 동질화 · 추상화'라는 논리적 비약을 통해 성립되는 것[101]임은 잘 알려져 있거니와 '자연적인 것'

98) 1930년대 휴머니즘논쟁에 대해서는 고봉준. 2008. 「1930년대 비평 장(場)과 휴머니즘」. 『한국문학이론과 비평』 12(3). 한국문학이론과 비평학회.

99) 이봉범. 2007. 「검열의 내면화와 그 정치적 발현—1960년대 보수우익문학의 동향을 중심으로」. 『상허학보』 21. 상허학회. 166~167면.

100) 이어령. 「한국적 휴머니즘의 발굴—유교정신에서 추출해본 휴머니즘」. 『신사조』. 1962. 11.

에 대비되는 '인위적인 것'이라는 폐쇄적 정의를 '휴머니즘'에 부여함으로써 그것의 역사적 · 정치적 맥락을 탈각시키는 방식은 당대의 '지성적인 것'이 가장 반지성적인 방식으로 정립되는 사태의 일면을 보여준다.

그렇지 않다면 당대 '휴머니즘'의 내포로 인정될 수 있었던 것은 김찬삼의 여행에세이에서 나타나듯, "자유우방제국의 뜨거운 우정 속에서" 이루어진 여행기간 동안 "에스키모"나 "니그로"들과 "침식을 같이 하면서" 느낀, "사람의 본질은 끝내 선하며 사랑으로 융화될 수 있다"[102]는 교훈 정도였다. 그러나 "어떤 부녀자의 사진을 찍다가 그 부락청년들에게 몰매를 맞아 죽을 뻔"했지만, "그 검둥이청년들을 이해할 수 있다면서 조금도 그들을 나무라지 않고 있음으로 보아 인간 김찬삼의 이성과 인격을 알 수가 있다."[103]라는 언급에서 보듯, 이때의 휴머니즘은 타자의 '후진성'을 자원화함으로써만 성립하는 것이었다.

결국 1960년대 에세이가 신봉한 가치인 '지성 · 사색 · 휴머니즘'은 실존주의와 사회주의의 운동성을 거세하고, 이를 반공주의적 · 보수주의적으로 전유한 정치적 자유주의[104]의 수사학과 크게 다르지 않았다. 그것은 당대 지식문화의 근대성과, 변혁 및 저항의 가능성이 차단된 '지성'을 동시에 표상할 수 있는 양식으로서 채택된 것이었다. 근대성과 교양주의의 총화이면서, 반공주의와의 관계도 무리 없이 조율할 수 있었던 '에세이'야말로 가장 효과적으로 선택된 정치적 자유주의의 문화적 구현물이었던 셈이다.[105]

101) 황호덕, 앞의 글.

102) 김찬삼, 1962, 『끝없는 여로—세계일주무전여행기』, 어문각, 9~10쪽.

103) 「『끝없는 여로』의 저자 김찬삼 씨」, 『출판문화』, 1965, 6·7월 합병호.

104) 김건우, 2009, 「1964년의 담론 지형—반공주의, 민족주의, 민주주의, 자유주의, 성장주의」, 『대중서사연구』 22, 대중서사학회; 김현주, 2012, 「1960년대 후반 '자유'의 인식론적, 정치적 전망」—『창작과비평』을 중심으로」, 『현대문학의연구』 48, 한국문학연구학회; 권보드래·천정환, 2012, 「4·19는 왜 기적이 되지 못했나?—4·19와 5·16, 자유와 빵의 토포스」, 『1960년을 묻다—박정희 시대의 문화정치와 지성』, 천년의상상.

105) 이 논문을 검토해주신 심사위원 중 한 분은, 1960년대의 에세이를 1930~1950년대의 지적

5. 맺으며 : '에세이'라는 의장(意匠)과 '양식(genre/style)'의 문화정치

> 가령 김형석, 이어령 씨는 대표적인 에세이스트들인데 어떤 의미에서 그들은 우리를 지도하고 혹은 위로해주죠. 그러나 나로선 이해할 수 없는 것이 있어요. 대체 그들은 뭐가 고독하다는 건지를 모르겠어요. 그들의 글은 곧잘 '나는 고독하다'로 시작되거든요. 난 그 현실과 고독에 이율배반을 보죠. 고독은 살고 싶다는 긍정, 소외되고 싶지 않다는 그것, 그러니까 기본적으로 살 맛이 난다는 얘기가 되지 않겠어요? (…) 한마디로 고독이란 거 모르겠어요. 바람직한 사람들은 그 감상적으로 고독을 말하는 글들을 읽지 않을 거에요. 살고 싶다는 의지가 없는, 마치 병실의 병자의 말 같은 그런 고독은 가냘픈 계집애들에게나 속삭이는 라디오프로 같은 거겠죠.[106]

1967년 1월 18일자 『경향신문』에는 "기성 모럴"에 반기를 드는 "21살" 된 신춘문예 당선자들의 '당돌한' 대담이 실린다. 특히 단편소설 부문에 당선된 한 청년의 발언은 그간 "지성의 효장"이라는 타이틀을 한 번도 놓친 적 없는 베테랑 에세이스트인 김형석과 이어령에 대한 위화감을 적시하고 있어 주목된다. 그는 "대표적인 에세이스트"들이 애써 고안한 개념인 '고독'에 대해 '시니컬한' 어조를 숨기지 않는다. "뭐가 고독하다는 건지를 모르겠"다며, '고독'이 사실은 내포가 없는 개념이 아닌가 의심하는 이 '젊은

전통과 단절된 '결여의 형식'으로 규정하는 관점의 편향성을 지적해주셨다. 이는 1960년대 에세이가 지닌 다양한 문화적 가능성들을 설명할 수 있어야 1960년대 에세이즘의 입체적 성격이 드러날 수 있음을 시사하는 중요한 문제제기라고 여겨진다. 이 글에서는 그 문제의식을 모두 감당하지는 못했지만, 2장 말미와 3장에서 에세이가 지녔던 대중적 소구력을 들어 1960년대 에세이즘이 지닌 역동성의 한 측면을 암시하고자 했다. 1960년대 에세이의 다양한 문화적 실천은 후속연구에서 보다 구체적으로 논하겠다.

106) 「본사 신춘문예 당선자는 말한다. 20대의 자화상」, 『경향신문』, 1967. 1. 18.

작가'는 "다급한 것이 취직, 군대문제라. 그리고 심심하니 연애나 생각한달까요?"라며 그들 앞에 제시된 "불행"이나 "비극"의 추상성과 관념성을 지적한다. 그들은 "우리들에게 어떤 기대를 건다는" 기성세대의 "눈"에도 속지 않는다며, 다만 원하는 것은 "불만하기보다는 현실을 직시하고 거기에 뛰어"드는 것이며, 그리고 무엇보다도 "쇼크를 받고 싶다"고 말한다.

분명 일정한 윤색을 거쳐 지면에 부려졌을 젊은이들의 이 같은 발언은 1950년대 후반에 유행했던 '비트족'이나 '앵그리 영 맨'의 관용어[107)]들을 그대로 받아 적은 것 같아 민망한 감이 없지 않다. 그러나 "도대체 질서가 완벽한 사회라면 무슨 재미가 있겠어요?"라고 반문하는 이들에게서 적어도 일률적이었던 '1960년대식' 지성과 교양의 수용과정에 '균열'이 일어나고 있다는 징후는 발견할 수 있다. 그렇다면 이제 갓 데뷔한 신인작가이자 "새 세대"인 이들은 앞으로 어떤 세계에 부딪치게 될까.

흥미롭게도 이미 지나간 역사적 사례로 남은 줄 알았던 '에세이 붐'은 오늘날 다시 한 번 인상 깊게 재연된다. '멘토', '힐링' 등의 수사와 결부된 2010년대의 청춘론과 행복론이 의장(意匠)으로 선택한 것은 다름 아닌 '인문/철학 에세이'였던 것이다.[108)] "어차피 한 번은 고생을 해야 하는 것이

107) 1950년대 후반, 광범위하게 유통된 '비트족'과 '앵그리 영 맨' 담론은 그 자체로 흥미로운 현상이라고 여겨진다. 사실상 한국에서 그 실체를 확인하기 어려웠던 이 외래적 존재는 단번에 '매혹과 첨단의 아이콘'으로 부상했으나, 1960년대에 접어들자 급속히 '환멸의 대상'으로 전락했다. 이를 '비트문학' 등으로 현시된 '젊음의 풍속 및 문화양식'으로만 조명했던 기존의 연구로부터 더 나아가, 당대의 지성론 및 세대론과 연동된 현상으로서 '비트족' 담론의 수용양상을 점검하는 작업이 필요하다고 생각된다.

108) 오늘날 서점에서 '힐링에세이'라는 코너나 도서목록을 발견하는 일은 결코 어렵지 않다. 일례로, 교보문고 강남점은 특정 서적들을 '힐링에세이'라는 코너에 배치했는데, 여기에 선정된 책들의 저자는 대부분 교수, 의사, 언론인 등이라는 점이 주목된다. 2013년 현재 베스트셀러 순위 안에 포함된 '힐링에세이'에는 『멈추면, 비로소 보이는 것들』(혜민스님, 2012, 쌤앤파커스.), 『천 번을 흔들려야 어른이 된다』(김난도, 2012, 오우아.), 『아프니까 청춘이다』(김난도, 2010, 쌤앤파커스.), 『나는 아직 어른이 되려면 멀었다』(강세형, 2010, 김영사.) 등이 있다.
"특이한 점은, 순위에 오른 에세이의 주제가 대부분 '아픔과 고통', '치유와 위로'를 다루고 있다는 것이다. 사람들이 삶과 고통에 대해 어떻게 생각하고 있는지 엿볼 수 있는 부분이다. 삶에서 오는 고통에 직면해야 하는지, 아니면 고통은 어떤 식으로든 벗어나고 치유받아야 하는

인생이라면, 될 수 있는 대로 청년기에 고생하는 것이 좋다."[109]라는 '1960년대식' 교양은 "천 번을 흔들려야 어른이 된다"라는 오늘날의 언어로 재생된다. 서로 다른 역사적 · 사회적 맥락에서 제출된 두 사례를 단순비교하는 것은 어불성설이 될 테지만, 이들의 '앎'은 체제 외부를 상상하지 않는 '한정적 성찰'과 '가상의 자유'[110]를 바탕으로 성립한다는 점에서 공통적이다.

궁금한 것은 '왜 그러한 내용은 반드시 그러한 양식의 글쓰기를 수반하는가'의 문제이다. 그런 맥락에서 오늘날 대중적 지지를 얻고 있는 '힐링(멘토링) 에세이'의 내용과 형식은 의미심장하게 나타난 '오래된 미래(Ancient Futures)'다. 1960년대의 사회문화적 화두였던 '자유'와 '사색', '지성의 효장' 등의 키워드들이 모종의 의미 확장과 재배치를 거쳐 오늘날 '자유', '힐링', '멘토' 등의 현대어로 번역되었다고 말한다면 과장일까.

분명한 것은, '힐링(멘토링)'과 '에세이'의 조합이 왕성한 생산력을 발휘하고 있는 오늘날의 현상은 이미 역사적 용례를 통해 성립된 익숙한 코드 및 양식의 존재와 무관하지 않다는 것이다. 특정 앎과 문화적 양식이 조응하는 현상은 결코 새로운 것이 아니며, 그것이야말로 '교양의 문화정치'가 작동하는 가장 섬세한 방식 중 하나라는 것. 1960년대 에세이즘을 매개로 그 역사적 전통과 계기를 탐색해보는 것이 이 글의 숨은 의도 중 하나였다. '양식(genre/style)'은 언제나 정치적인 것이기에.

것으로만 생각하고 있는지 말이다. 삶의 본질적 물음을 다루는 인문·학술서가 순위에 거의 오르지 않은 점을 미루어 본다면, 어떤 식으로든 위로받고 치유받길 바라는 것이 사람들의 심리이자 사회 분위기라 볼 수 있을 것이다." 임채혁. 「인문서 위기, 힐링에세이 강세」. 『출판저널』. 2012. 12.

109) 김형석. 1961. 「행복이란 무엇인가—인생의 계단」. 『영원과 사랑의 대화』. 삼중당. 70~71쪽.

110) 천정환. 「힐링은 답이 아니다」. 『한국일보』. 2013. 3. 26.

오 혜 진

성균관대학교 국어국문학과를 졸업하고, 동 대학원에서 박사과정을 수료했다. 미디어, 서사(성), 재현 등의 개념을 중심으로 한국 근현대의 문학과 문화정치에 대해 공부하고 있다. 「육성의 환상과 퍼스낼리티의 문화정치학」, 「기계의 눈과 우울한 오브제」, 「'심퍼사이저'라는 필터 : 저항의 자원과 그 양식들」, 「'장편의 시대'와 '이야기꾼'의 우울」 등의 글을 썼다.

E-mail: ohae@hanmail.net

1960년대 여가문화와 국가·대중·자본의 경합

| 송 은 영

1960년대 여가문화와 국가·대중·자본의 경합

송 은 영

1. 현대사회와 여가의 문화정치

현대 사회에서 여가는 정치, 경제, 문화가 교차하는 복합적인 영역이다. 독서, 여행, 관리를 전담했던 유한계급과 노동을 담당한 피지배계급으로 나뉘어졌던 전근대 신분제 사회와 달리, 자본주의 질서가 지배하는 현대 사회에서 이르러서야 비로소 여가와 노동은 시간의 사용에 따라 명확히 구분되었다. 자신의 노동력을 팔아야 하는 노동자들이 등장한 이후, 노동하지 않는 시간이 비로소 여가의 시간으로 인식될 수 있었기 때문이다. 이러한 사회에서 여가는 노동으로부터의 해방 또는 노동을 위한 휴식 및 재충전의 의미를 지니게 된다. 즉 "노동과 여가의 명확한 분리 · 대립, 곧 근대적 의미의 여가는 자본주의적 사회체제의 산물"이다.[1] 그러나 자본주의 사회에서 여가는 단순한 비노동의 시간이 아니라, 상품화된 문화를 향유하거나 다양한 여가상품들을 소비하면서 경제활동을 하고 계급적 차이를 형성하는 시간이기도 하다. 여가는 상품화된 여가를 쉴 새 없이 소비하게 하

1) 조광익. 2010. 『여가의 사회이론』. 대왕사. 49-50쪽 참조.

는 사회문화적 메커니즘을 통해 자본의 이윤추구가 일상으로 파고드는 장이며, 또한 국가가 대중들에게 경제발전을 선전하는 장이기도 하고, 대중들이 노동을 신성시하는 이데올로기와 근검절약의 프로파간다에 저항하는 시간이다. 즉 여가는 현대 자본주의 사회의 정치, 경제, 문화가 교차하는 일상생활에서 국가, 자본, 대중의 힘들이 서로 경합하는 장이라고 할 수 있다.

1960년대는 현대적 여가의 이러한 성격이 한국사회에서 처음으로 전면화되는 시기였다. 그것은 박정희 정권기에 실시된 제 1차 경제개발 5개년 계획의 성과가 가시화되면서 비로소 대두하기 시작한 대중사회화 및 대도시의 성장과 긴밀히 연관되어 있었다. 제 1차 경제개발 5개년 계획 초기에 한국의 경제성장률은 그다지 높지 않았다. 이 시기 경제성장률이었던 1962년 2.2%, 1963년 5.8%은 원래의 목표에 훨씬 미치지 못하는 것이었다. 이는 한국전쟁이 끝난 이후 1954-60년 사이의 평균 성장률 4.7% 언저리에 머무는 것이었다. 야심차게 '원조 경제'에서 벗어나고자 했던 박정희 정권은 1964년 2월 계획을 수정하여 목표를 하향 조정해야만 했다. 그러나 1964년 수출이 살아나면서 경기회복의 조짐이 보이기 시작했고, 1965년 수출 드라이브가 본격화된 이후 한국 경제는 역사상 유례없는 고도성장기에 진입하게 되었다.[2)] 특히 1968년 13.3%, 1969년 15.0%의 경제성장률을 기록한 경제호황 속에서 한국사회의 전면적 자본주의화는 빠르게 진행되었고, 그 영향은 일상생활의 영역에도 빠르게 침투했다. 그 효과가 즉각적으로 나타난 분야 중의 하나는 바로 여가였다. 뒤에서 살펴보겠지만, 경제성장률이 13.4%를 기록했던 1966년 한국사회의 여가문화는 이전과 다른 형식으로 변모하기 시작했기 때문이다.

---

2) 山本剛士. 1984.「1·2차 경제개발계획과 고도성장의 문제점」.『1960년대』. 김성환 외 지음. 거름. pp.278-283 참조. ; 이완범. 1999.「제 1차 경제개발 5개년계획의 입안과 미국의 역할」.『1960년대의 정치사회변동』. 한국정신문화연구원 편. 백산서당. pp.117-134.

그런데 고도 자본주의 사회에서 나타날 법한 여가문화의 활성화는 국가가 의도한 결과는 아니었다. 국가 주도의 산업발전정책이 먼 미래에 풍요한 사회를 상정하지 않았던 것은 아니었지만, 모두가 잘 사는 사회는 아직 도래하지 않은 미래에 있는 것이었다. GNP 성장의 신화를 유포하고 '우리도 한번 잘 살아보세'의 구호를 유포하면서 국민 모두에게 똑같이 '풍요한 사회'의 임박을 홍보한 것은 사실이다. 그러나 국가의 의도는 산업구조를 수출 중심의 기업들 중심으로 재편하여 경제성장률을 끌어올리는 것이었다. 박정희 정권의 프로파간다는 풍요한 대중사회의 구호를 국가정책에 동조하게 만들기 위해 유포하는 측면도 지니고 있었지만 그것은 언제나 '임박'하는 미래로 제시되었을 뿐이다. 국가적 전략은 1960-70년대 내내 국민들이 산업역군으로서 근면성실하고 산업자본의 토대로서 근검절약하는 저축과 내핍의 생활에 머무를 것을 요구하는 데 머물러 있었다. 오늘날에도 일반 국민의 여가시간에 중요한 역할을 차지하는 TV나 라디오가 박정희 시기에 경제성장에 따라 대중매체가 보급되는 일반적 속도보다 훨씬 빠르게 보급된 것도[3] 여가의 질을 높이기 위한 것이라기보다, 지배 이데올로기의 효과적인 선전을 위한 의도적인 정책이었다. 이러한 의미에서 1960년대 중반 이후 야외의 레저활동을 중심으로 새롭게 형성된 여가문화는, 경제성장의 즉각적인 반영이기도 했지만 국가의 정책이나 의도를 뛰어넘는 새로운 장의 형성이었다.

이 글에서 1960년대 한국사회의 여가문화를 야외활동과 스포츠 중심의

3) 박정희 정권이 TV 방송국의 급속한 개국과 TV 수상기 구입 장려, '농어촌 라디오 보내기 운동' 등을 통해 경제성장 수준을 뛰어넘는 대중매체 보급을 위해 노력한 결과 실제로 TV와 라디오가 급속도로 보급되었으며, 이를 근대화의 상징처럼 홍보했다는 사실은 잘 알려져 있다. 일반적으로 서구 사회에서는 전자기기 중에서도 실생활에 필요한 냉장고나 세탁기가 먼저 대중화된 것으로 알려져 있지만, 이와 달리 박정희 정권은 의도적으로 TV와 라디오의 보급에 훨씬 더 주력했다. 임종수. 2004.「1960-70년대 텔레비전 붐 현상과 텔레비전 도입의 맥락」.『한국언론학보』 제 48권 2호; 김영희. 2003.「한국의 라디오시기의 라디오 수용현상」.『한국언론학보』 제 47권 1호 참조.

레저문화에 초점을 맞춰 살펴보려는 이유도 이와 관련되어 있다. 사실 비노동시간인 여가가 포괄하고 있는 범위는 매우 광범위하다. 여가는 단순한 휴식, 라디오 청취나 TV 시청, 독서, 음악감상 등과 같은 실내 활동을 비롯하여, 극장에서의 영화 감상, 기원에서의 바둑, 거리 산책, 쇼핑 등의 실외 활동을 포함한다. 여가는 재충전을 위한 수동적인 여유일 수도 있지만, 노동 이외의 다른 목적을 추구하는 적극적인 육체활동일 수도 있다. 또한 봉사활동이나 단순노동처럼 어떤 사람에게는 '노동'에 해당하는 활동이 여가가 될 수도 있다. 예컨대 농민에게 농사일은 고된 노동이지만, 도시인의 주말농장은 여가활동의 일부가 된다. 즉 여가의 정의, 범위, 목적을 어떻게 규정하는가에 따라, 여가문화의 영역은 사실상 무한할 수 있다는 것이다. 그러나 이 글은 여가에 대한 이론적 고찰이나 범주의 설정에 대해 생각해보기 위한 것이 아니라 1960년대 한국사회에서 일어난 여가문화의 변화를 살펴보기 위한 것이므로, 그 변화의 가장 큰 축이 되는 야외 스포츠 중심의 레저활동에 과감하게 시야를 한정시키고자 한다. 이 영역을 중심으로 이 시기 여가문화를 둘러싼 문화정치의 역학관계를 살펴보는 것, 1960년대의 신흥 여가문화를 둘러싼 국가, 자본, 대중의 서로 다른 의도와 욕망이 어떻게 맞물리고 충돌하는지 살펴보는 것이 이 글의 목적이다.

2. 1960년대 초중반의 레저문화 : 등산과 무전여행의 간극

일반적으로 여가문화에서 가장 광범위한 형식은 수동적인 휴식이나 지적, 예술적 활동을 통한 재충전이라고 할 수 있다. 거칠게 분류해볼 때 수동적 휴식이 수면, TV 시청, 라디오 청취 등 육체적 활동을 요구하지 않는

정적 여가활동이라면, 신문 · 잡지 · 교양서 등의 책 읽기, 영화 · 연극 · 공연 등의 감상, 악기연주 등은 가벼운 지적 활동과 예술적 소양의 양성에 해당한다. 다시 말해 이러한 여가문화의 형식들은 현대 자본주의 사회에서 가장 지속적인 문화활동들이며, 사회집단과 시기를 막론하고 보편화되어 있는 형식이라고 할 수 있다. 1960년대 전반기의 여가문화들도 이러한 특성을 전형적으로 보여주고 있는데, 이는 어떤 의미에서 여가의 분화와 상업화가 본격화되기 이전의 상태 또는 여가문화의 역사적 변천과 상관 없이 지속되어 온 상태라고 할 수 있다.

1963년 이화여대 사회생활과 이근수 교수가 조사한 바에 따르면, 당시 대학생들의 여가 활동은 매우 전통적인 모습을 보여준다. 대부분 공부하는 시간보다 여가 시간, 즉 "노는 시간"이 더 많은데, 사색하면서 여가시간을 보내는 학생이 31.8%, 음악감상을 하는 학생은 16.2%, 당구와 장기, 바둑과 같은 잡기를 즐기는 학생은 모두 합쳐 13.8% 정도이다. 영화는 일주일에 한 번 볼까 말까 하지만, 음악을 좋아하는 학생들은 매우 많고 때로는 술을 마시기도 한다. 지금과 크게 다르지 않은 상황이다. 그런데 이에 대해 기자는 당시 대학생들의 여가활동이 "사뭇 정적(靜的)이다. 많은 학생들이 그들의 여가를 사색 속에서 아니면 음악감상을 하며 보낸다고 고백하고 있다. 리드미컬한 낭만이 아니라 침체한 낭만이랄까? 사색을 노는 시간으로 셈하고 있을 정도"[4]라면서 개탄한다. 이 시기의 대표적인 여가는 사색, 음악감상 정도의 수동적인 활동으로 채워져 있었으며, 오늘날 스포츠로 분류되는 당구, 장기, 바둑도 실내에서 이뤄지는 정적인 활동이라고 봐도 좋다. 이는 당시 가난했던 대학생들의 상황과 잘 부합하는 것이었다.[5]

---

4) 「대학생들의 여가이용」, 『경향신문』, 1963년 12월 7일.

5) 1960년 6월 『조선일보』가 특집으로 기획한 「학생들의 여가이용」 연재기사들이 다루고 있는 여가들은 음악감상, 스케치(미술), 수집, 등산, 자수, 산책과 같은 활동이었다. 『조선일보』, 1960년 6월 9일, 6월 15일, 6월 23일, 7월 7일, 7월 14일, 7월 21일 기사 각각 참조.

그나마 이 여가활동은 나름 노동으로부터 면제된 대학생이기에 가능했다. 등록금과 생활비를 마련하기 위해 과외나 입주가정교사를 하는 정도가 대부분의 경제활동이었던 가난한 대학생들은 다른 성인들에 비해 상대적으로 자유로운 여가시간을 가질 수 있었기 때문이다. 본격적으로 경제활동을 하는 화이트칼라나 블루칼라 노동자들의 공통적인 여가활동은 바로 선술집이나 대폿집에서의 음주, 다방에서의 소일 같은 것이었다. 이 시기 여러 문학텍스트에서 볼 수 있는 퇴근길 선술집 장면들은 일반 대중들의 가장 흔한 여가가 음주였음을 보여주는데, 그것은 1960년대에 국한된 여가활동도 아니고 한국사회에만 국한된 것도 아니다. 초기 산업화 단계였던 18세기 후반의 영국에서는 평민들에게 독주를 마시는 것이 유행이었다. 이러한 음주 성향은 "즐거움을 줄 기회들과 일의 필요와 '생계'를 균형잡아 줄 테두리"를 "술집에서의 덧없는 사교"만이 제공해줄 수 있었기 때문이었다.[6] 또한 여러 연구에서 밝혀져 있듯이 일제하부터 사교와 문화의 중심 장소였던 다방은 한국전쟁 이후 폭발적으로 그 숫자가 증가하면서 가장 대중화된 여가의 장소가 되었기 때문에, 다방에서의 담소와 사교 장면이 등장하는 소설들은 훨씬 더 많다. 그만큼 선술집과 다방은 이 시기 대중의 여가에서 큰 비중을 차지하고 있었지만, 뚜렷한 여가문화가 형성되지 않은 초기 자본주의 사회에서 선술집 음주나 다방 대화는 '여가'로 인식되었다기보다 일종의 문화적 관습으로 자연스럽게 일상생활 속에 파고들어 있었다고 봐야 할 것이다.

이에 비해 경제적 여유와 문화적 취향을 바탕으로 습득되는 뚜렷한 여가문화를 향유했던 것은 역시 부유층이었다. 대학생들의 여가문화를 봐도

6) 김문겸은 1720-1751년 사이 영국의 "평민생활에서 독특한 여가양식이 형성된다"는 점을 지적하는데, 그것은 "독주인 진 소비량의 폭발적 증대 현상"이었다. 영국의 '진 유행병' 때문에 "의회에서는 세 차례에 걸쳐 '진 조례(Gin Act)'를 제정해야 할 정도"였다고 한다. 김문겸, 앞의 책, 71-72쪽에서 인용 및 참조.

가난한 대학생들의 사색이나 음악감상과 대비되는 뚜렷한 야외 여가활동이 존재하고 있었는데, 그것은 바로 등산, 낚시, 하이킹이었다. 이 야외의 레저활동은 지금의 시각에서 볼 때 상류층의 여가라기보다 평범한 서민층의 여가에 해당하는 것들이다. 그러나 산을 오르거나 고기를 낚거나 자전거를 타는 여가활동들은 당시 상황에서 꽤 큰 비용을 지출해야만 즐길 수 있는 것이었다. 당시 이러한 여가활동을 바라보는 시선이 전형적으로 드러나 있는 김승옥의 1964년 소설 「싸게 사들이기」의 한 장면을 보도록 하자.

> 초가을, 토요일 오후. 날씨 더럽게 좋다. 그런데 할 일이 있어야지. 교문 곁엔 산악반이 주말 등산을 위해서 전세 내온 버스가 한 대 서 있다. 등산복을 입고 륙색을 짊어진 학생들이 차에 오르고 있다. 제기랄, 산악반에나 가입해놓을걸. 그렇지만 산악반의 회원이 되려면 비용이 많이 든다. 산악반 놈들의 대부분은 멋을 부리고 싶어서 회원이 된 놈들이다. 파카를 입고 헌 신문지를 쑤셔넣어서라도 될수록 무겁게 해 보인 륙색을 짊어지고 흰색의 스타킹을 신고 그 위에, 연륜을 조작하기 위해서 일부러 다 해진 워커를 신고 미 해군용 작업복 쓰봉을 입고 트랜지스터와 카메라를 어깨에 드리우고 선글라스를 쓰고…… 동대문시장의 헌옷점에서 사더라도 푸르뎅뎅한 미 해군용 작업복 쓰봉 한 벌에 육칠백원은 주어야 한다. 놈들, 저렇게 비싼 걸로 차려입고 아무도 보아주는 사람이 없는 깊은 산속에서는 좀 부끄러울걸. 산에서 돌아올 때, 시외버스 속에서나 기차 속에서 시골 사람들의 감탄하는 듯한 시선을 받으면 녀석들은 보람을 느끼겠지.[7]

이 구절은 가난한 대학생이 주말에 할 수 있는 일이 없어서 괴로움을 느끼면서 산악반 학생들을 바라보는 장면이다. 그는 주머니 안의 "이십원"을 만지작거리면서 "거리의 건달인 바나나에도, 작부들의 화장냄새가

---

7) 김승옥. 1995. 「싸게 사들이기」(1964). 『김승옥소설전집 1』. 문학동네. 154쪽.

꽉 들어찬 청계극장에도, 가짜 커피와 센티멘털을 파는 다방에도" 한눈을 팔지 않을 것을 다짐해야 하는 대학생이며, 결국 청계천 헌책방에서 "밤이 될 때까지 잡담도 하고 책을 만져보기도 하며" 지내는 길을 택한다.(158-159쪽) 그런 그가 산악반의 전세버스가 떠나는 모습을 보며 "놈들, 절벽에서 떨어져 뒈져버려라"(157쪽)라고 기원하는 것은, 산악반 대학생들과 자신의 경제적 격차가 낳은 적대감의 표현이다. 위의 구절은 당시 등산을 즐기기 위해 필요했던 경제적 비용의 크기를 어림짐작하게 해준다. 등산을 하기 위해서는 "전세버스"를 대절할 수 있을 정도의 회비도 필요하고, 륙색, 파카, 스타킹, 워커, 미군용 작업복, 트랜지스터 라디오, 카메라, 선글라스와 같은 용품을 사야 했던 것이다.

실제로 1960년대 전반기까지도 등산은 상류층의 전유물이자 서구문화의 모방이었다. 특히 등산은 어느 정도 경제적 여유와 시간적 여유를 동시에 갖춘 대학생들 사이에서 유행했다. 그리고 당시 어느 기사는 "등산을 하는 학생이 해마다 늘어가고 있"음을 지적하면서, 경희대, 이화여대, 연세대 등의 산악반 대장들에게 조난사고를 피하기 위한 주의사항을 요청하는데, 이들은 륙색에 들어가야 할 품목들에 대해서도 세세한 설명을 잊지 않았다. 즉 이들은 구급약 외에도, 건빵, 비스킷, 통조림 등을 비롯한 비상식량과, 텐트, 버너, 코펠 등의 용품, 수영복, 반바지, 우비, 농구화나 등산화 등의 의복, 시계, 로프, 침낭(잠주머니), 기호품(홍차, 껌, 캔디, 잼, 비스킷)까지 포함시켰다.[8] 당시의 경제적 상황에서, 비스킷, 통조림, 껌, 캔디 같은 가공식품이 얼마나 비쌌는지, 일반 대중들이 수영복과 등산로프, 등산화, 텐트 등의 용품을 사는 것을 꿈도 꾸어보지 못했다는 사실을 떠올려야만, 이 산악반 대학생들이 필수용품으로 추천하는 항목들이 상류층 전용의 사치품이었다는 사실을 이해할 수 있다.

---

8) 「학생과 등산」, 『경향신문』, 1962년 6월 21일.

1962년 여름휴가철 즈음 방학 때 휴가를 떠나는 독일, 영국, 이태리의 대학생들을 묘사한 다른 기사들은 룩색을 매고 산과 바다로 떠나 자연을 벗하며 자기를 개발하고, 사커, 테니스, 수영, 글라이더 등 스포츠 클럽에서 땀을 흘리며 몸을 단련하는 생활을 하는 그들을, 사색과 음악감상, 당구와 바둑 정도만 하는 한국 대학생들과 완전히 다른 세계의 사람들처럼 묘사하고 있다.[9] 1962년 각 대학의 산악반 학생들의 활동이 줄을 잇고, 특히 경희대 산악반 학생들이 히말라야 봉우리에 도전할 것이라는 기사는 여러 신문에 게재된 것은 어느 정도 서양의 문화를 의식한 결과이다. 당시 서양의 대학생들이 에베레스트 정복에 성공했다는 기사가 화젯거리가 된 맥락도 여기에 있을 것이다. 그것은 젊은 청년들을 건강한 국민으로 육성하기 위해 체육운동을 장려했던 국가정책과도 관련이 있다. "문교 당국에서는 이러한 운동으로 수영과 스컽, 승마, 사이클, 등산, 스키, 그라이다 등으로 정하여 장려책을 강구한다고 전문"한 데 대해, 어떠한 사람들은 "등산과 하이킹을 마치 무슨 잡스러운 들놀이나 산놀이 따위로 돌리"면서 "국민적인 운동"으로 보지 않으려고 하기도 했다. 그러나 분명한 것은, '수도 서울만이 아니라 대구, 부산, 마산, 광주 등 도시마다 등산과 하이킹하는 경향이 융성'해가고 있었다는 사실이다.[10] 문제는 이러한 야외 스포츠 중심의 여가활동이 바로 '도시인의 전유물'처럼 상정되고 있었다는 점인데, 이러한 경향은 1970년대까지도 내내 이어졌다. 그럼에도 불구하고 야외스포츠 중심의 여가활동을 장려하는 국가정책은, 결과적으로 1960년대 전반부터 단순한 소일거리로서의 여가에서 벗어나 정신과 육체를 자연 속에서 적극적으로 단련하는 여가, 레크리에이션으로서의 여가에 대한 뚜렷한 인식을 형

9) 「모두 다 팽개치고 피서행」, 『경향신문』, 1962년 7월 25일.; 「반사경」, 『경향신문』, 1962년 8월 6일.

10) 「등산, 하이킹」, 『동아일보』, 1962년 5월 5일.

성시켰다.

그러나 이 야외스포츠를 즐기는 청년 대학생들의 모습은 이 시기까지도 내내 구경거리였다.[11] 당시 여성들에게까지 확산된 낚시, 자전거 하이킹 외에도 문교당국이 권장하는 승마, 사이클, 스키, 글라이더 등을 언감생심 꿈도 꿀 수 없었던 가난한 대학생들이 선택한 방학의 레저활동은 바로 무전여행이었다. 무전여행은 새로운 것이 아니라, 이미 1910년대 후반부터 신문, 잡지 등에도 등장한다. 돈 없이 여행하기 때문에 교통편을 이용하지 않고 자전거로 이동하거나 걸어다니며, 매일 시골의 부잣집이나 신문사 등에 들러 잠자리와 밥을 구걸하며 다니는 이 여행 형식은, 사실 경제적 개인주의가 확산되지 않았던 전근대부터 존재했다고 봐도 무방할 것이다. 그러나 무전여행은 청년들이 국토를 횡단하며 넓은 세계를 향한 눈을 뜨기 원했던 근대 초기부터 비로소 '무전여행'이라는 독특한 이름으로 불려지기 시작했다.[12] 1950년대 후반과 1960년대 전반까지 신문사들이 여름방학 때 무전여행하면서 서울에 당도한 고등학생, 대학생들에게 숙식을 제공했다는 기사를 그들의 사진과 함께 앞다투어 내보냈던 것은, 단지 인심이 후했기 때문만이 아니라 이들이 대중의 흥미를 끌 수 있는 기삿거리였기 때문이다. 무전여행은 고등학생과 대학생들의 낭만적 꿈이자 실제로 여름방학

---

11) 등산 외에도 낚시, 자전거하이킹이 일부 부유층 대학생들 사이에 확산되고 있었는데, 앞에서 언급한 김승옥의 소설 「싸게 사들이기」는 이 대학생들을 신기하게, 그러나 부러워하며 쳐다보는 장면을 담고 있다. ""야, 저것 봐라." 곰보가 상점 입구로 달려가며 소리친다. 이인승 자전거 부대가 상점 앞을 지나가고 있다. 화려한 옷차림의 남녀들이다. 아마 주말의 자전거 하이킹 부대인 모양이다. ⋯⋯(중략)⋯⋯ "옛날엔 나도 저런 때가 있었지." 헤, 곰보가 거짓말을 한다. "사람은 우선 잘살구봐야 하는 거야." 오, 곰보가 참말을 했다. 자전거 부대가 거리의 모퉁이를 돌아서 사라져버렸다. 자전거 부대를 구경하느라 서 있던 사람들이 다시 움직이기 시작했다. 잠깐 선명했던 거리가 다시 우울해진다." 김승옥, 앞의 책, 161쪽.

12) 19세기 후반 영국에서 시작된 무전여행은 식민지 조선에도 전파되어 청년의 패기를 상징하는 키워드가 되었다. 1926년 전국을 무전여행한 맹훈태의 이야기를 『시대일보』와 『동아일보』가 생중계했을 뿐 아니라, 이후 『조선일보』, 『동아일보』, 『조선중앙일보』 등은 무전여행 상품을 개발하여 150명까지도 모집하기도 했다. 이 시기에도 신문사들은 무전여행하는 청년들에게 숙식을 제공했는데 이는 그들로부터 기삿거리를 얻기 위한 수단이기도 했다.

때마다 활발하게 이루어졌던 가난한 청년들의 레저활동이었다. 1964년 당시 교사였던 소설가 윤홍길이 방학 때마다 무전여행을 떠났던 것은 잘 알려져 있거니와,[13] 1960-70년대 당시 무전여행을 떠났던 젊은 청년들의 기록은 여기저리 흩어져 있다. 김승옥의 1962년 소설 「건」에는 고등학교 2학년인 형이 "몇 주일 전부터 자기 친구들과 남해안으로 무전여행 떠날 계획을 세워왔"다는 사실이 묘사된다. 형은 "청년의 꿈은 어디든지 여행할 수 있는 거다"라고 외치면서 친구들과 합심한다. 무전여행에 대한 낭만적 꿈은 이 시기에 매우 흔한 것이어서, 1962년에는 독일, 인도, 스웨덴에서 무전여행 차 한국에 입국한 학생들이 화제가 되기도 했다. 또한 세계 59개국을 무전여행하고 돌아온 김찬삼의 『세계일주 무전여행기』와 프란츠 그루바의 『세계-무전여행입문』이 베스트셀러가 된 것도 이 해였다. 1963년에는 김수용 감독, 곽규석 주연의 영화가 『후라이보이 무전여행』이 흥행에 성공했다.

그러나 무전여행의 대중화는 많은 문제를 불러 일으켰다. 1962년 "치안국에 의하면 충청남도에서만 무전여행자 1830명이 다녀갔으며, 지금(10월)도 169명의 무전여행자가 있다"고 하면서, 이들이 "헛된 영웅심과 공상적 모험욕에 사로잡혀 길을 떠난 것"으로 파악했다.[14] 지방에서 무전여행을 떠난 학생들의 주요 종착지는 바로 서울이었기 때문에, "서울에도 매일처럼 지방학생들이 올라와 관청 등 기관에 신세를 끼치"면서 구걸행각을 하는 것은 큰 문제였나. 그들은 신문사, 경찰서, 여타 관청 등에 찾아와 "잠자리"와 "용돈"을 얻어가고 심지어 "무전여행증명서도 해간다"는 것이다.[15] 무전여행의 행태는 일본에까지 보도되었는데, "한국에서도 요즘 젊

13) 강은교 외. 2004.『나는 왜 문학을 하는가』. 열화당.

14)「무전여행 못한다-치안국 각학교에 시달」.『동아일보』. 1962년 10월 6일.

15)「색연필」.『조선일보』. 1960년 8월 9일.

은이들 간에 무전여행이 유행하고 있다. 한푼 없는 학생패가 밤에는 농가에 밀려와 숙박을 하고 거저 밥을 먹여 달락 떼를 쓰는 통에 지방 사람들의 빈축을 받고 있다."는 것이다.[16] "아무 델 가건 설마 밥 한술 안주랴 하는 자부심, 또 다리가 아프면 달구지나 지나가는 화물자동차엔들 잠시 신세 못지랴 하는 자신" 덕분에 떠난 그들이 민폐의 표본처럼 여겨지고 있었던 것이다.[17] "공짜로 교통기관, 접객업소를 괴롭히고, 관공서와 중소기업체에서 구걸하는가 하면 지방의 친지나 선배들에게 여비를 뜯어가곤" 하는 학생들의 행태는 "사회문제화"된 것이다.[18]

결국 1960년대 초반까지도 낭만적으로 그려지던 무전여행은, 1968-69년에 이르러 치안당국의 집중단속과 규제의 대상이 되었다. 홍성원의 1968년 소설 「무전여행」은 이러한 시대적 변화를 잘 반영하고 있다. 술집에 들어온 두 청년을 냉대하는 주인은, 그들이 무전여행 패인 것을 알아채고 술과 음식을 내주기를 거부한다.

> "난 당신들이 질색이야. 도무지 무슨 배짱인지 알 수가 없단 말야." 그러나 나는 이 사내 말에 조금도 감동하거나 놀라지 않는다. 이런 종류의 푸대접은 집을 떠나올 때 이미 숱하게 경험한 나다. 무전여행을 귀엽게 봐주는 세월은 이미 지나갔다. 내가 그런 세월이 지나간 것을 안 것은 청량리역을 벗어나 오십 리도 못 가서였다. 나는 그 오십 리 이후에 약 이천 리 길을 더 왔으며, 이미 집을 떠난지도 보름이 지난 것이다. "이 마을에도 우리 같은 사람들이 벌써 많이 다녀간 모양이죠?" "감자밭을 보시우" 하고 술집 주인이 김에게 화난 듯 말한다. "일년 내내 지어놓은 농사를 그놈들이 모두 망쳐 놓았어."[19]

16) 「여적」. 『경향신문』. 1962년 11월 14일.

17) 「횡설수설」. 『동아일보』. 1965년 8월 12일.

18) 「정치방학의 부산물? 탈선한 무전여행」. 『조선일보』. 1965년 7월 4일.

19) 홍성원. 1968. 「무전여행」. 『68문학』. (여기서는 홍성원. 1976. 『주말여행』. 문학과지성사. 42

입영통지서를 받자마자 충동적으로 결심한 무전여행은 이 청년들에게 도시생활로부터의 탈출을 의미했다. 그러나 농협 창고에서 잠을 청한 '나'는 한 사내로부터 간밤의 태풍 때문에 난파한 배로부터 보물을 끌어올리자는 제안을 받지만, 그 사내의 어이없는 죽음과 바다 속에 둥둥 떠다니는 시체만을 목격한 채 무전여행을 처참하게 끝낸다. 1970-80년대에도 젊은이들의 무전여행은 드문드문 이어지지만, 무전여행은 더 이상 성행하지도 못하고, 환대받지도 못했으며, 낭만적이지도 않게 된 것이다.

이러한 변화가 일어나게 된 원인은 무전여행을 떠난 젊은이들의 행태 때문만은 아니었다. 1960년대 중반 본격화된 경제성장이 자본주의적 질서의 확산과 강화의 다른 이름이라고 할 때, 그것은 곧 개인의 소유관념과 교환가치에 대한 폐쇄적 관념의 확산을 의미했다. 박태순의 소설 「공알앙당」[20]에서 빌려간 돈을 갚지 않으면서도 너무나 뻔뻔한 친구, 이청준의 「별을 보여드립니다」[21]에서 친구의 하숙방에서 귀중품과 책을 마음대로 가져가는 친구가 형상화되어 있듯이, 이 시기는 개인의 재산과 소유물을 마음대로 점유해도 된다는 생각이 사적 소유의 관념과 공존하고 있었다. 그러나 점점 대중들은 대가 없는 사적 재산의 제공을 거부하기 시작했다. 학생들은 더 넓은 세계를 보고 싶다는 명분 하나로 도시로 향하는 빈털털이 여행을 떠나거나, 돈이 모든 것을 좌우하는 도시의 자본주의적 질서로부터 탈출하기 위해 시골로 무전여행을 떠났지만, 그들이 접하는 현실은 점점 더 자본주의화되어가는 현실이었다. 그리고 상품의 소비와 직결된 레저문화가 '무전여행'이라는 낭만적 형식의 여행을 대신하기 시작했다. 그것은 1966년부터 한국사회에서 본격화된 새로운 레저 문화의 등장이었다.

쪽에서 인용.)

20) 박태순(필명:권중석), 「공알앙당」, 『사상계』, 1964년 12월호.

21) 이청준, 「별을 보여드립니다」, 『문학』, 1967년 1월호.

3. 1966년, 여가의 대중화와 상업화가 시작되다

1966년은 1965년 말부터 시작된 경제호황의 분위기가 전사회적으로 감지된 시기였다. 이호철은 1966년 말 연재를 마무리한 『서울은 만원이다』에서 이러한 분위기를 "서울은 만원이다. 1966년으로 접어들자 겨우내 방구석에 처박혀 있던 서울 사람들이 거리로 쏟아져 나오고 금년 봄 들어서 오래간만에 데모가 없어서인가 시골에서 떼를 지어 몰려들어 갑자기 서울 거리는 폭발을 할 듯하였다."라면서, 사람들이 "트랜지스터 라디오 메고 유원지로나 나돌"게 된 상황을 묘사하고 있다.[22] 본격적인 고도성장기로 접어드는 이 전환점에 경제성장의 효과와 대중들의 억눌려 있던 욕망이 맞물려 여가문화가 변화하기 시작했음을 보여주는 것인데, 이것은 국가정책이 의도하거나 예비하고 있던 사회현상이 전혀 아니었다는 점에서, 몇 가지 생각해볼 사항들을 제공한다.

1966년 시작된 여가문화에서 가장 두드러진 특징은 바로 여가의 야외화이다. 실내에서 사색, 음악감상, 독서, 장기와 바둑에 머물러 있던 대중들이 갑자기 거리로, 도시로, 서울로 또는 산으로, 해변으로 폭발할 듯이 쏟아져나오기 시작한 것이다. 교외의 산은 주말마다 사람들의 행렬이 줄을 잇고, 도심은 유흥을 즐기러 나온 사람들로 흥청거리며, 고궁과 강변에는 주말마다 피크닉을 나온 사람들로 가득했다. 게다가 1966년 여름 각 신문들은 예년과 달리 산과 바다로 몰려든 대중들을 목도하고 놀라워하는 반응을 보이기 시작한다. 해마다 언론사들이 해운대, 송도, 대천 해수욕장 등에 빼곡하게 들어찬 피서 인파를 사진과 함께 호들갑스럽게 보도하는 경향이 처음으로 시작된 것도 바로 이 해였다. 이 해 여름 사회학자 고영복은 사

22) 이호철, 1976년 『서울은 만원이다』, 여원사, . 2251-52쪽.

람으로 빼곡하게 찬 여름철 해수욕장 사진을 처음으로 보고 놀라움을 금치 못했다.[23] 이유를 알 수 없는 피서객 증가에 아직은 때가 아니라는 판단을 내렸지만, 여가를 즐기는 인파로 야외가 만원되는 현상은 본격화되었다. 실제로 이 해 한국에 태풍이 올라오는 데도, 도시의 상가는 휴업하고, 서울역의 기차는 증편하고도 모자라며, 자동차와 휴양지가 초만원인 사태가 발생했다. 몇십 년만의 폭우 때문에 수해를 겪은 1966년, 여름휴가를 결산하는 기사가 "올 여름 유달리 많은 피서객. 7백만 명이 산과 바다를 찾았다고 하니 어마어마한 수효"가 휴가를 위해 산과 바다로 떠난 것이다.[24]

언론을 놀라게 한 여가 인구의 폭발적인 증가는 또 다른 면모를 보여주며 진행되었다. 즉 여가가 야외활동으로 간주되면서, 주말 중심의 문화, 여름철 휴가 중심의 바캉스 문화로 생각되기 시작했다는 점이다. 교외나 지방으로 다녀올 수 있는 시간을 확보하기 위해, 주말의 소풍이 중요해지고 여름휴가가 여가활동의 핵심처럼 중요해진 것이다. 처음에는 놀라던 언론사들은 다음 해인 1967년부터 피크닉에 필요한 준비물, 행선지, 옷차림, 여성들의 화장법 등을 지침으로 내리는 기사로 싣기 시작한다. 각 신문사들은 도시의 공원, 교외의 유적지, 시골의 산 등 여러 행선지들을 소개하고, 피크닉에 편안한 옷차림으로 가디건 쉐터, 버뮤다 셔츠, 슬랙스 등을 추천하며, 햇볕에 그을리지 않는 화장법을 알려주거나,[25] 수영복의 유행색

23) 고영복, 「피서유감」, 『동아일보』, 1966년 8월 11일. "지난 일요일 인천 송도 해수욕장이 신문에 사진으로 나온 것을 보고, 입추의 여지 없이 들이찬 인파의 난잡상에 놀랐다. 저 사람들은 도대체 무슨 돈이 많아서 이다지도 여가를 즐길 수 있을까 하는 부러움이 앞섰다. 쌀값은 나날이 올라가고 오랜 장마로 수해를 입은 이재민들이 밥을 굶다시피 하는데, 인천, 대천, 부산, 제주 등의 이름 있는 해수욕장이나 명승지에 전례없이 많은 피서객이 매일 찾아든다고 한다. 요즘 레저니 바캉스니 하는 사치스러운 외래어가 유행하고 있어 미국이나 일본과 같은 고도로 자본주의가 발달한 소비형 사회를 방불케 하는 사회풍조로 온통 들떠 있는 것을 보니 돈 있는 사람의 수효가 정말 늘어난 것일까. 내가 받는 월급이 우리나라에서 중은 될 터인데, 아무리 계산해도 피서를 즐길 만한 여유가 없다. 그런데도 어디서들 뜯어내는지 잘들 마련하고 있다."

24) 「바캉스와 크리스마스」, 『동아일보』, 1966년 9월 3일.

25) 「봄나들이」, 『경향신문』, 1967년 4월 15일.; 오현주(미용연구가), 「예뻐집니다 피크닉을 위한

상을 알려주고 비치가운을 직접 재단하여 만드는 방법을 알려주는 등[26] 야외의 레저활동을 적극적으로 추천하기에 이르렀다.

게다가 1966년부터 '바캉스'라는 생소한 외래어가 대대적으로 유행하기 시작했다. 신문사들은 이 단어의 유행이 외래어의 남용이라고 비판하는 동시에 신문 표제로 애용하여 전파시키는 자기모순적 행태를 과감하게 보여주었다.[27] 불문학자 김붕구는 폭우 때문에 어려워진 "모처럼의 바캉스"를 아쉬워하는 라디오 방송을 듣고 "불어를 읽고 가르치는 것을 업으로 삼게 되었지만 일상생활에서는 그런 말을 써본 적도 없다."면서, "바캉스니 뭐니 하며 외국어를 섞어 지껄이는" 행태를 비판했다.[28] 박영준의 1969년 소설 「고속도로」는 이러한 변화를 다음과 같이 묘사하고 있다. "명수는 여름철마다 바캉스라는 말에 질리던 일을 회상했다. 특히 신문에서 바캉스라는 말을 많이 쓴다. 그리고 바다나 산으로 가지 않으면 여름 휴가를 잃어버리는 듯한 착각을 갖게 한다. 언제부터 휴가를 휴양여행으로 대치하며 살게 된 우리나라 사람들인가." 여행, 휴가, 피서라는 말보다 더 근사하게 들리는 이 외래어는 여름휴가에 한정되어 사용되었기 때문에, 여름철 한더위에 산과 바다로 떠나야 한다는 새로운 풍속도를 만들어내는 데 일조했다. 여름휴가에 서울을 벗어나 산과 바다로 떠나지 못하는 사람들도 바캉스철에는 뚝섬, 광나루, 중지도(현재 노들섬) 등 한강에서 해수욕을 즐기는 것이 관례화되었다. 이것은 경제성장이 만들어낸 전례없는 야외레저의 대중화였다.

화장」, 『경향신문』, 1967년 4월 15일. 이 기사 외에도 수많은 피크닉 지침 기사들.

26) 「바캉스를 즐깁시다. 올 비치모드의 특징」, 『조선일보』, 1968년 7월 2일.

27) 김병익, 「60년대 신어」, 『동아일보』. 그는 여기서 '바캉스'라는 60년대 신조어를 다음과 같이 소개하고 있다. "시내 공원이나 서울 교외에서 보내던 휴가가 월급장이에게 준제도화하자 장거리 장기간의 피서가 가능했던, 66년 경부터 신문표제에서 애용. 그러나 소시민에게는 시의가 깃든 한탄으로 쓰기 괴로운 유행어."

28) 김붕구, 「일사일언」, 『조선일보』, 1966년 8월 4일.

사람들은 여름철 바캉스 외에도 주말마다 시골로 여행을 떠나거나 서울 근교로 피크닉을 가기도 했다. 주말의 야외활동이 확산되면서, 1960년대 전반기에 일부 상류층에게 한정되어 있던 등산과 낚시는 도시의 중산층에게도 광범위하게 확산되기 시작했다. 홍성원의 1969년 소설 「주말여행」은 그 중에서도 이 시기 주말여행의 한 풍속도를 보여주는 소설이다. 고등학교와 대학의 동창들로 이루어진 그들은 일주일에 한 번씩 정기적으로 만나는 토요회를 가지는데, "현대인은 직장에서 끊임없이 스트레스 즉 정신적 압박을 받고" 있기 때문에, "이 스트레스와 압박감을 해소하기 위해 토요회는 꼭 필요한 안성맞춤의 모임"이다.[29] 이 일행은 토요회 차원에서 자동차까지 빌려 어느 시골 읍내로 주말여행을 떠난다.

> 사실 이번의 주말여행은 순전히 강가(姜家)가 주동이 되어 계획한 여행이다. 그는 한 달 전 동료 행원과 낚시터를 찾아 G군으로 내려갔더란다. 읍내는 인구 약 삼만여 명으로 제법 호화판 요정까지 있다는 것이다. 원래 강가가 계획한 행사는 G군에 딸린 C라는 저수지 주변에서 모처럼 옛 기분을 내어 천렵을 하자는 것이었다. 계류가 유난히 맑고 주변 경관이 빼어나서 하루 낮 쉬어가기는 제법 그럴싸한 휴양지라는 것이다. 그러나 박가가 천렵을 할 바에는 때가 복(伏) 때니만큼 개를 잡자고 수정 제안했다. 양념과 각종 취사도구는 우리가 서울에서 미리 준비하고 개만은 G군에 내려가 우리 손으로 직접 잡아 그을리자는 것이다. 결국 전원이 상의한 끝에 천렵이 포기되고 보신탕으로 낙착되었다. …… 솥을 걸어놓고 두 발을 물속에 담근 채 아침부터 저녁까지 개고기 안주로 소주잔을 기울인다. 아아 생각만 해도 얼마나 흡벅지고 낭만적인 주말여행인가……
> (210-211쪽)

여기서 주말여행은 1박 2일 코스의 낚시나 취사를 동반하는 여행처럼

29) 홍성원, 「주말여행」, 『세대』, 1969년 8월호.(여기서는 홍성원, 1976, 앞의 책, 148쪽에서 인용.)

생각되고 있는데, 이 것은 당시 주말여행의 코스에서 매우 일반적인 것이었다. 그러나 이 소설에서 주말여행은 당시 막 시작되기 시작한 '가족 단위'의 여행이 아니었다. 직장에서 가족을 위해 돈을 버는 가부장들에게 "아내와 자식들과 텔레비전과 전기세를 모두 서울에 떼쳐놓고" 떠나는 주말여행은 도시로부터의 해방인 동시에 가부장의 의무로부터의 해방이기도 했기 때문이다. 그래서 이들이 이 주말여행 코스에서 기대하는 것은 보신탕 같은 몸보신뿐만 아니라, 낯선 계집들과 성적 욕구를 해소하는 것이다. 은행원, 대학강사, 부동산업자, 방송기자 등 어엿한 직장인들이 벌이는 이 일탈의 여정은 서울에 올라가고 싶어하는 계집 때문에 엉뚱한 방향으로 흘러가고, 그들이 잡으려 했던 개마저 도망치는 것으로 막을 내린다. 남성 중심의 이 일탈적인 주말여행은 당시 화이트칼라 남성들의 여가에 대한 판타지가 반영된 것이자, 그 판타지가 수포로 돌아가면서 깨지는 전형적인 서사라고 할 수 있다.

홍성원의 소설 「주말여행」은 여러 가지 측면에서 김승옥의 1966년작 「다산성」과 겹치는 면이 있다. 이 소설에서도 "지난 봄에 대학을 졸업하고 일만원 미만의 월급쟁이가 된 자들", 즉 대학동창들 중심의 모임에서 주말여행을 떠나기로 결심하기 때문이다. "대부분이 행주산성"에 가는 것을 찬성했기 때문에, 홍성원의 인물들처럼 그들도 "계집애들을 끼울까 말까, 각자 데리고 오느냐 마냐, 회비를 받느냐 마느냐, 술 종류는 무엇이냐, 도시락을 할 것이냐 말 것이냐"를 논의한다. 그들은 홍성원의 인물들처럼 여자들을 동반하지 않고 자신들만의 휴식을 가지기로 결정한다. 그리고 「주말여행」처럼 개 대신에 "돼지 한 마리를 가지고 가서 통돼지구이를 만들어 먹"기로 결정하고, 살아 있는 돼지를 미리 구해서 서울역에서 행주산성으로 출발한다.[30] 야외에서 구워먹는 바베큐야말로 "외국영화의 어떤 장면

30) 김승옥, 「다산성」, 『김승옥소설전집 2』, 80-81쪽.

을 실연(實演)"하는 여가문화의 모델처럼 생각되었기 때문이다.

홍성원의 「주말여행」과 김승옥의 「다산성」이 공통적으로 보여주는 것은, 여가를 더 이상 대학생이나 젊은 청년들 중심의 자유시간 개념으로 생각하지 않고, 도시인 특히 도시 중산층과 화이트칼라 계층의 적극적인 여가활동으로 생각하기 시작했다는 점이다. 도시인들의 한여름철 레저나 바캉스가 농번기 농민들에게 얼마나 많은 피해의식을 심어주는지 경각심을 일깨우는 신문기사들이 반복적으로 등장하고 있다는 사실은, 레저문화를 도시인들의 전유물처럼 생각하는 의식의 반영이다. 개나 돼지와 같은 고기류를 야외에서 먹고 즐기는 행위가 도시 직장인들의 원기충전을 위한 것이었다. 농촌에서 농사일의 주기, 절기, 세시풍속 등에 따라 행해지던 활동들이 도시인들의 휴식과 재충전을 위한 활동으로 재배치된 것이다. 그리고 주말여행이라는 제한적이고 주기적 여행형식 자체가 일주일 단위로 돌아가는 도시인들의 생활에서 나타나는 것이자, 다양한 레저장비와 취사도구 등을 마련할 수 있으며 교통비를 비롯한 여윳돈을 주말에 따로 지출할 만한 경제적 토대가 있는 중산층들의 문화일 수밖에 없었다.

무엇보다도 김승옥의 「다산성」은 도시인의 여가에 대한 전형적인 감각을 보여준다. 이 소설에서 '나'는 기차를 타고 서울 근교로 떠나면서 "서울에서는 계절의 바뀜을 알리는 것이 라디오 정도였다. 서울에서 조금만 떨어져도 풍경과 계절은 믿어지지 않을 만큼 친한 사이여서 창경원 숲마저 무척 외로운 놈이었다는 것"(107쪽)을 깨닫게 된다. 계절의 변화를 모를 정도로 바쁘게 사는 도시인이, 자연의 냄새를 맡고 푸대자루에서 도망친 돼지를 잡으러 뛰다가 넘어지자 드디어 자연에 몸을 맡기고 "들의 포로"가 되어 "나의 감각들은 바람의 속삭임과 들이 풍기는 냄새를 즐기기 시작"하게 되는 경험을 하는 것이다. 이 아련하고 충만한 감각의 발견은 행주산성 소풍의 가장 큰 경험으로 묘사되어 있다. 들과 논을 노동의 상소로 보지 않고 자연을 통해 도시인의 치유와 휴식을 행하는 공간으로 보는 감각이 드러나 있는 것이다.

김승옥의 다른 1966년 소설 「들놀이」는 회사 차원의 야유회가 도시 직장인들의 여가문화로 정착하기 시작했음을 보여준다. 이 소설은 오월 어느 토요일 오전 열한시경, "노랭이 사장"이 사원들에게 '들놀이 초대장'을 배부하면서 시작된다. 회사에서 모여 우이동으로 출발하는, 화이트칼라 직장 단위의 야유회다. 회비는 무료이고, 술과 맛있는 음식, 보물찾기 등 재미난 프로가 듬뿍 준비되어 있다는 설명과 함께, 회사는 술렁대기 시작한다. 그러나 조금씩 시간이 흐르면서 들놀이에 대한 처음의 즐거운 반응은 약간의 짜증으로 변모하게 된다.

> 따르기에 즐거운 명령이라면, 요컨대 그날 아침 사무실 안은 신록의 계절을 이제 비로소 맞은 듯 화기애애하였다. …… "들놀이쯤이야 당연한 거야, 당연해. 다른 직장에서들은 다들 벌써부터 하고 있는 건데 우리 회사에서만 늦은 거지." 어떤 과장이 중얼거렸다. "어쨌든 반가운 현상이야. 심히 고무적인 현상이지." 어떤 남자직원이 말했다. …… 벌써 사무실 안의 공기는 철두철미하게 화기애애하고 기쁨의 탄성을 차지하고 있기만 하지는 않았다. 이곳저곳에서 불만이 중얼거려지고 있었다. "왜 하필이면 모처럼의 일요일에 들놀이를 가야 하느냐 말야, 내 말은." 어떤 남자사원이 투덜거렸다. "가족동반이라면 회사 돈으로 하루 재미있게 지낸다는 맛이나 있지. 이건 뭐 아무리 훑어봐도 그런 말은 없구먼." 누군지가 역시 투덜댔다.31)

이 장면은 회사 단위의 단체 야유회가 어느 정도 확산되기 시작했다는 사실을 보여준다. 아울러 위의 구절은 "가족 동반"의 모임을 원하는 욕망이 같이 존재하고 있었음을 보여주기도 한다. 1960년대 중반부터 남자들

31) 김승옥, 「들놀이」, 『김승옥소설전집 1』, 227-229쪽.

끼리, 대학생끼리, 친구들끼리 다니던 들놀이나 여행 대신 가족 단위의 여행이 늘어나는 것은 이 시기 여가문화의 새로운 현상 중의 하나였다. 그러나 회사가 여가문화를 향유하는 새로운 단위가 된 것 역시 새로운 현상이었다. 위에서 보듯 회사 차원의 들놀이는 여가가 일터에서의 노동으로부터 해방되는 시간이라는 점에서 일종의 "파격적인 일"로 환영받기도 하고, 여가가 생산성 향상과 기업문화의 조직화를 위한 수단으로 기능하기 시작했다는 점에서 불만의 대상이 되기도 했다. 여가는 이제 고용주가 노동자들의 불만을 잠재우고 효율적으로 관리하기 위한 수단이 되기 시작했는데, 1960년대 중반 이후 직장 단위로 산악회, 낚시회, 독서회 등이 생겨나기 시작한 것은 이러한 경향을 충실하게 보여주는 것이다.

여가문화에서 일어난 이러한 새로운 변화들, 다시 말해 여가의 전사회적 대중화, 야외활동 중심의 여가, 여름철 바캉스의 정례화, 주말여행의 상시화, 가족 단위 또는 회사 단위의 야외활동, 도시 화이트칼라 중심의 휴식문화 등이 1966년 이후 새롭게 형성된 것은 두말할 것 없이 이때 시작된 고도경제성장의 사회적 반영이었다. 그것은 1970년대 더욱 본격화될 여가문화의 고도 상품화의 시작이자, 1980년대에 폭발할 대중소비문화의 토대였다. 그런데 이 모든 사회현상이 나타나게 된 것은, 국가정책의 효과 때문만도 아니고 경제적 토대나 사회적 인프라가 마련되었기 때문도 아니었다. 그것은 국가, 자본, 대중의 욕망이 우연적으로 합치되는 지점에서 일어난 힘겨루기의 결과물이었다.

4. 근검절약 이데올로기와 바캉스 경기의 딜레마

현대 자본주의 사회에서 여가의 존재론은 노동의 이데올로기와 쌍생아적 관계를 가지고 있다. 전근대 사회에서 피지배계급의 전유물이었던 노동이 천시되고 유한계급의 관조적 여유가 존중받았던 반면, 현대 사회에서 노동을 신성시하는 이데올로기가 등장하게 된다. 자본은 무한한 이윤추구를 위해 노동시간을 연장시켜 노동자들을 착취하고자 하고, 이러한 의도는 때로 노동을 신성시하는 이데올로기로 뒷받침된다. 자본의 논리 때문에 "근대적 여가는 노동자 계급의 생존을 위한 투쟁의 산물로서 탄생"[32]했다고 보는 이러한 관점은 1960-70년대 한국사회에도 분명히 적용되는 것이다. 여가시간의 확보는 당시 한국 노동자들에게 처해 있던 극악한 노동환경과 세계 최장의 노동시간이라는 조건에 저항하기 위해 반드시 필요한 노동쟁의의 중요영역이자 정치투쟁의 대상이었다.[33] 즉 여가는 국가권력과 자본의 입장에서 볼 때 국가 근대화나 이윤창출이라는 지상명령 앞에서 유보되거나 희생되어야 할 잉여의 시간에 지나지 않았던 것이다.

그러나 대중의 욕망과 소비는 국가와 자본을 의도하지 않은 방향으로 이끌었다. 실제로 이 시기에 나타난 여가문화의 대중화는 국가의 의도는 물론, 당시의 실제 경제수준이나 사회적 인프라의 정도를 훨씬 뛰어넘는 것이었다. 야외의 여가문화를 가족 단위로 여름철마다 또는 주말마다 즐기기 위해서는 대학교수도 자기 박봉을 떠올리며 의아해할 만큼 상당한 비용이 필요했고, 교통편이나 관광시설은 거의 마련되어 있지 않았다고 해도 무방할 정도였다. 사람들이 즐겨 찾는 명승고적이나 해수욕장, 온천 등은

---

32) 김문겸. 1993. 『여가의 사회학』. 한울아카데미. 65쪽.

33) 류제철. 2010. 「1970년대 여성노동자의 여가시간을 둘러싼 투쟁」. 『사회와 역사』 제 85집.

이미 일제하에 일본인들을 위해 개발되어 있던 장소에 그쳤고, 여행사같은 관광업체도 얼마 되지 않았으며, 휴가철마다 서울역에서는 기차표를 구하기 어려웠고, 주말마다 몇 안 되던 시외버스 정류장이나 교외선 기차역은 초만원을 이루었다. 1960년대 전반기에 상류층의 전유물이었던 등산과 낚시가 1960년대 후반 대중화되었지만, 산, 바다, 저수지는 지금처럼 관광자원화된 상태가 아니었다. 홍성원의 「주말여행」에서 사람들이 찾아간 '읍내'는 그저 저수지와 초라한 여관, 창녀들이 있는 누추한 시골일 뿐, 소위 '관광지'는 아니었다. 이들은 돈도 없고 시간적 여유도 없는데 왜 굳이 별로 볼 것도 없는 곳으로 떠나곤 했던 것일까? 한국전쟁 이후 나무도 없는 황량한 민둥산으로 변해버린 서울 근교의 산으로 화려하게 차려 입고 등산을 가던 사람들의 욕망의 실체는 명확하지 않다. 그것은 가난한 사회에 대한 개인적 복수일 수도 있고, 경제적 빈곤을 허영심으로 덮으려는 시도였을 수도 있지만, 누구도 통제하지 못하는 인간다운 삶에 대한 대중의 무의식적 욕망이 국가의 의도를 벗어나 폭발한 지점일 수도 있다.

국가는 대중의 향락, 사치, 여가를 통제하기 위해 일관되게 소비의 절제를 외쳤다. 바캉스 때마다 해변으로 떠나기보다 집에서 조용하게 양서를 읽을 것을 권장하고, 도시인들의 휴가문화가 농민들에게 파급될까 두려워하면서 여가문화를 방탕한 향락문화로 규정하기도 했다. 그러나 국가는 실제로 야외 레저로 대표되는 이 시기의 여가문화를 정책적으로 통제하지 못했을 뿐 아니라, 겉으로는 여가활동이 향락과 소비로 흐르지 않도록 절제를 외치면서 자본과 기업이 주도하는 여가문화의 권장을 방관함으로써 사실상 장려하는 방향으로 나아갔다. 그것은 상품화된 여가의 유행, 특히 여름철마다 반복되는 "바캉스 경기"가 경제성장의 밑거름이 되고 있음을 뚜렷하게 경험할 수 있었기 때문이다. 가족 단위, 회사 단위의 야외활동이 대중화되자 그것이 가져온 대중소비의 효과는 즉각 나타났다. 등산, 낚시

등에 소요되는 전문장비와 취사도구, 수영복이나 등산복, 야외복 등 의류의 소비가 증가했고, 여가활동에서 사먹는 음식들도 증가했다. 도시 중산층들이 생활필수품이 아닌, 당시로서는 비싼 품목들에 소비하는 풍속이 파생시킨 시장효과는, GNP가 별로 높지 않았던 당시 상황에서 아주 뚜렷하게 느낄 수 있을 정도였다. 여름철마다 "바캉스 경기" 또는 '여름 특수'라는 말이 처음으로 등장할 만큼 그 효과는 뚜렷하게 각인되었고, 서울 근교와 시골로 수시로 떠나는 주말여행들은 지방의 숙박업, 요식업 등 자영업을 유지하게 했다. 1970년대에 국가가 내국인들의 관광사업을 활성화시키는 기반을 마련하기로 한 것은 이러한 현상을 사후적으로 따라가는 것이었다.

여가는 근검절약의 이데올로기와 바캉스 경기가 가진 대중소비의 효과가 서로 충돌하면서 합치하는 기묘한 지점이었다. 국가는 여가문화를 통제하고 국민들을 산업역군으로 동원하고자 했지만 그들의 대중소비가 낳는 경기효과를 무시하지 못했으며, 자본은 노동자들의 여가시간을 줄이고 노동시간을 늘려 노동을 착취하고자 했지만 역시 여가문화가 창출하는 내수시장과 소비증대야말로 그들이 원하는 것이었다. 즉 대중의 여가문화는 국가나 자본의 욕망과 충돌하면서 동시에 그들이 원하는 바를 의도하지 않은 지점에서 만족시켜주는 것이기도 했다. 이 시기 여가문화가 내포한 대중의 욕망 역시 국가나 자본 못지않게 이중적인 것이었다. 여가는 대중들이 국가가 비난하는 낭비와 소비를 통해 근검절약하는 산업역군이 되라는 국가의 지배 이데올로기로부터 벗어날 수 있는 영역이었다. 그러나 분명 도시의 중산층과 화이트칼라 중심의 여가문화는 그것을 누리지 못했던 농민과 노동자들에게 한없이 불공평한 것이었다. 여가는 소비문화를 통해 대중들이 노동현장에 재충전된 상태로 복귀하게 만들고 자본의 이윤추구에 무의식적으로 복종하게 만드는 기제였던 동시에, 대중들 스스로 경제적 차이에 기반하여 문화적 차별화를 시도함으로써 사회문화적 불평등을 재생산하는 주체가 되는 계기였다. 여가는 국가, 자본, 대중의 욕망이 서로 엇갈리며 투쟁과 저항, 복종과 해방이 복합적으로 작용하는 문화적 협상의 장이었던 셈이다.

송 은 영

연세대학교 국어국문학과 박사. 현재 연세대학교 국어국문학과 BK21Plus 연구교수. 논문으로 「1960-70년대 한국의 대중사회화와 대중문화의 정치적 의미」, 「1960-70년대 대중사회 논쟁의 전개과정과 특성」, 「1970년대 대중사회 담론의 지형과 행방」, 「1970년대 여가문화의 대중소비이 정치」 등이 있음

E-mail: hearwind@naver.com

지식인 담론의 지형과 '비판적' 지성의 거처

| 서 은 주

지식인 담론의 지형과 '비판적' 지성의 거처

—

서 은 주

1. 1960~70년대 지식인론 다시 읽기

근대 서구 사회에서 제기된 다양한 지식인론의 소개와 함께 현대 한국 사회의 지식인 담론을 정리하고 체계화한 강수택은 1960년대를 "참여 지식인론의 확립과 균열"의 시기로, 1970년대를 "민중적 지식인론의 등장" 시기로 요약하고 있다.[1] 박정희 정권기의 지식인론에서 1960년대와 1970년대를 구별하여 살펴보는 이유는, 소위 유신 체제로 특징지어지는 1970년대가 1960년대와는 변별되는 문제의식을 지식인들에게 제공했기 때문일 것이다. 강수택의 분석에 의하면, 4·19와 5·16을 계기로 지식인의 현실 개입을 주장하는 '참여 지식인론'이 급격하게 부상하다가, 공화당 정부의 등장과 함께 '근대화 인텔리겐차론'과 '비판적 지식인론'으로 분화된다. 임방현에 의해 주도된 '근대화 인텔리겐차론'은 신생독립국에서 인텔리겐차가 근대화의 이데올로그이자 그것의 실현을 위한 지도 계층으로서의 역할을 담당해야 한다고 강조한다.[2] 임방현은 당시 군사 정권에의 참여를 정당화

1) 강수택, 2001, 『다시 지식인을 묻는다』, 삼인, 196~231면.

했으며 실제로 1970년대 유신체제 확립의 이데올로그로서 활약하였다. '비판적 지식인론'은 사르트르의 '보편적 지식인론'의 영향 아래 많은 지식인들로부터 공감을 얻은 논의[3]로서, 권력비판으로서의 현실감각 및 사회과학적 인식을 결합시켜 지식인에게 "시민 사회 형성의 역할"을 부여하기 시작했다.[4] 『사상계』를 중심으로 논의를 펼친 황성모, 홍승직을 비롯해 문학 쪽의 정명환, 송욱과 한흥수, 송건호 등이 이 계열로 묶인다. 이처럼 1960년대 지식인론은 지식인 집단의 분화가 심화된다는 판단 아래 '지식계급'(intelligentia)[5]으로서의 개념보다 '지식인'(intellectuals)이라는 용어를 보편화시키고 있다. 이 시기는 지식인론의 확산과 연동하여 대중에 대한 관심도 증대되지만, 여전히 엘리트주의적 지식인상이 표출되고 있다.[6]

1960년대 후반부터 노골화된 박정희정권의 강압적 통치술은 1972년 유신체제의 확립, 긴급조치의 남발, 일상의 병영화, 개발의 불균등화 등으로 표출되어 지식인들에게 1970년대를 이전과는 명확히 다른 시간으로 인식하게 만들었다. 1970년대 초부터 민중 논의가 '비판적 지식인론'의 흐름 속에서 활성화되기 시작하였고, 1970년대 후반 한완상에 의해 '민중적 지식인론'으로 개념화된다. 여기에 이르면 민중과 지배권력 사이의 중간 계층

---

2) 임방현. 1973. 『근대화와 지식인』. 지식산업사. 289~290면.

3) 강수택의 『다시 지식인을 묻는다』의 전반부에서 논의하고 있듯이, 1960~70년대 한국의 지식인론은 사르트르의 지식인론에 가장 크게 영향을 받았다고 볼 수 있으며 대중사회론 등에서는 만하임의 영향을, 그리고 지식인과 대중의 유기적 연관성을 강조한 그람시의 영향 또한 받았다.

4) 송욱의 '이차집단 결성론'이나 김영모, 한흥수의 '대중 세력 형성론'은, 한국사회의 민주화란 무엇보다 시민사회의 형성이라는 기반 아래 가능하다고 전제하고, 지식인의 역할을 그 시민사회 형성 과정에서 찾고 있다. 위의 책. 205~207면.

5) '인텔리겐차'는 시공간적 차이에 의해, 기능적 차이에 의해 다양한 의미 맥락에서 사용된 개념이다. 역사적으로 19세기 초 러시아에서 처음 등장했으며, 19세기 후반에는 서유럽의 영향을 받은 러시아의 진보적 인물들을 가리키는 용어였으며 대개는 체제의 변혁운동을 지향하는 지식인집단을 지칭했다. 그러나 미국의 사회학자 앨빈 굴드너는 반대의 용법으로 사용하고 있는데, 인텔리겐차를 기술적인 지식에 관심을 갖는 부류로 설명하며 비판적·해방적 사고를 지닌 '지식인'과 구별하고 있다. 이성재. 2012. 『지식인』. 책세상. 25~27면 참조.

6) 강수택. 앞의 책. 210~212면 참조.

이라는 지식인의 위치는 '민중' 속으로 이동하면서 지식인은 권력 엘리트와 대립한다. 강수택은 한완상의 '민중적 지식인론'이 밀즈의 권력 엘리트 개념, 베버의 계층론, 마르크스의 즉자적 계급과 대자적 계급 개념 등에 영향을 받았다고 정리한다.[7] 강수택은 '민중적 지식인론'이 '즉자적 민중'을 대상으로 한 지식인의 의식화 역할을 강조하면서도 민중에 대한 윤리적인 태도를 견지하려 했다는 점을 들어 한완상이 엘리트주의라는 비판을 의식하고 경계했음을 지적한다. 또 하나 한국의 지식인론에서 빼놓을 수 없는 문제가 지식인과 민족주의의 관계이다. 7·4남북공동성명을 계기로 민족주의가 분단인식과 결합되면서 지식인의 의식을 지배하였고, 이러한 흐름은 '비판적 지식인론'의 연장선에서 송건호, 진덕규 등에 의해 '민족지성론'으로 체계화된다.[8]

강수택의 논의를 장황하게 인용한 감이 있지만, 넓게는 1960~70년대 지성사의 지형을 탐색하려는 이 글의 취지와 관련하여, 한국에서 전개된 지식인론을 사회과학자의 시각에서 개념화 · 역사화하고 있는 그의 연구는 시사하는 바가 크다. 지식인론이야말로 지식 생산의 주체들이 스스로 자신들의 정체성과 역할, 혹은 사회적 소명 등에 대해 고민한 의식의 결과물이기 때문이다. 박정희 정권기의 양심적 지식인들은 국가권력과 대중(민중) 사이에서 자신들의 역할에 관심을 집중했으며, 비민주성이 심화될수록 늘 '저항'의 현실로 내몰려야 했다. 식민지 경험에 이은 냉전체제, 그리고 미국의 신식민주의적 지배력 안에 위치했던 이 시기의 한국사회는 이러한 중첩된 모순이 본격적 '산업화'로의 이행과 맞물리면서 개인과 집단, 사적 영역과 공적 영역의 관계 자체를 근본적으로 새롭게 고민할 수밖에 없는 조건을 만들었다. 그런 차원에서 본다면, 강수택의 논의에서 확인할 수 있는

7) 위의 책, 229면.

8) 위의 책, 224~225면.

한국 지식인의 존재론은 국가, 민족, 대중, 민중을 위해 지식인이 무엇을 해야 하는가라는 규범적 · 당위론적 차원의 역할 개념에 갇혀있는, 다시 말해 공적 세계에서의 지식인론인 셈이다. 그러나 이러한 접근 방식은 정작 지식인 개인의 실존적 조건이나 지식 구성자로서의 자의식 혹은 욕망 등을 드러내는 데는 한계가 있다. 물론 기존의 지식론이 그런 방식으로 전개된 데에는 당대의 실제 언설들이 그렇기 때문이기도 하겠지만, 어떤 의미에서는 후대 연구자들의 의식 역시도 그 틀에서 크게 벗어나지 못한 탓도 있을 것이다. 그렇다고 해서 '계몽적 주체'로서의 사고틀에 갇혀 있던 당대 지식인들의 담론을 대상으로, 사르트르적 '보편적 지식인'의 역할을 부정한 푸코나 더 나아가 '지식인의 종언'을 언급한 리오타르의 논의를 적용하는 것도 무리일 것이다.[9] 이 글이 강조하고 싶은 것은, '비판적 지식인'이나 '민중적 지식인', 혹은 '민족 지성'으로 개념화되는 담론장의 이면에, 혹은 주변에 하나의 직능인으로서의 대학교수, 작가, 언론인 등의 구체적 실존이 '지식인'이라는 주체로의 호명과 공존하고 있음을 고려하자는 것이며, 이러한 문제의식을 기존의 지식인론에 보완하자는 것이다.

따라서 이 글은 기존에 있었던 사회과학 분야의 지식인 담론 연구와 문학 분야에서의 지식인소설 연구의 주변, 혹은 사이에 존재할 것을 지향한다. 한국사회에서 '지식권력'의 위치를 점하며 신화화된, 박정희 정권 시기의 지식인의 실제에 보다 육박하기 위한 시론적인 스케치라고 해도 좋을 것이다.[10] 지식인의 대(對)사회적 역할론을 중심으로 서로 대립 · 경합하

9) 계몽주의적 지식인론을 비판한 푸코는 현대사회에서의 전문성을 바탕으로 '구체적인' 문제들에 집착하는 '특수적 지식인'들의 부상에 주목하였다.

10) 최근 발표된 정수복의 지식인론은 강수택의 지식인론의 연장선 위에 있으면서도 오늘날 우리 사회가 필요로 하는 지식인의 역할을 '문화적 문법'의 변화를 선도하는 것으로 규정하고 있다. 그는 최현배, 함석헌, 김재준, 문익환, 신동엽, 리영희, 김준엽, 이태영 등을 대상으로 그들이 정치적 저항 운동을 넘어 "한국의 오랜 정신적 풍토에서 비롯된 문화적 문법을 고쳐 진정한 삶을 위한 종교운동이요 문화운동"을 펼쳤음을 보여주고자 한다. 지식인의 실천이 정치중심의 사회운동보다 더 근본적 수준에 존재하는 "문화적 문법의 변화를 위한 사회운동"으로 나가야 한

며 공존했던 다양한 지식인담론의 역학을 고려하면서도, 어떤 '앎'을 매개로 스스로에게 정체성을 부여하기도 하고 또 그것을 비판적으로 재성찰하기도 하는 지식인 특유의 존재 방식에 초점을 맞추려고 한다. 관심의 대상이 그렇게 때문에 이 글은 기존 연구에서 자주 언급되고 고평된 '민족 지성'이나 '민중적 지식인'으로 포커스를 맞추기보다 '비판적' 지성을 견지한 문학 분야의 지식인들의 담론에 집중한다.[11] 이들 '비판적' 지식인들의 실존과 자기정체성 구축과 관련된 자의식을 조명함으로써 권력(국가)과 민중(대중) 사이에서 지식인이 처한 고민의 지점을 살펴볼 수 있을 것이다. 즉 학문 · 예술의 자율성, 권력과 자본에의 저항성, 민중에 대한 윤리성의 문제를 지식인이라는 이름으로 어떻게 돌파하고 혹은 타협하였는지를 탐색할 것이다. 이는 1960~70년대 '지식인론'에 함의된 공공적 지식 주체에 대한 기대지평을 비판적으로 성찰하는 과정이기도 하다.

2. 지식인의 실존: 경제적 · 사회적 소외

1960년대는 집중적인 근대화 정책 속에서 세계 자본주의 경제 체제에 편입되는 기점이자 종속적 자본주의 질서가 보편화되는 출발점이기도 했으며,[12] 따라서 지식인은 물론이고 사회 구성원 전반이 과거에는 경험해

다는 그의 주장은 경청할 부분이 있다. 정수복, 2012, 「지식인 상의 변화와 '문화적 문법'의 변화를 위한 시민운동」, 『현상과 인식』 가을호, 179~180면 참조.

11) 이 글에서 주로 관심을 두는 지식인 유형은, 강수택의 분류 개념대로 보면 '비판적 지식인'에 가깝다고 볼 수 있다. 그러나 그의 '비판적 지식인' 개념은 그것이 '민족 지성', '민중적 지식인'보다 전(前) 단계에 형성된, 따라서 내용적으로도 결여된 부분이 존재하는 것으로 위계화되는 인상을 준다. 따라서 이 글에서는 그러한 방식의 위계화된 개념화에 저항하면서 '비판성'을 지식인이 가장 중요한 자질이자 품성으로 강조하고자 한다.

12) 박태순·김동춘, 1991, 『1960년대의 사회운동』, 까치, 305면.

보지 못한 계층 이동과 분화를 겪었던 시기였다. 그람시는 '유기적 지식인' 개념을 통해 지식인을 사회경제적인 측면과 유리된 특수한 범주로 인식하는 것을 오류로 지적한 바 있다.[13] 1960년대 초반에 참여론을 주장한 지식인들은 박정희 정권의 근대화론을 지지하며 정권에 동참하느냐, 아니면 비판적 거리를 확보하느냐에 따라 이른바 '근대화 인텔리겐차' 그룹과 '비판적 지식인' 그룹으로 분화되는데, 그람시의 구분처럼 이들이 누구의 이익에 복무하느냐에 따라 그들의 경제적 수준 또한 위계화 된다. 1960~70년대 상황에서, 전문가로서 자문을 제공하는 단계를 넘어 정권/자본과 결탁되어 정책입안자 혹은 관리자가 된 지식인을 전자의 사례라고 본다면, 다종의 시국사건과 언론 탄압 속에서 대학이나 언론사로부터 해직되거나 구속된 지식인들이 후자에 속한다고 하겠다. 그러나 문제는, 해직되거나 구속되는 지식인들과 같은 극단적인 경우가 아니라 하더라도 대다수의 지식인들이 자신들의 경제적 위치에 불만과 불안을 품고 있었다는 점이다. 사실 4·19를 경험한 직후에 지식인들에게 '경제'는 그렇게 우선순위가 아니었다. "4·19혁명이 지식인에게 준 가장 큰 선물은 자기반성의 기회"를 갖게 한 것이다. "가치가 무엇인지 알면서도 따르기를 두려워하는" 비겁한 '사이비'가 되지 않기 위해 지식인은 죽음의 순간까지 "고독한 투쟁"을 해야 한다고 역설하기도 했다.[14] "4·19에 쓰러져간 학생의 피에 보답하라"는 구호를 내걸고 평화시위를 감행했던 4·25 대학교수단 시위가 바로 다음날의 이승만 하야를 이끌어냄으로써 그야말로 교수들은 '승리'의 경험을 신화할 수 있는 지식인적 자부심을 공유했던 것이다. 그러나 이러한 정신주의적 자족감은 그렇게 오래가지 못한다. 5·16 이후 군사정권의 수립, 그리고 한일회담을 둘러싸고 또 한번의 광범위한 사회적 저항이 일어났지만,

13) 안토니오 그람시. 1998.『옥중수고Ⅱ』. 이상훈 역. 거름.

14) 정명환.「저항과 사이비, 자기비판으로의 길」.『경향신문』. 1960.5.9.

한편에서는 이미 경제개발의 드라이브 속에서 '빵'에 대한 강렬한 사회적 열망이 증폭되었고,[15] 이 거대한 욕망의 흐름 속에서 지식인이라고 예외일 수는 없었다.

4·19에 버금가는 격렬한 학생시위를 촉발시킨 한일협정 문제는 일차적으로 지식인 집단에게 현실 참여의 여부와 그 방식에 대해 다시 한번 숙고하게 만들었다. 뿐만 아니라 한편으로는 지식인 자신의 실존적 위치, 즉 '지식인은 무엇으로 사는가'라는 복잡하고도 어려운, 그러나 해묵은 질문을 다시 수면으로 부상시켰다. 흥미롭게도, 지식인의 현실 참여라는 시대적 화두를 대면하면서 과거 역사 속에서 호출된 인물은 이광수였다. 송욱은 「한국지식인의 역사적 현실-수양이냐, 출세냐, 정치참가냐」라는 글에서 현실 참여의 부정적 사례로서 이광수를 언급한다. 그는 이광수의 배신을 "문화의식과 정치의식의 분열"로 규정하면서, 그 양자의 거리를 좁히는 것이 지식인의 고민이 되어야 한다고 보았다. 그는 국민 대다수의 이익을 대변하는 정당이 부재하는 현실에서 학생 데모의 역사가 바로 한 나라의 정치사가 되는 한국사회를 비판한다. 그는 "분말과 같은 개인과 비대한 정부" 사이의 막막한 진공지대를 메울 수 있는 '이차적 집단'이 필요하다고 보았다.[16] 강수택은 송욱의 이 논의에서 시민사회 형성의 역할을 지식인에게 부여한 측면을 부각시키고 있지만, 오히려 주목할 부분은 현실 참여라는 거창한 과제 앞에서 지식인이 자신의 경제적 열악함을 발견하는 부분이 아닌가 한다.[17] 송욱은 지식인이 그 '이차적 집단'의 역할을 하기에 경제적으로 너무 열악하다는 점을 강조한다. 그에 의하면, 당시 한국의 상황에서

15) 권보드래는 4·19와 5·16을 "자유와 빵의 토포스"로 설명한 바 있다. 권보드래·천정환, 2012, 『1960년을 묻다』, 천년의 상상, 47~51면.

16) 송욱, 1965.4, 「한국지식인의 역사적 현실-수양이냐, 출세냐, 정치참가냐」, 『사상계』, 220~222면

17) 강수택, 앞의 책, 205~207면.

'말'과 '글'로써 문학 · 문화 분야에 종사하는 사람들 가운데서 소수의 신문 연재소설작가나 중고등학교 교과서 저자를 제외하면 독자들이 제공하는 경제적 보수만으로 자립할 수 있는 경우는 거의 없다. 대학에 자리를 잡은 교수들의 경우도 제대로 된 연구나 교육을 위해 책을 구입하는 것도 여의치 않았다. 전후 과열된 교육열에 편승해 어렵게 대학을 나와 문인이 되고 학자가 되고 언론인이 되었지만 그들은 스스로의 생계를 책임지기도 버겁다. 가시적 · 비가시적 압력으로 느껴지는 정치참여의 요구 앞에서, 정작 '출세'도 '수양'도 불가능하게 만드는 제도적 시스템에 분노의 시선을 보낼 수밖에 없다. 송욱은 대학이 사회적 필요 이상의 과잉된 졸업생을 생산하는 것이야말로 "사회에 대한 범죄"라고 비판하며, "관립대학은 위정자가 잊어버린 이상한 관청"이고 "사립대학은 학생을 주주로 하는 회사"로 전락했음을 서글프게 역설한다. 고등교육의 이수를 제도로서 보증해주는 대학 졸업장이 마치 지식인의 보증서로 착각되기도 했던 상황에서, 경제적 보상을 제공받지 못한 '교육받은 자'들이 양산되는 사태를 목도하면서 비대해진 대학제도의 불합리성으로 비판의 화살이 돌려졌던 것이다.[18]

정명환의 「대학교수의 소외와 참여-그 이름을 지닌 한 사람으로서」라는 글 역시 참여문제로부터 고민을 시작하지만 그 과정을 통해 당대 지식인의 '소외'된 자화상을 부조해낸다. 그는 대학교수를 '아웃사이더'로 전제한다. 아웃사이더인 대학교수가 자신의 위신을 회복할 수 있는 방법은 '인사이더'들과의 관계 여하에 달려 있는데, 인사이더란 정치에 나선 사람, 장사를 하는 사람, 樂을 제공하는 사람[19]을 가리킨다. 정명환은 인사이더에 대한 거부감을 숨기지 않으면서도, "오늘날의 혼란을 가져온 책임은 5·16을 일으킨 군인들 자신보다 곡학아세를 서슴치 않은 대학교수" 스스로에게 있다

---

18) 송욱, 앞의 책, 226~227면.

19) 이는 연예인이나 스포츠 영역의 종사자를 포함한다.

고 일갈한다.[20]

> 기구 내에서의 개혁의 시도는 정치, 경제, 오락의 어느 부문에서도 이루어지기 어렵고 거기에 직접 관여한 대학교수는 내쫓기거나 흡수되고 마는 오늘날의 현상을 지적하는 것이 비겁한 견해라고는 생각되지 않는다. 능력의 현실적 한계성을 인식하는데서 우리는 보다 착실하게 우리의 행동을 지향시켜나가고, 마침내는 기구 내부로부터 올바른 개혁의 노력이 후일 이루어질 수 있는 기틀을 마련할 수 있을 것이다. 오늘날 대학교수의 참여는 이런 각도에서 논의되어야 한다.(중략) 여기에서 요청되는 것은 뜻있는 몇몇 사람의 구체적인 공동발언이다. 개인의 힘은 미약하며 더구나 오늘날의 복잡다기한 제문제는 일개인이 능히 감당해낼 수 있는 성질의 것이 아니다. 정치, 경제, 법률, 종교, 문학 등 각 분야를 전공하는 몇몇 사람이 소규모의 사적이면서도 연대적인 관계를 이루어 공동의 비판활동을 하는 것이 시급하다. 일개인의 발언은 의견의 표시이지만 수인의 공동발언은 결의의 표현이며 또 그런 것으로 민중 사이에 전달된다. (중략) 각 문화현상이 단자적으로 존재할 수 없고 상호간에 깊은 의존관계를 맺고 있는 오늘날에는 문학교수도 경제문제에 깊은 관심을 가져야 하고 경제학자도 타락적인 문학표현에 우려를 표시해야 하는 것이다. 전쟁이 우리 모두를 관련시키는 것처럼 한 장의 광고지도 한 사람의 부당한 죽음도 우리가 살고 있는 사회의 집약적 표현이며, 이 사회의 일원인 대학교수의 생활과 사고에 깊은 관련을 갖는 것이다.[21]

흔히 지식인의 대표적 직업으로 간주되는 대학교수라 하더라도 낱낱의 개체로서 의견을 피력하는 것은 아무런 힘을 발휘하지 못할뿐더러 대개는 그로 인해 교수 자리마저도 잃기 십상이다. 당대 정치권력의 억압적 성격을 고려한 차원에서 정명환은 개별자로서의 지식인의 한계를 인정하고, 실

20) 정명환. 1965.3. 「대학교수의 소외와 참여-그 이름을 지닌 한 사람으로서」. 『사상계』. 71면.
21) 위의 책. 72면.

질적인 개혁을 위해 "소규모의 사적이면서도 연대적인 관계" 형성의 필요성을 주장한다. '비판활동'의 효과를 극대화하기 위해서도 '연대'는 중요하지만, 무력한 개인을 보호하기 위한 최소한의 방어막으로서 '연대'는 필수적이다. 지식인의 역할을 과대평가하거나 극단적으로 자조하는 여타의 담론에 비하면 그의 현실 인식은 비교적 객관적인데, 인사이더에 대립하는 아웃사이더들의 연대를 강조한다는 점에서 보편적 호소력을 얻고 있다.

엘렌 S. 케이헌은 지식인과 자본주의의 관계를 논하는 자리에서 지식인들이 기본적으로 "반자본주의적 태도"를 견지할 가능성이 높으며, 그 이유는 그들이 "자본주의 안에서 영원히 소외된 엘리트"이기 때문이라고 설명한다. 그에 의하면, 정신과 돈의 갈등이야말로 자본주의 사회에서 지식인이 맡고 있는 '긍정적인' 사회적 역할과 밀접한 관련이 있다. 다시 말해 "자본주의 사회에서 소외되는 것이야말로 지식인들의 '역할'"이며, "주변 사회에 '신중하고 비판적인 담론'을 공급하고 적대적인 문화를 형성하는 것이 그들의 일"이라는 것이다.[22] 케이헌은 1960년대 서구 사회에서 '소외의 신화', 혹은 '범소외론'이 널리 확산되는 맥락에 주목하는데, 자본주의가 인간을 목적이 아니라 수단으로서 간주한다는 시각에서 만들어진 마르크스의 소외 개념은 무엇보다도 자본주의 하의 "지식인에 관한 진리"라고 말한다. 자본주의는 지식인들의 "귀족적이고 성직자적인 정체성"을 성취하는 데 본질적으로 방해가 되고, 따라서 그들을 소외시키기 때문이다.[23] 인사이더와 아웃사이더를 구별하는 정명환의 기준이나 아웃사이더의 소외상황에 대한 문제의식은 지식인과 자본주의의 긴장관계를 설명하는 케이헌의 논의와 일맥상통한다. 한국에서도 1960~70년대 '소외' 개념은 현대 자본주의 사회를 설명하는 보편적인 용어로 수용·확산되었고 주로 대중사회의 분

22) 엘렌 S. 케이헌. 2010.『지식인과 자본주의』. 정명진 역. 부글. 353면.

23) 위의 책. 345~354면 참조.

석에 자주 활용되었지만, 어쩌면 그것은 노골적으로 드러나는 자본주의에로의 '민낯'을 대면했던 지식인들에게 가장 절실하게 감각되는 개념이었을지도 모르겠다. 엘빈 굴드너도 계층상승의 봉쇄, 문화자본과 경제력 · 권력의 불균형 문제를 지적하며 '지식인의 소외'를 설명한 바 있다.[24]

사실 박정희 정권의 근대화 과정에서 문학인, 혹은 인문학 분야의 대학교수 같은 부류가 그 사회의 주류로 편입하기란 한계가 있다. 그들이 '근대화 인텔리겐차'로서 정권에 참여하여 성공할 수 있는 가능성은 지극히 제한적일 수밖에 없다. 1960년대 중반 동아일보 문화부장을 지낸 소설가 최일남의 글은 이런 상황을 잘 설명하고 있다.

> 대학교수의 보수나 연구비가 적다는 것은 새삼스러운 이야기고 저작이나 예술활동의 소산으로서의 보수가 최저생활을 유지하기에도 벅찬 것일 때, 이 방면에 종사하는 많은 사람들은 자기가 택한 일에 대해 회의를 갖게 된다. 걸핏하면 "다 집어치우고 장사나 해야겠다"는 넋두리로 생활의 괴로움을 일쑤 糊塗한다. 정신노동으로 얻는 고정된 샐러리만으로는 안정된 생활에 위협을 받는 그들은 일부에서 말하는 富益富, 貧益貧의 사회현상을 실감하고 있다.(중략) 때는 바야흐로 민주주의 시대-직업의 귀천이 없어지고 누구나 직업의 선택을 보다 경제적인 측면에 더 우위성을 부여하게 되었고 그것을 당연하게 여기도록 되었다. 아무도 지식인이라고 해서 더 좀 '달리' 보아주지 않는다. 사회적인 존경은 못 얻고 경제적으로는 더 쪼들리고. 일은 난처하게 되었다./ 존경은커녕 그 수입의 零細性으로 하여 오히려 사람들의 동정을 사게끔 되었다.(중략)/ 규정 때 많은 국내 학자들이 정책수립에 동원되었다. 평소에 쌓아 온 학문과 이론을 실천에 응용시킬 기회가 온 것이었는데 그 결과가 신통치가 않았던 모양이다. 신통치 않은 것뿐만이 아니라 오히려 위정 당국자의 불신을 샀다고 들린다. 반드시 그 일이 원인의 하나가 되었다고는 할 수 없겠지

24) 엘빈 굴드너. 1991. 「지식인과 지성인의 소외」. 『지식인과 지성인』. 엄창현 편저. 이웃. 103~132면 참조.

만 그래 그런지 집권층에서도 지식인들을 輕視하는 경향이 짙다. 안팎으로 어려운 처지에 놓여 있다.[25]

위의 글에서도 유추할 수 있듯이, 물신주의적 가치가 전면화되는 시기에 교육수준에 상응하는 경제적 보상을 받지 못했던 지식인들은 자존감을 잃어 갔다. 권력엘리트들은 지식인들에게서 '상아탑'의 이상주의와 비효율성을 부각시키며 그들의 무능력을 비난했고, 경제적 성공에 목을 맸던 일반 대중들은 투자한 만큼의 경제적 보상을 받지 못하는 지식인을 한심하게 생각했다. '세속'의 기준에서 그들은 더 이상 '존경'의 대상이 아니었다.

1960년대 후반으로 갈수록 연구와 교육을 포함해 대학제도 전반에 대한 비판과 불만 또한 점증하였으며, 대학교수들의 자조와 무력감도 상당히 심화되었다. 1969년 4월 『세대』에 실린 김병익의 보고서는 당시 대학교수의 경제적 처지와 학문적 조건 등의 실제 상황을 무척 입체적으로 부조해내고 있어 시선을 끈다. 「교수 · 연구 · 연구비」[26]란 제목의 이 보고서는 먼저 대학교수의 자화상, 타화상(他畵像)을 제시하며 "대학교수의 권위가 땅에 떨어"졌음을 공통적으로 소묘한다. 이 보고서는 1968년 11월에 서울대학교수협의회가 발표한 「서울대학 교수실태」와, 중앙교육연구소가 1967년 봄에 발표한 「대학교수 자질향상에 관한 연구」라는 두 문건을 토대로 작성된 것이다. 전자는 700여명의 전임강사 이상의 서울대 교수를 대상으로 생활과 연구 두 면에 대한 35개 문항의 설문과 답변(회답 235명)이고, 후자는 문교부 대학교육연구회의 요청으로 중앙교육연구소가 공사립대교수 1200명으로부터 회수한 자료에 의해 작성된 것이다. 두 문건에서 두드러지는 불만의 공약수는 대학 교육재정 및 연구 환경 미비, 신분이나 생활보

25) 최일남. 1966.9. 「지식인의 고민: 존경이 어디 있어?」. 『사상계』. 259~260면.

26) 김병익. 1974. 『지성과 반지성』. 민음사. 127~133

장의 허약, 교수직에 대한 환멸, 교육의 부담, 대학운영의 부실 등이다.[27] 또한 서울대 교수의 9할이 월급이 '많이 부족'하다고 답했고, 중앙교육연구소 설문에서는 8할의 교수가 현직에 불만을 품고 있다고 답했다. 경제적 불안정이 교수직에 대한 불만의 가장 핵심 요소임을 이 보고서는 다양한 수치를 통해 보여주고 있다.[28] 김병익은 이 보고서에서 당대 대학교수를 다섯 가지로 유형화한 김태길의 논의를 소개하고 있는데, 이는 대학교수의 경제적 현실을 포함한 '자화상'이라는 점에서 유념해볼 만한 분석이다.

> 象牙塔型: 경제생활에 위협이 없고 연구실에서 연구 실험하는 순수한 학자. 그러나 세계나 국가의 현실적 문제에는 별다른 관심이 없고 '학문'이란 존경받는 일에만 몰두하는 일종의 이기주의자적 경향이 강하다.
> 보따리장수型: 가장 많은 교수타입. 입시생지도, 예능계 레슨 선생으로 부수입을 올리며, 가정에서는 무능한 가장이고 사회적으로는 비난받는다.
> 愛國志士型: 현실에 대해 적극적인 관심을 표명하고 스스로 이 나라의 대표적 지성인으로 자처한다. 유명교수가 많고 일부의 존경을 받기도 하지만 대학사회에서는 '이름파는 속물'이라고 욕먹는다. 일반적으로 가장 무식한 교수들.
> 金權力結託型: 권력의 줄을 타고 큼직한 행정직이나 큰 기업체의 고문을 겸임하는 세속적 의미에서의 승리자. 교수에는 별 매력이 없고 마침내 전업하기도 한다.
> 自暴自棄型: 능력이 부족하고 성격이 편협하여 학계나 사회에서의 낙오자. 대학이나 사회의 부성에 힘없는 불평이나 늘어놓고 다방이나 대폿집, 기원에의 출입이 잦으며, 가장 초라한 꼴을 보인다. 그러나 어떤 의

27) 1966년에 정부는 대학으로 하여금 '정치교수'를 해임하도록 압박했고 이를 적용하지 않은 대학을 대상으로 휴교령을 내리는 한편으로 연구활성화를 구호로 내걸어 연구비 지원을 증액하였다고 한다.(김건우, 「1960년대 담론 환경의 변화와 지식인 통제의 조건에 대하여」, 『대동문화연구』74, 2011) 그러나 이러한 연구비 지원의 '혜택'은 김병익의 보고서에서는 잘 확인되지 않고 있다.

28) 대학교수의 봉급 만족도는 1972년의 보고서에서도 여전히 반복해서 지적되고 있다.(전국대학교육회, 『교원(대학교수)의 지위-제1회 연구세미나 보고서』, 1972.1)

미에서는 가장 착실한 교수일지도 모른다.[29)]

김태길의 주관적 판단이 개입된 측면도 있지만 짧은 서술 속에 비교적 각 유형의 긍정적·부정적 측면을 압축한 방식이 인상적이다. '상아탑형'을 "이기주의자"로, '애국지사형'을 "이름파는 속물"이자 "가장 무식한 교수"로 비판하고, '금권력결탁형'을 "세속적 의미에서의 승리자"라고 야유 섞인 평가를 내린 반면, '보따리장수형'이나 '자포자기형'에 대해서는 부정적인 판단이 대부분임에도 불구하고 글쓴이의 감정이입과 연민이 감지된다. 사회적으로 '출세'하거나 유명세를 타며 지식인의 '명분'을 파는 부류에는 보다 가혹하고, 생계를 위해 허덕이며 살면서도 가정이나 사회 어디에서도 인정받지 못하는 다수의 '비정규직' 교수에 대해서는 아예 논평을 생략한다. '자포자기형'에 대해서는 비사회적이고 불평불만이 많은 무능력자, 낙오자라고 단정하면서도 "가장 착실한 교수"라는 반전의 평가를 내린다. 이 유형화는 대학교수 집단의 자조적 분위기를 반영하는 한편으로, 정치권력과 자본의 지배 시스템으로 대학사회 혹은 지식인들이 흡수되어가는 현실에 대한 심리적 저항을 여실하게 투사하고 있다.[30)] 이러한 문제의식의 연장선에서 당시 대학교수나 언론인들을 동원하여 개최되는 학술 세미나나 심포지엄을 두고, "매스컴이나 pr활동이 대중조작의 기술로 활용되고 있는 것과 같이" "엘리트 조작의 기술로 전락"하여 호화판 대형화하고 있다는 비판이 제기되기도 했다.[31)] 학술계가 권력과 자본의 꼭두각시로 전락하는 상황에 대한 비판적 자의식은 지식인으로서 최소한의 자존심이기도 했던 것이다.

---

29) 김병익, 앞의 책, 149~150면.

30) 김태길의 글은 1968년 11월 유네스코가 주최한 「학계의 현실과 국가의 장래」라는 제하의 심포지엄에서 발표된 것이다. 위의 책, 149~150면에서 참조·재인용.

31) 고영복, 「세미나 심포지움의 허구성」, 『동아일보』, 1970.7.24.

3. 지식인의 감각: '표상하는 자'의 고통

1961년 '세계문화자유회의'의 한국본부창설 심포지엄에서 '자유인선언'이 발표되었는데, 이 선언은 "지성의 자유란 인간이 양도할 수 없는 모든 권리 중의 하나"임을 전제하고 그것이 "무엇보다 먼저 자신의 의견, 특히 자기의 통치자의 것과 상이한 의견을 가질 수 있고 표현할 수 있는 권리에 의하여 규정"됨을 강조하고 있다. 이 선언은 반대하는 권리를 약탈당하면 '노예'가 되며, 모든 "전체주의적 이즘에 반항"해야 함을 천명한다.[32] 그러나 지성의 절대적 자유에 대한 이러한 옹호는 박정희 정권의 권력 장악 과정 속에서 바로 위기를 맞았고, 이 '위기'에 분노한 함석헌은 "모두 진정을 말하라"고 호소하였다. 함석헌의 관점에서는, '진정'은 이미 공유된 것으로 전제되어 있고 문제는 '말'할 수 있는 용기이다. 그러나 과연 '진정'은 공유되고 있었는가? 이 문제와 관련하여 "지식인에게 묻는다"라는 부제가 붙은 경향신문의 지식인 설문기사는 의미있는 논점을 제시하고 있다. 설문에 대한 답변에서 김태길은 "근본적으로 지식인들이 말을 못하고 있는 것은 그들이 할 말을 모르고 있기 때문"이라고 답하고 있고, 송건호는 "만약 지식인에게 용기가 부족하다면 그것은 '선동하는 용기'가 아니라 '사상하는 용기'의 부족"이라고 답한다.[33] 표현의 자유 문제와 더불어 지식인이 과연 '무엇'을 표명할 것인가의 문제, 즉 '지성의 내용'을 문제 삼았다는 것은 매우 중요하다. 권력에 반대의사를 표명할 수 있는 행동적 실천성도 중요하지만, 그 행동을 추동하는 사상의 내용성이야말로 지식인의 정체성을 결정

32) 사무총장 나보크프에 의하면, 세계문화자유회의는 "정신과 문화 및 지성의 자유를 위하여 1950년 세계의 인텔리겐차들"의 모임이며, 여기에는 "전세계를 통한 학자, 예술가, 과학자 등 광범위한 지식인이 포함"된 "국제적인 학자의 모임이며 팬클럽과 같은 교수 또는 작가의 모임"과 구별할 것을 강조한다. 「지성의 사유」, 『동아일보』, 1961.4.12.

33) 「말의 波紋」, 『경향신문』, 1963.7.25.

짓는 관건이기 때문이다. 사실 권력에 반대하고 저항하는 지식인의 실천적 행위라는 것 역시 대개는 말과 글로 표명되는 것이다. 현실문제에 대해 단편적이고 제한적인 논평 수준에 머물러 있다든가, '참여'를 둘러싼 당위적인 명분만을 반복하는 것은 '경제'와 '성장'으로 모든 사회적 관심과 동력을 집중시켜나갔던 1960년대 중반 상황에서 한계에 부딪힐 수밖에 없다. "사상하는 용기"의 요구는 어쩌면 당대 지식장의 빈곤함을 반증하는 것이자, 한편으로는 강화된 권력의 억압으로부터 우회하는 길을 택할 수밖에 없는 지식인들의 불안한 심리를 반영하는 것이다.

현대 지식인론에서 하나의 입지를 점하고 있는 에드워드 사이드는 지식인의 책무를 다층적이고 복합적인 사회적 압력들로부터 "상대적인 독립성"을 찾는 것으로 규정하고, 지식인을 "추방자, 주변인, 아마추어, 권력을 향해 진실을 말하고자 하는 언어의 설계자"로 묘사했다.[34] 사이드는 권력에 저항하는 초월적이고 순교자적인 지식인상이 아니라 '세속적 존재'로서의 지식인상을 늘 염두에 두고 사고하였다. 지식인은 "책임과 위험, 대담함과 소심함의 양면"[35]을 아우르는 존재이며 따라서 항상 "고독과 영합"[36] 사이에 서 있다. 사이드 역시도 지식인 담론이 지식인의 개념 규정에 너무 많은 에너지를 소모하고 있음을 지적하며 "지식인의 이미지, 그들의 특징, 실제 현실에 대한 개입과 수행" 등이 다뤄져야 함을 강조하였다.[37]

> 따라서 이러한 행위에는 사적 세계와 공적 세계가 매우 복잡하게 뒤섞여 있습니다. 한편으로 나의 사적 체험에서 도출된 개인사, 가치관, 저작들과 지위가 있으며, 다른 한편으로는 이러한 것들을 정쟁과 자유, 그리고

---

34) 에드워드 사이드. 2012. 『지식인의 표상』. 최유준 역. 마티. 13면.

35) 위의 책. 27면.

36) 위의 책. 36면.

37) 위의 책. 27면.

정의에 대해 사람들이 토론하고 결정을 내리는 사회적 세계와 어떻게 연계시킬 수 있을 것인가 하는 문제가 있습니다. 이 세상에 사적인 지식인은 존재하지 않습니다. 글을 쓰고 발표하는 순간 공적 세계로 진입하게 되기 때문입니다. 마찬가지로 어떤 명분, 운동, 또는 지위에 대한 명목상의 권위자나 대변인 혹은 상징으로서만 존재하는 오직 공적이기만 한 지식인이라는 것도 있을 수 없습니다. 거기에는 언제나 개인적인 어조가 담기게 되고 사적인 감수성이 스며들기 마련이며, 이러한 것들이 지식인의 활동에 의미를 부여합니다. (중략) 결국 중요한 것은 표상하는 것으로서의 지식인입니다. 즉 어떤 종류의 입장을 분명하게 밝히는 사람, 그리고 온갖 종류의 장벽을 극복하고 청중들에게 명확하게 표현하는 사람입니다. 나의 주장은 이렇습니다. 지식인이란 대화를 하건, 글을 쓰건, 가르치건, 텔레비전에 출연하건, 표상의 기술을 소명으로 삼는 개인들이라는 것입니다.[38]

무엇보다 지식인의 존재를 공적 세계와 사적 세계라는 측면에서 동시에 언급하는 대목이나, '표상하는 것으로서의 지식인' 개념을 도출하는 부분은 사이드 지식인론의 핵심이라고 볼 수 있다. 지식인의 행위에서 공적/사적 세계의 공존을 말하는 것은 어떻게 보면 지극히 당연한 이야기지만, 그 동안 지식인의 역할을 둘러싸고 전개된 논의가 공적 세계의 영역을 과도하게 부각시킨 상황을 고려하면 사이드의 견해는 더욱 특별하게 다가온다. 결국 공/사의 길항 속에서 양극단을 매개하며 모순의 지점에 서 있는 지식인, 그러한 지식인을 스스로 '재현', '표상'하는 행위자로서의 지식인이 도출된다. 이는 어떤 종교적 교리나 관념적 선언, 혹은 전문적 방법론으로 경직되지 않는다는 점에서 앞에서 말한 '세속적 지식인' 개념과 일맥상통한다.

1970년대 초반의 한국 현실로 돌아오면, 당시 한국사회에 만연한 '반지성적' 세력과 대적할 힘도, 무기도, 명분도 잃은 '지성적' 세력의 퇴각을 지

38) 위의 책, 26~27면.

켜보며 김병익은 미묘한 뉘앙스로 다음과 같이 소묘하였다. "항복의 손을 내밀지 않는 것만으로 우리 사회에서는 가장 훌륭한 지성인"이 되고, "행동하지 않고 깨어있는 것만으로도 가장 용감한 결단이 되어" 마침내 "침묵을 지킴은 지극히 소극적인 자세임에도 불구하고 이제 그것은 용기있는 실존적 선택이며 그 선택은 운명적인 소명감의 가장 현실적인 표현"이 된다.[39] 김병익은 분명 반어적인 맥락에서 지식인의 '침묵'을 말하고 있지만, 지식인의 힘이자 무기, 궁극적으로 명분 자체가 바로 '지성의 내용'이라고 할 때 비유적 표현으로서의 "깨어 있음"을 그리 폄하할 일은 아니라고 본다. 문제는 그 "깨어 있음"이 지식인의 고유한 능력과 생산적으로 결합하는가 하는 것이다.

> 지성인에게 창조의 자유 못지않게 중요한 것이 비판의 자유이다. 비판이 허용되지 않는다면 비판이 되어야 할 행위의 참 뜻이 결코 밝혀지지 않으며 그것이 범할 오류가 조정되지 않으며 그 행위 다음에 올 행위에 대한 대책이 마련되지 않는다. 비판의 자유야말로 일방화하는 추세를 저지하며 위험을 타개한다. 만일 비판에 어떤 한계가 있다면 그 한계의 존재 자체가 그 사회의 모순을 나타내는 것이며 그 모순은 비판없이 극복되기 불가능한 것이다. 비판의 제약이 곧 비판의 대상이 됨은 너무나 자명한 귀결이다. 그리고 질문을 제기하고 현상을 비판하는 것이 지성인의 가장 근원적인 기능 중 하나임은 지극히 정당한 이야기다. 지성은 해답을 설명하는 것이 아니라 해답을 질문으로 전환시키는 역량이다.[40]

김병익은 1960년대로부터 이어지는 '비판적 지식인'의 계보 속에서 "해답을 설명하는" 지성이 아니라 "해답을 질문하는" 지성으로의 전환을 강조한다. 이는 '지식기능인'에 대한 부정적 의식과 맞물려 질문과 의심, 비판

---

39) 김병익, 1974, 「지성과 반지성」, 『지성과 반지성』, 민음사, 65면.

40) 위의 책, 57면.

이 거세된 지식인은 지적 능력을 상실한 것으로 간주된다. '지식기능인'의 증가는 미국식 실용주의의 영향으로 설명되는데, 실용 교육은 "창조보다 응용을, 상상보다 실제를, 비판보다 순응을, 문제 제기보다 문제 해소를, 비관보다 낙관을, 허무와의 투쟁보다 현재에의 집착"을 주입시켰다고 본다.[41] 결론적으로 김병익은 분노와 초조, 후회와 좌절이 바로 "지성인에게 부여되는 고통"이자 "지성의 속성"이며 그것을 통해 지성인은 "자기확인"을 얻을 수 있다고 주장한다. '사유의 고통'이야말로 지식인의 존재증명을 위한 가장 확실한 '감각'인 셈이다.

여기서 '고통의 감각'을 내장하고 있으면서, 사이드가 말한 '표상하는 기술'을 가진 지식인을 한국적 상황에 적용시켜볼 때 가장 먼저 떠오르는 인물은 김수영이다. 김수영은 「지식인의 사회참여」에서 문화와 예술에서 자유의 원칙을 인정한다면 학문이나 작품의 독립성은 어떤 권력에도 굴할 수 없고 굴해서도 안 되는 것이라고 언급한 바 있다.[42] 엄혹한 현실에서 권력에의 저항이 결코 쉽게 실현될 수 없는 것임을 김수영도 알고 있었다. 그는 과거에도 그리고 미래에도 "좀처럼 해결하지 못할 것 같은 세 가지" 문제를 "죽음과 가난과 賣名"이라고 했다.[43] 賣名을 하고 시를 썼지만 시를 통해 구원을 받지 못했다고 말하는 김수영은 그 상황을 죽음에 대해 구원을 받지 못하는 인간의 삶에 비유했다. 이는 시인의 비극적 존재론을 함축한 '고통의 감각'과 통한다. 김수영의 시는 '날 것' 그대로의 사적 세계와 역사적 통찰을 담보한 공적 세계가 절묘하게 조우한 것으로 말 그대로 '지식인의 표상'이 녹아든 영역이다. 그는 "시=행동=역사"라는 이해 안에서 사고하며, 시의 행동과 정치의 행동이 일치한다고 믿는다. 김우창은 이러

---

41) 이 부분은 노재봉의 「한국의 지적 풍토」에서 김병익이 인용하여 서술한 부분을 재인용한 것이다. 위의 책, 59면.

42) 김수영, 1989, 「지식인의 사회참여」, 『김수영전집2』, 민음사, 155면

43) 김수영, 「茉莉書舍」, 위의 책, 73면.

한 김수영의 태도를 두고 다음과 같이 말하고 있다.

> 각자의 시적 활동이 곧 사회적 활동이고 사회적 활동이 곧 시적 활동이라면, 작가의 현실은 곧 사회의 현실일 수 있는 것이다. 따라서 김수영은 작가가 정직하게 자기의 삶을 이야기하는 데 대하여 관대하였다. 대중의 편에서 대중의 현실을 이야기하는 작가의 도덕적 우위를 인정하지 않는 것은 아니었다. 다만 그는 그것을 안으로부터, 말하자면 자기의 현실에 충실하는 것이 곧 대중적 현실이 될 수 있는 입장에서 이야기할 수 있어야 한다고 생각하였다. 즉 작가는 '바라보는...군중'이 아니라 '작가 안에 살고 있는 군중'을 이야기하여야 한다.[44]

김우창의 분석처럼 김수영은 자기의 수치스러운 내면과 구질구질한 일상까지도 시의 내용으로 삼음으로써 스스로 낮은 자리에 위치할 수 있었다. 김수영의 총체적 '불온성'은 그런 면에서 가장 정직한 지식인의 표상이 아닐까 한다.

1960~70년대 독보적인 지식인 주인공을 내세워 '한국 지식인 소설'이라는 장르적 계보의 한 자리를 차지하고 있는 최인훈은 당대 지식인 관련 토론의 장에 부지런히 불려 다녔다. 크리스챤 아카데미가 주최한 1965년 7월의 '대화' 주제는 "문학과 현실"이었고, 이 주제에 대해 서정주와 최인훈이 발제를 맡았다. 이날의 토론은 당시 여러 신문에서 다투어 그 '격렬함'과 '산만함'을 지적했고, 주최측은 "대화의 파산"이란 질책을 들어야 했다. 이날의 논의는 '순수', '참여'의 개념 사용의 차이에서 출발해 입장이 다른 상대를 향해 '정면 단죄'하는 '非대화'로 얼룩졌다고 전해진다.[45] 최인훈은 당대 문단권력의 '순수' 운운하는 논리가 구체적인 역사의 시공간과 대화

44) 김우창. 1977.「예술가의 양심과 자유-김수영론」.『궁핍한 시대의 시인』. 민음사. 268면.
45) 크리스챤 아카데미 편. 1975.『대화의 역사』. 삼성출판사. 97~98면.

하지 않으려는 태도의 결과라고 보았다. 진영 사이의 대화 불가능 혹은 단절이라기보다, 현실과 문학 사이의 대화를 근본적으로 차단하려는 소위 '순수' 측의 자폐성이 문제라고 본 것이다. 이날의 발표 내용은 아니지만 다음의 글은 지식 혹은 지식인에 대한 최인훈의 생각을 잘 보여준다는 점에서 주목할 필요가 있다.

> 오늘날 지식을 전혀 상품의 형태로 거래하지 않을 수 있는 형태의 지식인이나, 권력으로부터 완전히 자유로울 수 있는 지식인을 상상하기란 사실상 불가능한 일이나, 이런 제약을 너무 강조하는 것도 진실이 아니다. 권력을 남용할 위험을 간직하면서도 역시, 정부가 민주주의를 창달시킬 가장 큰 힘을 지녔듯이, 반사회적 이윤 추구에의 위험한 욕망을 간직하면서도 역시, 사업가들이 사회적 부의 증대를 이룰 가장 큰 힘을 지녔듯이 상품화와 어용화의 위험을 간직하면서도 역시 지식인은 진리를 밝힐 가장 큰 힘을 지닌 것이 사실이다. 위험을 강조하기보다 가능한 힘을 강조하는 것이 생산적이다. 죄가 있는 곳에 구원도 있다. 진리의 옹호, 그것이 지식인에게 맡겨진 주요한 노동이다. 이것이 우리의 경우 진리를 옹호한다 함은, 민족국가의 독립을 지키고, 사회 정의를 실천하고, 사회적 부의 증대를 가져오기 위한 과학적 방법을 연구하고 이것을 사회에 보고하는 일이다. 후진 사회에서 지식인의 바람직한 입장은 기술적인 연구가의 능력만으로는 부족하며 상품화와 어용화의 위험에 저항하는 윤리적인 힘 또한 지식인의 능력으로 간주되어야 한다.[46)]

최인훈은 지식인에게 '순교자'의 일면이 있음을 인급하지만, 여기서의 순교는 누군가를 대신하는 '희생의 제물'로서가 아니다. 어떤 "상황에서 인간으로서의 감각을 관철시키다 보면, 그리고 인간으로서의 감각을 보편적 방법으로 유지시키는, 직능 의식"이 지식인으로 하여금 그렇게 시키는 것

46) 최인훈. 1980. 「상아탑」. 『유토피아의 꿈』. 문학과지성사. 42면.

이다. 그것은 "보편적인 충동"이며, 지식인은 그것을 방법적으로 세련된 형태로 지니는 "직능 감각"이 있을 뿐이다.[47] 이러한 직능감각을 최인훈은 『소설가 구보씨의 일일』 속에서 사회비평의 형태로 표출하고 있다. 여기서 최인훈은 '시인'으로 대표되는 지식인(작가)의 역할을 다음과 같이 서술한다.

> 깨끗한 처녀가 화촉동방을 가질 수 있는 것은 누군가가 매음을 하고 있기 때문이지. 어느 사회도 그러니깐, 어떤 사회건, 그게 사회라는 조건이니깐. 이 재수 없는 제비에 걸리지 않으려는 안간힘. 그게 산다는 것. 정의란 무엇? 제비뽑기에서 속임수를 없애는 것. 불행의 제비에 대한 위험률을 고르게 하는 것. 정의란 무엇? 사기·얌체·새치기에 대한 처벌이 엄격한 것. 엄격한 제비에서 나쁜 제비를 뽑는 사람들은 어떻게 하는가? 좋은 제비들을 뽑은 사람들이 먹이고, 입히고, 가르칠 것...시인이란 무엇? 사기 도박을 발견하면 고래고래 소리를 지르고, 죽은 자에게는 대성통곡하는 것.[48]

결국 최인훈에게 있어 '시인=지식인'이란 자신의 '직능의식' 아래 부정을 고발하고, 억울하게 죽은 자를 위해 애도하는 자에 다름 아니다. 이러한 의식은 민족이나 국가, 민중이나 대중에의 지향이라는 명분 속에서 지식인의 역할과 성격을 고민하는 여타의 '지식인 담론'과는 다른 위치에 놓여 있다.

지식인의 역할에 대해 이청준 역시도 유사한 관점을 드러낸다. 1972년 『문학과지성』에 연재된 『조율사』는 소설 전체가 지식인론인 셈이다. 작중 인물인 지훈이 쓴 "비극적 지식인론-비극적 숙명을 거부하는 한국 지식인의 비극"은 지식인에 대한 "실천성의 요구"가 지식인 각자의 '창조작업'과

47) 최인훈. 1994. 「상아탑」. 『유토피아의 꿈』. 문학과지성사. (초판 1980). 43면.

48) 이 소설은 1969년부터 1972년까지 월간중앙, 월간문학에 발표한 15편의 연작소설을 묶은 것이다. 최인훈. 1996. 『소설가 구보씨의 일일』. 문학과지성사. 47면.

별개의 것으로 분리될 수 없음을 확인시켜 준다.[49] 따라서 "지식인의 실천성"이란 "시대상황에 대한 뛰어난 각성이며, 그 각성 속에서 이루어지는 과감한 결단"이다. 이 부분에서 지식인 개인과 '만인'에 대한 지훈 아니, 이청준의 이해는 인상적이다.

> 하지만 그의 결단은 물론 그 자신의 것이다. 그 자신의 것이면서 만인의 것이다. 그의 결단은 만인에 대해서 책임을 져야 한다. 사람들은 물론 그에게 결단을 요구한 일이 없다. 그의 결단이 이루어지고 있는 순간을 아는 사람도 없다. 하지만 그의 결단은 그들을 위해서도 책임을 져야 한다. 왜냐하면 그는 지식인이기 때문이다. 그것이 곧 외롭고 고통스러운 지식인의 숙명이기 때문이다. 지식인은 이 외롭고 고통스런 자신의 숙명을 회피하려고 할 때 보다 큰 파멸을, 보다 더 처절한 비극을 만나야 하기 때문이다.[50]

아무도 지식인에게 결단을 요구하지도 않았고, "결단이 이루어지는 순간"을 아는 사람도 없지만 지식인은 태생적으로 자신뿐만 아니라 "만인에 대해서 책임"을 자임하는 존재다. 이 책임은 외롭고 고통스러운 지식인의 숙명이지만 그것을 회피하려 할 때 파멸이라는 보다 큰 비극을 맞게 된다는 것이다.

이처럼 김병익을 비롯해 김수영이나 최인훈, 이청준의 지식인에 대한 사유는 '비판하는 실천'으로서의 지식인의 '직능의식'에 공통적으로 기반하고 있다. 이는 지식인의 실존적 고통을 억압하거나 괄호에 넣은 채, 민족과 민중을 향해 계몽적으로 발화하는 '민족 지성'과 '민중적 지식인' 그룹의 지식인상과는 일정한 거리가 있다. 물론 이들의 비평이나 소설을 지식인담

49) 이청준, 「조율사1」, 『문학과지성』, 1972년 봄호, 49면.

50) 위의 책, 50면.

론의 주류적 글쓰기와 같은 차원에서 논의하는 것에는 이의가 있을 수 있다. 그렇다고 단순히 장르나 글쓰기 방식의 차이로 환원시킬 수는 없다. 다만 분명한 것은, 1960~70년대 지식인의 성격과 사회적 역할에 대한 유형화와 의미화 작업을 수행해온 기존의 지식인담론은, 이들 '직능의식'에 의거한 '비판적' 지식인들의 자리를 의미화하고 역사적으로 맥락화하는 작업을 보탬으로써 보다 열린 시각을 확보할 수 있을 것이라는 점이다.

4. 권력의 통치술과 지식인

1970년을 전후해 대학교수들과 신문인들은 암울한 현실의 벽 앞에서 제 기능을 다하지 못하고 있는 대학과 신문을 강하게 비판했다. 김건우의 분석에서 보듯이 1964~65년은 언론기업의 대형화와 함께 이미 경영이 편집의 우위에 존재하는 제작관행이 성립된 시기였다. 1964년 11월 중앙정보부는 조선일보 편집국장인 선우휘와 정치부 기자인 이영희를 반공법 위반이라는 죄목으로 구속한다. 이들은 곧 법원의 구속적부심으로 석방되었지만 이 사건을 계기로 본격적인 '지식인 통제'는 전방위적으로 확산되고,[51] 이는 지식인 스스로의 자기검열을 유도하는 결과를 낳았다. 이에 따라 지식인 사회의 위기의식 또한 고조되었는데, 천관우는 언론인의 입장에서, 전문지식의 공급자로서 결정적인 시기에 결정적인 이슈를 생산함으로써 자유언론의 풍토를 조성하는 지식인의 책임을 촉구하였다. 반대로 대학인의 입장에서 고영복은, 신문이 기업의 상업주의에 맞설 것을 주문하고, 한편으로 지사적 성격이 약화되어 아카데미즘에 의지하려는 경향을 지적한다.[52]

51) 김건우, 2011, 「1960년대 담론 환경의 변화와 지식인 통제의 조건에 대하여」, 『대동문화연구』 74, 138~139면.

결국 1971년 4월 언론탄압에 항의하는 언론자유수호운동이 일어나고, 8월 18일 서울대 문리대 교수들은 '대학자주화선언'을 통해 학교 운영의 문교부로부터의 독립, 총학장 임명제의 철폐와 민주적 선임제 채택, 교수회의의 권한 강화 등을 요구하고 나섰고, 이 운동은 전국으로 확대된다.[53] 이 무렵 「한국사회에 있어서의 지식노동자의 위치」라는 주제로 Y시민논단의 논의는 주목할 만하다. 이 강연에서 이문영은 지식인을 "사회압력을 조성할 권리를 가진 사람"으로 규정하고, 1960년대 근대화 과정이 교수·지식인·학생들을 "억압한 대가"로 이루어졌다고 말한다. 그는 교육자치제 폐지, 6.3사태, 국민교육헌장이 끼친 악례 등을 열거하고, 언론자유수호운동 이후 종교인·문화인의 민주수호운동, 사법파동, 대학교수자주화선언, 인턴레지던트의 사표 소동 등 일련의 사태는 통치에 무조건 복종해야하고 경제성장을 위해 희생해야했던 지식인들이 "막바지에서 일으킨 '사회압력'"임을 강조한다. 그는 인간화 위주의 교육제도 개편, 구조적 자율성의 보장. 소집단운동 확장 등의 개선 방향을 덧붙이며,[54] 권력을 압박해 들어간다. 그러나 이 강연은 '지식노동자'라는 호명에도 불구하고 사법부와 대학교수라는 두 지식집단의 항의가 보수나 진급의 경제적 차원의 개선 문제로 전락할 위험을 경계하였다. 대우 개선이 지식인의 자율화와 무관하지 않지만 종국적인 운동의 목표가 언론의 자유라는 민주주의의 핵심에 나아가는 과정임을 강조하고자 한 것이다. 개인적 삶에서의 경제적 보장이 지식인의 자율적인 학문활동을 위한 중요한 전제조건임을 인식하였음에도, 국가적·사회적 의제의 중요성과 절박함 앞에서 그런 문제들을 부차화할 수밖

52) 「아카데미시즘과 저널리즘」, 『동아일보』, 1970.6.10.

53) "학원의 동요는 학원 내의 제반현실이 근본적인 결함을 내포하고 있다는 데 주원인이 있으며, 이러한 결함을 제거하고 불건전한 학원의 질서를 정상화하는 것이 교수들에게 주어진 본연의 사명"이라는 요지의 이 선언은 경북대, 충남대, 충북대, 부산대, 제주대 등 전국 국공립대학으로 확산된다.

54) 「한국지식노동자의 위치」, 『동아일보』, 1971.9.22.

에 없었던 것이다. 이는 공장노동자들이 그들의 경제투쟁을 정당화하고 그것을 정치투쟁의 중요한 이슈로 전이시키는 양상과 대조해볼 만하다. 물론 이들 노동자들과 지식인들의 경제적 수준을 일률적으로 획일화할 수는 없지만 상대적 차이가 존재했음은 사실이다. 그렇다 하더라도 이러한 지식인의 태도에서는 '돈'을 명분의 구실로 삼아서는 안 된다는 전통적 사고의 권위의식이 여전함을 확인할 수 있다.

그러나 이미 1974년 벽두부터 터져 나온 긴급조치와, 민청학련 사건, 대학 폐교 논란은 한층 강도 높은 공포정치 시대의 돌입을 의미했다. 그 와중에 1974년 8월, 공화당은 언론인을 포함한 지식인, 연예인 등의 사회적 지위 향상과 생활 안정을 도모하기 위해 당시의 문예진흥법을 보강하거나 새로운 관계 법안을 만들어 9월 정기국회에 제출하겠다는 '당근 정책'을 발표한다. "지식인, 문화인, 예술가 등은 국가발전의 원동력"인데도 그 지위가 사회적으로 소외되었음을 인정하고 문예진흥 5개년 계획이나 문예진흥법을 제정하여 그들의 생활을 제도적으로 보장하겠다는 것이었다.[55]

그러나 이 당근정책은 지식인들에게 별로 크게 실감되지 않았거나, 기록으로써 그 수혜를 언급하기가 민망했던 것 같다. 가시적으로 부각된 것은 '당근'이 아닌 '채찍'이었다. 1974년 1월 긴급조치가 발동된 후 유신체제를 비판하던 수백 명의 교수와 학생이 캠퍼스를 떠나야 했다. 1975년부터 착수된 대학교수 재임용에서는 181명이 탈락하는 사태가 벌어졌다. 재임용 탈락의 사유는 표면적으로, 논문발표실적 부족 등의 연구실적 미비, 학생지도능력 부족, 장기간의 병고 및 해외체류 등이었지만, 체제비판이나 재단 비판이 문제가 된 경우만도 21명에 달하였다.[56] 1970년대 후반은 '민

55) 「문예, 언론 등 지식인 생활 보장 제도화 추진」, 『경향신문』, 1974.6.18.

56) 재임용과 관계없이 1975년에 퇴직당한 교수는 백낙청(서울대 영문학), 김병걸(경기공전 영문학), 이문영(고려대 행정학), 안병무(한신대 신학), 서남동(연세대 신학), 문동환(한신대 신학), 이우정(서울여대 기독교철학), 김찬국(연세대 신학), 김동길(연세대 서양사), 이계준(연세대 신

중적 지식인론'이 등장하면서 비판의식이 강화되고 분단인식의 심화, 민중주의, 사구체 논쟁 등이 지식인들 사이에서 유통되었다고 한다면, 그것을 가능하게 한 배경에는 '제도가 만든 사회적 신분'으로부터 자유로워진 지식인들이 집단적으로 형성되었다는 객관적 사실이 작용하였다. 대학에서 쫓겨난 지식인들이 저술과 번역으로 지식장을 풍요롭게 만든 것도 이 시기 '의식화'에 한 몫을 했기 때문이다.[57] 구속이나 고문의 공포가 없는 것은 아니지만 더 이상 잃을 것이 없다는 '위기감'은 체제 변혁에 대해 보다 근본적이고 진보적인 지향을 갖게 만들었다. 사실 지식인의 양적인 규모로 볼 때, 1970년대 후반의 '민중적 지식인론'을 지지한 지식인은 '한 줌'에 불과했을지도 모른다. 그러나 전태일의 분신을 계기로 의식되기 시작한 노동운동의 처절함과 절박함에 여러 '비판적' 지식인들이 공감하고 있었던 것 또한 사실이다. 1970년대 후반의 '비판적' 지식인들 역시도 압박해 들어오는 '민중'에의 지향, 즉 변혁의 주체로서 '민중'을 승인할 뿐만 아니라 민중적 계급의식을 자신의 것으로 체화하고, 나아가 스스로 민중 속으로 계급 전이하는 길을 당위적인 과제로 고민할 수밖에 없었던 것이다.[58]

그러나 당시 지식인들의 의식을 읽을 수 있는 신문 설문조사는 기대와는 달리 보수적인 성향을 보이고 있다. 물론 이 조사는 당시 언론의 상황

학) 10명이었다. 1976년 재임용에서 제외된 교수는 한완상(서울대 사회학), 염무웅(덕성여대 영문학), 김용준(고려대 화학공학), 노명식(경희대 서양사), 김윤환(고려대 경제학), 남정길(전북대 철학), 김윤수(이화여대 미학), 성내운(연세대 교육학) 총 8명이다. 1978년 국민교육헌장비판사건에 연루되어 명노근(전남대 영어학), 송기숙(전남대 국문학, 작가) 안진오(전남대 철학)가 재임용에서 탈락한다.(「캠퍼스 떠난 교수들 그 동안 어디서 무엇을」. 『동아일보』. 1979.12.11.)

57) 이 시기 해직 교수들 가운데 저술의 양적인 면을 보면, 김동길 저역서 14권, 노명식 9권, 한완상 7권이이다. 백낙청, 염무웅, 김윤수는 창비 경영과 편집에 참여하는데, 『민족문학과 세계문학』, 『인간해방의 논리를 찾아서』(백낙청), 『민중시대의 문학』(염무웅), 『미술의 역사』(공역, 김윤수) 등을 저술했다.

58) 한완상의 '민중적 지식인'은 의식화되지 못한 '즉자적 민중'을 의식화된 '대자적 민중'으로 승화시키는 일을 사명으로 생각하는 '대자적 민중'으로 개념화시킬 수 있다 "그 자신이 민중이면서 민중을 의식화시키는" "민중의 전위"가 바로 '민중적 지식인'이다. 한완상. 1978. 『민중과 지식인』. 정우사. 19면.

을 충분히 고려하면서 거리화할 필요가 있지만, 적어도 박정희 정권에 대한 지식인들의 태도를 은연중에 드러내고 있어 참조의 여지는 있다고 판단된다. 『동아일보』는 서울 거주 기성지식층(대학교수, 정치인, 문화예술인, 종교인, 체육인, 법조인, 경영인, 의료인, 과학기술자) 500명을 대상으로 정치, 경제, 사회, 문화, 세대 등 각 부문에 대한 가치관과 태도를 알아보기 위해 여론조사를 실시하였다. 그 결과를 표로 만들어 보면 다음과 같다.[59]

<표 1> 질문: 대통령이 된다면 가장 먼저 착수할 일

착수해야 할 일(%)	항목	착수하지 말아야 할 일(%)
22.36	국민생활안정	0.22
14.43	부정부패일소	1.21
11.23	중간계층확대	6.72
8.37	법과 질서	2.09
7.93	교육의 쇄신	3.52
7.27	민족통일	17.4
7.27	정계재편성	17.07
7.24	중화학공업화	1.54
3.96	인간개조	18.83
3.08	농촌개혁	2.75
2.31	문화진흥	8.26
4.52	무응답	20.37

59) 「한국지식층은 보수적이다. 본사 500면 대상 설문조사. 지식인은 앞으로 어떤 점을」. 『동아일보』. 1978.1.1.

<표 2> 질문: 우리나라 지식인은 앞으로 어떤 점을 더 강조해야 할 것인가

강조해야 할 것	항목	강조하지 않아야 할 것
20.7	인권	2.31
15.9	책임	4.5
12.4	공정	1.4
12	질서	4.7
10	자유	8.26
9.9	복지	3.9
6.4	여론	7.3
5.5	평등	7.2
2.8	자치	16.6
1.2	규율	14.2
3.2	무응답	29.6

〈표 1〉에서는 박정희 정권이 강도 높게 추진한 정책, 예를 들어 농촌개혁, 인간개조, 문화진흥에 대해 지식인들이 부정적인 입장을 보이는 것을 확인할 수 있다. 이는 국가적 차원의 관제성 개혁이나 개조에 대해 국민 대다수가 느꼈던 피로감을 반영하는 것이기도 하다. 특히 국가주의적 발상에서의 '문화' 진흥의 불합리성과 부작용에 대해 지식인들의 지속적인 비판이 있어 왔음에도 번번이 무시되어 왔던 상황을 지식인들이 수치로 비판하고 있는 셈이다. 그러나 국민생활안정을 제 일 과제로 꼽은 것은 경제의 중요성을 여전히 강조하면서도 '안정'이란 표현 안에는 빈부격차의 심화로 인한 사회적 갈등의 격화를 우려하는 마음이 담겨있다고 볼 수 있다. 부정부패일소가 상위에 랭크되는 것도 같은 맥락이다. 반면, 통일이나 정계재편성이 '착수하지 말아야 할 일'에서 상위에 자리한 것은, 표면적으로 반공

주의가 통일논의를 압도했다거나 기존 정치구도에 대해 암묵적으로 동의한다는 것으로 해석할 수 있다. 그러나 한편으로는 박정희 체제 아래에서 통일이나 정계개편 자체가 근본적으로 불가능하다는 인식, 따라서 그것이 전혀 실효성 없는 형식적 접근일 가능성이 높다는 인식이 반영된 것이라고 볼 수 있다. 이는 필요성이나 당위성에도 불구하고 분단체제나 정치구조의 개혁이 쉽게 실현되기 어렵다는 회의론에서 기인한 것이라고 하겠다. 〈표 2〉의 경우는 설문의 항목 자체가 서로 연관성이 높거나 비슷한 개념이 체계 없이 제시되고 있어 결과 자체를 의미있는 지표로 삼을 수 있는지는 의문이다. 그러나 무엇보다 높은 수치로 '인권'이 올라 있는 것, '자유' 항목이 '강조해야 할 것'과 '않아야 할 것' 사이에서 팽팽하게 맞서고 있는 것, 그리고 '복지'·'자치'보다 '책임'과 '질서'가 더 높은 지지를 얻은 것에서 박정희 정권의 통치술이 지식인들에게도 유효하게 작동하고 있음을 확인하게 된다.

5. 맺으며

역사적으로 지식인은 중간자적 위치에서 대립하는 부르주아와 프롤레타리아를 매개하고 때로 그들 각각의 입장을 대변하는 역할을 자임했으며, 그 결과 내부적으로 갈등하고 분화해 왔다. 앨빈 굴드너의 말대로, 지식인은 누구를 대변하든지간에 항상 자기 자신의 이익도 대변하는 존재들이다. 다른 계급에 대한 지식인의 해석은 "그들 자신의 사회적 성격과, 그 역사적 위상이 뚜렷한 사회계층으로서의 그들의 특출한 포부에 의해 선택적으로 매개" 된다.[60] 이 글에서 찾고 싶었던 것 역시 지식인이 다른 계급과의 관계 속에서 자신의 위치 혹은 역할을 '표상'화하는 방식에 대한 것이다. '경계적' 존재로서의 지식인의 정체성은 1960~70년대 '비판적' 지식인의 의식 속에서 정확한 개념으로 표상되지는 못했지만 어느 정도 핵심에 육박해 들어갔다고 할 수 있다.

김동춘이 분석한 바 있듯이 변혁운동의 관점에서 보면, 한국의 지식인은 '문화의 창조와 배분에 종사하는 교육받은 사회계층'을 지칭하는 서구적 지식인보다는 '근본적인 사회적, 정치적 억압으로부터 민족 성원 및 그 하층계급의 해방에 이바지'라는 러시아나 제3세계의 인텔리겐차와 더욱 유사한 특징"을 가지고 있었다고 볼 수 있다. 즉 한국의 지식인들에게는 '사회의 비판가'로서가 아니라 '변혁운동에 헌신하는 투사'로서의 역할이 선차적이었다는 것이다. 김동춘은 이러한 역사적 조건이 결과적으로 지식인 자신의 독자적인 이해관계, 즉 쁘띠부르주아적 이해에 바탕한 지식운동의 자리를 전체 운동의 영역에서 확보하지 못하게 만들었다고 진단한다. 진보운동의 흐름 속에서 지식인은 계급적 전이를 통해 스스로 자기 계급을 부정하는 방식을 지향하거나, 그렇지 않으면 강고한 국가권력에 흡수되어 버렸다는 것이다.[61] 그러나 한국사회에서도 그가 정의한 '서구적 지식인'이 실재했고 그 규모가 결코 작지 않았다는 사실을 인정한다면, 그들의 존재를 역사적으로 어떻게 평가할 것인가의 문제는 접근법을 달리 하여 재론되어야 할 것이다.

푸코 이후 지식인의 역할이 "다른 이들의 정치적 의지를 만들어 내는데" 있지 않고, 자명해 보이는 원리들에 질문을 던짐으로써 상투적 믿음을 일소하는 것에 있다는 이해가 폭넓게 확산되었다. 어쩌면 이제 지식인에게

60) 앨빈 굴드너. 1983. 「제3세계 혁명적 지식인론 서장」. A. 겔라 편, 김영범, 지승종 역. 『인텔리겐차와 지식인』. 학민사. 213면.

61) 김동춘. 1988. 「한국사회에서의 지식인의 위상과 학술운동」. 『경제와사회』1. 111~112면.

는 한 명의 "시민으로서의 역할"만이 요구되기도 한다.[62]

따라서 지식인의 역할을 적대하는 두 계급의 매개로서, 혹은 정치권력과의 관계성 속에서만 찾으려는 시각은 더 이상 설득력을 상실할 수밖에 없다. 이제 지식인은 "스스로 성찰적인 삶을 살면서 사회구성원 전체의 성찰 능력을 증진시키는 역할"에 일조할 수 있는 차원을 모색해야 하는 것이다.[63]

62) 미셸 푸코·듯치오 뜨롬바도리. 2004.『푸코의 맑스』. 이승철 역. 갈무리.26면.

63) 정수복. 2012.「지식인 상의 변화와 '문화적 문법'의 변화를 위한 시민운동」.『현상과인식』.

서 은 주

연세대학교 국어국문학과를 졸업하고 같은 학교 대학원에서 석사와 박사학위를 받았다. 현재 연세대학교에서 강의를 하고 있다. 지은 책으로 『문학, 교양의 시간』, 『권력과 학술장:1960년대~1980년대 초반』(공저), 『한국 인문학의 형성』(공저) 등이 있으며, 최근 논문으로 「노동(자)의 재현과 고통의 재소유」, 「해방 후 이광수의 '자기서술'과 고백의 윤리」 등이 있다.

E-mail: cjuseo@naver.com

1960년대 여성지식인의 '자유'담론과 미국

박순녀, 손장순, 박시정의 소설을 중심으로

| 이 선 미

1960년대 여성지식인의 '자유'담론과 미국

—
박순녀, 손장순, 박시정의 소설을 중심으로

—

이 선 미

1. 1960년대 '근대화'와 여성지식인

1960년대 벽두를 장식한 4·19는 자유와 평등이라는 민주주의의 원리를 관철시키기 위한 대학생 중심의 사회변혁 운동이었다. 아무리 가장 비참한 전쟁을 치루고 위기의식이 팽배해 있다고 하더라도 이미 민주주의의 원리가 사회 곳곳에 또아리를 틀고 있던 1950년대에, 획일적 자아를 요구하는 전체주의적 통치방식이 정치적 힘을 가지기에는 역부족이었던 것이다. 1950년대가 온갖 비민주적이고 전근대적인 것으로 부정된 까닭에 1960년대는 1950년대와의 단절 속에서 기대되었고, 그만큼 사회 변화의 논리 역시 단절론이 주를 이루기도 했다.[1] 특히 1950년대와 다른 것으로서 개인성이 보장된다는 의미의 '자유'와 경제적 평등이나 합리적인 절차를 보장

1) 젊은 비평가들 중심으로 만들어진 1960년대 초반의 동인지인 『산문시대』는 "우리는 태초의 어둠 속에 서있다."는 시대진단의 발언으로 동시대를 부정하는 가운데 자기를 인식하는 대표적인 담론의 예이다. 이런 인식은 이들 젊은 비평가 그룹의 성격이며, 동시대 젊은 세대들의 세대의식이기도 하다. 사상적 기반은 다르지만, 바로 이듬해에 등장하는 『비평작업』의 동인들 역시 이전 세대를 부정하는 세대의식으로 자신들을 새로운 것으로 규정한다는 점에서 같은 점이 있으며, 『산문시대』 동인들 중심으로 만들어진 1969년 동인지 『68문학』 역시 이 선언을 다시 강조하면서 출발한다.

한다는 의미의 민주주의는 개별적 삶이 존중되기를 원하는 많은 지식인들에게 더없이 중요한 가치로 기대되었다.

그렇지만 이런 기대와 그를 향한 근대화 기획 속에서 여성들의 삶은 별로 달라지지 않는다. 심지어 여성들의 영역에서조차 자유와 민주주의를 실현시킬 만큼 사회적으로 여유가 없다는 담론이 우세했다.[2] 1960년대는 1950년대와 다름없이 2호, 3호로 불리워지는 첩이 존재했고[3], 여성들은 순결을 지키기 위해 목숨까지도 던져야 할 만큼 정조관념에 묶여있었으며, 여학생 문화로 담론화되었던 댄스문화는 퇴폐적인 것으로 취급되어 댄스에 젖어 연애를 일삼는 여학생을 사회의 골칫거리로 취급했다.[4] 또 지식인 여성들조차 집안에서 정해준 사람과 결혼하는 계약결혼 풍속 때문에 사랑하는 사람조차 자신이 선택할 수 없었으며[5], 현모양처 이데올로기로 인해 사회적 활동을 제약당했다. 심지어 피임이나 낙태가 불법이어서 출산통제의 자율권조차 가질 수 없었으며, 죄의식 속에서 불법낙태를 일삼으며 몸을 망쳐야 했다.[6]

---

2) 『여원』창간 초기인 1950년대 후반부터 여성 개인의 자유를 주장하는 것은 "자신의 권리만을 찾는 유행병"(이태영, 「현대여성은 지성을 상실했는가」, 『여원』창간호, 1955.10)처럼 시대의 어려움을 도외시한 이기적인 태도로 부정되기 일쑤였다. 이런 논조는 4·19 이후에도 민족의 근대화를 위해 개인의 자유는 희생되어야 한다는 논리에 흡수되어 일관성있게 지속된다. 1960년대 『여원』의 여성담론과 관련해서는 김미란, 2005, 「김승옥 문학의 개인화 전략과 젠더」, 연세대 박사논문 참조.

3) 1966년에 『현대문학』에 연재된 손장순 장편소설 ≪한국인≫의 여성인물인 수라의 언니는 2호로 살면서 여동생인 수라는 자신과 다르게 살게 하려고 미국유학까지 보낸다.

4) 『여원』창간호(최이순 외, 1955.10, 「좌담회-학생시대의 연애불가론」, 『여원』창간호,)의 좌담회에서 이 문제는 본격적으로 다루어진다. 이 좌담회는 1955년의 일이지만, 여성들의 댄스바람과 여대생의 연애문제는 이후 계속 사회적인 이슈가 된다. 많은 여성과의 혼인빙자 사기사건으로 유명한 '박인수 사건'도 여대생의 연애문제와 순결문제를 사회적인 관심사로 떠오르게 했다.

5) 자본주의 초기 단계, 시민계급이 형성되는 단계에서 상류층 여성과 결혼하여 신분상승을 꾀하려는 정략결혼은 시민계급 형성 초기에 일반적인 현상인 듯하다. 산업사회로 진입하는 1960년대 한국사회에서도 이런 결혼관은 출세를 꿈꾸는 남성들 사이에서 흔한 일이었던 듯하다. 볼프강 라트(장혜경 옮김), 1999, 『사랑 그 딜레마의 역사』, 끌리오, 174쪽 참조.

6) 낙태는 1973년 모자보건법이 제정되면서 비로소 일정한 경우의 낙태를 허용하는 법조항이 생겼으며, 피임의 경우는 피임행위는 불법이 아니었지만 1964년 가족계획사업이 본격화되기 전

그러나 여성들의 삶이 여전히 전근대적인 방식으로 유지된다는 점이 남성들의 영역, 즉 공공영역에서는 근대화가 이루어졌고, 여성들의 영역에서는 근대화가 이루어지지 않았다는 영역별 불균등 발전의 논리로 설명할 수 있는 것은 아니다. 1960년대 여성들의 삶에서 이런 전근대적 양상이 존속하는 것은 무엇보다도 1960년대 '근대화'의 성격과 직접적으로 연관되어 있기 때문이다.

4·19 이후, 한국사회를 이끌어가는 지배담론으로서 '근대화'의 성격은 여성들의 자유를 온전히 담론화할 수 있는 방향과는 사뭇 다르게 진행된다. '민족'의 부흥을 위한 '근대화'는 민족의 자유와 부의 축적을 위해 '개인의 욕망'을 지연시키거나 희생시키는 담론으로 발전되어 가기 때문이다.[7]

근대적인 교육을 통해 민주주의의 원리로서 자유를 내면화했던 여성지식인들은, 1950년대의 가부장적 여성관에 짓눌린 탓에 4·19의 정치적 상황을 통해 '자유로운 개인'에 대한 열망을 가장 강하게 드러낼 수밖에 없었다. 그러나 이는 '민족'의 근대화라는 지배담론 속에서 재해석되거나 배제된다. 민족의 부흥, 민족의 근대화라는 근대화 담론 속에서 여성은 "순수한 정신 혹은 생명력의 상징으로 그려지고", 이 여성 이미지는 "모성적 자질인 헌신성이나 출산력과 결부되어" 여성 개인보다는 민족의 어머니로서 자연화된다.[8] 따라서 당대 여성지식인의 가장 큰 관심사였던 전근대적인

끼지 피임기구의 수출입이 모두 금지되어 있었기 때문에 사실상 불법이나 마찬가지 상태였다. 배은경. 1999. 「출산통제와 페미니스트 성지」. 『모성담론과 현실』. 나남 139쪽 참조.

7) 1960년대 박정희 정권의 정치적 실천으로서의 민족주의 담론은 4·19 이후의 민주주의적 논의들조차 배제하는 정치적 설득력을 발휘한다. 1950년대의 정치적 분열상을 부정하는 가운데, 민주주의를 표방하고 추진하는 세력이 보수적인 봉건지주층이라는 방식의 민주주의 부정론이 가능하게 된 것이다. 결국 "경제발전을 위해서는 개인의 자유가 희생"되어야 함을 인정하는 가운데 민주주의적 원리와 개인의 자유를 둘러싼 논의조차 부정된다. 여성들의 개인의 자유를 향한 지향은 이렇게 부정되는 과정에 놓여있다. 이철승. 1997. 「근대화 담론에 관한 사회학적 연구 - 한국의 1960년대를 중심으로」, 연세대석사논문. 45-47쪽 참조.

8) 이선옥. 2002. 「열광 그 후의 침묵과 단절의 의미-4·19 세대 여성작가」. 『4월혁명과 한국문학』. 창작과비평사. 301쪽.

제도와 관습에서 자유로운 여성이 되고자 하는 욕망은 오히려 "이기적인 여성으로 부정"되기도 한다. 4·19를 통해 개인의 자유와 사회 민주주의가 논의되는 공간에서 미국문화 속의 여성과 같은 자유로운 개인을 열망했던 여성지식인들은 민족의 근대화라는 지배담론 속에서 부정되면서, 가정의 근대화[9]를 담당할 근대적 주체-현모양처-로서 재규정되는 것이다.

그러나 지배담론이 아무리 강력하다 해도 이미 외국유학까지도 경험한 바 있는 4·19이후의 여성지식인들은 쉽사리 이런 근대화 기획 속에 포섭되지 않는다. 많은 여성들은 화려한 서구취향의 패션스타일로 명동거리를 활보하면서 근대화된 정체를 확인하기도 하고, 피임을 통해 출산을 통제한다던가,[10] 핵가족화를 주장하는 논의도 펼친다.[11] 다양한 방식으로 전근대적인 가부장적 문화의 구속으로부터 벗어나 자유로운 개인으로서 근대화될 가능성을 모색한다. 모성적 이미지를 교양여성의 이미지로 계몽하는 여성담론에서도 이런 양상이 반영되어, 그 담론 자체를 균열시키기도 한다. 단적인 예로 1955년에 창간되어 1960년대까지 당대 여성지식인들의 인기를 끌었던 여성지 『여원』은 여성지식인의 교양지 성격을 지니면서도 미국문화를 이상화하는 여성들의 문화적 취향을 부추겨 대중지로서의 막강한 위상도 유지할 수 있었다. 주로 남성 편집자에 의해 편집되어 '현모양처' 등, 교양적인 가정 부인과 같은 국가권력의 여성정책에 부응하는 편집 방향을 띠고 있었지만, 상업지로서 여성들의 다양한 현실적 관심과 갈등을 반영함으로써 여성들의 문제를 적극적으로 담론화하기도 했던 것이다.[12]

---

9) 김미란. 2005.12. 「4·19 혁명의 정치적 상상력과 개인서사」. 『겨레어문학』 35집. 187쪽 참조.

10) 출산을 통제하려는 여성들의 욕망은 점점 커졌고, 공공연하게 피임과 낙태가 기정사실이 되었다. 이는 고부간의 갈등의 원인이 되기도 하고, 모성의 신성한 의무를 저버리는 이기적인 여성으로 치부되는 비판여론의 빌미가 되기도 한다. 그러나 이런 것은 아랑곳없다는 듯이, 낙태와 피임은 더 공공연해진다. 배은경. 앞의 글. 156쪽 참조.

11) 핵가족화를 비롯한 고부간의 갈등 등 가족문제는 여성들의 최대 관심사였던 만큼 『여원』에서 자주 다루었던 논제이다. 1965.1. 「〈특집〉 가정의 평화를 위하여」. 『여원』. 참조.

1960년대 여성 작가의 소설들은 이런 모순적인 자기상황을 해명하기 위해, 혹은 벗어나기 위해 고군분투한 흔적이 역력하다. 특히 서울대, 연세대 등에서 수학하고 외국유학까지 경험한 바 있는 박순녀, 손장순, 박시정의 작품들은 여성지식인들이 처한 이중적 상황, 즉 근대적 교육을 통해 내면화한 개인의식과 민족의 근대화 논리 속에서 개인을 희생해야 하는 논리적 모순을 여성인물의 성격으로 형상화한다. 사실, 이 시기 많은 여성작가의 작품에는 근대적 교육의 혜택을 받고 사회활동을 하려는 욕망을 지닌 여성들이 현모양처의 규범에 의해 갈등하는 양상이 자주 등장한다. 이 세 작가는 1960년대의 문학사에서 중요하게 취급되는 희생적이며, 모성성이 강한 여성이미지보다는 사랑과 섹슈얼리티로 정체화된 여성이미지를 통해 여성들의 갈등상황이나 모순적 상황을 형상화한다는 점에서 공통적인 특성을 지닌다. 세 여성작가 모두 외국유학을 경험했거나 미국에서 생활한 경험이 있으며, 여학생 때부터 지속적으로 작품활동을 한 점에서도 공통적이다. 결국 지적인 학문활동을 지속하면서 지식인의 정체성과 여성의 정체성 사이에서 부유한 흔적이 역력한 작가들인 것이다. 이런 점들은 이들 세 여성작가의 문학작품의 주조를 이루며, 여성지식인 소설로서 평가할 만한 소재와 주제적 유사성을 보여준다.

그런데 이 세 작가는 여성지식인들이 처한 모순적 상황이 '미국'을 향한 동경을 매개로 더 증폭된다고 여기는 점에서도 비슷하다. 이 작가들의 소

12) 『여원』은 남성편집자에 의해 만들어진 여성지이다. 발간사를 비롯하여 매호 권두언은 사회 서명 남성인사가 메꾸고 있으며, 발행인 역시 남성이다. 발간사에서는 민족의 주체로서 여성의 이미지를 강조하고 있다. 여성 스스로 자기 이야기를 만드는 것이 아니라, 남성에 매개되어 여성 이야기가 만들어진다는 것 자체가 이미 남성적 시각에 의한 여성담론이 될 가능성이 크다. 게다가 상업지로서의 성격도 같이 갖고있어서 당시 대중들의 관심사를 반영하는 것은 매체의 유지를 위해 가장 중요한 것이기도 했다. 이런 요인들은 서로 이율배반적인 성격으로서 매체의 성격이 다층화되는 데 역할한다. 남성 발행자라는 점이 갖고있는 남성적 시각의 여성담론으로서의 성격과, 낭내 여싱들의 관심에 민간한 상업지라는 점이 갖고 있는 여성들의 삶의 문제를 대변하는 여성담론으로서의 성격은 서로 모순적이면서도 『여원』이라는 잡지가 오랫동안 인기를 누리며 생존하게 한 중요한 이유인 것이다.

설에서 여성지식인들은 '미국'을 통해 근대성과 전근대성이 얽혀서 공존하는 자신들의 모순적 상황을 돌파해보려는 것으로 형상화된다. 이 여성들에게 미국은 개인의 자유가 보장되는 '민주적인 제도'에 대한 갈망의 표상이다. '미국'은 추상화되어 여성들의 소망의 표상이 되고 있다. 그러나 한국에서 담론화되는 미국은 그 자체로 또한 다양한 스펙드럼 속에 있다. 여성들이 갈망하는 미국이 있는가 하면, 미군부대를 통해 흘러든 성문화로서의 미국이 있고, 동양인을 무시하고 차별하는 백인 우월의식과 통하는 인종담론으로서의 미국이 있으며, 물자가 풍부하고 잘사는 나라이며 돈을 제일로 여기는 물질만능 가치관의 미국이 있기도 하다. 이 다양한 미국담론, 미국표상으로 인해 여성지식인들의 개인적 자유에 대한 열망은 더 왜곡되기도 한다.

이렇듯, 각각이 다양한 의미망 속에 놓여있으면서도 여성지식인들의 삶에서는 강한 열망의 대상으로 부상하는 근대화와 미국의 의미는 여성들의 삶에 절대적 요인으로 개입하기 때문에 더 중요하기도 하다. 따라서 이 글은 여성지식인, 1960년대 근대화, 미국, 이 세가지의 관계항이 작용하여 만들어내는 1960년대 한국의 '근대성'을 박순녀, 손장순, 박시정의 소설을 중심으로 해명해보려는 것이다.

이 관계항을 탐색할 수 있는 여성들의 이야기는 여러 가지가 있다. 사랑, 성, 결혼, 이혼, 가족 등 사적 영역으로 제한된 여성들은 근대화를 향한 욕망의 주체로서 이 영역의 전근대적 요소들과 항상 긴장관계에 놓일 수밖에 없기 때문이다. 그 중에서도 미혼, 기혼을 가릴 것 없이 여성들이 가장 근본적으로 부딪히는 문제는 사랑과 그에 따라 자각되는 섹슈얼리티의 관계일 것이다.

여성들의 섹슈얼리티는 남성들에 의해 통제되고 지배되어 왔다고 해도 과언이 아니다. 이 시기까지도 남성들이 조강지처 이외에도 2호, 3호 식으로 여러 여성과 가족을 이루며 동거관계를 유지하는 것은 자연스럽게 받아들여졌다. 반면, 여성은 아무리 고등교육을 받고 남녀 구분없이 사회적 자아로서 정체화된 여성이라 할지라도 순결을 잃은 여자는 나쁜 여자로 인식되었다. 자유와 민주주의가 공공연하게 담론화된 4·19 이후 1960년대에도 여전히 여성들의 성은 남성들에 의해 통제되는 구조 속에 있는 것이다. 그러나 이 와중에도 공론화된 담론 이면의 개별 여성들 사이에서 여성들은 근대적 교육과 시대의 이념에 편승하여 사랑과 섹슈얼리티의 주체로서 '자유'를 말한다. 따라서 섹슈얼리티는 가장 금기의 영역이 될 정도로 가장 억압된 만큼 그를 둘러싼 담론은 가장 근본적이고 급진적인 '자유' 담론이 되기도 한다. 이 글은 이런 사사로운 영역에서 비공식적으로 떠도는 '섹슈얼리티'와 그 귀결점으로서 사랑과 결혼의 이야기를 통해 가장 급진적인 자유담론을 구성할 수 있다고 보는 것이다.

2. '이기적인 여성'과 '(연애)관계'의 주체 사이

4·19 이후에도 자유연애가 '주장'될 정도로 여성들에게 연애는 금지되었고, 부모가 정해준 사람과만 연애를 하고 연애를 하면 반드시 결혼으로 결실을 맺어야 했다. 연애는 결혼을 하기 위한 전단계 과정이지 연애 그 자체로서 인식되지 않았던 것이다. 따라서 연애 상대자는 결혼 상대자로 정해진 사람일 뿐이고, 연애 상대를 선택하는 과정에서부터 여성들은 주체로 인정받지 못했다. 가장 사적이고 구체적인 관계에서 주체가 되기를 원하지만, 그 관계에서 가장 철저히 소외되기 때문에 근대적 교육을 통해 자유로운 개인으로 사회화된 여성지식인들은 결혼과정에서 가장 절망적으로 자

신을 인식할 수밖에 없게 된다. 아무런 이유도 없이 공허감을 느끼고 방황하는 여성들의 삶의 문제는 바로 이 비주체성, 소외성에서 비롯된 것이다.[13)]

여성들이 자기 삶의 주체가 되기를 바란다면, 사랑과 성에서 주체가 되기를 바라는 일에서부터 시작될 수밖에 없는 것은 이 때문이다. 근대화된 지식을 습득한 여성지식인들은 한갓 성적 욕망과 사랑이라는 감정, 이 사소하고 미묘한 감정과 연관된 '자유'를 얻기 위해 목숨을 걸어야 하는 상황 속에 있는 것이다. 게다가 이는 모든 사람들에게 가장 내밀한 개인적 영역이고, 욕망의 영역이기 때문에 이기적이고 탐욕스러운 것으로 담론화되기도 한다. 그저 자신이 사랑할 사람을 자신이 선택하고, 사랑함으로써 생기는 성적 욕망의 자유로운 주체가 되고자 하는 열망일 뿐인데, 그것 만으로 자신만 생각하는 이기적 존재, 사회적인 악이 되는 것이다.

손장순 소설〈바람개비〉의 여성인물 현아는 비극적 최후를 통해 여성들이 연애나 결혼의주체가 되기가 얼마나 버거운 일인가를 잘 보여준다. 현아는 비록 서로 계약관계로 결혼을 결정했지만, 결혼날짜가 다가오자 약혼한 남자와의 사랑을 확인하고 싶어서 약혼여행을 떠나기로 결심한다. 그러나 철저히 결혼을 계약으로만[14)] 여기는 약혼자에게서 여행 후 아무런 변

13) 박시정의 〈그들의 시대〉의 선우나 손장순의 장편소설인 ≪한국인≫의 희연, 수라 등 인과적 계기없이 내면의 공허감만을 극대화시킨 여성인물들은 이런 사회역사적 맥락의 형상으로 볼 수 있다.

14) 결혼을 계약으로 여기는 결혼관은 표면적으로는 결혼을 신성한 것으로 여겨서 결혼에서 연애와 섹슈얼리티를 배제하려는 결혼관으로 포장되기도 한다. 이때 결혼은 사랑이라는 감정의 교류와 확인을 기반으로 하기보다 사회적 신분을 보장하는 조건으로서 인식되고, 이런 결혼관계에 있는 주체들은 결혼의 주체는 될 지언정, 사랑의 주체는 되지 못한다. 결혼과 사랑은 별 상관없기 때문이다. 이것은 근대적 결혼이라 할 수 있는 낭만적 사랑과는 어긋나는 전근대적 결혼관이다. 그러나 연애와 섹슈얼리티가 부정된 사회에서 결혼은 낭만적 사랑의 귀결이 되기는 어려운 것이다. 낭만적 사랑을 꿈꾸고, 그에 기반하여 결혼을 원하는 1960년대 한국의 근대화된 여성들에게 결혼은 갈등의 시작인 셈이다. 배은경은 1960년대 가족계획사업이 결혼의 성을 생식의 성으로 규정함으로써 결혼의 성에서 섹슈얼리티의 문제를 배제하는 계기로 활용된다고 한다. 이는 성매매의 사회적 위상과도 관련되는 문제이다. 배은경, 위의 글, 간노 사토미,

화도 찾지 못한다. 약혼자인 진서는 약혼여행에서 섹스만을 위한 욕망을 드러내고서 오히려 관계를 더 어색하고 불편하게 여긴다. 이런 어색함으로 인해 연락을 끊어버린 진서 때문에 현아는 결국 혼자 고민하다 자살하고 만다. 서로 성관계를 맺고서 더 친밀해지는 것이 아니라, 더 냉담해진 남자의 태도를 단절로 받아들임으로써 정조를 유린당했다고 생각하고는 그 절망감에 자살한 것이다. 여성의 이런 극단적 선택 앞에서 남자는 뭐 그런 일로 죽느냐는 듯한 태도를 내비치며 다른 여자와 맞선을 보러나간다. 여성들에게는 목숨까지도 걸만한 일이, 남성들에게는 실제로 하룻밤의 욕정에 불과할 뿐인, 성과 관련된 남녀의 사회적 관계의 차이를 적나라하게 보여주는 작품이다. 1960년대 어떤 여성도 이런 사회적 관계 망에서 예외적일 수 없었다는 점에서 여성들의 사랑과 결혼문제를 대변한 작품이다.

사실, 이 소설에서 현아나 진서가 다른 결혼관을 갖고 있다고 말하기는 어렵다. 현아 역시 결혼을 통해 "진서의 집안에서 경영하는 여자사립대학의 학장 자리"를 얻으면 그만이라는 생각으로 결혼을 결정하기 때문이다. 그러나 여성인 현아는 결혼을 앞두고 남자보다 훨씬 마음이 복잡해지고 불안하다고 느낀다. 그저 계약이라고 단순하게 정리한 마음 한 켠에는 사랑하지도 않으면서 결혼할 수 있을까라는 자의식이 도사리고 있기 때문이다. 결국 그 자의식과 그에 따른 욕망 때문에 변덕스러운 태도를 갖게되고, 현아 스스로 제어하고 억압했던 복합적이고 분열적인 근대화된 여성의 정체성이 사랑을 확인하고픈 욕망으로 드러난 것이다. 일부러 외면하고 억압하려 했던 현아의 잠재된 자의식은 이 비극적 결말을 이미 예비하고 있었던 셈이다. 감정적 교감 속에서 서로를 원하는 낭만적 사랑을 통해 결혼을 꿈꾸면서도 결혼을 계약관계로 여기는 시대풍조에 맞춰가려는 욕망 또한 저버리지 못한 현아는 정조관념이라는 또다른 덫에 걸려 결국 파멸하고 만

2006.「쾌락과 생식 사이에서 흔들리는 성노동」.『노동하는 섹슈얼리티』. 삼인. 참조.

것이다.

이 복잡한 내면적 양상들은 현아라는 지식인 여성이 자리하고 있는 여러 사회적 계기들의 반영이라는 점에서 전형적이다. 즉 현아의 성격의 다층적 양상은 1960년대 여성을 통제하는 방식으로서 동원된 현모양처, 희생적 어머니, 순결한 여성, 가정의 근대화 등의 규범이 근대적 교육을 받은 지식인 여성의 내면에서 갈등하면서 생겨난 분열의 흔적이다. 남녀관계에서 사랑할 사람을 스스로 선택할 자유는 부모와 같은 타인에 의해서 차단되지만, 이미 여성 스스로 내면화한 결혼관에 의해서도 차단되어 있다. 현아의 분열적 내면은 이의 반영인 셈이다.

근대적 교육을 받은 여성들이 꿈꾸는 결혼은 남녀간의 주체적인 감정적 교류와 사랑, 그리고 섹스를 통해 완성되는 결혼인데, 섹스가 사랑이라는 감정적 교류없이 이루어진다면 그 섹스는 타락한 여성의 상징으로 전락해 버린다. 당대의 결혼관이나 사랑관, 그리고 결혼 안에서 섹슈얼리티에 대한 인식은 이렇듯 서로 분리된 듯이 존재했다. 서로 긴밀히 인과적으로 연관될 수밖에 없는 것들이 서로 모순적인 관계로 배치되기 때문에, 현아는 그 불연속적인 단절을 해명하지 못하고 자살이라는 극단적 선택밖에 할 수 없었던 것이다. 낭만적 사랑과 그의 표현으로서 섹스라는 과정을 도외시한 채 '신성한 결혼'만이 강조되는 사회에서 근대화된 여성이 취할 수 있는 유일한 선택을 보여준 것이다.

박순녀 소설의 여성인물들은 사랑할 사람을 선택할 내적 기준을 정확히 제시한다는 점에서 색다른 면이 있다. 박순녀는 1960년에 등단하여 1970년 〈어떤 파리〉를 발표하면서 문단에서 주목을 받은 작가이다.[15] '동백림

15) 〈어떤 파리〉는 『현대문학』에 발표되었으며, 1970년 『문학과지성』 창간호에 재수록된 작품이다. 그리고 같은 호에서 김병익은 정치소설로서의 가능성을 들어 이 소설에 찬사를 보내며, 박순녀 소설에 기대를 모은다. 박순녀 소설에 대한 평가는 정치적 문제를 정면으로 지적하면서 소설화한 이 작품을 중심으로 이루어진다. 이 주제 역시 박순녀 소설의 성적 자유와 근대화된 개인의 문제로 연결된다는 점을 생각하면, 정치소설의 가능성 만을 중심으로 논의되는 비평적

사건'을 소재로 한 〈어떤 파리〉는 정치적인 억압을 소재로 하고 있지만, 박순녀의 작품에 일관성있게 관통하는 여성의식을 엿볼 수 있다. 파리에서 간첩활동을 한 것으로 몰려 부부가 나란히 서울로 잡혀온 친구를 변호하자고 나서는 여성인물 '나'는 친구가 남편을 옥바라지 하려고 서울에 온 것이 아니라 같이 동등하게 간첩활동으로 몰려 잡혀온 게 보기 좋다고 말한다. 결혼으로 인해 여성들은 남성의 내조자가 되어버리는 결혼제도의 문제점을 비판하는 작가의 관점이 잘 드러난 대목이다. 사랑에 있어서도, 결혼에 있어서도 섹스와 성적 욕망에 있어서도 남성과 같이 여성도 주체여야 한다는 것이 박순녀 소설의 가장 강렬한 주제의식이다. 나아가 그 남성은 어떤 남성이어야 한다는 자각이 뚜렷하다.

〈대한민국의 거지〉의 진하는 사랑을 마음의 기복을 따라 생겨나는 감정의 영역이라고 정의하면서 '사랑론'을 시작한다. 따라서 영원할 수도 없고, 오직 한 사람과만 사랑할 수도 없는 그야말로 변할 수 있는 감정이라고 생각한다. 그렇지만 이 마음의 기복을 따라 변하는 감정의 영역으로만 남녀간의 사랑이 유지되지는 않는다고도 생각한다. 결국 감정에서 출발해서 서로 신뢰하는 마음이 쌓여갈 때 사랑은 감정에 지배되지 않는 이성적 관계로 전화된다고 본 것이다.[16] 이 신뢰는 상호 주체성을 인정하는 가운데 형성되는 것이다. 여성의 주체성을 인정하는 남성은 감정의 기복이 사라진 후에라도 믿는 감정이 생겨서 관계를 지속하게 하기 때문이다. 박순녀 소설의 여성들은 감정의 기복에 따라 변하는 것을 넘어서서 신뢰할 수 있는

맥락을 추론할 수 있다. 이는 결혼과 성의 주체로서 여성 개인을 정립하려는 '근대화' 담론은 평가받지 못했음을 반증하는 사례로 볼 수 있을 것이다. 김병익. 1970. 「정치와 소설-〈어떤 파리〉에 발단하여」. 『문학과지성』. 창간호 가을 참조.

16) "나는 마음의 기복이라는 것을 생각해 봤다. 그것을 따라 사람은 이성을 사랑하게도 되고 미워하게도 된다. 결코 아무도 정확한 상대에게 사랑을 하고 그리고 미워하는 것이 아니라 싶었다. 사랑할 아무 건덕지가 없어도 그저 사랑하게 되고 그리고 다시 감정이 바래 버리는 것이다. 사랑이란 그것 뿐인 것이다." 박순녀. 〈대한민국의 거지〉. ≪칠법전서≫. 195쪽.

사람을 "시시하지 않은" 사람이라 여기며, 그런 사람을 사랑할 만한 사람으로 선택한다. 서로가 갖고있는 사회적 신분이나 물질적 부 같은 조건이 아니라, 남녀 사이에 감정을 교류하는 가운데 형성되는 내적인 요인들, 특히 서로를 주체로 인정하는 가운데 쌓이는 서로에 대한 신뢰를 통해 사랑을 논한다는[17] 점이 돋보이는 사랑관이다. 그렇지만 남자의 필요에 의해서 여자와 만나고 연애하고 결혼하는 것이라는 생각이 주를 이루는 사회에서 이런 남자와 사랑을 하고, 결혼해서 사랑의 감정을 유지하기는 쉽지 않다.

〈대한민국의 거지〉의 현세는 자신을 가장 잘 이해하고 동료로서 받아들여줄 것 같은 지주 아들과 사랑에 빠져서 결혼을 하려했지만, 남자가 결혼하려 하지 않는다. 현세는 그 남자가 "아담한 비둘기장 같은 집에서 에프론이나 두른, 빨래와 밥을 잘하는 예쁜 아내와 함께 소꿉장난 같은 결혼생활을 인생 목표로 하는, 그런 사람일 리는 없다"고 생각하지만, 그 남자는 "그 누구보다도 밥이나 빨래를 잘하는 여자가 필요한 남자"였기 때문이다. 남자는 현세를 이해하지만, "연애 감정에서 눈을 떠보니 자기에게는 적합하지 않더라는 주장"을 하며, 현세와 이별한다.

마음의 기복을 넘어서 자신들이 꿈꾸는 신뢰에 기반하는 사랑을 어디에서도 찾을 수 없다고 여기는 진하는 고향에서의 추억을 떠올린다. 그녀는 공산화된 북한이 싫어서 월남했다. "거칠은 바다처럼 황량한" 마음이 되어 고향을 그리워하지만, 진하의 경험 속에서 사회주의자 남성들 역시 "빨래와 밥을 잘하는 예쁜 아내", "육체의 교섭" 만을 위한 성적 파트너로 여성을 생각하는 자본주의 사회의 남성들과 다르지 않다. 대학에서 일어난 사상투쟁이 "피에 얽힌 살풍경한" 상태로 진행되어 그 이유를 알고자 하는

---

17) 기든스가 남녀 각 개인의 내적인 요인들 만으로 이루어가는 관계라는 점에서 '순수한 관계'라고 명명한 관계와 유사하다고 생각된다. 1960년대 당시만 해도 결혼은 집안과 집안 간의 결합으로 인식되어, 결혼을 출세의 도구나 신분변화의 계기로 삼고자 하는 결혼관이 팽배했다. 박순녀 소설의 여성인물은 이런 결혼관과 상관없는 남녀관계를 이상적으로 제시한 듯하다. 기든스. 1996. 『현대사회의 성, 사랑, 에로티시즘-친밀성의 구조변동』. 새물결. 110-111쪽 참조.

진하에게 박이라고 불리는 좌경학생은 이야기를 해주는 대신 "호젓한 산속의 나무 밑에"서 "사상강의 대신에 뜨거운 포옹을 해줬고", 진하는 그 이후로 사상강좌를 듣고싶어 하지 않았던 경험이 떠올랐기 때문이다. 여성은 남성에게서 동료이며 애인이기를 원하지만, 남성은 여성이 그저 성적 대상이기만을 원하는 것은 자본주의 사회에서나 사회주의 사회에서나 별반 다르지 않다.

결국 사랑의 관계에서 동등하게 주체적인 개인들로 결합하려는 사랑관은 여성지식인들이 가장 절실하게 원하는 것이었지만, 대부분의 남성들은 "필요에 의해" 남성을 보조하는 비주체적 여성을 원하는 게 현실이다. 〈바람개비〉의 현아는 그런 자기를 확인하려는 사소한 욕망도 가능할 수 없는 것이어서 자살로 최후를 맞고, 현세는 결국 '대한민국의 거지'도 못되어서 미국이민 길에 오른다. 남녀 관계에서 주체적이기를 원하는 여성들은 1960년대 한국사회의 어디에도 발붙일 수 없다는 것을 명확히 보여준 셈이다.

이런 여성들은 한국사회에 발붙이기도 어렵거니와 유난스럽거나 이기적인 여성으로 담론화된다. 〈바람개비〉의 현아는 진서에게 이해받고 인정받기를 가장 강렬히 원했지만, 진서는 유난한 여자로 인식할 뿐이다. 특히 결혼을 하고서도 이런 주체성을 위해 방황하는 여성들은 뚜렷한 이유도 없이 자식도 버리고 방황하는 여성들, 이기적인 여성들로 담론화된다.

박시정의 〈분위기〉는 이 빙횡이 주체성을 인정받지 못한 자의 소외감임을 절절히 보여준다. 결혼생활에서 느끼는 소외감을 도저히 견디지 못하고 집을 나와 낯선 시골의 여행자로 떠돌다가 다시 돌아올 결심을 굳히고서도 결국 두려워 돌아가는 것을 포기하는 여성인물의 막막한 분위기는 그 자체로 잘 해명되지 않는 여성들의 소외감과 공허감을 상징한다고 할 수 있다. 반면, 손장순의 ≪한국인≫의 희연이나 〈이혼여행〉의 경미는 유난히 자신만을 생각하는 여성들로 담론화된다. 박순녀 소설인 〈잘못 온 청년〉의 '나' 나 〈전시대적 이야기〉의 서술자인 '나' 등 자신을 진정으로 신뢰하고 동반자로 여기는 사람들을 찾으며 방황하는 여성들은 가정을 소홀히하고 자기 감정에만 충실한 이기적인 여성으로 형상화된다. 부부관계에서 주체로서 인정받지 못하고 집안의 가구정도로 취급되는 것을 거부할 뿐인데, 이 여성들은 도리를 저버리는 이기적인 여성으로 담론화되는 것이다. 따라서 "때에 따라서 이 세상 어딘가에 제 아내가 있어 주기도 하고 없어 주기도 하는 사람, 그러한 당신을 이제 이 이상은 더 이상 눈감아 줄 수 없"[18]다고 말하는 아내는 오히려 참을성이 없는 여성이 되는 것이다.

비록 참을성 없는 이기적인 여성이 되더라도 이들이 꿈꾸는 낭만적 사랑은, 여성들의 '환타지' 속에서 영원한 것으로 미화되지 않고, 관계를 통해 관리되고 조율되어야 하는 것임을 말한 점에서 동시대 다른 여성작가들의 낭만적 사랑과 다르다.[19] 개인의 감정에 기초한 낭만적 사랑은 감정에 기초함으로써 끊임없이 관계를 통해 유지되어야 하는 상호주체적인 것으로 인식되기 때문이다. 이 '사랑'의 인식 속에서 여성은 주체로서 자기를 인식하게 되고, 사랑의 주체로서 '자유로운 개인'을 상상하는 '자유'담론이 되는 것이다.

여성도 남성도 관계의 주체이다. 사랑을 하면 영원히 모든 것을 수용하

---

18) 박순녀, 〈전시대적 이야기〉, ≪칠법전서≫, 일지사, 79쪽.

19) 남성 중심적 가부장적 사회에서 겪는 여성들의 소외감을 낭만적 사랑으로 보상받으려는 사랑관은 이 시기 여성작가의 주된 경향이라 할 수 있다. 이때, 낭만적 사랑은 절대적인 영원한 사랑으로서, 즉 구원의 의미로서 낭만화되고, 이상화된다. 부부나 연인 사이의 현실적 사랑은 절대적이고 영원하기보다 상호 조절하고 관리해야 하는 '정서'라 본다면, 결국 여성들이 사랑을 이렇게 낭만화함으로써 오히려 사랑에서도 소외된다고 할 수 있다. 사랑을 영원한 것으로 인식할 때, 그 사랑과만 결부된 여성들 역시 영원히 변하지 않는 감정을 지닌 자로 신화화됨으로써 오히려 비인격적 대상으로 타자화될 가능성이 크기 때문이다. 1960년대 여성작가들의 낭만적 사랑은 여성성의 신화화를 통한 여성의 타자화로 평가될 점이 다분하다. 이 글에서 다룬 세 여성작가들의 낭만적 사랑은 개인적 감정에 기초한 사랑의 방식이라는 점만을 의미한다는 점에서 동시대 여성작가들과 다르게 보아야 할 것이다. 한국문화연구회. 1997. 『페미니즘과 소설비평: 현대편』. 한길사. 참조.

고 그대로 살 수 있는 것은 아니다. 관계는 감정에 기반한 것이고, 이 감정이 신뢰를 쌓아갈 수 있도록 서로 타협하고 조절해나가지 않으면 유지할 수 없는 '관계'일 뿐이다. 낭만적 사랑은 절대 불변의 사랑이 아니라, 끊임없이 감정을 관리하고 서로 확인하면서 만들어가야 하는 관계인 것이다. 그리고 남성과 여성은 저마다의 개인성을 지니고서 존재하는 이 관계의 양쪽인 것이다. 사랑이라는 감정의 주체이고자 하는 이 세 여성작가의 인물들은 자기 감정만 생각하는 이기적인 여성이 아니라, 관계에서 주체인 '자유'로운 개인을 열망하는 여성이다.

3. 탕녀의 이미지와 사랑(= 섹슈얼리티)의 주체 사이

여성들이 결혼할 사람은 사랑하는 사람이어야 하고, 사랑한다는 것은 평등한 관계에서 신뢰를 쌓을 수 있을 때 가능하다고 생각하면서 사랑의 주체가 되고자 고군분투하는 것은 낭만적 사랑의 꿈이 있기 때문이다. 감정적으로 소통할 수 있는 상대와 감정을 교류하고 자아를 확인하는 행위를 통해 사랑을 정의한다면, 아직 여성을 사회적 자아로 흡수하지 못하는 '저개발'의 사회에서 근대화된 여성들이 자유로운 개인을 인정받을 수 있는 관계는 낭만적 사랑일 수밖에 없는 것이다. 1960년대 낭만적 사랑의 담론이 바로 지식인 여성들의 자유담론으로 연결되는 것은 여성의 이런 '사회성' 때문이다.

낭만적 사랑을 통해 존재를 확인하려는 여성들은 "영혼"의 교류가 가능한 관계를 사랑으로 여긴다. 박시정의 초기소설 〈그들의 시대〉의 선우는 "그녀의 마음 빛깔에 공삼해줄" 영혼을 찾아헤맨다. 사회적 자아를 확인할 수 있는 어떤 통로도 만들지 못하는 선우는 그것 만을 유일한 소통의 가능성으로 여기고 있는 것이다. 그리고 진을 사랑하게 된 선우는 진과의 섹스를 사랑의 완성이라고 생각하고 주저하지 않는다. 선우에게 사랑은 내적인 조건들, 영혼의 공감과 감정의 교류를 통해서만 가능한 것이고, 사랑을 한다면 정신과 육체는 분리되지 않는다고 여기기 때문이다.

그러나 선우가 공감할 수 있어서 다르다고 여겼던 진 역시 결정적 순간에는 별로 다르지 않았다. 선우의 공허감을 공감할 수 있을 것 같던 진도 옛애인이었던 수지를 순수한 여인으로 떠올리며 선우의 사랑의 감정과 그것을 드러내는 성적 욕망을 불결한 것으로 부정하기 때문이다. 선우는 사랑의 감정과 섹스가 분리되지 않는 것으로, 그리하여 영혼의 공감 속에서 섹스도 가능하리라 여기지만, 남성인 진은 사랑을 성적 욕망을 통해 표현하는 선우를 마치 창녀인 듯이 타락한 여자로 취급한다. 그런 진을 대하면서 선우는 결국 자신은 누구에게도 이해받을 수 없음을 자각한다.

> 「나는 진씨가 그렇게 시시할 줄은 몰랐어요. 시시해요. 정말, 시시해요. 나를, 마치 내가 창녀인 것처럼 보지 마세요. 이래뵈도 당신처럼 통속적인 인간은 아니니까요.」
> 선우는 통속적이 아니다, 에 힘을 주었다. 그녀는 서글펐다. 그가 그녀를 경계하고 거리의 여자쯤으로 그녀를 취급하는 것이 서글펐다. 절대로 나는 통속적인 여자는 아니다. 절대로 나는 그가 어떻게 해주기를 바랬던 것은 아니다. 이 밤에 나는 그와 함께 있고 싶었을 뿐이다. 같이 공존하고 싶었을 뿐이다. 그가, 다만....... 그녀의 정신적 방황을 붙들어주기를. 그녀의 지성의 몸부림을 때로 허물고 싶어지는 그녀의 높은 성벽을 그만은 공감해줄 수 있을 것 같았다. 관념은 싫다. 자라껍질처럼 투박하고 각질긴 관념은 지긋지긋하다. 관념에서 해방된, 자유로 존재하는 인간이 필요했다.[20]

20) 박시정. 1969.6.〈그들의 시대〉,『현대문학』. 233쪽.

영혼을 공감할 수 있으리라 기대했던 진의 태도에 실망하고서 선우는 이렇듯 절규한다. 선우가 원했던 것은 영혼의 공감이지만, 그런 선우의 내면은 선우의 행동 속에서 창녀의 태도로 일반화되어버려 선우라는 개인의 표현으로 이해받지 못하기 때문이다.

섹스는 사랑의 감정을 표현하는 것이나 성 매매로서의 행위나 표면적으로는 같은 것이다. 그러나 표현의 행위 양상이 같다고 그 행위가 같은 의미를 지니는 것은 아니다. 섹슈얼리티는 무수히 다양하고 세밀한 내적 계기들과 맥락 속에서 얘기될 수 있다. 그만큼 사적이고, 그래서 은밀한 영역이기 때문이다. 그러나 이 무수히 다양한 개별적 세계를 하나의 의미로 일반화해버린다면, 섹슈얼리티는 사랑과 연관하여 아무 의미도 없게 될 것이다.

선우가 영혼을 공감할 수 있다고 여길만큼 생각이 깊은 청년 진도 다른 남자들처럼 이 다양하고 사적인 세계를 단순히 일반화한다. 순수한 이미지를 지녔던 옛애인 수지를 선우의 개방적인 태도와 비교하면서 부정하고, 여성의 성적 욕망과 표현은 창녀의 것으로 일반화한다. 결국 정조관념 속에서만 여성을 사유하는 남성인 것이고, 이 남성적 인식 안에서만 여성의 사랑이 존재하는 것이다.[21] 그리고 1960년대 여성의 섹슈얼리티는 이 남성의 시각에 의한 해석으로만 담론화된다. 이런 과정 속에 놓여진 채, 사랑의 주체이면서 동시에(혹은 당연히) 섹슈얼리티의 주체이고자 했던 선우는 아무리 행위의 내적 계기를 특별하게 설명한다고 하여도 창녀와 같은 것으로 치부한 남성의 해석을 바꿀 수 없다고 생각한다. 그렇게 담론화될 인식의 통로도 없고, 당연히 담론적 권위도 없기 때문이다. 선우는 이 무

21) 김승옥 소설의 여성인물과 남성인물의 관계는 이런 남녀관계를 생각해 볼 수 있게 한다. 김승옥 소설의 여성들은 남성이 결혼의 주체로 성립됨으로써 그 가정이 한 요소로서 여성으로 다시 정립된다. 남성에 의해 만들어지는 아내로서의 여성상을 대표한다고 할 것이다. 김미란. 2005. 「김승옥 문학의 개인화 전략과 젠더」. 연세대 박사논문 참조.

력감으로 인해 누구에게도 이해받지 못할 것이라고 절망하고 진과의 소통을 포기한다. 결국 선우는 창녀가 되지 않기 위해서 세상과의 소통을 포기하고 "자라껍질처럼 투박하고 각질긴 관념"에 묶여 자신을 지우고 살아가는 방법밖에 없다고 생각하는 것이다.

> 그녀의 고뇌와 방황은 그녀가 태어날 때부터의 생리였고 바로 그녀의 생리였다. 그녀만을 위해 희생하고, 그녀의 전체를 포용하고, 그리고 세상에서 가장 미더운 그 사랑의 어머니 젖가슴을 떠난 이후로 그녀는 방황하고, 혼자 해결하기 어려운 생활과 시간 속에 버려져왔던 것이다. 그녀는 버스의 덜컹거림에 몸을 맡기고 눈물이 흐르는대로 내버려두었다. 버스가 좀더 심하게 덜컹거리기 시작하고, 그녀는 그녀의 몸뚱이가 버스의 흔들림 속에서 학대받는 것을 쾌감하고 있었었다.[22]

선우는 이해받지 못하고 자신의 방황도 끝낼 수 없을 것이며, "가장 착하게 즐겁게 살"지도 못할 것임을 자각하면서 자기학대를 쾌감한다. 결코 규범에 순응할 수는 없지만, 규범을 어길 수밖에 없기 때문에 사회가 요구하는대로 착하게 살지 못하는 것에 대해서는 자학할 수밖에 없다는 자의식이다. 선우는 자신이 문제될 게 없다고 생각하며, 진에게 사랑받기 위해 자신의 태도를 바꾸지는 않지만, 진에게조차 이해받지 못한다면 세상 어디에서도 이해받을 수 없다는 것은 인정한다. 그리고 스스로 세상에서 인정받지 못하는 자기의 "생리"에 대해 자학한다.

이때, 이 여성의 자각은 사랑과 섹슈얼리티의 주체로서의 열망을 포기하지 않는다는 점에서 '여성의 주체성'과 관련하여 주목할 만하다. 자학할 망정 진의 정조관념에 길들여지려고 하지는 않기 때문이다. 즉 비극적이지만 사랑의 주체는 동시에 섹슈얼리티의 주체이기도 하다는 '개인적 감정의

---

22) 박시정, 위의 글, 239쪽.

주체로서의 여성'을 포기하지 않는다. 영혼이 공감할 수 있을 것 같은 남성인 진이어도 사랑과 성에 있어서 주체는 역시 자기자신이어야 한다는 것을 포기하지 않는 태도이다.

이미 결혼을 해서 부부관계 속에 있는 여성들에게도 부부라는 관계와 사랑의 감정과 여성의 섹슈얼리티는 인과적 관계 속에 있는 것들이다. 결혼한 여성들은 이 인과적 관계항들 중에 사랑 때문에 소외되기도 하고, 성적 욕망 때문에 소외되기도 한다. 손장순의 〈이혼여행〉 이나 박시정의 〈분위기〉가 사랑이라는 감정과 결혼이라는 관계가 인과적이지 않기 때문에 스스로 결혼관계를 파기하고 자신의 감정의 주체가 되려는 여성을 보여준다면, 박순녀 소설의 여성인물들은 결혼이라는 조건과 상관없이 사랑의 감정은 섹슈얼리티와 인과관계 속에 있는 것이고, 여성은 이 모든 것의 주체라는 점을 말한다.

〈전시대적 이야기〉의 아내인 '나'는 "때에 따라서 이 세상 어딘가에 제 아내가 있어 주기도 하고 없어 주기도 하는 사람, 그러한 당신을 이제 이 이상은 더 이상 눈감아 줄 수 없"[23]다고 선언하고서 남편이 하는대로 자신도 결혼관계를 상관하지 않고 살기로 마음먹는다. 낭만적 사랑의 욕망조차 채울 수 없는 결혼을 놓고 낭만적 사랑을 요구하는 것이 아니라, 결혼이라는 제도가 사랑이라는 사적 감정과 무관한 것일 수 있다는 제도에 대한 문제를 제기한다.

또 거꾸로 결혼한 여성이라도 가정을 유지하면서 사생활로서 다른 남성과 사랑할 수 있다고 생각한다. 가정에 염증을 내고 떠나는 남편을 붙잡지 않으며, 떠난 남편은 그냥 그대로 두고 자신도 다른 남자와 사랑하기도 한다. 남편이 결혼이라는 형식에 딱히 얽매이지 않고 내키는대로 살아가듯이, 아내인 여성도 떠난 남편은 그대로 두고 다른 남자와 사랑을 하기도

23) 박순녀, 〈전시대적 이야기〉, 79쪽.

한다.(〈전시대적 이야기〉, 〈잘못 온 청년〉) 남편에게 매달리거나 도덕적으로 죄의식을 느껴 괴로워하지도 않는다. 그냥 그럴 수도 있다는 듯이 자연스럽게 받아들인다. 또 여성 스스로 조강지처가 아니라, 2호가 되겠다고 나서는가 하면(〈대한민국의 거지〉), "(결혼) 십 이년 동안 그녀는 맞벌이, 피임, 적금, 출산, 김장고추 빻기에 이르기까지 얼마나 열심히 살고 가족을 사랑하고 집안을 잘 지켜왔던가"라고 생각하며, 닷새의 휴가를 내서 낯선 남자와 사랑을 하기도 한다.(〈감사합니다〉) 사랑은 그저 감정일 뿐이며, 자식이나 남편을 위해 희생하는 것이 아니라, 자기자신을 위해 사는 것이 중요하다고 역설한다.(〈장갑을 벗는 여자〉) 이 여성들은 결혼이라는 제도와 감정의 영역으로서의 사랑을 분리시키며, 사랑은 섹슈얼리티와 인과관계에 있는 것이기 때문에 결혼제도 안의 사랑이 아니더라도 사랑을 하면 그 감정의 주체로서 섹슈얼리티의 주체가 될 수 있다고 생각하는 것이다.

결국 이런 사랑관은 사랑이라는 감정과 섹슈얼리티는 서로 인과관계 속에서 공존하는 것이고 결혼은 가족을 구성하는 하나의 제도라는 인식에 기반한다. 그리고 여성은 그 사랑의 감정의 주체라는 것이다. 이는 결혼이라는 제도를 무색케하는 당대 남성들의 사랑관과 흡사하다. 남성들이 2호, 3호 식의 첩을 두면서도 결혼을 유지할 수 있는 이유는 바로 사랑과 섹슈얼리티의 연관성 때문이다. 박순녀는 여성들도 똑같이 이런 감정의 주체라는 점을 들어 여성들의 사랑과 섹슈얼리티를 말함으로써 여성들이 사랑의 주체임을 역설하기도 하지만, 남성들의 결혼관이 여성적 주체를 인정하지 않을때 얼마나 모순적인 남성중심적 사유인가를 역으로 비판하는 효과도 지니게 된다. '역지사지(易地思之)'라는 단순한 이론을 적용하여 여성의 주체성을 역설하면서 남성 결혼관의 가부장적 모순성을 비판하는 이중의 효과를 자아내는 것이다.

그러나 이런 '역지사지'의 형상화는 소설이기 때문에 가능할 뿐이다. 또

소설이더라도 남성적 세계에서는 어떤 방식으로도 호의적으로 이해받지 못한다. 박순녀 소설에 대한 비평이 한 쪽 면으로만 편향되어 있는 점에서도 알 수 있거니와 박순녀 소설 속 인물들 역시 어떤 여성도 이런 사랑관을 인정받으면서 살지 못하기 때문이다. 한국의 여성들이 정조관념에 기반한 여성관의 잣대에서 벗어나지 못하는 한, 이런 사랑관, 결혼관을 지닌 여성들은 자신을 온전하게 유지하면서 '주체'로서 살아가기는 불가능하다. 이때, '미국'은 많은 여성들이 마지막으로 희망을 거는 출구로서 기대된다.

4. '미국병'의 이면, 주체적 자아를 향한 마지막 비상구

1960년대 지식인 여성들에게 가장 억압적인 제도는 결혼이었다. 근대적인 교육의 수혜자였던 여성지식인들은 자유의 이상을 내면화하고서도 가장 사적인 영역인 사랑과 성이라는 영역에서 가장 심하게 억압받음으로써, 가장 부자유하고 비주체적인 존재가 되었던 것이다. 결국 사랑과 결혼에서 주체가 되지 못하고, 소외된 여성들은 극단적 절망감에 빠져들 수밖에 없었다. 이 글에서 논하는 세 여성작가의 작품에 등장하는 여성들은 이런 절망감에서 마지막 가능성으로 생각할 수 있는 것은 미국의 자유 민주주의의 밖에 없다고 여긴다.

〈대한민국의 거지〉의 진하는 사랑하는 남자와의 관계에서 주체로 인정받고, 감정만이 아닌 신뢰에 기반한 관계를 유지할 수 없다고 절망해서 "거칠은 바다처럼 황량한 마음"이 되어 고향을 떠올린다. 그러나 친구인 현세는 진하를 위로하기 위해 미국지도를 가져온다. 별 하나를 더 첨가시킨 지도를 보며 현세는 그 별이 우리의 고향이라고 말한다. 성과 사랑의 주체가 되고자 했으나 그런 주체를 인정하지 않는 나라에서 더 이상 그 나라는 고향의 의미를 지니지 못하기 때문이다. 동등한 주체로서의 사랑과 결혼, 그 사랑의 표현인 섹슈얼리티의 주체가 되기 원하는 여성지식인들은 미국을 이상향으로 동경하는 것이다. 그리고 미국에 가기 위해 모든 방법을 다 동원하기도 한다. 당대에 여학생들의 사대주의적인 '미국병'으로 담론화된 현상은 이렇듯 단순하지 않은 당대 여성들의 자기인식과 연관된 것이다.[24)]

게다가 여성들의 '미국병'은 대한민국의 거지라는 자의식의 또 다른 면이다. 성과 사랑이라는 극히 사적인 영역에서조차 자유의지를 지닌 주체로 인정받지 못하며, 심지어 이기적이고 타락한 여성으로 담론화될 때, 이 여성들은 이미 대한민국의 거지로밖에 대우받지 못하는 신세가 되었기 때문이다. 가정이라는 사적인 영역을 지키는 자로서 규범화된 여성의 자리를 이탈하는 '주체적인' 여성들은 대한민국의 정상적인 국민으로 호명받지 못하는 것이다. 이미 너무 주체적이어서 국민의 자격을 상실하여 배제된 여성들은 나라가 과연 무슨 소용인가라는 근본적 질문을 던진다. 이 나라든, 저 나라든, 아무도 이 사회의 규범을 따르지 않는 여성들을 국민으로 받아주지 않기 때문이다.

> 「진하야, 우리에게 왜 나라라는 것이 있어야만 하니? 설혹 있다 치더라도 왜 이렇게 사랑해야만 하는 강제를 당해야 하니? 우리는 세계 어느 곳의 주민도 될 수 있어야 하는데 말야」
> 「……」

---

24) '미국병'이라는 말은 당시 매체에서 사용되기도 했고, 소설에서 여성들의 미국모방 욕망을 비하하면서 사용되기도 했다. 송숙영의 〈아! 아메리카, 아메리카〉은 미국 상류사회 출신으로 하바드를 나온 백인 장교와 결혼하려고 애쓰다가 결국 인종편견에 의해 순결을 잃고 결혼이 좌절되는 여대생을 다룬다. 이 소설에서는 이 여대생의 욕망을 지칭하기 위해 '미국병'이라는 말이 직접 쓰인다.

「참 어처구니 없지. 나무가 없는 우리의 붉은 산을 놓고 나무가 무성한 남의 나라의 산보다 붉은 우리 산을 더 정답다고 생각하자니 참……」

「……」

「어느날 밤 우리는 꿈을 꾸지 않니. 꿈에서 깨어나 문득 북쪽을 돌아다 볼 , 나는 미국으로 가고 싶어 하는 자기를 느끼는구나……」

「현세야!」

나는 왠지 감격하여 그녀를 불러 보았다.

하기야 우리가 유럽의 한복판에 태어났어도 어딘가를 생각하는 버릇은 버리지 못했을 것이다. 그리고 우리가 왜 이 땅에 태어났을까? 많이 생각해본 것도 사실이었다. 이 땅에 태어났기 때문에 현세는 지금 저런 소리를 하고 있는 것이다. 나는 그녀가 가엾어졌다. 우리가 남자를 배반하는 정도만큼이라도 나라를 배반하는 자유를 부여받았다면——[25)]

이 여성들은 사랑이라는 감정과 결혼의 주체이기를 원하는 여성들을 인정하지도 않으면서 그저 나라를 사랑하라고 하는 나라가 무슨 의미인가를 질문하면서, 남자를 배반할 수 있는 정도만큼이라도 나라를 배반할 자유가 부여되어야 하는 게 아닌가 생각한다. 어차피 개인의 삶을 존중하기보다 국가가 원하는 규범적 삶을 강요하는 국가는 개인들의 삶에 억압적 요인 이외의 다른 것이 아니기 때문이다. 이것은 개개인의 삶에서 국가의 의미를 묻는 것이며, 개개인의 '개인성'을 보장하지 않는 국가가 국가일 수 있는가라고 묻는 것이다.

이런 질문은 민족의 근대화, 경제발전을 위해 개인의 자유를 희생하는 것이 당연한 것으로 받아들여지던 1960년대 현실에서 반민족적, 반사회적 질문이었다. 민주주의가 봉건적이고 보수적인 것으로 담론화되면서 개인의 자유에 관한 담론은 오히려 후퇴하던 시기에,[26)] 이런 질문은 반민족적

---

25) 박순녀, 〈대한민국의 거지〉, ≪칠법전서≫, 196쪽.

26) 이철승, 위의 글 참조.

인 불온한 것으로 인식되지만, 오히려 가장 급진적인 면을 지닐 수 있으며, 근본적인 질문을 던지게 되는 것이다.

이렇듯 이 여성인물들이 성과 사랑의 주체가 되기 위해 미국을 동경하는 것은 '미국병'[27]이라는 맹목적인 미국문화 모방욕망의 의미를 넘어선다. 개개인의 구체적인 주권을 보장하지 않는 나라에서 민주주의나 자유라는 관념은 허상일 수밖에 없으며, 그런 나라는 배반할 자유라도 주어져야 한다는 것을 말하기 위한 것이다.

특히 박순녀는 북한의 사회주의 건설과정에서 겪은 사회주의적 국가가 개인을 통제하는 것을 혐오하며 월남한 바 있다. 이 경험 때문에 〈대한민국의 거지〉의 현세는 대한민국의 거지가 될망정 북한으로 돌아가지는 않겠다고 선언하기도 한다. 그런데 이제 대한민국에서도 나라가 무엇인가를 의심한다. 대한민국에서도 인정받지 못한다면, 더 자유로운 더 민주적인 사회인 미국에서나 생존할 수 있다고 여기는 것이다. 성과 사랑의 주체, 성과 사랑의 자유는 바로 국가에 대한 질문으로 연결되는 것이고, 주체성과 자유를 말하는 이 여성들의 '미국'담론은 이런 맥락 속에서 이해되어야 할 것이다. 이 미국담론은 미국이라는 구체적인 실체보다도 한국인들에게 자유와 민주주의로 표상된 미국의 이미지와 연관되는 셈이다.

그러나 여성들이 미국을 동경하는 이유가 모두 이렇다고 볼 수는 없다. 새롭고 선진적인 것을 추구하는 대중문화 코드로서 수용되고 모방된 경향도 있기 때문이다. 특히 여학생을 중심으로 한 여성지식인들은 패션에 민감하기 때문에 선진적인 문화를 가장 먼저 따라함으로써 미국문화를 모방하는 주체로 역할하기도 했다. 미국영화의 여주인공을 따라하는 문화취향

---

27) '미국병'은 '외래병'으로서 당대 많은 매체에서 한국인의 고질적인 병적 증상으로서 담론화된다. 특히 '외래품애호광'이라고 하여 외래품을 무조건 선호하는 소비풍조를 사대주의적 매국행위로 비판한다. 외래병은 주로 문화적, 소비적 행위와 연관되어 여성들의 문화취향이나 소비풍속을 비판하는 데 적용되는 경향이 강하다. 김현옥. 1964.11. 「내나라를 '유행'하는 '남의 것'」. 청맥』; 이덕희. 1964.12. 「사대적 열등의식의 발로」. 『청맥』참조.

은 모든 여성들을 사로잡는 유행의 코드였던 것이다. 여성들의 미국담론은 이런 문화적 모방욕구나 스타일과 섞여서 다양하게 존재했다.

박시정의 〈초대〉의 여성인물은 스튜어디스가 꿈이다. "자유롭게" 이국을 떠돌아다니고 싶기 때문이며, 낭만적 사랑과 인격적 존재로서의 자유를 인정받을 수 있고 '멋진 여자'의 스타일을 가질 수 있다고 생각하기 때문이다. 자신이 있는 그대로 인정받는 것 뿐만아니라 다양하고 선진적인 문화체험을 할 수 있다고 생각하기 때문에 선망한다. 그러나 여성들이 미국에 갈 수 있는 방법은 많지 않았다. 또 가장 손쉬운 방법은 한국에 주둔한 미군과 결혼해서 미국시민의 자격으로 미국에 가는 것이다. 따라서 이 여성들의 미국지향은 미군과의 연애와 연관되고, 이는 미군을 상대하는 성매매 여성들과 구별되기 어려운 점이 된다. 지식인 여성들의 미국지향이 미군과의 연애로 연결되어 미군에게 몸을 파는 성매매와 혼돈되어 인식될때, 이 여성들의 미국지향에 내재된, 즉 성과 사랑의 주체가 되고자 하는 근대적 개인을 향한 열망은 묻혀버리기 때문이다.

이렇듯 다양한 의미망을 지닌 여성들의 미국담론은 공적인 담론의 장에서 다양한 양상 그대로 해석되고 받아들여지지 않는다. 남성적 관점에 기반한 지배담론의 맥락에서만 해석된다. 그럼으로써 여성들에게 또 다른 억압의 요인이 된다. 〈그들의 시대〉의 여성인물인 선우의 절망과 단절감은 진이라는 지식인 남성에 의해 해석되기 때문에 더한층 극대화되는 것이다. 진은 선우가 영혼의 교감을 느낄 정도로 합리적이고 포용력 있는 남성으로 성격화되어 있다. 자신이 방황하며 찾던 사람이라고 생각할 정도이다. 특히 진은 유일하게 비판적 인식을 갖춘 인물로서의 내면이 드러나 있다. 당시대의 세태인 맹목적인 미국주의를 비판하는 가운데 자기자신의 모습조차 그 안에 있음을 지각하는 반성적 인식은 사뭇 돋보인다. 그러나 그 비판의 화살은 여성들의 맹목적인 미국문화 모방을 향해있다.

그는 봄볕을 등에 받고 잔디밭에 쭈그리고 앉았다. 타임지를 들추었다. 얼른 들춰진 곳이 예술난이었다. 화니 걸, 올리버! 레이첼, 레이첼, 아카데미 후보작품 기사였다. 이삼년 후에야 이땅에 들어오겠지. 그리고는 마치 가장 감각이 새로운 최근의 명화인 것처럼 광고난은 난무할 것이다. 찌꺼기만 먹고 사는 민족, 문화인인 척 꼬부랑글씨를 펼치고 있는 나는 뭔가. 그는 자신을 치밀고 올라오는 역증으로 타임지를 저만치 던져버렸고 벌떡 누웠다. 하늘이 푸르렀다. 무언가 내가 기쁜 얼굴로 집착할 것은 없을까. 하루가 천년같은 전방의 군대생활을 벗어나 푸른 하늘을 자유로 마시고 싶던, 살아서 내 시간을 살로 싶던 간절한 바램은 왜 이렇게 퇴색한 채 자기를 버려두는 것인지. 그는 잔디밭에 누워 가늘게, 그러나 강하게 외치는 그의 의지의 목소리를 듣고 있었다.

공책을 가슴에 안은 여대생이 진을 밀치고 먼저 버스에 오를 때 그녀의 스커트자락 아래로 내복이 드러나보였다. 스커트는 너무나 짧았다. 서양의 어떤 것이 이 풍토에 어울린단 말인지, 그는 씁쓸하게 냉소했다. 여자들은 왜 저렇게 민감하게 그들 몸의 생김과 풍치에 맞지 않는 치장들을 닮아가는 것일까. 그녀는 내복이 드러난는 것쯤 오히려 자연스러운 것으로 생각하는 모양 같았다.[28]

미국문화는 남녀를 불문하고 이 시대 젊은이들을 사로잡은 문화적 '취향'이었다. "타임지"를 보며 문화의 정체성을 확인하기도 하고, 미국영화를 보며 미국의 선진문화를 맹목적으로 이상화하기도 했다. 특히 젊은이들의 문화취향에 미국이 끼친 영향은 막대했던 듯하다. 새로운 것, 현대적인 것으로 인식되었기 때문이다. 그런데, 맹목적인 미국지향 의식은 대중들에게서보다 지식인들 사이에서 더 심각하게 지적되었다.[29] 인용문에서 볼 수

28) 박시정,〈그들의 시대〉, 228쪽.

29) 1950년대는 미국을 모방하려는 욕구가 강렬했던 시대이다. 미국의 교육원조나 국가 정책에 따라 단기, 장기 미국유학이 대세를 이루었고, 미국유학은 가장 기본적인 엘리트 코스로 인식되었다. 이 미국유학생들은 1960년대부터 본격적으로 한국사회에 진입하여 지식층, 중산층을 형성한다. 미국유학을 경험한 사람들의 미국문화 모방 욕망은 대중의 선진문화를 모방하고, 유

있듯이, 진은 이런 미국지향 의식을 비판하면서, 자기 반성에까지 이르는 지적인 면모를 보여준다.

합리적인 자기 반성력을 지닌 진도 그런 남성이어도 패션에 민감하고 유행을 주도하는 젊은 여성들의 미국문화 모방욕망을 한가지 맥락에서만 이해한다. 대중문화를 주도하는 여성들의 미국문화 모방을 일괄적으로 모두 남의 것을 그저 좋아하고 흉내내는 주체성없는 사대주의로 몰아붙이는 것이다. 사실, 이 시기 대중문화는 맹목적으로 미국을 모방하는 사대주의적 요소를 지닌다. 미군부대를 통해 흘러든 퇴폐적인 성문화나 자본주의 문화는 패션에 민감한 여성들 사이에 먼저 퍼지기 마련이다. 또 과도한 정조관념에 시달렸던 많은 여성들에게 자유롭게 발산하는 성적 자유의 분위기 역시 선망의 대상으로 인식된다. 이 시기 젊은 여성들은 양공주로 오인받는 것을 가장 두려워했지만, 그들이 누리는 서구적인 패션이나 자유로운 성의식을 부러워했던 것도 사실이다. 미국영화 관람을 위해 장사진을 치며 모여드는 영화풍속도나 미국영화를 선진적인 것으로 여기는 지식인 문화에서 이를 확인할 수 있다.

그러나 정조관념을 중심으로 여성의 근대화를 재편하려는 남성담론에서 여성들의 미국문화 추구와 자유로운 성적 주체를 지향하는 성담론은 인정될 수 없는 것이었다. 민주주의와 자유를 근간으로 하는 미국표상을 이상화하면서도 여성들의 미국문화 모방 속에 내재된 자유담론은 인정될 수 없었던 것이다. 지배이데올로기서의 여성담론-현모양처 이데올로기, 순결 이

행을 쫓으려는 욕망 만큼이나 강렬했다. 미국을 경험한 사실은 대중들의 선망의 대상이 됨으로써 우월한 경험이 되고, 이런 관계 속에서 미국문화는 자연스럽게 우월한 문화로 인식된다. 이는 동양인들의 '미국화' 욕망의 사회심리적 계기로 볼 수 있으며, 2차대전 이후 한국이나 일본에 유입된 미국문화가 급속도로 일상생활이나 문화를 재편하는 것은 이와 연관된다. 유선영은 식민지 시기 한국의 '미국화'에 관한 연구를 이미 진행한 바 있으며, 요시마 순야는 전전과 전중, 전후의 시기 구분을 통해 일본의 '미국화'를 논한 바 있다. 유선영. 1997. 「황색 식민지의 문화정체성-아메리카나이즈드 모더니티」. 『언론과 사회』18. 요시마 순야(나시마 데스오 역). 2005.6. 「냉전체제와 '미국'의 소비」. 『문화과학』42호. 참조.

데올로기 등-은 여성의 영역에서 성적 자유를 배제하는 것이었다.

미국문화 모방의 대중적 취향에는 물론 '맹목성'이 있다. 그러나 이 맹목성이 표면화되는 사이사이에 다양한 '지향'이 섞여있는 것도 사실이다. 여성들은 미군과 연애하기를 원하고 그 미군에게 잘보이기 위해 최신 스타일의 패션을 모방하지만, 그것은 결국 정조관념으로 여성들을 사물화하는 한국사회의 여성인식에 대한 저항의 몸짓이기도 하다. 따라서 어느 때는 그저 주체성 없는 흉내내기에 그치기도 하지만, 어느 때는 목숨을 걸고 추구하는 절대절명의 대안이기도 한 것이다. 여성들의 미국지향 의식은[30] 이 복잡하고 다양한 사회심리적 맥락을 반영한다.

그러나 이 시기에 미국을 모방하는 여성들의 욕망에 내재된 이 다양한 삶의 맥락과 그 안에 작용하는 여러 가지 열망의 양상을 염두에 둔 담론은 없었다. 진의 경우처럼 미국문화 모방 해석으로 인해 미국문화와 관련된 다양한 삶의 문제들이 남성적 해석으로 단일화되어 버리고, 여성들의 해석은 끼어들 여지를 잃고 마는 것이다. 결국 자유로운 개인을 향한 자유담론과 그것의 열망이 투영된 미국표상의 문제는 여성들의 내면에서 절박하게 일어나는 일이지만, 미국문화를 모방하려는 대중문화 취향으로만 해석되는 남성담론에 의해 억압되고 은폐되는 것이다.

이렇듯 박순녀, 손장순, 박시정, 세 여성작가는 성과 사랑의 주체라는 문제를 중심으로 여성 개인의 근대화를 담론화됨으로써 가정 근대화의 주체, 즉 현모양처가 먼저 되어야 한다는 국가 이데올로기와 배치된다. 많은 여성들은 성과 사랑의 주체라는 개인적인 영역을 버리고 민족의 근대화, 가정의 근대화를 위해 현모양처, 희생적인 모성이 됨으로써 국가에 의해

30) 이 글에서 '미국지향의식'이라고 지칭한 내용은 미국문화 모방에 대한 연구에서는 '미국화'로 개념화되기도 한다. 이 글에서 다루는 세 여성작가의 여성인물들이 '미국'에 편입되기 위해 미국을 선망하는 것은 생활방식이나 문화패턴을 '미국화'하려는 욕망으로 볼 수도 있지만, 미국화라기보다는 미국적 자유의 이념을 지향하는 점에서 같다고 하기는 어렵다.

인정받는다.[31] 이 세 여성작가의 여성인물들은 자살에 이르거나 자학을 할망정 끝까지 성과 사랑의 주체가 되기를 포기하지 않는다. 게다가 이런 여성들을 배제하는 국가보다는 미국이 낫다고까지 선언하는 것이다.

그러나 이 '선언'은 지배담론으로서의 민족담론, 혹은 근대화담론에 의해 미국을 모방하는 사대주의적 양상으로 통속화되기까지 한다. 결국 미국과 연관됨으로써 보다 근본적인 문제제기에 이르고 있지만, 사대주의적 매국적 현상으로 담론화됨으로써 더 이기적이고, 더 반민족적인 요소로 배제되는 논리적 악순환 속에 빠져버리게 된다.

세 여성작가의 여성인물이 제기하는 자유담론과 그 담론에 내재된 아메리카니즘의 의미를 여러 문화적 상황과 그를 작동시키는 욕망의 관계 속에서 다시 한번 꼼꼼히 짚어야 하는 이유가 여기에 있다.

5. 결 론

4·19 혁명 이후 1960년대 한국사회에서 근대화된 개인이란 어떤 개인일까? 이 글은 이런 문제의식에서 시작되었다. 그렇다고 이 글이 근대화에 대한 이야기라던가, 또는 개인에 대한 본격적인 이론적 탐색을 시도한 것은 아니다. 이론적인 탐색 이전에 한국의 근현대사에서 출몰했던 다양한 근대화의 논의들을 중심으로 그 담론적 상황을 짚어보고 개인에 대한 모색이 어떤 방식으로 진행되었는가를 탐색한 것이다.

이 글은 1960년대 여성작가의 여성인물들 사이에서 형성된 자유담론과 그 지향점으로서 '미국'의 의미를 통해 한국사회의 근대성, 즉 근대화된 개

31) 1960년대 모성성을 강조한 여성작가들의 문학이 이에 해당한다. 이선옥, 위의 글 참조.

인의 양상과 의미를 살펴보았다.

여성들은 성과 사랑의 주체가 됨으로써 근대화된 개인이 될 수 있다고 생각하고, 이 주체성을 위해 고군분투한다. 그러나 민족의 근대화를 이상화하는 지배담론(남성담론) 속에서 성과 사랑의 주체가 되기를 갈망하는 여성담론은 개인담론으로서 인정받지 못한다. 결국 이 자유의 의미는 '미국'을 출구로 마련하지만, 이 역시 사대주의적 매국적 발상으로 담론화되어 더 나쁜 이기적이고 타락한 욕망이 되어버린다. 여성들의 자유담론은 모두 억압되고 은폐되어버리는 것이다. 이 글은 이 억압되고 은폐된 여성들의 자유담론을 여러 가지 미국담론 가운데에서 솎아내고 복원해보고자 하는 것이다. 이 세 여성작가의 여성인물들은 그런 흔적에 해당한다.

이 여성인물들은 '사랑'의 관계에서 주체가 될 때, 근대화된 개인으로 인정받는다고 생각했다. 1960년대 한국에서 사회적 자아로 인정받을 수 있는 통로가 없었던 탓에 낭만적 사랑의 주체일때 근대적 주체임을 자각할 수 있었던 것이다.

사랑과 성이라는, '관계'로서만 존재할 수 있는 이 삶의 영역에서 주체성을 논한다는 것은 또 다른 주체와 끊임없이 소통하고 합의를 이루어야 하는 과정 중에서 자기를 인식하는 것을 의미한다. 관계는 나로서 끝나는 것이 아니라, 나를 규정하고 제한하는 너를 인식함으로써 가능한 것이기 때문이다. 결국 이 영역에서 근대화된 개인을 이야기 한다는 것은 소통과 합의를 위해 절차를 마련하고, 그 절차를 실현하는 과정에서 또 자기를 조절해가는 민주주의의 구체적 실현이기도 하다. 기든스가 낭만적 사랑을 유지하기 위해, 즉 개개의 남녀들이 성과 사랑의 영역에서 '친밀성'을 유지하기 위해 서로 소통하고 합의해가는 과정을 일상생활의 민주화[32]라 규정한 맥락은 바로 이 개인의 '근대성' 때문일 것이다. 이 여성작가들의 여성인물들

---

32) 기든스, 위의 책, 298쪽 참조.

은 바로 근대화된 개인의 상을 성과 사랑에서의 주체화 과정을 통해 일상생활의 민주화라는 주제로 치열하게 문제제기 한다고 할 수 있다. 1960년대에는 비록 민족의 근대화에 의해 억압되고 은폐되었지만, 개인의 근대화를 고민한 흔적으로서 중요하게 평가될 만하다.

이 선 미

경남대 국문과 조교수로 재직 중이다. 연세대 국어국문학과에서 "박완서 소설의 서술성 연구"로 박사학위 받았다. 대표논문으로는 [공론장과 '마이너리티' 리포트](2011), [박완서 소설 소설과 '비평':공감과 해석의 논리](2011), [명랑소설의 장르인식, '오락'과 '(미국)문명'의 접점](2012) 등이 있다.

E-mail: zamenlee@kyungnam.ac.kr

손창섭 소설과 『사상계』

| 김 진 기

손창섭 소설과 『사상계』

김 진 기

1. 서 론

손창섭 소설에 대한 연구는 끊임없이 다시 쓰여지고 있다. 대체로 1950년대 작가에 대한 연구는 어느 정도 진척이 이루어지고 나면 종결되기 일쑤인데 손창섭 소설에 대한 연구만은 예외로 자리잡고 있다. 사실 손창섭 소설에 대한 연구도 일정 시점에서 종결되었다고 치부된 적이 있었다. 왜냐 하면 손창섭 소설의 진수는 1950년대에 이미 마무리되었고 60년대 이후의 소설은 통속소설, 혹은 대중소설의 성격을 가지고 있으므로 더 이상 연구할 가치가 없다고 판단되었기 때문이다. 그래서 그의 문학에 대한 연구는 50년대 소설에 국한되었고 그 연구에서 약간의 편차가 있긴 하지만 대부분 그의 소설의 성격을 병자의 소설, 자기모멸이나 생에 대한 무의미한 반추 등으로 한정해 버리는 경향이 다분했다. 왜냐 하면 그의 소설에 등장하는 인물들은 대부분 불우한 상황에서 비극적 현실을 적극적으로 극복하지 못하고 타인에 의해 극심한 피해의식에 시달리거나 뚜렷한 해결점을 찾지 못하여 내면으로 도피하는 경향만을 반복하고 있었기 때문이다.[1)]

모두 그런 것은 아니지만 「신의 희작」을 통해 나타난 주인물 S의 정신병리학적 심리를 다시 그 이전에 발표된 소설들에 등장하고 있는 인물들에 투사하여 분석하는 바람에 그의 소설 속 인물들, 특히 50년대 소설에 나타나고 있는 인물들은 대개가 정신분석학적 분석의 대상이 되지 않을 수 없었다. 여기서 손창섭 소설에 대한 연구들이 왜 그다지도 정신분석학적 방법론에 의존하지 않으면 안 되었는가를 이해할 수 있을 것이다.[2)]

정신분석학적 방법론은 손창섭 소설에 등장하는 인물들의 내면에 잠재해 있는 정신의 복잡한 메커니즘을 해명해 준다는 점에서 손창섭 소설 연구에 있어서 그 연구 방법론으로서의 의의가 분명히 있다. 그렇지만 그 방법론을 통해 그의 작품에 전개되는, 혹은 그의 소설들에 영향을 미친, 의미 있는 현실변화들의 동인을 설명해 주기란 그리 쉽지는 않을 것이다.[3)] 정신분석학적 방법들은 한 작가의 작품 세계에 작동하는 정신의 구조들을 해명해 주긴 하지만 작가가 문학을 통해 정신 외부에 존재하는 근대적인 모순들과 어떻게 대립, 갈등, 극복했는가 하는 것에 대한 해명에는 미흡한 면이 없지 않다. 이 근대적인 과제들과 손창섭의 소설을 연관시킨다는 것은 손창섭의 소설들을 50년대에 국한시켜 연구하는 연구자들에게서는 쉽

---

1) 그렇지만 바로 이러한 면이 당대의 불우한 사람들과 보편적인 동일시를 이끌어내 인기를 끌게 한 주된 요인이었을 것이다. 유종호. 2005. 「소외와 허무」. 『손창섭 단편전집 2』. 가람기획. 11면.

2) 이러한 인물과 작가의 동일시는 위의 유종호도 예외가 아니지만 예컨대 공종구의 글에서도 엿보인다. 공종구. 2009. 「손창섭 소설의 기원」. 『현대소설연구』 Vol.- No.40 . 160-162면 참조. 반면 인물과 작가가 동일하지 않다는 부분에 대해서는 국민일보 정철훈 기자가 인터뷰한 우에노 여사의 증언에서도 확인해 볼 수 있다. 정철훈. 「[전후 최고 문제작가 '손창섭 살아있다'](하) 손창섭 문학의 진실 밝혀지다」. 『국민일보』 2009. 2. 20. 뿐만 아니라 파인애플 사업과 관련해서도 그의 제자 노윤기의 증언에서 그것이 진실이 아님이 밝혀졌다. 정철훈. 「[전후 최고 문제작가 '손창섭 살아있다'](속) 제자 노윤기씨 증언 도일 직전 행적」. 『국민일보』. 2009. 2. 22. 참조

3) 이수형의 「1950년대 손창섭 소설에 나타난 죄의식에 관한 연구」도 손창섭 소설의 비밀을 자기처벌욕구에 기인한 죄의식이라는 정신의 구조를 통해 해명한다는 점에서 그 탁월성이 인정되지만 이 죄의식이 시간의 변화에 따라, 혹은 시대적 변화에 따라 어떻게 변화하느냐 하는 그 변화의 미세한 편차에 대해서는 아무런 언급도 하지 못하고 있다. 이수형. 2010. 「1950년대 손창섭 소설에 나타난 죄의식에 관한 연구」. 『한국학논집』 제 41집. 참조.

게 기대할 수 없는 부분이다. 그렇지만 손창섭의 소설을 60년대 이후의 소설까지 포함하여 분석할 때에는 손창섭의 소설들은 충분히 민족사적인 근대적 과제들과 맞닿아 있음을 알 수 있다.[4] 예컨대 4·19 직후에 씌어진 『저마다 가슴 속에』에서 우리는 손창섭 소설에서 유례를 찾아볼 수 없는 급진적인 정치적 비판의 목소리를 들을 수 있다. 또 작가가 일본에 간 이후 1976년 1월 1일부터 1976년 10월 28일까지 『한국일보』에 연재한 『유맹』은 재일 조선인 문제를 집중적으로 다루었다는 점에서 근대적인 민족문제인 디아스포라와 연결되어 있다. 『유맹』에는 일본제국주의의 정치적 억압과 경제적 수탈, 생존을 위한 일본에로의 이주, 군국주의 전쟁 시대의 강제 징용과 전후 일본 사회속에서의 소수자로서의 처절한 생존 전략 등 근대적인 삶의 질곡들이 최원복 노인의 삶을 통해 담담하게 서술되고 있다.

뿐만 아니라 『동아일보』 1968년 7월 29일부터 1969년 5월 22일까지 연재한 『길』은 그동안 손창섭 소설에서 보기 드문 건강한 소년이 등장하여 혼탁한 사회를 꿋꿋하게 헤쳐나가는 모습이 그려져 있다. 연재 당시 백낙청도 이 소설에 대해 단순한 신문소설 이상의 가치가 있다고 고평한 바 있고 이동하도 『길』을 새롭게 분석하면서 이 작품이 단순히 세태를 표현한 작품이 아니고 자본주의 경제인의 이념형 및 자본주의 사회의 이념형에 대한 작가의 아낌없는 긍정이 있다고 그 공론적 성격을 높이 평가하였는

---

4) 『작가연구』에서 손창섭 특집을 미련하여 몇몇 연구자들의 글을 실었는데 이 글들의 기본적인 공통점은 기존에 자신들이 손창섭 소설에 대해 내렸던 평가를 내거 수정하고 있다는 것을 들 수 있다. 그렇지만 그 변화의 계기에 대해서는 누구도 소상하게 밝히지 못하고 있다는 점에서 그들의 그 수정이 이전의 평가와 지금의 평가를 단지 기계적으로 결합했을 뿐이라는 것을 보여준다. 그 중 눈에 띄는 것은 김동환의 「『부부』의 윤리적 권력 관계와 그 의미」인데 이 글에서 그는 이 작품이 정치적인 성격도 있음을 지적하여 손창섭 소설의 정치적인 알레고리를 문제시 하였다. 그렇지만 이 분석을 끝까지 밀고 나가지 못한 아쉬움이 있다. 이후 이 정치적 성격은 『인간교실』에 실린 방민호의 「몰래카메라의 의미 – 1960년대 한국사회 만화경으로 들여다보기」에서노 시직된 바 있는데 앞으로 손창섭 소설 연구의 성패는 이 정치성에 대한 분석 여하에 달려 있다고 해도 과언이 아닐 것이다. 방민호. 2008. 「몰래카메라의 의미 – 1960년대 한국사회 만화경으로 들여다보기」. 예옥출판사. 김동환. 1996. 「『부부』의 윤리적 권력 관계와 그 의미」. 『작가연구』. 창간호 참고.

데[5] 이러한 『길』과의 새로운 만남은 손창섭 신문소설이 예외없이 통속성을 보이고 있다고 그의 장편소설을 전면 부정한, 그래서 그의 소설을 1950년대적인 시대적 의미로 제한해 둔 자신의 기왕의 평가에 대해 다시 한번 생각하도록 하는 계기가 되었다고 한다. 다시 말해 손창섭의 장편 소설에는 그동안 대부분의 평자들이 동의해 온 통속성만 있지 않고 나름대로 의미있는 문학성을 내포하고 있을 것이라는 추정이 그것이다.[6] 사실 새롭게 발굴된 그의 장편 소설들은 맥락을 따져서 읽어 보면 당대나 후대의 부정적 평가와 달리 그 나름의 문학적 필연성과 가치를 가지고 있다고 할 수 있다.[7]

이와 같이 그동안 사장되었던 그의 신문연재소설이 계속적으로 발굴되면서 손창섭 소설에 대한 새로운 문제의식이 싹틀 수밖에 없었는데 그럼에도 그 연구가 잘 진척이 되지 않는 이유를 방민호는 세 가지로 정리하고 있다. 그 중에서 세 번째 요인이 중요한데 그는 손창섭의 신문연재소설들이 "각각의 작품들, 또는 작품군 사이에 연계성, 연속성을 찾아 설명하기 어려운 다채로움과 돌발성을 보여주고 있기 때문에 쉽게 전체를 논하기 어려운 점이 있다"면서 "이 전체가 어느 정도 연구자들의 손에 익숙해 져서 잡힐 듯해야 하는데 그러기 어려운 점이 있다"고 설명한다.[8] 그러면서 그

---

5) 이동하. 1996.「손창섭의『길』에 대한 한 고찰」.『작가연구』창간호. 114면 참조. 손창섭 장편소설을 부정적으로 읽고 있는 경우로는 김명임. 2003.「손창섭의『異性硏究』- 체념의 미학과 통속적 기호들」.『한국학연구』Vol.12. 등이 있고 긍정적으로 읽고 있는 경우로는 박배식. 1995.「손창섭의 세태소설 분석 - 길을 중심으로」.『국어국문학』Vol.- No.113 등이 있다.

6) 이러한 기왕의 손창섭 소설에 대한 재고에 결정적 계기를 말해야 한다면 아마도 방민호의 일련의 작업들이 포함될 것이다. 그는 그동안 사장되어 왔던 손창섭의 장편들을 그가 할 수 있는 범위 내에서 최대한 발굴하려 애썼고 그때마다 그 작품에 대한 의미부여를 게을리 하지 않았다.

7) 그동안 확인되지 않았던 많은 신문연재소설에 대한 광범위한 서지작업은 홍주영의 논문에 부록으로 정리되어 있다. 홍주영. 2007.「손창섭 소설에 나타난 부성비판의 양상 연구」. 서울대 석사. 참조.

8) 방민호. 2012.「손창섭 소설의 외부성」.『한국문화』Vol.58. 199면. 방민호는 이 외에 다음 두 가지를 더 들고 있다. 첫째, 무엇보다 손창섭이라는 존재 자체가 한국에 머물러 있을 때도 베일에 가려진 삶을 살았고, 나아가 우리 사회를 떠나 일본에서 오랫동안 살다 생을 마쳤던 까닭

는 손창섭 초기와 후기의 소설 모두를 설명해 줄 수 있는 키워드로서 강유진의 '재류외인'이라는 그리스적 개념에 상당한 영감을 받았다고 술회한다.[9] 이것은 50년대와 60년대 이후의 소설을 매개할 수 있는 현실적 계기를 찾지 못한 일종의 궁여지책으로 보여진다. 왜냐 하면 손창섭 소설에는 분명 그런 '재류외인'의 성격이 있긴 하나 문제는 그러한 그의 '외부성'이 결국은 한국사회 '내부'에서 발생했다는 사실을 인식하는 것이 중요하기 때문이다. 그것이 그의 문학을 한국현대소설사 속에 제대로 위치 지울수 있는 유일한 방식이다. 이와 관련하여 강유진은 그의 박사학위 논문에서 이 변화의 결정적 시기를 「신의 희작」에서 찾고 있는데[10] 그것이 결정적이라는 사실에 입각해 본다면 타당한 지적이라고 할 수 있지만 사실은 그 변화가 이미 오래 전부터 가시화되고 있었다고 볼 때 그 변화의 현실적 계기가 무엇이냐가 대단히 중요한 관심사가 될 것이라 본다. 강유진의 논문은 손창섭 소설을 공론의 영역과 연결시켰다는 점에서 타당하고 평소의 필자의 문제의식과도 상통하는 부분이지만 그러한 공론의 영역이 어떻게 가능했을 것인가 하는 현실적 계기를 찾지 못한다면 해석상의 수많은 난점을 만나게 될 우려가 많다.[11] 방민호의 고군분투나 강유진이 분석한 공론

에, 문단사적 맥락이 연구를 위한 촉매가 되곤 하는 한국현대문학 분야의 여건을 충족시키지 못한 면이 있었다. 둘째, 손창섭 장편소설의 면면들이 언뜻 보면 신문 연재 또는 잡지 연재의 조건을 충족시키는 통속소설, 대중소설의 면모가 강하기 때문에 숨가쁜 시대적 전개를 보이는 1960년대, 1970년대 문학사 연구에서 적극적인 의미를 부여할 만한 동기를 찾기 어려운 점이 있다.

9) 방민호. 앞의 글. 200면.

10) 강유진. 2012. 「손창섭 소설의 변모양상 연구」. 중앙대학교 박사. 2면.

11) 본 논문에서 키워드로 활용하고 있는 '공론'이라는 말은 근대적 개념이라고 할 수 있는데 사적 개인들 간에 벌어지는 끊임없는 공적 토론, 혹은 그 토론의 내용을 의미한다. 하버마스에 의하면 공론장은 정치권력의 사회화, 곧 권력의 분립이라는 현상과 불가분의 관계가 있으므로 다양한 공적 표현의 욕망들이 새로운 민주적 소통을 통해 여론이 형성되는 곳이라 하였다. 이 여론의 형성은 사적 개인들이 공적 영역에 대한 비판적 견해를 통해 형성되는데 그 물적 토대는 신문, 잡지 등의 정기간행물의 중개망이 절대적이다. 50년대 전후 신문, 잡지의 번창은 공론이 존재할 수 있는 객관적 조건을 형성하였다. 이에 대해서는 전석환, 이상임. 2012. 「공론장(公論場)의 형성과정 안에서 본 문학의 사회철학적 의미 – 하버마스의 『공론장의 구조변화』를 중심으

에 대한 추상적 접근 등은 손창섭 소설이 근거하고 있는 현실적 기반을 포착하지 못할 경우 연구의 폐쇄회로에 갇힐 공산이 크다.

본 논문에서는 이와 같이 방민호와 강유진 등 최근 손창섭 소설의 핵심으로 육박해 가는 연구들에서도 더 이상의 진전을 보지 못하고 일종의 교착상태에 빠져 있는 손창섭 소설에 대한 총체적인 분석을 위해 그 '시론적 차원'에서 그 변화의 현실적 계기를 『사상계』와의 영향관계에서 찾아보고자 한다. 한 작가가 자신의 문학적 경향을 급격하게 변모시킬 때에는 그의 요지부동의 내적 세계를 뒤흔들만한 압도적인 외적 세계의 영향이 없이는 변화가 불가능하다는 점에서 손창섭 소설의 변모 원인으로서 주체 외부의 타자적 영역에 관심을 두지 않을 수 없었던 것이다. 따라서 손창섭 소설의 변모가 「신의 희작」에 이르러 기왕의 자신의 문학과 결정적인 결별의 형태를 띠고 있지만 이 결별의 시초는 그보다 앞서 1957, 8년께로 소급되어 나타나고 있다는 점에서 이 시기가 우연찮게도 『사상계』가 문화적인 차원에서 점차 정치적 저항의 차원으로 전화하던 시기와 맞아 떨어지고 있다는 것에 주목할 필요가 있다고 본다. 다음 장에서 이 둘의 필연적 관계를 면밀하게 살펴보기로 하겠다. 이 연구가 그동안 손창섭 소설에서 풀리지 않았던 수많은 의문들을 해소해 줄 수 있기를 기대하면서 손창섭 소설과 『사상계』와의 관계, 그로부터 그의 소설이 어떻게 '영향'을 받았고 어떻게 '변화'해 갔는가의 순서로 정리해 보기로 하겠다. '영향'과 '변화'의 경우 정치적 비판과 반공이데올로기의 수용이라는 두 항목으로 나누어 설명해 보기로 하겠다.

로」, 『철학논총』 제 68집, 제2권, 새한철학회, 390-394면 참조.

2. 소설세계의 변화와 『사상계』

전술한 바와 같이 손창섭 소설의 변모 시기의 정점은 4·19를 전후한 1960년 즈음으로 나타나지만 그 징후적 현상이라고 할 만한 것들은 이미 50년대 중반부터 나타나기 시작했다. 그것은 무엇보다도 작중 인물들이 그동안의 방황과 혼란을 벗어나 일정한 해결점을 모색하기 시작했다는 것에서 포착된다. 「미해결의 장」에서 지상은 자신의 부조리한 현실로부터 벗어나는 하나의 방법으로서 가족으로부터의 탈출을 도모한다. 그 가족적 부조리란 극도의 가난 속에서도 위신과 체면만을 중시하며 미국유학을 통한 부와 출세의 확보라는 허황한 의식에 빠져 있는 가족 내적 의식구조를 말한다. 달리 말하면 사물화된 의식과 도구적 이성의 세계에 함몰된 권세와 허세의 성격을 말함인데 주인공 지상은 이러한 환경과의 필연적 연관성을 상실하고 그러한 허세와 권세의 무의미성에 짓눌려 매일같이 '해결'이란 말에 도취되면서도 종내 집을 떠나지 못하고 있는 것이다. 이러한 해결에의 의지는 그가 '미국유학'을 통한 출세가 불가능하기 때문이 아니라 그러한 출세 자체가 부당하다고 생각하기 때문에 발생한 것이다.

그렇지만 손창섭 소설에서 세계의 부조리에 대한 이같은 인식 자체는 그렇게 새삼스러운 것이 아니다. 예컨대 「생활적」에서 동주가 봉수와 춘자의 권력지향적 부의 추구, 즉 사물화된 의식에 대해 인물시각적 서술방식을 통해 아이러니적으로 비판하는 내용도 지상의 '해결'에의 의지와 하등 다를 바 없다. 문제는 이 시기 손창섭 소설에 등장하는 주인물들이 이러한 부조리한 현실로부터의 탈출, 곧 현실가능한 해결점을 모색하고 있다는 것에 있다. 이 해결은 비단 「미해결의 장」에서만 모색되고 있는 것은 아니다. 비슷한 시기에 발표한 「유실몽」에서도 누이와 상근의 사물화된

동거관계가 청산되는 상황에서 물론 상근이 머물고 있는 집으로 돌아갈 수도 없지만 그렇다고 누이를 찾아갈 생각도 없는 철수가 "누이와는 반대방향으로 가야 한다고 생각"하고 있는 것에서 그러한 부조리한 현실로부터 벗어날 수 있는 해결에의 의지를 쉽게 발견해 볼 수 있다.

이러한 해결에의 의지가 드러난 시기에 씌어진 작품에서 우리는 다음과 같은 몇가지 특이상황을 발견할 수 있다. 먼저 「저어」와 같은 작품의 출현이다. 이 작품은 여러 모로 이 시기 손창섭 소설에서 찾아볼 수 없는 상당히 이채로운 작품에 속한다. 우선 주인물 광호나 정희부터가 기왕의 손창섭 소설에서 보았던 우유부단하거나 피해의식에 사로잡힌 부정적 인물이 아니다. 그들은 자신들의 소신에 입각해 주위의 편견에 강력하게 도전해 나가고 있다. 물론 이들이 처한 환경이란 앞서 말한 사물화된 의식과 도구적 이성에 뒷받침된 인습과 자기과시의 세계이다. 정희의 백부가 이들의 결혼을 반대하는 이유도 "은행의 간부나 대학교 교수나 장 줄에 있는 군인이나 이렇게 한다 하는 청혼자를 물리치고 어째서 하필 보잘 것 없는 광호에게 출가하려느냐"는 것이고 보면 광호와 정희가 처한 내외적 환경이란 「생활적」, 「미해결의 장」, 「유실몽」에서 제시된 부조리한 사물화된 환경과 하등의 차이가 없다. 따라서 이들의 결혼식도 이러한 환경이 만든 허위의식과 허례허식에 입각해 이루어져야 하는데 그러한 허례허식에 대해 이들 두 남녀는 도저히 용납하지 못하고 있는 것이다.

> 광호는 본시 결혼식에 대해서 전연 흥미를 갖지 못하는 인간이었다. 그것은 단순한 취미 문제가 아니라, 그의 인생관에 근거를 둔 것이었다. 그러기에 비단 결혼식 뿐만 아니라, 장례식, 제사, 생일 잔치 등에 관해서도 극히 인습적이요, 형식적이요, 공식적인 폐풍 내지는 악습에 지나지 않는다고 비난 공격하는 것을 정이도 여러 번 들었던 것이다. 제사나, 생일 잔치 따위는 아예 전폐해야 할 일이지만, 상을 당한 경우에도 가족들

끼리 시체를 거적대기에라도 말아서 가져다 묻든지 태워버리면 그만 아니냐는 것이다.[12)]

따라서 결혼식도 "마음이 작정되면, 가까운 사람끼리 4~5인 모여 앉아 음식이나 논아 먹고 나서, 같이 살면 그만인 것입니다. 결혼이란 결국 식이 문제가 아니라, 마음의 준비가 문제인 것입니다"라고 강변하는 광호의 말은 뿌리깊은 봉건적 관행으로부터의 탈출, 곧 봉건적인 관혼상제에 대한 강력한 반봉건의식에 다름 아니다. 이러한 반봉건의식은 우리 문학사에서 그리 낯선 모습이 아니다. 멀리는 춘원 이광수의 『무정』에 나타난 자유연애사상에서 비롯하여 이기영의 「홍수」에 나타난 바 '낫과 호미의 교환으로서의 결혼식'에 이르기까지 근대적인 개화사상에서 줄곧 문제삼았던 화두이기도 하다. 실제로 식민지 시대 지식인의 거의 대다수가 이 개인주의적인 자유연애사상에 자연스레 젖어들기도 하였다는 점에서 「저어」의 세계는 결코 이색적인 현상이라고 할 수는 없다. 문제는 그것이 현실적인 담론이 아니라 먼 미래에서나 이루어질 계몽적 대상이라는 데에 있다. 다시 말해 공감 속에서 이루어질 현실 가능한 의례가 아니라 미래에 이루어져야 할 공론의 대상이라는 것이다. 손창섭 초기 소설에서 이 공론의 영역은 매우 낯설게 느껴진다.

특이할 것까지야 없을지 몰라도 이 시기 손창섭 소설에서 드러나고 있는 또 하나의 주목할 부분은 국가와 민족이라는 기표의 등장이다. 손창섭 초기 소설에서 그가 형상화하는 세계는 주로 개인적인 사적인 영역에 국한되어 있었다. 그렇지만 「혈서」에서 준석이 달수를 향해 병역을 기피했으니 "너는 국적이다"라든가, 「미해결의 장」에서 지상이 국가와 민족의 차원

12) 손창섭. 2005. 「저어」. 『손창섭 단편전집 1』. 가람기획. 204면. 1955년 7월 1일 사로 『사싱계』에 실린 작품이다. 앞으로 작품 인용은 『전집』으로 약칭하기로 한다.

에서(?) 구성된 진성회에 대해 예민한 반응을 보이고 있는 부분들은 기왕의 손창섭 소설에서는 볼 수 없었던 공적 영역에 대한 언급에 속한다고 할 것이다. 특히 「미해결의 장」에서 진실하고 성실한 사람들끼리 모여 국가 민족과 인류 사회를 위해서 진실하고 성실한 일을 하다가 죽자는 것이 소위 진성회의 취지임에도 지상은 그러한 "진성회의 정회원이 될 바탕이 내게 있다면 사실 나는 마지막이라는 생각이 들었다"며 "어이없이 당황"스러워 하고 있다. 왜냐 하면 부친을 비롯한 진성회 회원들은 실제로는 위신과 체면만을 내세우면서 본인들이 감당해야 할 부양의무에는 전혀 무능한 사람들로서 따라서 허황된 부류들이었기 때문이다. 그들에 대한 지상의 거부는 단지 그들에 대한 비판에 그치지 않는다. 그것을 넘어서 그들로 대표되는 위선적인 현실관계 전부를 문제삼고 있다는 점에서 그는 분명히 아웃사이더이거나, 혹은 정치적 의미에서 급진적인 인물이라 할 수 있다. 이렇게 볼 때 「미해결의 장」 역시 근원에서 생각해 보면 공적인 문제 제기, 곧 공론의 성격을 가지고 있다고 할 수 있다.

이제 우리가 질문할 내용은 왜 이때 이렇게 손창섭 소설의 인물들이 피해의식에 젖어 있거나, 혹은 사물화된 세계와 도구적 이성이 지배하는 세계로부터 무작정 도피하려고만 하던 부정적인 인물군상으로부터 긍정적이거나 해결을 모색하려는 인물들로 변화하고 있으며 나아가 이들의 주제가 어째서 사적인 영역에서 벗어나 공론적 영역에까지 도달하게 되었느냐 하는 것이다. 이와 관련하여 한 가지 더 주목할 부분은 이 시기 손창섭의 글에 나타난 루소에 대한 언급 부분이다.

> 그 무렵 룻소오와 니이체에게 도취되어 나는 열병환자처럼 된 적이 있었다. 특히 룻소오에게는 더 甚하게 傾倒되었다. 룻소오의 한마디 한마디는 全部 내가 하고 싶던 말 같았고 그의 행동은 하나하나 그대로 내가 원해온 행동이었다. 나도 룻소오처럼 十餘歲나 年上의 女人과 戀愛를 해

야겠다고 생각했다.[13]

물론 이 인용에서 손창섭이 루소의 어떤 부분에 도취되어 열병환자처럼 되었는가에 대해서는 자세히 언급되어 있지 않다. 그렇지만 위 인용부분에 앞서 중학때 수백권의 세계문학전집을 독파했으며 그것을 통해 불행한 사람이 세상에 꽉 차 있는 것을 알게 되었고 따라서 모든 사람에 대한 그동안의 반감과 적의를 차차 없애게 되었다는 부분과 연관시켜 보면 루소의 인권사상에 대해 어느 정도 눈을 뜨고 있지 않았을까 추정해 볼 수 있다.[14] 루소의 인권사상의 핵심이 불평등기원론에 있고 그 불평등의 원인이 사유재산의 허용에 있다면 이러한 사유재산의 독점화와 전후의 부조리한 현실 - 권력과 부를 통한 자기동일화 - 은 일종의 유사 구조를 보이고 있다고 여기지 않았을까. 더군다나 손창섭 자신이 일정 시기에 교원이었던 경험이 있었고 루소가 『에밀』을 통해 교육계에 미쳤던 엄청난 영향들을 고려해 볼 때, 그리고 그의 중요한 두 소설 「고독한 영웅」과 『저마다 가슴속에』가 모두 교원을 주인물로 다루고 있음을 염두에 두면 손창섭 소설에 미친 루소 사상의 영향이란 실로 상당하였을 것이라 판단된다.[15] 이렇게 보면 손창섭의 소설세계란 기왕의 자폐증적 불구성의 세계와 같이 사적인 공간이 아니라 그러한 자폐성을 불러오는 사물화된 의식과 도구적 이성이 만연한 세상, 즉 공적인 문제의 세계였던 셈이다. 따라서 그 세계는 언제

13) 손창섭. 1955. 9. 「나의 작가수업」. 『현대문학 』. 138면.

14) 흥미로운 것은 이 자료에서 손창섭이 루소처럼 10여세 연상의 여자와 연애를 하고 싶다고 하였는데 이 모티브는 그의 소설에서 심심찮게 등장하고 있다. 『저마다 가슴 속에』에서 천봉우가 연상인 인수 어머니를 좋아한다거나, 『아들들』에서 넷째 아들이 둘째 형수를 좋아한다거나 하는 설정은 모두 이와 연관되어 있는 것으로 보인다. 물론 손창섭 소설에서 교육현장을 소재로 한 소설들이 한두 작품이 아닌 것은 주지의 사실이다.

15) 이 두 작품의 상호텍스트성을 분석한 글로는 최미진. 2007. 「손창섭 소설에 나타난 교원과 교원 사회 연구 – 「고독한 영웅」과 『통속의 벽』의 상호텍스트성을 중심으로」. 『한국민족문화』 Vol.30 참조.

든 공론의 영역으로 점화될 가능성을 애초부터 잠재하고 있었다고 보아야 하겠는데 이 시기 공론의 장을 독보적으로 주도한 매체는 주지하다시피 『사상계』였다. 말하자면 『사상계』와 만나면서 그의 잠재된 공적 의식이 공론의 영역으로 점화되지 않았을까 추정해 볼 수 있겠다는 것이다.

손창섭과 『사상계』의 만남은 기록상에 의하면 1955년 7월 앞서 살펴본 작품 「저어」를 『사상계』에 발표하면서부터로 드러나 있다. 그로부터 그는 동지에 단편 6편과 장편 1편, 총 7편을 발표한 바 있다. 이 숫자는 『현대문학』에 9편 발표한 것과 거의 맞먹는 수준이라 할 수 있는데, 손창섭이 『문예』로부터 등단했기 때문에 『현대문학』이 『문예』를 전신으로 하고 있다는 사정을 고려한다면 『사상계』에의 발표 숫자는 상대적으로 상당히 주목할 만한 분량이 아닌가 한다. 주지하다시피 당시 『사상계』의 인기는 하늘을 찌를 듯했다. 월간 문예지 『현대문학』 발행 부수가 1만2천여부 정도였다면 시사 종합지 『사상계』는 무려 4만여부에서 많게는 7만 여부까지 판매되었다.[16] 또 『사상계』는 문학이 차지하는 비중이 전체의 일부였음에도 문예만으로 지면을 채웠던 『현대문학』보다 더 큰 권위를 자랑하였다. 그런 『사상계』였던지라 대부분의 작가들이 『사상계』의 동인문학상 수상을 하나의 명예이면서 자랑으로 삼았을 것은 필지의 사실이다. 그런 동인문학상에 손창섭은 1회부터 거의 빠짐없이 심사대상작으로 선정되었으므로 손창섭의 동인문학상에 대한 관심은 남달랐을 것이라 추정된다. 더군다나 제3회 수상작 심사에서 손창섭은 오상원의 「모반」에 밀려 아깝게 탈락한 바 있는데 당시 심사위원이었던 황순원이 손창섭에 대해 '인생의 부정면'을 완전히 탈피하지 못했기 때문에 한 번 더 두고 보자는 취지의 심사소감을 피력한 바 있고 이에 대한 응답이 손창섭의 제 4회 동인문학상 수상작 「잉

16) 이 엄청난 부수가 발행된 해는 1958, 59년도였다. 이 해의 특징으로 정치적 상황의 악화를 들 수 있고 그만큼 시사성이 커지는 상황과 비례하여 작품의 부수도 증가했다고 할 수 있다. 김건우. 2003.『사상계와 1950년대 문학』. 소명출판. 167면.

여인간」으로 나타났다는 것은 주목을 요한다.[17] 이 에피소드는 그만큼 『사상계』의 권위가 얼마나 막강했는가를 말해주는 것이면서 동시에 손창섭의 『사상계』에 대한 애착이 어느 정도였는가를 단적으로 보여준다는 점에서 매우 시사적이다.[18] 한 걸음 더 나아가 『사상계』는 『사상계』 내부의 편집 방침에 따라 『사상계』 최초의 장편소설 집필자로 손창섭을 지명하기도 하였다. 문학에 대해 특별한 대우를 아끼지 않았던 『사상계』였던 만큼[19] 『사상계』 최초의 야심찬 기획이라 할 장편 소설 연재의 집필자에 대한 선정은 심사에 심사를 거듭하였을 것이다. 이렇게 보았을 때 손창섭과 『사상계』의 관계가 의외로 그렇게 단순하지만은 않았을 것이라는 것을 충분히 숙지할 수 있다.

이 모든 것의 배후에는 그동안 『사상계』가 보여 왔던 과도한 지역연고주의가 가로놓여 있다. 연보에 의하면 그는 1922년 평남 평양에서 출생한 것으로 되어 있는데 평양이야말로 서북 출신 지식인 집단인 『사상계』의 지역적 메카라 해도 과언이 아니다.[20] 주지하다시피 『사상계』가 가지고

17) 이에 대해서는 김건우, 앞의 책, 89-97면 참조.

18) 그렇다고 손창섭이 동인문학상의 수상기준에 맞추기 위해서 자신의 작품경향을 바꾸었으리라 생각할 수는 없다. 무엇보다도 그는 이미 현대문학신인상을 받은 바 있기 때문에 무리하게 수상 욕심을 가졌으리라 생각되지는 않기 때문이다. 최강민, 2004, 「『사상계』의 '동인문학상'과 전후 문단 재편」, 『한국문학권력의 계보』, 문학과 비평연구회, 한국출판마케팅연구소, 238-239 면. 그러나 최강민은 이 글에서 "그럼에도 심사평과 수상자의 작품 경향은 동인문학상 수상을 기대하는 작가들에게 간접적인 압력수단이었다고 보아야 한다"고 지적한다. 왜냐 하면 "심사위원들의 심사평과 수상작의 작품 경향은 그 상을 염두에 두고 있는 작가에게 특정 경향에 대한 옹호나 배척행위를 유도하기 때문"이라는 것이다. 이와 관련하여 그는 흥미로운 지적도 잊지 않았는데 "문학상을 수상하려면 심사위원과 친분관계를 유지해야 유리하다는 사실은 불행한 일이 아닐 수 없다. 이러한 사적 관계의 중요성은 오랫동안 '문학상'의 주변을 맴돌며 심사대상인 작가들을 억압했다"는 것이 그것이다. 이 말을 기준으로 하여 손창섭이 문학상을 받기 위해 심사위원과 사적 관계를 유지했다고 말하려는 것은 의당 아니다. 그렇지만 심사위원과 손창섭의 관계는 문학상 수상 유무와 관계없이 충분히 사적 관계 속에 있었다고 해야 할 것이다.

19) 실례로 1961년 11월에 『사상계』 통권 100호가 발간되었는데 이 100호를 기념하는 특별 증간호가 문학만으로 이루어졌다는 것은 문학에 대한 『사상계』의 편애를 알 수가 있다.

20) 손창섭과 『사상계』 편집위원회 위원들은 공간적인 공통성 뿐만 아니라 그들의 출생연도가 대

있는 지역주의는 상식을 초월한 면이 있었다. 역사적으로 한성이 수도였기에 상대적으로 소외되었다고 여겼던 서북지역, 곧 평안도와 황해도의 지식인들은 전쟁 이후 남한에 정착하면서 '삼팔따라지'로서의 설움을 그들만의 상상의 공동체 형성을 통해 해소하려 하였다.[21] 『사상계』가 공론의 영역에서는 이러한 지역주의를 거의 드러내지 않았지만 『사상계』를 떠받쳤던 인적 구성원들 자체만 두고 보면 대부분 서북 지역 지식인, 나아가 범북한 출신 지식인들로 구성되었다는 것은 주목을 끌기에 충분하다.[22] 사정이 이러한지라 손창섭과 『사상계』는 사상의 공유 이전에 이미 지역적 친연성으로 불가분의 관계 속에 있을 수밖에 없었을 것이다. 이러한 사태는 앞서 1954년 예술원 회원 선거 과정에서 남북 문인들간의 돌이킬 수 없는 감정적 대치에까지 이른 전례가 있었으므로 더욱더 가속도가 붙을 수밖에 없었다. 예술원 회원 선거 갈등의 본질은 남한 출신 일색이었던 한국문학가협회와 북한 출신 문인이 지배적이었던 한국자유문학자협회, 국제펜클럽 한국본부 등과의 갈등으로서 그 결과가 대부분 남한 출신 문인들이 선출되는 것으로 정리됨으로써 그들간의 감정의 골이 더 깊어진 것으로 마무리되었다.[23] 반드시 이 사건때문만은 아니었겠으나 1955년 이후 편집위원회 체제로 전환한 이후 『사상계』 편집위원진의 면면을 보면 장준하 포함, 29인 중 21인이 북한 출신이었고 그것도 서북출신이 대부분이었다. 또 『사상계』는 55년 10월에 동인문학상을 제정하면서 그 심사위원으로 김팔봉, 백철,

---

부분 1920년 전후에 위치해 있었다는 점에서 세대적 공통성도 그들의 동질성에 크게 영향을 미쳤으리라 판단된다.

21) 대표적인 실례로는 서북청년회나 이북오도민회, 또는 월남 기독교 단체 등을 들 수 있다. 선우휘의 소설 「테러리스트」, 「오리와 계급장」, 『깃발없는 기수』 등에서는 주로 서북청년회가 중심을 이루고 있다.

22) 『사상계』의 인적 구성에 대해서는 이용성. 1997. 「『사상계』의 知識人과 雜誌理念에 대한 硏究」. 『출판잡지연구』. 출판문화학회보 제5권 제1호. 59-60면 참조.

23) 이에 대해서는 최강민. 앞의 글. 221-222면 참조.

전영택, 계용묵, 최정희, 이무영, 정비석, 주요한, 이헌구 등 9인을 선정하였다. 이들 중 김팔봉(충북)과 이무영(충북)만 제외하고는 모두 이북출신 월남문인이었다는 사실과 50년대 수상작품 대부분이 월남문인들에 의해 창작되었다는 사실은 누가 봐도 편파적이라고 할 정도로 비판 받을 소지가 충분했다. 더군다나 당시의 등단이나 문학상 제도가 그들을 수평적으로 엮어주는 에콜의 성격보다는 수직적으로 묶어주는 사단의 성격을 내포하고 있었기 때문에 그들의 관계란 단순히 수평적이라기보다는 주종관계의 강력한 유대감 속에 있을 수밖에 없었다.

그렇지만 손창섭과 『사상계』와의 밀접한 관계가 단순히 지역적 연고만의 관계는 아니었으리라 판단된다. 아무리 『사상계』라 하여도 사의 이념적 방향과 같지 않는 작품까지 그것의 지역적 연고의 동질성으로 하여 수용할 리는 만무하기 때문이다. 실례로 그가 『사상계』에 투고하기 시작한 1955년 무렵부터 그의 소설 경향이 『사상계』가 천명했던 계몽적 방향과 맞물리면서 서서히 변화하고 있다는 징후가 눈에 띈다. 그 변화의 특징은 추상적이긴 하지만 전술한 바와 같이 공론의 영역에 참여하려는 의욕과도 같은 것이라 하겠다. 이 의욕은 물론 루소적 인생관, 혹은 사회관을 통해 이미 현실을 이분법적으로 바라보고 있던 주체에게 하나의 구체적인 방향을 제공해 주던 『사상계』라는 현실적 계기가 주어짐으로써 비로소 가능했을 것이라 추정된다. 손창섭은 50년대 중반까지 막연한 현실비판을 사적인 영역에서 감당해 왔으나 중반 이후부터 『사상계』를 만남으로써 그의 소설은 하나의 공적인 방향을 찾아가기 시작했던 것이다. 그 방향은 분명 『사상계』가 계몽의 형식으로 설파했던 문화적 민족주의의 방향과 크게 다르지 않다.

3. 정치적 자유의 급진성과 두려움

우선 손창섭 소설이 50년대 중반부터 서서히 공론에 대한 관심을 보인 것에서 알 수 있듯이 손창섭 소설의 성격은 순수문학의 차원에서 점차 문학의 공리성을 긍정하는 방향으로 전개되고 있다. 여기서 순수문학이라 함은 손창섭의 초기 소설이 문학을 통해 어떤 현실적 효과를 노리고 있었다기보다는 삶의 한 단면을 비극적으로 부조하는데 치중했었다는 의미를 내포하고 있다. 이러한 그의 소설의 성격이 동인문학상 심사에서 김동리로 하여금 손창섭의 소설을 배타적으로 옹호하게 한 근본적 동인이었을 것이다. 그렇지만 50년대 후반부터 손창섭의 소설은 현실적인 공론적 주제들을 다루려고 노력해 갔고 「신의 희작」 이후 신문연재 소설로 방향전환하면서는 순수문학의 논리 자체를 근본적으로 거부하는 발언을 하기까지 하였다.[24] 문학의 공리적 방향에 대해서는 장준하도 이미 1955년 2월호 권두언에서 '문학의 두 가지 기형아'를 거론하면서 이런 기형아를 지양하고 "우리 민족이 더욱 발전하고 향상하여 그 아름다운 향기를 만방에 떨치기 위"하여서는 "인간 감정, 정신 그리고 그 논리와 기반이 되어 있는 사상이 작가의 참신하고 예리한 추리와 감각으로 분석되고 이해되고 비판되어야 할 것"이라고 강조하고 있다. 그 '문학의 두 가지 기형아'는 "밤낮을 가리지 않고 긴 머리채를 늘이고 시꺼먼 손톱을 부끄러워할 줄 모르는 청춘남녀가 어두컴컴한 지하실 구석에서 통음난무하고 비분강개하며 외치는 전후 불란서문단 일부의 행진곡", 즉 당시의 광풍처럼 밀어닥쳤던 허무적인 실존주의 문학과, "연기 자욱한 다방 구석에서 정신병자 모양으로 천장만 바라보는 작가와 현대문학의 진수라고 교설을 늘어놓는 일부 인사들", 즉 퇴폐

24) 손창섭은 60년대 초 신문연재소설을 집필할 당시부터 "순수문학의 귀족성을 주장하는 사람에게 질색"이라고 언급한 바 있다. 『경향신문』, 1963. 8. 20

적인 문학을 일컫는다.[25)]

문학의 공리성에 있어서 손창섭 소설의 주제와 『사상계』의 공리적 공론이 만나는 교집합은 '민족의 근대화'라는 당대의 지상 최고의 민족적 과제가 아닐 수 없었을 것이다. 그 과제의 구체적 내용으로서는 정치적 근대화로서의 한국사회의 민주주의론과 경제적 근대화로서의 민간주도형 경제개발론을 들 수 있다. 특히 한국사회의 민주주의론의 경우, 과거 봉건적 전통과 의식에 대한 잔재를 숙청하는 문제를 민주주의의 가장 중요한 과제의 하나로 설정하고 있음에서 손창섭 소설과 긴밀히 만나고 있음을 알 수 있다.[26)] 이 문제는 이미 「저어」에서 확인할 수 있었던 바이지만 이런 문화적 민족주의론은 이후 자유당과 길항관계에 접어들면서 『사상계』의 기본적 성격이 사상의 자유보다 정치적 부정부패에 대한 강력한 규탄으로 선회하게 되자 문화적 민족주의에서 정치적 민주주의의 성격으로 점차 변화하게 된다.[27)] 이러한 정치적 비판이라는 주제가 바로 이후 손창섭 소설에서 중요한 변화의 하나로 자리 잡게 된다. 뿐만 아니라 손창섭 소설에서 경제적 근대화로서의 민간주도형 경제개발론은 그것의 정경유착적 성격과 부정부패, 사리사욕에 따른 불법과 탈법에 대한 규탄이라는 정치적 형식으로 등장하게 되는데 사실 정치적 민주주의와 이러한 민간주도형 경제개발론은 분석을 위한 분류일 뿐이지 『사상계』적 논조에서나 작가의 작품 속에 형상화된 현실에서나 하나의 사례 속에 얽혀 있을 수밖에 없다.[28)]

---

25) 권두언. 1955. 2. 『사상계』.

26) 손창섭의 60년대 이후 신문연재소설을 공론의 영역에 연결시킬 때 가장 지배적으로 나타나고 있는 현상이 가족을 둘러싼 전통적 담론에 대해 개인적 자유의 옹호 차원에서 그것을 급진적으로 비판하고 있다는 것을 들 수 있다. 이 문제는 본 논문의 논지와는 동떨어져 있으므로 차후에 지면을 달리하여 논해 보기로 한다.

27) 이러한 변화의 결정적 계기는 58년 8월호에 게재된 '생각하는 백성이라야 산다'로부터 나왔는데 이 글에서 함석헌은 남한 정부를 '괴뢰'라고 규정하고 북한과 남한을 분별하지 않았다는 혐의로, 함석헌, 장준하, 안병욱이 구속되어 『사상계』는 최초로 국가권력과 대립하게 된다. 이에 대해서는 이용성. 앞의 글. 60면.

이처럼 정치와 경제가 한 묶음으로 엮이게 된 원인은 기본적으로 『사상계』가 표방했던 이념들이 단순히 자유민주주의적인 정치 일변도가 아니라 그러한 이념 속에 내재해 있던 경제적 성격이 항상 결합되어 나타났었기 때문이다. 『사상계』의 이념적 지형도는 자유민주주의 · 산업화병행론(병행론), 산업화 우선의 신생국 민주주의론(우선론), 근대화론에 비판적이었던 민중 중심 민주주의론 등으로 나눌 수 있지만 이 중 『사상계』의 주류가 '병행론'과 '우선론'에 있었다고 할 때 왜 『사상계』에서 정치와 경제가 항상 같이 묶여서 가는가 하는 것을 충분히 이해할 수 있을 것이다.[29] 그런데 그것이 유독 특권계층에 대한 가혹한 비판의 형태로 나타나게 된 배경에는 무엇보다도 『사상계』 편집위원들 대부분의 태생적 조건이라 할 수 있는 반공주의가 가로 놓여 있다. 『사상계』 편집위원회 핵심 지식인들은 해방 후 좌우 대립 속에서 좌우합작의 민족통일보다도 남한만의 단독선거에 동의하면서 민족보다는 반공을 선택했던 사람들이었다.[30] 전쟁을 거치면서 이들은 북한의 공산체제를 전체주의로 규정하면서 북한과 대적해야 할 남한의 정체로서 자유민주주의를 적극 옹호하였다. 이러한 그들의 내면에 자리잡고 있던 기본 동력은 이미 개화기부터 자리잡고 있었던 부국강병의 논리였다. 이 강한 국가, 잘 사는 나라에 대한 지향성은 그것이 이루어지지 않았을 때의 공포와 쌍을 이루어 강박적으로 추구된 바 없지 않았다. 더구나 북한의 남침은 국토를 온통 쑥밭으로 만들어 버렸고 피비린내로 진동하게 하였으니 북한에 대한 적개심이야말로 너무나 당연한 것이었다 할 것이다. 장준하는 이러한 상황을 적극적으로 활용하여 이러한 참상을 다시는

---

28) 사상계 지식인 집단과 일제하 서북지역 독립운동 사상과의 관계에 대해서는 김건우. 앞의 책. 54-88면 참조.

29) 이상록. 2010. 「사상계에 나타난 자유민주주의론 연구」. 한양대학교 박사학위논문. 51-55면 참조.

30) 문지영. 2011. 『지배와 저항 - 한국자유주의의 두 얼굴』. 후마니타스. 74-78면 참조.

불러오지 않기 위해서라도 자유민주주의를 대폭적으로 수용해야 한다고 역설하였다. 그는 자유와 인권이 없는 북한을 독재주의로 규정하면서 자유 평등 인권 존중의 자유민주주의를 특권적으로 옹호하였다. 이 옹호가 냉전 체제의 미국식 진영론에 입각하였다는 것은 냉전의 최전방에 위치한 남한 지식인으로서는 의당 그럴 수밖에 없었다는 점에서 당연한 것이기도 하였다. 다시 말해 공산주의에 맞서 싸울 수 있는 가장 효과적인 무기가 자유민주주의라는 것이었고 따라서 자유민주주의 질서의 확립이 곧 최선의 반공투쟁이 된다는 것이었다.[31]

문제는 이승만의 독재였다. 장준하는 이승만 정권을 부패와 독재의 온상으로 규정하고 이러한 집단이 자유민주주의의 힘을 약화시키는 주범이라고 규탄하였다. 그에 의하면 남한은 북한의 공산주의보다 훨씬 우월한 민주주의 제도를 수립하고 있었음에도 불구하고 그 가치를 확대시키지 못하였고 오히려 그것을 특권계층의 이해를 관철시키기 위한 수단으로 변질시켜 버렸다고 비난하였다. 장준하는 권두언에서 "휴전을 계기로 잠정적인 평화는 왔다할지라도 호시탐탐 再侵을 노리는 적을 앞에 두고도 이 망국도배들은 법을 짓밟고 나라를 짓밟고 온 천하의 膏血을 짜서 自家 自黨만의 의롭지 못한 비만을 꾀하고 있으니 어찌 비분을 참을 것인가"라고 썼다.[32] 장준하는 한국전쟁에서의 무명용사의 고귀한 죽음이 헛되지 않도록 하기 위해서라도 특권층의 전유물이 되다시피 한 민주주의를 '公利'를 위한 것으로 바꾸어야 한다고 상변하였다.[33] 물론 이러한 특권층이 정치적인 영역에만 존재하는 것이 아니고 경제적인 영역에도 두루 걸쳐 있었다. 장준하의 자유민주주의는 당연히 시장질서를 전제하는 것이었지만 그 시장질

31) 이상록, 앞의 논문, 57면

32) 장준하, 1957. 6. 「권두언」, 『사상계』제47호.

33) 이상록, 앞의 논문, 59-60면 참조.

서는 개인의 경제적 이익 추구를 자유경쟁의 논리에만 맡기는 시장지상주의가 아니고 국민 내부의 격차를 줄이고 '국민 생활'을 안정시키기 위해 국가가 적극적으로 개입해야 하는 복지국가 모델에 가까운 것이었다.[34)]

손창섭 소설도 『사상계』와 만나면서 대세에 지장이 없는 차이는 있었을지라도 대개는 이러한 논리의 자장 속에 존재하였다. 그의 소설 속 인물들도 50년대 후반에 접어들면서 점차 반공주의를 수용하면서 남한의 특권층에 대해 공공연히 도전하기 시작하였다. 그 정도가 어느 정도였는가 하면 위의 장준하의 논조와 거의 대동소이할 정도라 하겠다. '수인의 미학', '불구자의 노래'라는 손창섭의 소설은 어둠을 헤치고 밝은 세계로 대립을 끌고 나와 선과 악의 갈등을 첨예하게 빚어 놓았다. 여기서 악이란 물론 특권계층이었고 선이란 갈데 없는 하층민들이었다. 그렇지만 이들에 대한 계급적 인식은 점차 하위주체의 성격으로 바뀌기 시작한다는 특징을 보이고 있다. 아마도 반공주의를 수용하게 되었으므로 현실을 마냥 계급적으로만 볼 수 없게 되었기 때문이 아닐까 추정된다. 그러면서 그의 소설 속 하위주체들은 60년대 신문연재소설에서부터는 점차 여성으로 치환되어 나타나기 시작한다. 반면에 남성들은 대개가 사회적 특권계층, 혹은 특권계층화하려는 인물들로 나타나고 있으며 당연히 소설의 방향은 그들의 허위의식, 또는 위선을 적발하려는 형태로 드러나고 있다. 그렇지만 왜 이렇게 정치적 비판의 직접성이 남녀의 문제로 간접화되어 나타나고 있는가 하는 이유로서 무엇보다도 5·16군사쿠데타와 밀접한 관련이 있다고 사료된다. 4·19혁명으로 하여 잠시 열렸던 정치적 공간이 5·16 군사쿠데타로 인해 급속하게 닫혀 버리자 손창섭의 소설도 불가피하게 정치적 주제로부터 이동하여 남녀의 서사 속에 간접화되어 버리거나 아니면 아예 주제 자체가 생활풍속과 관련된 것으로 돌변해 버리고 말았던 것이다. 말하자면 정치적 보

34) 이상록, 앞의 논문, 62면.

복에 대한 두려움 때문에 소설 공간을 정치적인 것에서 생활 풍속적인 것으로 바꾸어 버린 게 아닐까 추정된다는 것이다. 반공주의와 관련해서는 다음 장에서 따로 논하기로 하고 이 장에서는 손창섭 소설에서 정치적 자유가 어떠한 성격으로 드러나는가하는 것부터 살펴보기로 하자. 긍정적 인물 창조의 정점에 있다고 평가되는 그의 소설 「잉여인간」에서는 이러한 『사상계』적인 정치적 공론들이 채익준의 시국 성토의 발언 속에서 적나라하게 나타나고 있다.

> 사리사욕을 위해서는 남을 속이거나 망치는 일쯤 당연하다고 생각할 판이니 도대체 이놈의 세상이 끝장에 가서는 어떻게 되겠느냐고 익준은 비분강개를 금하지 못하는 것이었다. 그럴 때마다 그는 행정당국의 무능을 통매하면서 'DDT정책'이라는 말을 내세우곤 했다. DDT를 살포해서 이나 벼룩을 박멸하듯이 국내의 해충적 존재에 대해서는 강력한 말살 정책을 써야 한다는 것이다. 이를테면 소매치기나 날치기에서부터 간상 모리배도 총살, 협잡 사기한도 총살, 뇌물을 먹고 부정을 묵인해 주는 관리도 총살, 밀수범도 총살, 군용물자를 훔쳐내다 팔아먹은 자도 총살, 국고금을 횡령해 먹은 공무원도 총살, 아무튼 이런 식으로 부정불법을 자각하면서도 사리사욕에 눈이 멀어서 국가사회에 해독을 끼치는 행위를 자행하는 대부분의 형사법은 모조리 총살해 버려야 한다는 것이다. 그렇지 않고는 양민이 안심하고 살 수 없을 뿐 아니라 나라의 앞날이 위태롭기 짝이 없다는 것이다. 홍분한 어조로 이러한 지론을 내세울 때의 익준의 눈에는 살기에 가까운 노기가 번득거렸다.[35]

채익준은 "남달리 정의감과 결벽성이 세기 때문에 사소한 부정이나 불의를 보고도 참지 못하는" 성격의 소유자이다. 그는 동시에 그렇기 때문에 "양심적이고 동지적인 자본주를 얻어, 먹고 살 수도 있고 동시에 국가 사

35) 손창섭, 「잉여인간」, 『전집 2』, 113면.

회에도 이익될 수 있는 사업을 스스로 일으켜 보고자" 하지만 "친구의 소개로 돈푼이나 있다는 사람을 만나 얘기를 비춰 보았더니 지금 세상에 1할 장사를 위해 돈 내놓을 시러베아들이 어디 있겠느냐고" 하면서 상대도 해주지 않을뿐더러 "양키 상대라면 한두 번에 팔자를 고칠 구멍을 뚫어야지 제정신 가지고 금리도 안 되는 미친 짓을 누가 하겠느냐고 핀잔을 주"자 이에 격분하여 내뱉은 말이 위의 인용이다. 이렇게 본다면 채익준의 이러한 생각이 경제 민주화와 연관되어 있음을 알 수 있는데 그렇지만 이 경제적 부정은 그것을 눈감아 준 행정당국의 묵인에 상당부분 근거하고 있다는 점에서 정치권력과 밀접한 관련을 가지고 있다. 무엇보다도 "뇌물을 먹고 부정을 묵인해 주는 관리도 총살"이라는 말에서 일차적으로 확인할 수 있는 것이지만, 이 모든 경제사범들을 '총살'형에 처하지 않는, 말하자면 법적 구속을 단행하지 않는 정치권력의 방조와 무능과 부패가 보다 더 큰 원인이라는 항변에서 우리는 그가 단순히 개별적인 사안이 아니라 지배 권력 전체를 부정하고 있음을 알 수 있다. 손창섭의 소설에서 이 정치권력에 대한 비판은 그의 문학의 근원적 요소라 할 것이다.

손창섭 소설에서 변화의 징후가 보인 이후부터 그의 소설에는 긍정적 인물이 빈번하게 그려지고 있는데 그 인물의 성격은 크게 두 가지로 나눌 수 있다. 하나는 불우한 사람들에 대한 연민과 동정, 그리고 용서라는 적극적인 휴머니즘을 실천하는 인물들이고 다른 하나는 부정부패, 불의와 결코 타협하지 않는 강력한 정치적 비판의 성격을 보이고 있는 인물들이 그것이다. 이 중 후자, 즉 정치적 비판의 성격을 보이고 있는 작품이 「고독한 영웅」이다. 이 작품을 피상적으로만 보면 학교 안에서 발생할 수 있는 사소한 갈등처럼 보이기 쉽지만 좀더 깊이 살펴보면, 중학교 교사인 인구가, 규율을 어긴 '부권'이라는 유력자의 자제를 제재한 사건과 관련하여, 그와, 학교의 책임자인 교장, 그 교장을 좌지우지할 수 있는 "재벌로서나 정치적 세력으로나 이 지방에서는 굴지의 유력자인 전기택", 전기택의 영향 하에 있는, 이 사건을 조사할 목적으로 온, 시와 도의 "학무과 직원들이나 장학관들"과의 싸움, 말하자면 교사 한 개인과 교육기관을 포함한 권력집단 전체와의 물러설 수 없는 한 판 싸움의 성격을 갖고 있다. 이 싸움에서 인구는 필연적으로 질 수밖에 없지만 "교장이나 도시에서 나온 관리들처럼 금력이나 권력이라는 남의 장단에만 춤을 추며 자기를 잃고 싶지는 않았다. 그렇다고 형이나 윤국장처럼 위신이나 체면이라는 곰팡이 속에 칩거하며 자신을 위장하고 싶지도 않았다"면서 학교를 그만 두는 한이 있더라도 이 싸움에서 결코 물러설 수 없다는 비극적 자세를 취하고 있다.

그렇지만 이 작품에서 현실적인 권력집단의 모습은 잘 드러나지 않는다. 그 대리자로서 교장만이 전면에 등장하고 있기 때문이다. 아마도 정치보복에 대한 작가의 두려움 때문에 나타난 현상이라 추정된다. 그러나 4·19혁명이 발발한 직후 씌어진 『저마다 가슴 속에』에서는 정치적 금기가 사라져서인지 주인공 천봉우를 둘러싼 권력집단들의 연결고리들이 아주 구체적으로 그려져 있다. 이 작품은 시기적으로 인구가 학교를 그만 둔 이후의 행적, 그러니까 '고의원'의 도움으로 천봉우라는 이름으로 다시 초등학교의 교사가 된 형식을 띠고 있지만 사실은 사건의 구조라는 측면에서는 거의 동일한 작품이라 할 만하다. 현상적인 차이가 있다면 정치권력에 대한 비판의 수위가 상상 이상으로 높다는 것에서 찾을 수 있다. 이 작품에서 천봉우는 「고독한 영웅」의 인구처럼, 정치적인, 혹은 경제적인 기득권세력으로 구성된 자모회와, 그들 자녀의 특권의 허용 여부를 둘러싸고, 역시 물러설 수 없는 한 판 싸움을 벌이는 형식을 취하고 있다. 그 역시 인구처럼 "불의와 타협하지 않는다는 (저의) 오만한 긍지와 굽힐 줄 모르는 외고집"의 소유자이다. 결코 그들의 감언과 이설에 동조하지 않는 천봉우에 대해 그들 중 하나인 교감은 급기야 경찰까지 동원해 협박하기에 이른다.

"이봐. 몇 번이야?"
"네에? 뭐가요?"
"왜 이래 이건. 터져야 알겠어?"
"대체 뭐 말씀입니까?"
"비밀 당원증 번호 말야. 물론 당원증은 몸에 지니지 않구 있을 테니까, 번호만 대봐."
"전 절대루 아무 정당에두 관계가 없습니다."
"그럼 어째서 정부나 여당을 헐구 뜯구 뒤집어 엎으려고 하는 거야?"
천선생은 그만 머리를 숙여버리고 말았다. 그는 사실 언제나 정부나 여당에 대해 이를 갈아왔고, 사석에서는 물론 공식석상에서까지, 걸핏하면 불만이나 비난이 튀어나오곤 했기 때문이다
(중략)
사람의 그림자 하나 얼씬 않는, 어둡고 꽁꽁 얼어붙은 길을 돌아오며, 그는 부글부글 분노가 끓어 올랐다.
"어디, 두고 보자!"
천선생은 입밖에 내서 중얼거렸다. 그것은 보통키와 작은키를 포함한 경찰관 전체에 대해서는 물론 자기의 언동을 고자질 했음에 틀림없으리라고 추측되는 교감에 대해서 토한 말도 되었고, 더 나아가서는 부패와 강압을 극한 지금의 정부와 여당에 대해서 벼르는 말이기도 했다. 그러나,
"네까짓게 두고 보자면 어쩔테냐."
그들이 모두 자기를 비웃는 것 같아서, 천선생은 자신의 무력이 안타깝고 어이없었던 것이다.[36)]

위 인용에서 보듯 작가는 정치적 비판에 대한 당국의 협박과, 비판자를 '빨갱이'로 몰고 가는 그들의 반공주의까지를 문제삼고 있다는 점에서 매우 급진적 비판의 양상을 보여주고 있다. 그러나 이러한 정치적 자유를 향

36) 손창섭. 1970.『통속의 벽』. 예문관. 246면. 발표 당시『저마다 가슴 속에』였으나 1970년 예문관에서 발행한『손창섭대표작전집』에서는『통속의 벽』으로 개명되었기에 그대로 쓰기로 한다.

한 작가의 분노는 『인간교실』을 끝으로 더 이상 60년대라는 현실을 공간으로 설정한 작품에서는 공론화하지 못하고 생활 풍속의 서사 속에서 알레고리화거나 역사소설의 장으로 그 비판의 내용을 옮겨 가게 된다. 『인간교실』에서 삼정학원이라는 기부금 봉사단체를 통해 세 명의 남녀가 몰래카메라로 남의 약점을 잡아 협박과 갈취를 일삼는 것에서 우리는 그것이 당대 정치권력에 대한 하나의 훌륭한 알레고리가 되고 있음을 충분히 확인할 수 있다. 그렇지만 이러한 정치적 비판은 더 이상 작품화되지 못하고 「청사에 빛나리」, 「흑야」, 『봉술랑』 등의 역사소설로 그 비판의 장소를 이동하게 된다. 여기서 우리는 이러한 정치 권력에 대한 작가의 비판 수위와 그 권력에 대한 두려움의 정도가 어느 정도인지를 가늠해 볼 수가 있다.

4. 반공주의의 전면적 수용과 작품 공간의 이동

앞서서 말한 바와 같이 『사상계』와 밀접한 관련을 맺기 시작한 50년대 중반 이후부터 손창섭의 소설에는 긍정적 인물이 대거 등장하기 시작한다. 그 하나가 전술한 바와 같이 강력한 정치적 비판의 성격을 보이고 있다는 것이고 다른 하나가 불우한 사람들에 대한 연민과 동정, 그리고 용서라는 적극적인 휴머니즘을 실천하는 인물들이라고 하였다. 그런데 이런 인물들이 등장하는 한편으로 그의 소설에는 공론의 영역을 지배하고 있는 반공이데올로기가 전면화되고 있다는 특징을 보이고 있기도 하다. 반공주의는 전술한 바, 서북, 혹은 나아가 범북한 출신 월남 지식인 집단이라 할 『사상계』 구성원들의 공통된 이념적 기반이기도 하였다. 이 반공주의는 비단 월남민들만의 전유물이었던 것은 아니었다. 해방 이후 미소의 대립으로 냉전체제가 정착되면서 미국에 의해 남한에 허용된 유일한 이데올로기이자 남한만의 단독정부 수립을 계기로 정권을 잡은 이승만 정부의 지배이데올로기이기도 하였던 것이다. 지배이데올로기로서의 반공주의는 "사회주의 진영과 진보세력을 민족의 영역에서 대타화하고 배제해 민족진영에서 축출하는" 역할을 함으로써 "사상적 규율과 감시를 위한 정교한 국가장치를 구축했고" "사회적 개인들의 사유까지 관장하는 가장 강력한 이데올로기로 자리잡았다"[37]

사정이 이러하다보니 반공주의에 동조하고 그것을 내면화하는 작업이 손창섭에게 있어서 그리 쉬운 작업일 수만은 없었을 것이다. 왜냐 하면 그의 초기 소설의 주인물들은 거의 예외없이 사회적으로 무시되거나 소외된 하층민이었기 때문에 이들과 계층적 정체성을 형성하고 있던 작가에게 있어서 이들을 무시하고 차별 정책을 펴던 지배계급의 이데올로기를 받아들이기가 그렇게 쉽지만은 않았을 것이기 때문이다. 그렇다고 그 이념을 공개적으로 부정할 수는 없었기 때문에 이념에 대한 입장 자체를 덮어 두고 있지 않았을까 추정된다. 그렇기 때문에 대부분의 연구자들은 손창섭이 "월남작가로서는 드물게 사상이나 북한에 대한 직접적인 언급을 하지 않았"으며 따라서 "월남의 동기가 정치적인 입장과 견해 때문이 아니라 자유분방하고 제멋대로인 성격과 타고난 기질이 규격화된 북한 사회 체제와 맞지 않았기 때문"이라고 추정하고 있을 뿐이다.[38] 그런데 이런 식의 의견은 손창섭이 마치 북한의 체제에 동조하면서도 단지 "제멋대로인 성격과 타고난 기질" 때문에 월남했다고 해석할 여지도 남겨두고 있다고 할 수 있다. 왜냐 하면 해방기 그가 북한에 있을 시기가 그래도 남북한 왕래가 비교적

---

37) 유임하. 「'순수'의 이데올로기적 기반」. 김진기 외 지음. 2009. 『반공주의와 한국문학의 근대적 동학 2』. 한울. 28면.

38) 강유진. 앞의 논문. 110면

가능했었던 시기였던 만큼 정말 북한 체제를 받아들일 수 없었다면 충분히 그 전에라도 월남할 수 있었을 것이었기 때문이다. 다시 말해 그의 성격과 기질이 아니었다면 그는 계속 거기에 남아 생활했을 가능성도 있었을 것이라는 것이다.[39] 그래서인지 손창섭의 초기 소설에서는 이러한 반공주의가 작품의 배면에 자리잡은 채 서사의 주요 계기로서는 결코 등장하지 않는다. 아닌 게 아니라 선우휘의 「불꽃」이나 「테러리스트」, 「오리와 계급장」이나 오상원의 「유예」, 「모반」, 「균열」, 그리고 장용학의 「요한시집」이나 김성한의 「귀환」 등 월남 작가이자 대표적인 전후 작가들이 거의 예외없이 반공이념을 전제하거나 선명하게 드러내면서 작품활동을 시작했었다는 사실에 비추어 보면 손창섭의 소설에 이러한 이념적 표현이 거의 드러나지 않고 있다는 것 자체가 대단히 이채로운 현상임에는 틀림없다. 예컨대 「사연기」의 동식도 자신들의 과거 사건에 이념적 요소가 작용하고 있긴 하지만 그 이념에 대한 어떠한 평가도 수행하고 있지 않거니와 정숙을 둘러싼 동식과 성규의 현재적 갈등에도 그 이념이 전혀 작용하고 있지 않다는 사실은 손창섭의 이념에 대한 특이한 결벽증을 보여주는 것만 같다.

> 그 다음날, 성규 역시 살아 돌아왔고, 그 다음 다음날 이 고장에선 굴지의 지주였던 동식의 부친이 돌연 인치를 당해 가더니, 사흘 만엔가는 동식이마저 끌려 들어가서 열흘간이나 두드려 맞고 나왔다. 재산은 완전히 몰수당했고 20여 일 만에 석방되어 나온 부친은 한 주일이 채 못 가서 그예 세상을 떠나고 말았다. 동식의 몸은 전대로 추서기에도 두 달 이상이나 걸렸다. 그렇게 정신없이 3~4개월을 지내놓고 보니, 그동안에 정숙은 성규의 아내가 되어 있었다. 자기와 약혼을 하면 무사히 동식을 나오게 힘써주지만, 그렇지 않으면 영 시베리아로 유형당하게 될 것이라는 성규의 위협에 마침내는 정숙이가 동하고 말았다는 것을 나중에야 알았

39) 연보에 따르면 손창섭은 3.8선이 결정적으로 폐쇄되었던 1948년에 가서야 월남했다고 기록되어 있다. 손창섭. 2005.『손창섭단편소설2』. 가람기획. 485면

다. 그 당시에는 좌익 청년 사이에 성규의 세력이 어지간했고, 사실 동식이가 열흘만에라도 나오게 된 데는 그의 힘이 적잖았다는 것도 그제야 알았던 것이다.[40)]

이 정도 사연이라면, 더구나 월남 작가이기도 하므로, 손창섭이 반공이데올로기에 대해 어떠한 입장을 보일 것인가 하는 문제는 비교적 분명할 것이라 추정된다. 그렇지만 손창섭은 이 작품에서 반공이데올로기와 관련된 어떤 입장도 보이지 않고 있다. 더구나 "좌익 청년 사이에 성규의 세력이 어지간했"음에도 불구하고 그리고 그 세력에 의해 정숙을 빼앗겼음에도 불구하고 오히려 성규의 처지를 동정하고 있는 동식의 모습은 어리둥절할 정도로 생소하다. 이러한 이념적 중립성은 「생활적」의 동주에게서도 동일하게 나타나고 있다. 적색 포로에 대한 피해의식만 주어져 있지 그에 대한 적개심은 전혀 보이지 않고 있는 것이다. 뿐만 아니라 그러한 짧은 삽화가 작품의 주요 모티브로 작용하고 있지 않다는 면에서 반공이데올로기가 그의 작품에서 주체를 규정하는 하나의 정체성으로 작동하고 있지 않음을 알 수 있다. 하나의 이념을 선택하지 않고서도 전쟁과 전후의 상황이 만든 부조리한 상황을 충분히 부조할 수는 있다. 50년대의 파시즘적 상황에서 현실에 대한 자신의 정치적 태도를 분명하게 보여야 할 경우에 문제가 되는 것은 그것이 현실 속에서의 자신의 정체성 문제와 근원적으로 관련되어야 하기 때문에 당대의 지배이데올로기의 문제를 어떻게든 정리하지 않으면 안된다는 점에 있다. 다시 말해 손창섭이 초기 소설의 작중 인물이 보여준 정신적 불구성에서 벗어나 정치적 비판이라는 공론의 영역에 진입하기 위해서라도, 그러면서도 있을 수 있는 정치적 역공을 방어하기 위해서라도, 당대의 지배이데올로기였던 반공주의를 적극적으로 수용할 필요가 있었다

40) 손창섭, 「사연기」, 『전집 1』, 66-67면

는 것이다. 따라서 손창섭은 이제 이 이념의 문제에 정면으로 맞닥뜨려야 할 상황에 직면해 있다.

전술한 바와 같이 반공이데올로기는 지배집단의 이데올로기였을 뿐만 아니라 『사상계』 집단이 유일하게 받아들인, 혹은 받아들일 수밖에 없었던 이데올로기이기도 하였다. 『사상계』지식인들은 대개 북한 정권이 들어서면서 그 체제에 등을 돌린 반공주의자였다. 그렇기 때문에 『사상계』 지식인들과 자유당 정권은 반공이라는 기치 아래 자유민주주의라는 공인된 이데올로기의 서로 다른 측면을 가지고 정치쟁점화하였다. 말하자면 자유당 정권이 국가의 자유를 위해 개인의 자유를 일정 부분 유보하자고 한 반면 『사상계』 지식인들은 국가의 자유를 위해서라도 개인의 자유, 권리가 충분히 보장되어야 한다고 주장했다. 『사상계』 지식인들은 반공주의와 민주주의를 연계하여 자유당 정권을 압박하였던 것이다. 손창섭이 반공이데올로기를 적극적으로 수용하지 않을 수 없는 시점에서 이렇듯 반공주의를 자유민주주의와 연계시킨 『사상계』지식인 집단의 반공주의는 남한 사회에서 그가 수용할 수밖에 없는 거의 유일한 현실 가능한 이념적 활로가 아니었을까. 이러한 이념적 배경에 따라 씌어진 대표적인 소설이 「죄없는 형벌」이다. 이 작품은 학교 교사인 상권의 아내 혜순이 어느 날 가출하게 되면서 그 가출의 원인에 대한 서사가 마치 액자소설의 형식으로 전개되고 있다. 액자 안의 서사는 6.25 즈음 상권과 그의 아내 혜순, 그리고 약혼자였던 양이와의 관계가 전쟁을 맞아 극적으로 운명이 뒤바뀌게 된 사연이 그려져 있다. 양이와의 약혼식을 한주일 앞둔 어느 날 마침내 6.25가 발발하고 상권은 잠시 피신을 했다 돌아오게 된다. 그가 피신한 이유는 "고향인 황해도에서 수년간 교편을 잡다가 탈출, 월남한 사람이었"기 때문이고 "이북에 있을 때 반동분자리는 낙인 밑에 체포령까지 내렸던" 적이 있었기 때문이다.

어쨌든 혜순과 양이와 의논한 끝에 상권은 자신의 책 수십 권을 양이의 오빠들이 '극렬 좌익분자'들이기 때문에 혜순의 집에 맡기기로 하고 사태가 위태로워 지면 혜순도 김포방면의 고모네로 옮길테니 상권 자신도 피란이 여의치 않게 되면 김포방면으로 오라고 하면서 그들은 일단 헤어지게 된다. 여기서 서술자는 "양이의 큰오빠나 둘째 오빠는 팔에다 붉은 완장을 두르고 마치 자기 세상이나 만난듯이 으스대고 돌아다닌다"고 표현하고 있다. 일이 여의치 않게 되자 상권은 김포방면의 혜순이 고모네로 찾아가 거기서 10리 가량 떨어진 산중턱의 작은 절에서 피신생활을 하게 되는데 하루 걸러 한 번씩 찾아와 여러 가지 정보와 '특별난 음식'을 해가지고 오는 혜순의 헌신적인 "내방이 다시없이 반갑고 고마웠다" 그러면서 혜순과 사랑이 싹터 마침내 전쟁이 끝나고 둘은 결혼을 하게 된다.

> 정신을 차릴 수 없는 사이에 10여 일이 흘러갔다. 괴뢰군 측에 자진 아부하는 사람, 그들을 피하여 숨어다니는 사람, 형세의 추이만을 관망하며 명확한 태도를 취하지 못하는 사람들이 서로 얼키고 설켜 숨막히는 하루하루가 질서 없이 연장되어갔다.
> 교직원들 사이에도 마치 기다리고나 있었듯이 괴뢰측과 접촉하며, 사사건건이 선봉을 서서 홍분한 얼굴로 구호를 외쳐가면서 주먹을 내두르는 사람이 생겼고, 반면에 재빨리 자취를 감추어버리는 사람들도 있었다. 그밖에는 대부분이 스스로 결단성 있는 태도를 갖지 못하고 초조히 눈치만 살피며 대세를 엿보고 있는 축들이었다. 말할 것도 없이 상권은 서울이 괴뢰군의 점령 하에 들자 며칠 안 되어 행방을 감추어 버리고 말았다. 그는 고향인 황해도에서 수년간 교편을 잡다가 탈출 월남한 사람이었던 것이다.[41)]

그동안 단편적으로만 언급해 오던 전쟁기의 좌익에 대한 묘사들이 이

41) 손창섭, 「죄없는 형벌」, 『전집 2』, 56-57면

작품에서는 하나의 완결된 서사의 형태를 취하고 있고 그 서사의 구성 방식도 전쟁기의 기억을 통제하는 전형적인 지배 권력의 담론 형식을 취하고 있다.[42] 이제 손창섭은 남한 현실에서 자신의 좌표를 구체적으로 설정하게 된 것이다. 그렇지만 반공주의를 수용하게 된 것은 분명하지만 그 수용이 작품마다 약간의 편차를 보이고 있다는 것은 주목을 요한다. 예컨대 「잡초의 의지」에서 정혜는 유선생에 대해 늘 죄의식을 지니고 있다. 왜냐하면 6.25때 남편이 자기를 믿고 데려다 맡겼던 유선생의 동생(국군 헌병)을 "赤狗의 손아귀에 넘겨주고야 말았"기 때문이다. 정혜는 "두 명의 괴뢰군에게 끌려나가며 뒤를 돌아보던 청년의 눈을" "영원히 잊을 수 없다". 그렇지만 이런 남편에 대해 정혜는 "너무나 선량하고 약했기 때문에, 남편은 자신과 가족들의 생명의 부피에 눌려 꼭두각시처럼 적구들의 손끝에서 놀아났다"고 표현한다. 공산주의자들을 적구라고 표현하면서도 그런 공산주의자인 남편에 대해 '너무나 선량하고 약'한 사람이라고 면죄부를 주려는 이 이율배반적 표현은 유선생에게서도 유사하게 나타나고 있다. 시계를 판다고 함으로써 이제 남편을 잊어야 하겠다는 의사를 표하자 유선생은 그 남편에 대한 적개심에도 불구하고 "그 친구 북한에 살아 있을 것입니다. 자기 생명을 아끼는 데는 천재적이니까요"라면서 오히려 엄숙한 표정으로 정혜를 위로하기까지 하고 있는 것이다. 이렇게 본다면 『낙서족』에서 도현은 "독립단원이나 공산당원의 핏줄을 받은 놈"으로 설정하고 그의 이상적 모델로서 자신의 부친과 숙부를 설정하세 한 것도 신상히 보아 넘길 문제가 아니라고 할 것이다. 이것이 그 작품 전체의 균형을 깨뜨리게 한

---

42) 파시즘은 역사와 기억의 조합을 통해 국가적 신화를 만들어 내는데 그 신화의 내용은 역사의 진실성을 가정하면서도 기억의 성스러움을 찬미하는 것이고 기억의 성스러운 성격을 떠올리면서도 역사의 성확싱을 찬미하하는 것이다. 이렇게 본다면 손창섭의 이러한 이념적 고백의 형식이 성스러움에는 턱없이 못미친다는 점에서 그 수용의 소극성을 엿볼 수 있다. 이에 대해서는 제프리 K. 올릭 엮음. 2006. 『국가와 기억』. 최호근 민유기 윤영휘 옮김. 민주화운동기념사업회. 68-69면 참조.

상당한 요인이 되는 것은 아닐까.

그런데 이 반공주의의 전면적 수용과 더불어 이 시기 그의 소설에 지배적으로 나타나고 있는 현상 중의 하나가 전술한 바와 같이 불우한 사람들에 대한 연민과 동정, 그리고 용서라는, 휴머니즘을 적극적으로 실천하는 인물들의 등장이다. 「잡초의 의지」에서 정혜는 거의 폐인이 되다시피 한 유선생에 대해 한없는 연민의 감정을 표하고 있고 「포말의 의지」에서 종배는 아이 하나 데리고 사는 창녀 영실에 대해 헌신적인 애정을 부여하고 있다. 뿐만 아니라 「저녁놀」에서도 인갑은 아버지의 주정과 계모의 횡포, 나아가 여동생 인숙과의 결별에도 불구하고 결코 그들에 대한 증오, 심지어 서운함 조차 내비치지 않는다. 그는 어린 나이에도 "자기마저 없어져버린다면 아버지가 얼마나 놀라고 슬퍼하실까?"하고 구타와 욕설의 아버지를 오히려 불쌍하다고 여긴다. 이런 인물들은 그동안 손창섭 소설에 등장하는 인물들의 정신적 불구성, 혹은 병적인 피해의식 등과 관련하여 비평가들이 지속적으로 요구해 마지 않았던 긍정적 인물의 요구 결과 나타났다고 할 것이다. 그렇지만 정치적 비판에 적극적이면서 동시에 반공이데올로기를 전면화하려다 급작스럽게 5·16 군사쿠데타가 발생하게 되자 그 이후부터 손창섭 소설에서 오히려 이 하층민을 형상화하는 작품이 거의 등장하지 않게 되었다는 사실은 어떻게 설명해야 할까.

사실 손창섭의 60년대 소설부터는 하층민을 소재로 하여 그들의 불우한 삶에 동화하거나 그 삶을 재건하려는 소설은 거의 등장하지 않는다. 아마도 「육체추」가 유일하면서도 마지막일 것이라 판단되는데 이러한 현상을 이해하기 위하여서는 불우한 계층에 대한 손창섭의 인식이 어떠한가를 살펴보아야 하리라 본다. 「반역아」(1959.4)는 불우한 계층에 대한 이야기는 아니지만 불행한 처지에 있는 한 고등학생의 일화를 기록하고 있다. 이 작품의 주인물 시종의 부친은 자유중고등학교 교장이자 이사장인 윤교장의 심복이다. 그는 학교의 경리책임으로서 윤교장의 부하이면서 교회에서도 집사로서 같은 교회 장로인 윤교장을 상전으로 깍듯이 모시고 있다. 시종이네 집은 대궐같은 윤교장네 집 옆에 살았고 그 집마저 시종이네 것이 아니라 윤교장 소유의 것이었다. 자연 주종관계가 형성되고 그 주종관계가 밸이 틀리는 시종인 것이다. 윤교장네 어린 것들도 시종이네 부모에게 심심하면 반말을 섞어 말하고 집안의 대소사때엔 어김없이 가서 시중을 들어주어야 했다. 여기에 반발한 시종이 윤교장을 지나치면서 경례도 하지 않고 외면해 버린 일이 발생하고 이에 대해 훈육주임이 시종에게 사과를 강권했음에도 듣지 않자 1주일 정학 처분을 내린다. "근수는 우리 아버지에게 경례를 하는 일이 없습니다. 그래서 저두 근수 아버지에게 경례를 하지 않기루 했습니다. 그러니까 근수가 먼저 우리 아버지에게 사과하지 않는다면, 저두 사과할 수 없습니다"라고 외치는 시종의 항변은 무시당한 자의 복수심의 발로에 지나지 않는 것이다. 이 작품에서 시종에 대해 "이를 갈고 앙갚음을 꾀했다"라든가 "윤교장을 아예 죽여 없애든가, 그 집에 불을 질러 버리든가 그래야 후련할 것같았다", 혹은 "살기 띤 핏발" 등의 표현을 부여하는 것은 시종의 그 적개심이 어느 정도인지를 보여주려는 표현적 장치라고 할 것이다.

이러한 증오는 현실적인 차별 구조에 대한 적대감의 표현이라 할 것이다. 『저마다 가슴속에』에서 천봉우가 "빈부의 차나 미추의 차, 성적의 우열 등 그밖의 어떤 조건으로든 아이들을 차별 대우하는 것만은, 교사로서 절대로 용납될 수 없는 일이라고 저는 굳게 믿고 있기 때문입니다."라고 말하는 것이나 「신의 희작」에서 "명분이 서는 어떤 목적 의식을 지닌 행동에의 가담을 요청받았을 때는 용약 선두에 서기를 주저하지 않는 S"가 조선인 차별 대우에 대해 용맹무쌍하게 투쟁하는 모습 등은 빈자, 혹은 약자의 처지에서 빈자 혹은 약자를 부당 대우하거나 부당 착취하는 차별 대우에 대해 손창섭이 얼마나 증오하고 있었는지를 단적으로 보여주는 것이다. 이러한 약자로서의 약자의 감정과 논리가 하층민을 소재로 하였을 때 그들에 대한 연민으로 전화하고 이 연민이 그들과 동질감을 형성하면서 그들의 편에 서게 하였을 것이다.[43] 그렇지만 반공주의의 전면적 수용과 급진적인 정치적 비판, 그리고 하층민에 대한 연민과 동정, 그리고 용서라는 계층적 동일화와의 결합 등은 반공을 국시로 하면서 무소불위의 권력을 행사하던 박정희 정권 하에서는 양립하기가 어려운 과제였음에 틀림이 없다. 이것이 60년대 소설에서 작가로 하여금 이 차별에 대한 도전을 하층민의 세계로부터 벗어나 중산층의 풍속적 공간에 국한하여 벌이게 한 근본적인 원인이었을 것이라 판단된다.[44]

5. 결 론

손창섭 소설은 50년대 중반부터 서서히 변모하기 시작한다. 그 변모에 대해서는 대부분 동의하고 있다. 그렇지만 그 변모의 계기에 대해서는 아무도 말한 바가 없다. 그렇지만 한 작가가 자신의 작품 경향을 근본적으로

43) 이를 가장 집약적으로 보여주는 작품이 「사제한」이다.

44) 이렇게 보았을 때 손창섭의 신문연재소설 중 거의 공론의 영역과 무관하다고 판단되는 작품들까지도 공론의 영역에서 해석이 가능할 수 있을 것이라 판단된다. 예컨대 『부부』, 『아들들』 『이성연구』 『내 이름은 여자』 『 삼부녀』 등 주로 통속성으로 분류되던 작품들도 이런 차별 대우에 대한 손창섭의 극단적 항거의 세계관을 염두에 두고 보면 이 작품들도 그 근저에는 남녀의 불평등한 차별관계를 해소하려는 공론적 욕망이 자리잡고 있음을 추정해 볼 수 있다. 실제로 이 작품들 중 『삼부녀』는 방민호에 의해 새로운 가족관계의 상상이라는 면에서 가족구성의 새로운 모색이라는 평가를 받은 바 있고 『부부』도 단지 남녀관계의 육체적 접근이라는 비판과 달리 그 안에 정치적 의미가 내재해 있을 것이라는 적극적 해석도 주어진 바 있다. 『삼부녀』에 대해서는, 방민호. 「'막장드라마'의 이면 – 손창섭 장편소설 『삼부녀』 」. 손창섭. 2010. 『삼부녀』. 예옥. 242-250면 참조. 『부부』에 대해서는 앞의 김동환의 글 참조. 이제 이 두 작품 외의 다른 작품들도 공론의 차원에서 새롭게 접근해 보아야 하리라 본다.

수정하게 되었을 때 그 수정의 현실적 계기가 없다는 것은 이해하기 힘든 일이다. 본 논문에서는 그러한 변화의 계기를 작가와 『사상계』와의 만남에서 찾아보았다. 사실 손창섭은 『현대문학』의 전신인 『문예』 추천을 통해 문단에 나왔다. 이론적인 관념에서 출발하기보다 인물의 운명에서 구경적 생을 탐구하기를 바랐던 김동리에게 있어 손창섭은 자신의 창작 철학을 보증해 줄 몇 안 되는 작가 중의 하나였을 것이다. 그렇지만 손창섭은 그러한 순수문학을 뒤로 하고 점차 사회적 공리성을 주장하는 쪽으로 문학의 방향을 잡아가고 있었다. 그 계기가 『사상계』와의 만남에서 왔음은 그 외의 계기를 찾을 수 없었음에서도 그렇지만 실제로 『사상계』에 작품을 발표하면서부터 그의 작품 경향이 표나게 변모하게 되었다는 사실에서도 확인할 수 있다.

그가 『사상계』에 빈번하게 작품을 발표하게 된 것 자체가 우연적인 현상이 아니었다. 『사상계』는 월남 지식인 집단이 만든 잡지로서 월남민들을 초월한 대한민국 초유의 공론의 장을 만들어냈지만 『사상계』 잡지 구성원들 자체는 대부분 월남 지식인들로 채워졌다. 편집위원회 위원들도 대개가 그러했지만 『사상계』가 제정한 동인문학상 심사위원들도 거의 대부분이 월남 문인들로 구성되어 있었던 것이다. 뿐만 아니라 동인문학상을 수상한 작가들도 대부분 이북 출신 문인들이었으니 그들의 지역적 동질성의 추구가 어느 정도였는지 가늠할 수가 있다. 사정이 이러한지라 월남 작가였던 그를 『사상계』가 눈여겨 보지 않았을 리 없고 그래서 그에게 자주 원고를 청탁했을뿐더러 동인문학상 심사대상작으로서도 매회 예외없이 거론되곤 했던 것이다. 이러한 현상은 그 이전에 이미 예술원 회원 심사과정에서도 남한 출신 문인들과 북한 출신 문인들이 한차례 홍역을 치른 바 있었기에 더 가속화 된 면이 없지 않다.

그렇다 해도 손창섭으로서도 이러한 『사상계』와의 관계를 마나해야 할 이유가 없었다. 왜냐 하면 이미 『사상계』는 장준하의 초인적인 노력에 힘입어 대한민국 최고의 잡지로 부상하였을 뿐만 아니라 『사상계』에서 논하는 담론만 하더라도 양심적 지식인이라면 대개가 동의할 수 있는 비판적 내용으로 가득 채워져 있었으므로 안 그래도 사회적 불평등과 부정부패에 대한 분노가 남다른 바 있었던 손창섭으로서는 『사상계』에 작품을 싣고자 하였을 것이고 『사상계』 입장에서도 당대 최고의 인기를 누리고 있었던 손창섭이 월남민이라는 사실 때문에라도 더욱더 친밀한 관계를 유지하고 싶었을 것이다. 거기에 동인문학상 심사대상으로 매회 거론되었기 때문에 손창섭은 동인문학상이 요구하는 수상 기준에 맞추려고 노력하였을 것이고 『사상계』가 추구하는 계몽 담론에 대한 관심도 거기에 비례하여 높아졌을 것이다. 이에 따라 손창섭의 소설에서는 초기에는 입장 표명을 보류하고 있던 반공이데올로기를 점차적으로 형상화하게 되고 겸하여 정치적 비판을 날카롭게 수행하게 되었다. 「잉여인간」의 채익준 뿐만 아니라 「고독한 영웅」의 인구, 『저마다 가슴속에』에서의 천봉우는 손창섭 소설에서 그 이전에는 찾아 볼 수 없었던 강도 높은 정치적 비판의 대리자라 하겠다. 이 정치적 비판은 그 안에 경제적 민주주의를 담고 있다는 의미에서 정치경제적 성격을 가지고 있다. 한편으로 손창섭 소설에서 그동안 유보되었던 반공이데올로기가 전면화하는 경향을 보이고 있는데 이 전면화 경향은 어느 정도 우여곡절을 거치고 있음이 눈에 띈다. 그렇지만 이 이데올로기가 최종적으로 표명된 「신의 희작」에서는 반공적 입장을 선명하게 정리하고 마무리하고 있다.

그렇게 함으로써 손창섭 소설에서는 비평가들의 요구에 맞게 긍정적 인물을 형상화하려고 했는데 이 긍정적 인물들은 「잉여인간」에서 서만기와 같이 중산층의 인물로 나타나기도 하지만 대부분은 불우한 하층민들에 동정적이고 연민적인 인물들로 나타난다. 이 인물들의 하층민들에 대한 동정과 연민은 그 안에 이들을 차별화하는 권력층들에 대한 복수심을 내재하고 있다는 점에서 평등한 관계를 요구하고 있다. 그렇지만 이 인물들은 반공 이데올로기와 불화관계를 형성함에 따라 양립이 불가능하므로 점차 사라지게 된다. 반공이데올로기의 자장 안에서 정치적 비판과 불우한 계층에 대한 연민과 동정심은 서로 양립하기가 힘들었을 것이다. 그렇지만 정치권력을 비판하는 기준은 차별없는 사회에 대한 갈망이었는데 정치적 비판도 불가능하고 하층민들에 대한 아이덴티티도 허용되지 않는 5·16 군사쿠데타 이후의 상황에서 손창섭이 나아갈 길은 중산층의 삶의 풍속적 영역일 수밖에는 없었을 것이다. 그것이 대중성과 만나려면 가족, 결혼, 남녀관계 등의 미묘한 문제를 다룰 수밖에 없고 그 밑바탕에는 차별없는 사회, 곧 중산층으로 제한된 개인의 자유, 그리고 그 자유가 평등하게 구현되는 평등사회에 대한 지향이 깔려있을 수밖에 없었을 것이다.

김 진 기

충북 단양 출생. 건국대학교 국어국문학과를 졸업했고 같은 학교 대학원에서 문학박사 학위를 받았다. 그 후 상허학회, 한국현대소설학회, 겨레어문학회 이사를 역임했다.
저서로는 『반공주의와 한국문학의 근대적 동학』, 『한국근현대문학연구』, 『현대작가론』, 『한국문학의 이념적 역동성 연구』, 『한국문학과 자유주의』 등을 발간했다. 현재 건국대학교 문과대학 국어국문학과 교수로 재직 중이다.
E-mail: jingik@konkuk.ac.kr

월남전 서사의 구성 원리와 문학적 영향

파월(派越) 수기를 중심으로

| 김 주 현

월남전 서사의 구성 원리와 문학적 영향

—

파월(派越) 수기를 중심으로

—

김 주 현

1. 파월 수기의 문학사적 위치

1964년 파월을 기점으로 만들어지기 시작한 '월남 이야기'는 1970년대 들어 월남전 소재 문학에서 큰 성취를 이루며 대중에게도 깊은 인상을 남긴다. 박영한, 이윤기, 황석영 등이 시간차를 두고 형상화한 소설들은 한국전쟁과는 다른 자리에서 '단군 이래 최초 파병'이라는 월남전을 근대화 시기 한국인의 파병 체험으로 풀어내었다. 하지만 파병 규모나 기간을 고려할 때 작품이 많다고는 보기 어렵다. 참전 작가들이 드물기도 하거니와 국가적으로 조직된 월남붐이나, 파월 기간에 유통된 월남 이야기와 변별되는 관점을 확보하는 데 시간이 필요했기 때문일 것이다.

그러나 월남 이야기는 사실 파월 직후부터 종군 기자, 참전군인 등에 의해 파월 통신, 일기, 수기로 생산되어 대중에 읽히고 있었다. 1차 자료로서 수기는 문학 작품과 달리 특정 사건을 겪은 필자의 내면이 그대로 드러나는 특징이 있지만 해당 사건이나 서술자의 사고 회로에 대한 비판적 분석이 동반되지 않으면 수기를 통해 얻을 수 있는 것은 사건에 대한 소박한 감상이나 전체적인 분위기 환기에 머물기 쉽다. 특히 파월 수기는 대개 특파원 종군기나 참전군인의 수기 형태이므로 기이했던 월남붐로부터 독립하여 20세기 후반의 '세계사적 전쟁'이었던 월남전에 대한 한국 지식 계급의 응시를 담아내지 못하는 한계가 있다. '참전국 국민'의 관점이 지배하는 파월 수기가 문학 연구자의 흥미를 끌기에 부족한 이유도 여기에 있을 것이다.

그러나 어떤 텍스트도 당대의 공식적 지배 이데올로기를 온전히 받아쓰지 않음은 문학사의 수많은 사례가 보여주거니와 공식적 지배 담론이 우세한 파월 수기를 통해서도 배울 것이 있다. 파월 수기는 1964년 파월과 1970년대 후반에 나온 월남전 체험 문학 사이에 있는 1차 자료로서, 월남전 체험 문학의 성취를 문학사의 내부로부터 비추는 거울 역할을 한다. 지금까지 월남전 소설 연구는 시간 순으로 창작된 작품의 특징을 서술자의 시선 변화를 중심으로 비교 분석하거나, 제국주의적 관점이 스며든 전쟁 인식 문제를 지적해왔다.[2] 연구사적 의의가 작지 않지만 이런 방식으로는 월남전이라는 '사건'과 그 사건에 대한 특별한 '반응'인 문학 작품 사이에 존재하는 여타 텍스트의 존재를 설명하기 어렵다.

월남전은 세계사적으로 한국전쟁을 잇는 반공 전쟁이며, 내부적으로는

---

1) 신형기(2012)의 용어이다. 그의 논문(「베트남 파병과 월남 이야기」. 『동방학지』 157. 동방학회)은 이 연구와 직접 관계있는 선행 연구이다. 신형기는 이 논문에서 파월 수기 여러 편을 분석하여 월남전을 국가적 스코프(scope)가 지배하는 '반공 개발'로 정의하고 '황색 거인'의 현실 등을 비판적으로 조명했다. 일리 있는 지적이다. 그러나 많은 텍스트를 한꺼번에 다루면서 텍스트의 기본 정보를 정확하게 제시하지 않았고, 베트남이 젠더 구도에 포착되는 과정을 분석하며 필자들의 베트남 여성 인상기를 과잉 해석하고 있다.(같은 논문. p.96) 수기와 소설이 생산된 시간차를 충분히 고려하지 않은 것도 재고해 볼 부분이다.

2) 전자 편에서 쓴 글로 김윤식. 2008. 「한국문학의 월남전 체험론 상, 하」. 『한국문학』 통권 269. 270. 한국문학사; 정호웅. 1993. 「월남전의 소설적 수용과 그 전개양상」. 『출판저널』 135 참조. 후자는 서은주. 1995. 「한국소설 속의 월남전」. 『역사비평』 통권32. 역사문제연구소; 고명철. 2003. 「베트남 전쟁 소설의 형상화에 대한 문제」. 『현대소설연구』 19. 현대소설학회; 장윤미. 2009. 「월남전을 소재로 한 한국소설의 고찰」. 『동남아시아연구』 19권 1호. 동남아시아학회 참조.

1960년대 정권의 근대화 기획을 가능케 한 자본 축적의 통로이기도 했다. 종전 후 세계적으로 쏟아진 월남전에 대한 많은 연구들은 그간 한국 사회에서 별로 조명을 받지 못했던 월남전에 대한 성찰의 필요성을 제공한다. 한국에서 월남전은 대체로 중졸 이하의 사병들이 참전[3]한 만큼 고등 교육을 받은 엘리트 군인들이 드물었으므로 참전 군인들이 파병 기간에 펴낸 기록물은 희소한 편이다. 이를 메워주는 것이 특파원, 종군 기자, 작가단 등 부대를 방문하여 그들을 대신해 펜을 들었던 문필가들의 기록인데, 상기한 것처럼 이 글들은 문학 텍스트로서는 물론이고 사료로서도 크게 주목받지 못했다. 그러나 희소한 참전군인의 수기든, 특파원 수기든 특수한 상황에서 기록자의 소임을 감당한 이들은 고등 교육을 받은 엘리트였고 따라서 이들의 기록은 국가적 파병 열기 속에서 파병부터 종전에 이르는 월남의 현지 분위기와 월남전에 대한 참전자의 미묘한 인식의 추이를 반영한다. 파월 50년을 돌아보는 시점에서 월남전 서사의 통시적 맥락을 성찰케 할 자료로 우리 앞에 있는 것이다.

이 글은 1960년대 후반부터 70년대에 초반에 간행된 특파원 수기와 소수의 참전군인 수기를 대상으로 월남전 서사의 구성 원리와 문학적 영향을 비판적으로 검토하고자 한다. 필자를 종군 기자와 참전군인으로 나누는 이유는 이들이 파월 수기를 생산한 주체들이면서, 기자(특파원)와 군인이라는 신분에서 연유하는 시선의 차이가 수기에 반영돼 있기 때문이다. 또 흥미롭게도 이들은 종종 뒤바뀐 위치에서 월남선을 응시하는 의외성을 보인다. 이러한 의외성은 프레데릭 제임슨이 말한 텍스트의 정치적 무의식을 상기시킨다. 수기 연구에서 '국책사업'이었던 월남붐의 정치적 영향력은 응당 전제될 수밖에 없지만 그렇다고 모든 텍스트를 이 틀에서 재단해서도 안 된다는 것이다. 수기를 생산한 주체에는 시를 쓰는 군인이 있는가 하면

3) MBC 다큐, 〈이제는 말할 수 있다-월남에서 돌아온 새까만 김병장〉 77회, 2004.3.28.방영 참조.

소설보다 더 생생한 전투담을 주조했던 특파원도 있다. 문청 군인과 기자의 종군담이 빚어내는 불협화음은 월남 재현의 공식과 에피소드 형식의 전투담 속에서 월남 이야기로 응축되어 월남상을 종합적으로 형성하고 서사화된 월남전 이미지를 유통하게 된다. 이 글은 만들어진 월남 전 서사의 공식 문법과, 그 틈으로 엿보이는 실재계를 분석하여 이후 창작된 월남전 소설의 거울로서 월남 서사의 한계를 짚어볼 것이다.

2. 특파원/참전군인 수기의 특징

파월 기간(1965-1973)에 출판된 수기는 크게 두 종류로 분류할 수 있다. 첫째는 종군 기자를 필두로 작가 등 문필가들이 쓴 수기며, 둘째는 참전군인 신분으로 파병지에서 쓴 일기, 통신류를 묶은 글이다. 이 글에서 다룰 전자에 속하는 수기는 4편이며, 후자에 속하는 수기는 2편인데[4] 파월 기간을 고려하면 많은 양이라는 할 수 없다. 월남 취재는 종종 목숨을 건 행위였지만 세계적으로 반전 여론이 최고조에 달했던 1968년에는 월남전 특파원이 637명에 이를 정도[5]였으니 미국 다음으로 파병 규모가 컸던 한국

---

4) 1964년부터 1973년 파월 기간 동안에 출판된 수기가 분석 대상이다. 그 후에도 간혹 수기가 나오지만 파월 당시 현장 분위기가 살아 있는 수기를 우선 살펴볼 필요가 있어 「월남서 보낸 시인일기」(1965), 『피묻은 연꽃』(1965), 『월남 하늘에 빛난 별들』(1966), 『월남전과 한국』(1966), 『정글의 벽』(1967), 『평화의 길은 아직도 멀다』(1969), 『베트남에 오른 횃불』(1970)을 택했다. 이 수기의 일부는 당시 〈조선일보〉, 〈경향신문〉, ≪세대≫ 등에 먼저 실리기도 했다.
정원열의 『메콩강은 증언한다』(1973)는 한국군 철수 시점에서 간행되어 앞의 수기들과는 체제와 내용에서 큰 차이가 있어서 일단 분석 대상에서 제외했다. 이 밖에 1960년 최초의 사이공주재 미국 특파원으로 월남전을 누빈 말콤 브라운의 『이것이 월남전이다』도 참고했다. 이 책은 1965년 국내에 번역되었다. 기타 파월 기간에 나온 통신문이나 종군기, 미처 구하지 못한 수기는 차차 보완할 예정이다.

5) 황봉구. 1987. 「월남전 종군기자들」. 『신문과방송』. 한국언론진흥재단. p.77. 1960년대 초반까지 한 식탁에 앉아 밥을 먹을 정도로 적었던 사이공특파원은 한 때 700명으로 늘었다가 70년대가 되면서 줄어들어 74년 중반에는 겨우 35명 가량이 남았다고 한다.

에서 당시 매체에 정기적으로 기고했던 글 가운데 이 정도가 단행본으로 출판된 것은 종전과 동시에 급락한 월남붐을 증명하는 것처럼 보이기도 한다.

「베트남전쟁」의 필자 리영희는 1971년 에세이에서 주월 한국 기자의 취재 활동이 타국의 외신 기자에 비해 위험을 회피하고 사이공 호텔에 앉아 생생한 종군기를 쓰거나 외국 기자의 글을 베끼는 경우가 많다고 비판한 바 있다.[6] 독자적으로 전선을 누비며 저널리스트의 사명을 수행하는 기자 본연의 역할이 필요하다는 역설이겠으나 일변 리영희의 지적이 수긍되는 까닭은 특파원 수기의 구성이 비슷하고 내용상 겹치는 부분이 많기 때문이다. 수기의 대부분을 차지하는 전투 미담, 붕타우외과병원 미담 등이 그렇다. 나머지 부분은 다른 책을 참고한 것으로 짐작되는 월남 서설과 사이공이 중심인 취재 에세이이다. 이렇게 특파원 수기는 월남 서설-전투 부대 미담-월남 풍물 소개 세 영역으로 구성되어 있다.

---

6) 리영희, 2006, 「기자 풍토」, 『전환시대의 논리』, 창비, p.482.(원문은 『創造』, 1971.9)

구분	도서명	필자	파월 당시 신분	출판 연도	내용 구성의 특징	
					베트남사·한월 관계 관련	기타
① 종군 기자 수기	피묻은 연꽃	이규영	조선일보사 주사이공특파원	1965	· 베트남 서설 Ⅰ·Ⅱ · 한월관계사	· 월남 풍속 및 파월 부대 전투담 소개
	월남 하늘에 빛난 별들	배기섭	종군 작가	1966	· 1부 월남의 그 풍토와 배경 -월남의 역사와 민족문화 -한·월관계의 현황 -월남 속의 한국	· 전투 실전 미담과 부대 대민사업 소개
	평화의 길은 아직도 멀다	박암송	동양통신 주월특파원	1969	· 1부 세계 속의 비극 월남전쟁 · 2부 불란서의 월남침략사	· 파월부대 전투담 및 월남의 정치적 상황 분석
	베트남에 오른 횃불	김진석	국방부 일간 전우신문사 사이공 특파원	1970	· 별도 구성 없음	· 한국군 주요 작전 소개 · 월남전 종군 낙수
	메콩강은 증언한다	정원열	조선일보사 월남주재특파원	1973	· 1장 호지명과 바오다이황제	· 미국의 전쟁개입 과정 자세히 소개
② 참전 군인 수기	월남서 보낸 시인일기	신세훈	비둘기부대 장교	1965	· 별도 구성 없음	· 일기 형식 · 창작시 삽입
	쟝글의 벽	신정	맹호부대 장교 (1965.10-1966.7)	1967	· 별도 구성 없음	· 일기 형식 · 창작시 삽입

위 표는 파월 기간에 나온 주요 수기의 체제와 특징을 간략히 정리한 것이다. 표에서 알 수 있듯 ①은 내용 구성 면에서 전반부와 후반부로 나누어 전반부에서는 베트남의 역사와 한월 관계사 등을 개관하고, 후반부에서는 파월 부대의 무용담을 소개하고 있다. 그 사이에 월남 풍속이나 월남의 정치 상황을 기술하기도 하나 핵심은 어디까지나 종군 기자의 임무에 따라 충실하게 파월 부대 소식을 조국의 국민에게 전하는 것이다. 또 이 글들은 〈조선일보〉, 〈경향신문〉 등에 주월 특파원 해외 통신 형태로 실린

만큼 부대에서 있었던 흥미로운 에피소드 위주로 사건을 전달하는 서사 형식을 취한다. 훈훈한 인간애나 휴머니즘을 느낄 수 있는 미담(美談)이 많으며, 전투담은 특히 기자가 보았거나 들은 한국군의 무용담 위주로 구성된다.

②는 사정이 다르다. 신세훈, 신정으로 대표되는 참전군인 수기는 ①에 비해 내용 구성도 단순하고, 일기를 그대로 묶었다고 보일 정도로 사변적이다. 이 중 신세훈의 「월남서 보낸 시인일기」는 널리 알려진 대로 월간 ≪세대≫에 총 6회에 걸쳐 연재되었고, 정식으로 등단한 시인 장교라는 필자의 약력 덕분에 연재되는 동안 제법 반향이 있었다.[7] 군인 신분이 크게 느껴지지 않을 정도로 감상적이고 시종 자유로운 형식으로 씌어졌다. 한편 '일선소대장의 수기'라는 부제가 붙은 『쟝글의 벽』은 형식은 「월남서 보낸 시인일기」와 비슷하나 어조나 내용 면에서 좀 더 절제되어 있다. 그러나 역시 전체적으로 일기 형식이며, 군데군데 창작시를 끼워 넣어 정글을 누빈 소대장의 수기라는 자극적인 제목과 달리 잔잔하게 월남 생활을 고백하고 있다. 『쟝글의 벽』에서는 생사를 가르는 전투조차 담담하게 표현되어 있다.

요컨대 종군 기자의 수기가 용맹한 한국군 전투담 소개에 초점을 맞추고 있다면 일선 군인의 수기는 오히려 전장터의 단독자로서 서술자의 내면이 두드러진다. 이 전도를 어떻게 이해하느냐가 중요할 것인데, 서술자의 위치에서 비롯된 자연스러운 현상으로 보아야 할 것이다. 특파원의 글이 훨씬 관제 홍보적인 것은 고국의 독자에게 매일 기사를 송고해야 하는 엄숙한 '의무'를 띠었던 반면, 후자는 자타 공히 시인, 혹은 문학청년이라는

7) 「월남서 보낸 시인일기」 4회분에는 신세훈의 고정 팬인 여성이 H신문에 기고한 글이 문제가 되어 필자가 스캔들에 휩싸인 사정이 나온다. 문맥을 추론해보면 그의 글이 비둘기부대 장교로 파월 초기에 나온 통신인 데다 필자의 이국취향이 합쳐져 대중적 인기가 있었던 듯하다. 신세훈. 1965. 「월남서 보낸 시인일기-비둘기부대 통신①~⑥」. 『세대』(1965.6~1965.11). pp.314~315. 이하 이 글을 인용할 때는 연재 횟수와 페이지만 명기한다.

상징적 지위를 글쓰기의 내적 동력으로 삼았으므로 군인으로서 일상을 기록하는 것 자체가 복무 수행이었겠기 때문이다. 따라서 한국군 철수 시점에서 나온 정원열의 수기를 제외하면, 월남전 서사의 공식은 참전군인이 아니라 이전에 출판된 특파원 수기에서 더 뚜렷하게 확인된다.

3. 월남 인식과 한국군 재현의 문법

1) 사전 담론: 한·월 공동운명체론

전술한 바와 같이 특파원/참전군인 수기는 내용 구성에서 차이가 있지만 공유하는 내용도 있으니 그것이 바로 한국과 월남이 국토분단과 공산침략 위협에 놓인 '공동 운명체'[8]라는 점이다. 이는 다시 역사, 정치, 이념 세 항목에 따라 과거-현재-미래의 월남상에 대응된다.

먼저 역사적 차원에서 월남의 과거는 '비극적 월남사'라는 제국주의 침략사를 환기시킴으로써 시작된다. 월남을 '역사적인 비극의 땅'으로 호명하는 것은 한 · 월 관계의 친연성을 강조하기 위해 구사된, 당시 매체 뿐 아니라 근대 초기에 널리 읽힌 양계초의 『월남망국사』에서도 나타난 인식이었다. 이러한 전제를 깔았을 때 월남을 돕는다(월남의 공산화를 막는다)는 명분은 역사적 설득력을 갖게 되지만 동시에 월남의 강력한 민족주의를 처리하는 문제를 남기게 되었다. 그 결과 특파원 수기의 월남 서설은 2차

---

8) 『평화의 길은 아직도 멀다』는 저자 후기에서 이러한 시각을 단적으로 보여주고 있다. "그럼으로 해서 越南戰은 自由亞細亞의 國家들뿐이 아니라 自由世界의 國家들이 스스로 지켜야할 共同課題를 짊어지고 있다고 보아도 옳을 것입니다. 그러기에 우리는 6.2戰亂이란 歷史的 教訓을 거울삼아 國土의 兩斷과 共產侵略의 威脅이라는 共同運命을 지닌 自由越南을 守護하기 위하여 國君을 派遣하고 있는 것입니다." 박암송. 1969. 『평화의 길은 아직도 멀다』. 咸一出版社. p.247.

대전 후 독립한 약소국이라는 동질감과 월남에 대한 한국 사회의 무지가 상충하면서 한 텍스트에 이질적인 시각이 공존하게 되었다.

월남 서설이라는 장 자체가 그러했다. 일반적으로 서설은 본내용에 앞서 알아야 할 전제들을 포괄하는 부분이니 필수 항목이 아닌데도 특파원 수기는 거의 앞머리에 월남사를 넣어 월남전의 역사적 맥락을 주지시키고 있다. 이러한 구성은 일종의 민족사 서술로서, 월남을 부동의 민족 국가로 규정하는 효과를 발휘하고 아시아의 신생 독립국으로서 묵직한 존재감을 독자에게 불어넣는다. 당연히 핵심은 월남이 중국의 보호국을 거쳐 100년 프랑스 제국주의에 짓밟힌 나라라는 점인데, 그러자니 우리의 항일 투쟁과 마찬가지로 프랑스의 침략과 그에 맞선 저항적 민족의식을 고평할 수밖에 없게 되는 상황이 만들어졌다. 특히 한국보다 오랫동안 프랑스 식민지를 겪었으므로 월남민의 외세 배척은 정당한 주체성의 발로일 수밖에 없었다. 이 점은 여러 수기에서 확인되는 대로이다.

> (1) 이러한 여세(餘勢)로 프랑스는 캄보디아, 통킹, 안남, 라오스를 가지고 인도지나 연방을 조직하여 사이곤에 총독부를 두고 보호국에는 행정, 재판, 군사 일체를 장악케 하는 고급행정관을 파견하였고 동화정책(同化政策)으로 식민지 통치의 방침을 세워서 베트남의 모든 문화를 말살하여 프랑스의 전형적인 문화를 접목(接木)하기에 온갖 노력을 다했던 것이다.
> **그러나 베트남 국민들은 전통적인 저항정신으로 이에 대항하였고…(중략)…이처럼 프랑스 지배하의 六O년간은 반불(反佛) 운동의 시대였고** 따라서 프랑스는 평정과 식민지의 두 개의 평행적 현실을 타개하는 데 세계 여론에 귀를 기울이지 않고 밀고 나갔던 것이다.[9]

9) 배기섭. 1966.「월남의 그 풍토와 정경」.『월남 하늘에 빛난 별들』. 세림출판사. pp.28~29.

(2) 몇 천년을 중국의 세력 밑에서 살아왔고, 불란서의 식민지생활을 겪어내야했고, 대동아 전쟁 때는 일본의 간섭도 받아야했던, 어쩌면 저주받은 땅이기도 하다. 그러면서도 이들은 외부의 세력과 부단히 싸워 이를 물리치는 데 성공한 민족이었다. 이 **나라의 깊은 반만년의 역사는 피와 투쟁과 비극의 역사였다.**…(중략)… 월남을 지배하고 있는 지식층들은, 이를테면 이 월남의 지도자들은 하나의 사상과 주의를 염두에 두지 않는다. 지극히 모든 면에 배타주의다. 남이 주면 받아 먹고, 남이 와서 싸워준다면 그대로 응하고, 어쩌면 개성이 없는 민족이기도 하다. **그들에게 이즘을 찾아볼 수 있다면 오직 민족주의만 진한 농도로 있음을 수 있다.**[10)]

(3) 물론 이 프랑스 식민에도 피어린 저항이 있었다. 특히 베트남의 三·一 운동이랄 수 있는 '三〇년운동'은 유명한 것으로, 군대와 비행기까지 동원시켰던 것이다.
이 때 검거당한 애국자가 三천명一, 八三명이 사형을 당했고 五백四四명이 종신형, 七백여명이 유배형을 당하는 가혹한 탄압이었다. …(중략)… 제二대전의 프랑스의 인도지나 경영이 전형적인 식민주의였다는 것은 두 말할 나위가 없다. 二차대전의 역사적인 의의는 그 식민주의의 일소에 있었음에도 불구하고 프랑스는 자기네들 옛 식민지를 버리기가 여껴워 '프랑스 연합'이란 조직으로 개선국이 대전의 역사적 의의를 역행하려 했다. 이것은 디엔·비엔프의 비극에 이르는 八년전쟁의 전단(戰端)이 된 하이퐁의 포격이 어떠한 이유에서 비롯되었는가를 도리켜 보면 명백해질 것이다.[11)]

위 글에서 프랑스 제국주의를 비판하는 것은 일제를 비판하듯 자연스럽다. 또 기본적으로 여기에는 2차 대전 이전의 제국주의와 현재 월남에 들

10) 신세훈. 앞의 글. 1회. pp.318~319.

11) 이규영. 1965.『피묻은 연꽃』. 영창도서사. p.20. p.24.

어와 있는 미국은 다르다는 인식론적 단절이 전제되어 있다. 그럼에도 불구하고 강력한 베트남의 민족주의가 이 전쟁의 기원에 있다는 역사적 관점을 숨길 수 없는데, 마치 이러한 서설이 한국과 월남의 친연성을 밝히려는 의도였으나 결과적으로는 '몰랐던 월남의 역사'를 굳이 책머리에 실음으로써 월남에 대한 무지[12]를 역으로 입증하는 것처럼 '내전'인 월남전에 끼어든 미국과 한국의 위치를 설명하지 않을 수 없는 논리적 귀결을 초래한다. 문제는 이를 자세히 언급할수록 '외세'인 미국의 개입이 부당하게 비춰지는 것이었다. 따라서 일종의 논리적 돌파구가 필요하게 되었고 이는 월남의 '혼란한 현재'를 강조하여 월남을 돕는 미국을 긍정하고, 이러한 현재 월남과 한국의 차이를 보충하는 식으로 마련되었다. 실제로 이 무렵 월남의 정치 현실은 고 딘 디엠이 실각한 후 연속되는 쿠데타로 극히 혼란했다. 특파원 수기가 미-디엠 정권에서 디엠을 떼 내어 그에게 현재의 혼란에 대한 책임을 묻는 것은 이러한 이유 때문이었다. 고 딘 디엠과 군사 쿠데타야말로 월남의 현재를 설명하는 양대 축이다.

예컨대 이규영은 월남의 수탈사를 기록하며 "十七도 선이 있기까지 베트남의 풍상은 三八도선이 있기까지의 한국의 풍상보다 더 했다"[13]고 단언한 후 디엠에 대해 '전후 후진국 지도자 특유'의 "결벽"과 "고집"이 있었고 미국에 의해 대통령이 되었지만 "철저한 가족 독재체제"로 붕괴했다[14]고 쓴다. 디엠과 친분이 깊었던 이승만을 환기시키는 서술인 것이다. 이런 식으로 이규영의 서술을 따라가면 월남은 과거뿐 아니라 1960년대에 데모

12) 파월용사가 주인공인 노래(〈맹호는 간다〉)를 만들고, 학생을 동원하여 '위문편지쓰기 운동'까지 벌였지만 월남에 대한 국민의 관심은 낮은 편이었다. 그것은 특파원 박암송이 귀국 후 종군기를 펴내는 동기가 되었다. 박암송은 한국이 그만한 인력을 보냈는데도 지식층과 국민들이 월남을 "전쟁하는 나라, 돈벌이나 하러가는 나라"로 알고 있는 이유를 월남관련 저서의 부족에서 찾는다. 박암송, 앞의 책, p.49.

13) 이규영, 앞의 책, p.24.

14) 위의 책, p.33.

로 독재자를 쫓아낸 경험까지 비슷하고, 지금도 수도에서 학생들이 데모를 벌이는 공통점이 있다. 하지만 당연하게도 이러한 사실은[15] 작게 취급된다. 대신 디엠 정권의 실력자였던 고 딘 누 부인이 무능하고 태만한 월남의 현재를 상징하는 문제적 기호로 호출된다.

주지하듯이 고 딘 누 부인은 디엠의 제수로, 디엠 정권의 불교 탄압에 항거하여 분신한 승려를 두고 '인신 바비큐'라 칭해 논란이 된 여성이다. 그런데 특파원 수기에서 그녀는 '독재' 디엠 정권에 '사악한 광기'를 불어넣은, 현재의 월남을 나쁘게 '여성화'하는 기호이다. 고 딘 누 부인은 꼬리에 꼬리를 문 쿠데타와 함께 예측하기 어려운 월남의 현재를 지도력이 없는 약한 상태로 젠더화하고 동시에 그럼으로써 현재 한국과 차이를 만든다. 어쨌든 월남에 비해 한국은 같은 군사 쿠데타라도 쿠데타를 일으킨 정권이 건재하고 튼튼했던 것이다. 그렇다면 남은 것은 이제 혼란한 월남을 노리는 적으로부터 월남을 도와 "월남의 장래에 평화와 자유를 약속"하고 "한 걸음 더 나아가서는 세계평화에 기여하는"[16]이 된다. 공산화의 위기에 처한 월남의 미래를 구하는 우방의 의무는 이러한 사전담론에 의해 마련된 한국군의 숙제였다.

2) 현장 보고: 의지와 기술의 일체

1966년 10월 월남을 방문한 김종필은 부대에서 참전으로 인해 한국인들

15) 이규영은 사이공 의대생을 만나 학생 혁명에 대한 양가적 감정을 토로한다. 디엠을 무너뜨린 월남의 학생 혁명이 4·19로부터 배웠다는 지적이 4·19에 대한 자부심을 표출한다면 월남 데모에서도 하층계급 "똘만이"들이 앞장서는 것을 '데모 소아병'에 걸린 양국의 공통점으로 드는 것은 4·19이후 데모만능론에 반대한 엘리트들의 보수적 시각이다. (위의 책, pp.35~36.) 신세훈 또한 당시 국내에서 있었던 한일회담 반대 데모를 들며 부끄러워 견딜 수가 없으니 '제발 좀 데모를 그만하라'고 당부한다. 신세훈, 앞의 글, 3회, p.312.

16) 1967년 9월 25일 주월한국군사령관 채명신이 파월 2주년 기념식에서 한 말이다. 박암송, 앞의 책, p.97에서 재인용.

이 "프라이드와 의욕"을 갖게 되었고 "한국의 한국이 아니라 세계 속의 한국"이라는 인식이 널리 퍼져 '대한민국이 넓어지게 되었다는 취지의 연설'을 한다.[17] 그가 한반도 지도 대신 월남 지도를 걸어놓고, 월남의 한국군을 아세아 진출의 증거로 꼽는 등 계속해서 참전을 세계 진출로 맥락화하는 것은 이국의 전쟁터에 청년을 보내기로 결정한 집권당 의장으로 결코 적절한 발언일 수 없었다. 그러나 그 자신 한국 상황을 "군대와 국민이 아주 하나로 뭉쳐있"는 병영국가체제로 보았고 실제로 이러한 인식이 있었고 보면 한국군의 패배는 곧 세계 진출 실패를 뜻했다. 같은 복무 기간이라도 대충 기간을 채우고 돌아가면 되는 미군[18]과 달리 한국군은 시종 전투=세계 진출=한국 이미지 구축이라는 과제를 짊어지고 있었다.

특파원 수기의 전투담은 이러한 과업을 수행하는 이야기다. 월남전 서사의 중심축은 한마디로 '베트콩 잡기'인데, 구체적으로는 '베트콩 찾기' 형식을 취하여 공동운명체인 월남을 위협하는 악(베트콩)을 색출하는 전투담을 반복 생산한다. 많은 특파원이 지적했듯이 월남전은 '전선 없는 전쟁'이었고 이 때 전선은 역으로 베트콩이 도처에 있는 월남전의 특수성을 의미했다. 따라서 베트콩 찾기는 월남전 서사의 핵심일 수밖에 없었고, 그것은 밀림에서 주로 폭탄을 투여하는 공중전을 벌이는 미군은 못하는 한국군의 특별한 능력이었다. 한국군은 각지에서 베트콩 색출을 맡아 혁혁한 전공을 세운다. 대부분의 수기는 여기에 많은 지면을 할애했고 이로써 이중의 효과를 창출했다. 우선 그것은 "첫 번째 적"인 밀림과 "두 번째 적"인 베트콩을 한꺼번에 잡는 효과가 있었다. 밀림은 맹수, 토인, 베트콩과 친한

---

17) 김진석. 1970.『베트남에 오른 횃불』. 신아각. p.205, p.208.

18) 베트남전쟁에서 미군 병사는 1년 교대 근무를 했다. 이는 "국내의 전쟁 반대를 무마하기 위한 정치적 결정"이었는데, 이러한 단기 순환 근무는 시간이 흐를수록 미국내 반전 여론을 타고 "전역할 때까지 남은 날짜만 세"는 풍경을 만들었다. 조너선 닐(2004).『미국의 베트남 전쟁』. 정병선 역. 책갈피. p.114.

"지혜없는 원시의 비문명화의 편"[19]이므로 밀림 정복은 곧 자연에 맞서 근대의 편에 선 인간의 승리를 뜻했다. 이 작전으로 인해 밀림은 한국군의 작전이 수행되면서 베트콩을 숨긴 '신비하고 큰 공포의 대상'으로부터 베트콩을 잡아내는 '정복되고 해체되는 지형'으로 의미가 변한다. '정글과 동굴과 논둑을 헤치며 용전'하는 한국군의 베트콩 색출은 한국전쟁 당시 빨치산을 토벌한 경험까지 소환하며 한국군의 특별한 임무로 전달되었다.

이 과정은 종종 성배를 찾아가는 기사마냥 거침없고 숭고하게[20], 정해진 문법을 따라 직조되었다. 그것은 불리한 전투 조건에 대한 의지의 승리였는데, 누구보다 생생하게 한국군의 베트콩 찾기를 형상화한 배기섭과 김진석은 각각 10편이 넘는 글에서 푸캇산 작전[21]에 참가했던 맹호부대의 활약상을 빠짐없이 기록했다. 특히 배기섭은 영화 장면을 찍듯 씬 단위로 베트콩 색출담을 써내려갔다. 지하 동굴에 숨은 베트콩을 찾아내는 장면은 전쟁 영화처럼 박진감이 넘친다. 이들은 또 특별히 전우애를 베트콩을 잡는 동력으로 치환하는 부분에 공을 들여 일관된 이야기소를 만들었다.

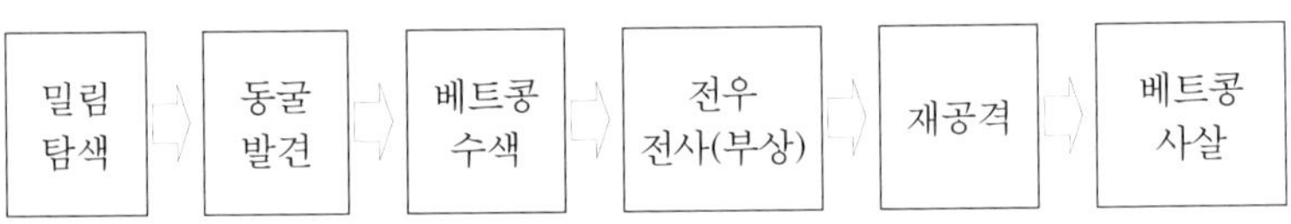

19) 신세훈. 앞의 글. 6회. p.314. 그러므로 그는 밀림을 제거하지 않고는 전쟁에 이기기 어렵다고 단언한다.

20) 실제로는 파월 첫날밤에 밀림의 원숭이를 베트콩으로 오인하고 가슴을 쓸어내리는 등 오발사고가 많았다. 『장글의 벽』에는 밀림과 대면한 국군의 불안하고 초조한 내면이 솔직하게 드러나 있다. 신정. 앞의 책. pp.35~48쪽 참조. 그러나 특파원 수기의 베트콩 찾기 서사에는 한국의 전후 소설에 보이는 조심스러움과 내적 갈등이 없는 대신 순도를 자랑하는 한국군의 초상이 있다.

21) 월맹군 지도부의 본거지로 알려진 험준한 푸캇산과 일대를 토벌한 작전이다. 푸캇산은 미군은 물론이고 월남군도 접근하지 못한 '미답지'에 천연동굴이 수없이 깔려 "방자(防者)에게는 유리하고 공자(攻者)에게는 불리한 지역"이었다. 당시 맹호 6호 작전으로 불렸다. 채명신. 2010. 『베트남전쟁과 나』. 팔복원. p.322.

이 공식에 따르면 밀림은 이중의 의미에서 월남 속 한국이 구현되는 공간이다. 밀림은 베트콩과 싸우는 전투 공간이지만 동시에 베트콩 색출=밀림 정복에 의해 밀림을 개척하고 정복하는 한국인의 의지를 독자 앞에 현현시킨다. 당시 정기적으로 신문지상을 장식한 '황색 거인' 신화는 밀림 전투담이 쌓여 빚어낸 민족주의 의식이 극대화된 것이었다. 여기에 덧붙어 월남의 소수 민족이 동원되고 포로로 잡은 베트콩이 귀순하는 흐뭇한 후일담이 이어졌다. 확실히 기록을 보면 한국군의 전투성과는 놀라웠던 것으로 보이지만[22] 그것을 떠나서 수기의 무용담이 과하다는 느낌 또한 떨치기 어렵다. 그렇다면 혹 이 놀라운 무용담을 보고하는 것 외에 필자에게 다른 어떤 서사화의 욕망이 개입했던 것은 아닐까. 맹호부대 장교였던 신정이 『쟝글의 벽』에서 부하들에게 수차례 강조했던 '제군들은 살아서 돌아가야 한다'는 당부에 비추어도 죽음을 각오하고 베트콩을 색출하는 전투담을 단순히 미담으로 보기에는 정도가 과한 게 사실이다. 그러다보니 심지어 웃지 못할 표현도 보인다.

김진석은 1967년 8월 21일 있었던 맹호 26연대 홍길동작전을 기술하며 "한국군은 취각으로 적의 은신처를 알아내는 신비스러운 감각을 가지고 있"으며 대변 냄새를 맡고 베트콩이 도망친 시간과 거리를 산출하는 천재적인 두뇌를 가지고 있다고 쓴다.[23] 정글 속 과학수사대를 방불케하는 희화적인 표현이다. 이러한 시선은 배기섭의 글에서 대나무 밑이나 물 밑에 대롱으로 숨을 쉬며 교묘하게 숨은 베트콩을 잡아내는 한국군과 더불어 베트콩 색출에 이력이 붙은 국군의 모습을 여유 있게 전달하지만, 동일한 모티프를 썼으되 이를 베트콩의 뛰어난 위장술로 파악한 말콤 브라운[24]의

22) 채명신. 2010. 『베트남전쟁과 나』. 팔복원 참조.

23) 김신석. 1970. 『베드남에 오른 횃불』. 신아각 p.231.

24) 말콤 브라운. 1965. 『이것이 월남전이다』. 정향사 참조. 말콤 브라운은 수없이 많은 사례를 들어 미군의 신무기를 무력화하는 베트콩의 뛰어난 위장술과 무기 생산력이 밀림, 논둑과 합쳐져

태도와 대조적으로 베트콩의 전술을 희화화한다.

여기서 오도된 민족주의의 정열을 읽어낼 수 있지 않을까. 월남의 밀림과 서울 사이에는 엄청난 거리가 있지만 한 연구자의 지적대로 월남전은 '반공 개발의 장'[25]이었다. 그렇게 보면 월남전 서사는 한국에서 진행 중인 근대화기획의 민족적 열정이 해외에서 구현되는 과정이기도 했다. 조금 특수하다면 서사의 주인공이 밀림을 누비는 파월 장병이라는 것, 그러므로 이 서사에서 밀림은 한국군을 위해 준비된 무대였다. 베트콩 찾기 서사는 죽음을 무릅쓰고 임무를 수행하는 한국군의 의지를 강조함으로써 전민족이 단결한 근대화 신화를 전투담에 겹쳐 담아낸다. 또한 월남전이 한민족(韓民族) 사이의 전쟁이 아닌 것도 필자의 부담을 덜어주는 요인이었을 것이다. 그러나 앞에서 본 월남 서설에 나온 바와 같이 월남전은 분명히 '공동운명체'인 월남의 내전이자 동족상잔의 비극이었다. 그러므로 이러한 서술 태도는 월남전의 복잡한 성격을 베트콩을 잡는 '한국군의 전쟁'으로 단순화하는 것일 수밖에 없는데, 그 때문인지 종종 필자들은 서사의 끝에 육체적으로 왜소하고 심리적으로 나약한 베트콩 패잔병을 등장시켜 이 단순한 구도를 세계사에 기재된 보편적인 전쟁으로 바꿔 놓는다. 죄는 미워하되 사람은 미워하지 말라는 말처럼 휴머니즘은 전쟁 서사에서 어떤 의미로든 불가결하므로 월남전 서사 역시 그럴 필요가 있었다. 귀순 베트콩 이야기는 이렇게 해서 월남전 서사의 중요한 요소로 편입된다.[26]

전투에서 어떤 효과를 낳는지 열거하고 있다.

25) 신형기, 앞의 논문 참조.

26) 특파원 수기에서 베트콩 귀순(투항) 서사는 적지 않은 분량을 차지한다. 대개 어머니나 아내의 노력으로 전투에 지친 성인 남자가 귀순한다. 그는 월맹군 사이에 퍼진 한국군의 용맹을 말하고 자유 월남의 품에 안긴다. 특히 지극한 간호로 전투에서 부상당한 베트콩의 마음을 돌려놓은 붕타우이동외과병원의 간호 장교 이야기는 거의 모든 수기에 빠지지 않고 등장한다. 이 서사들은 전쟁터에서 피어난 휴머니즘을 전달하기 위해 '평범한 인간인 베트콩'을 내세우는 방식 등을 써서 한국의 전후 소설을 환기시킨다. 특히 배기섭이 피살된 베트콩의 시로 소개하는 「어머니」는, 그에 따르면 "월남전의 전기를 마련하며 베트콩들이 모두 공산주의자가 아니라는

한편 의료 인력은 휴머니즘을 구현하는 월남전 서사의 또 다른 주역이다. 비둘기부대의 의료 인력은 일차적으로 한국군 부상 치료를 맡았지만 월남전 서사에서는 뛰어난 의료 기술로 월남의 다민족을 감동시키는 '진료 실화'의 주인공이다. 붕타우의 이동외과병원은 주둔한 지 6개월 만에 329명의 환자를 받아 171명을 완치시키며[27] "어떠한 병이라도 따이한 박씨(의사)에게 가면 모든 것이 치료된다는 신화"[28]를 남긴다. 자연히 외과병원 이야기는 여러 수기에서 반복 인용되었는데, 특히 부상당한 베트콩 포로를 울린 간호장교 이야기[29]에서 휴머니즘의 정점을 찍는다. 문제는 이러한 진료담에 내포된 우생학적 시선이다. 진료담은 한마디로 한국군이 가져온 양약과 한국 의료 기술의 우수성을 보고하는 것이었다. 의료 인력이 절대 부족한 월남에서 한국 의료진이 '언챙이' 수술과 안약 등으로 명성을 떨친 데는 월남의 근대 의료 시스템이 한국보다 못한 형편이 작용했고 보면, 월남전 서사에서 한국 의료 기술의 혜택을 받은 이가 주로 가난하고 무지한 농민이거나 밀림의 소수 민족인 점을 무연히 보아 넘기기 어렵다. 이러한 보고가 수기의 월남 풍속 소개에 보이는 인종차별적 시선의 연장선에 있기 때문이다. 특히 농촌 지역의 노상방뇨와 노상배변은 피부병과 안

것이 판명된 증거"로 "동족상잔의 쓰라린 경험"을 토로한 휴머니즘 시이다. 굳이 반공시라고 소개하고 있지만 사실 이 시는 호치민루트를 따라 남쪽으로 내려오며 내전을 치르는 북부 출신 베트콩의 내적 갈등을 토로하는, 북부 출신 병사라면 누구나 품음직한 생각을 산문처럼 쓰고 있다. 이 시에서 반공시로 읽히는 근거가 되는 부분은 시적 화자가 남쪽 땅 마을의 평화를 짓밟을 지뢰를 파묻는 고통을 고백하는 마지막 부분(그런데 왜?/우리들은 해방이란 이름으로 동족의 마을을 불지르고 파괴해야 합니까?// 어머니의 나와, 우리 친척과 같은 사람들이, 아니 우리와 같은 피의 민족을/피를 흘리게 할 지뢰를 파 묻을 때 나는 흔들리는 버드나무 가지처럼/손이 떨릴 때가 한 두 번이 아니었습니다.)이다. 배기섭, 앞의 책, p.248. 하지만 전쟁과 일상이 겹쳐 있었던 월남전의 특수성에 따르면 반공시라는 표현은 어폐가 있다.

27) 이규영, 앞의 책, p.287.

28) 배기섭, 앞의 책, p.251.

29) 비둘기 부대의 미담을 보고할 때 빠지지 않는 실화로, 치료와 음식을 모두 거부하는 베트콩을 정성껏 간호하여 마침내 눈물을 보이며 귀순시켰다는 이야기다. 이 밖에 아무도 피를 주려하지 않는 부상당한 월남군을 위해 한국 이동외과병원 의료진이 나서서 피를 뽑고, "한국에 가서 살고 싶다"는 월남군 장교의 감사를 듣는 사건도 있었다. 배기섭, p.260.

질환을 앓는 월남인과 더불어 월남 전역의 불결한 위생 상태를 표상한다. 산악지대의 소수 민족일수록 그 정도는 더욱 심했는데, 실제로 한 기자는 안약을 휴대하고 나섰다가 다투어 약을 요구하는 산악 민족 때문에 곤욕을 치른 경험을 '밀림의 미개인'들에 의술을 베푼 양 은근히 자랑하기도 한다.

그러나 굳이 따지면 파월 시기 한국 의료 체계는 월남보다 조금 나은 정도였다. 병원문은 여전히 높았고 평생 근대 의료 혜택을 못 받아본 국민도 상당수였다.[30] 김정한이 그렸듯이 1960년대 후반 한국의 의료진이 월남에서 만난 환자들은 낙동강변의 한국에도 흔한 자들이었다. 이를 생각하면 이동외과병원 운영은 주월 한국군의 빛나는 대민사업이었지만 그럼에도 월남의 약자에 집중된 진료담에는 1960년대 후반 근대화론의 민족주의 신화가 짙게 반영되어 있다. (우수한) 한국인이 의술을 베풀고 (불쌍한) 월남인이 혜택을 받는 구도는 '황색 거인' 한국군과 함께 최초로 해외에서 만들어지는 모범적인 한국인상의 원형이었던 것이다. 그러나 곧 살펴보겠지만 국가의 전폭적인 지지를 받아 만들어진 문법치고는 그리 유통 기한이 길지는 않았다.

4. 실재계의 틈입과 사이공 표상

앞에서 살핀 것들이 일종의 집단의식으로 정립된 상징계로서 표면 서사라면, 이 서사에 억눌려져 있는 '역사적 모순'은 무엇일까? 서사화되지 못하고 단상에 머무르는, 월남전 서사의 하부텍스트(subtext)를 이루는 표현

30) 공식 면허를 획득한 의사와 치과의사는 1960년에 7,673명, 1,351명이었고 1970년에는 16,202명, 2,122명으로 증가폭이 매우 느렸다. 당시 의사들은 1/3이상 서울에 거주했다. 1967, 1968년의 의료이용도는 25.4%, 25%로 오히려 감소하는 때도 있었다. 이주연. 2010. 「의료법 개정을 통해서 본 국가의 의료 통제」. 『의사학』제19권 제2호. 대한의사학회. p.424.

되지 않은(unexpressed) 현실[31]은 무엇일까? 라캉이 실재계라 명하기도 한 텍스트의 정치적 무의식을 찾는 것은 그리 어렵지 않다. 사실 우리는 근래 월남전 연구, 월남전 소재 소설에서 대략 그것을 목도한 바 있다. 민간인 학살[32], 국군의 차별대우와 고엽제 후유증, 미군의 부패 등 월남전에 관한 진실이란 이름으로 밝혀지고 있는 것들은 파병 당시로서는 상상하기 어려웠던, 미국의 전쟁 개입 자체가 정의롭지 못했다는 관점을 수용함으로써 가능해진 논의들이다. 바꾸어 말하면 이는 파병 당시 미국의 '도미노' 이론이나 매카시즘 광풍의 위력을 반증하는 것이므로, 우리의 월남전 서사가 오랫동안 이를 그대로 수용하고 있음은 적어도 파월논쟁에 관한 한 비판적 지성이 빈약했던 지식 사회의 모습을 재확인시켜주지만 그럼에도 이를 뚫고 산발적으로 삐져나오는 단상은 '용병'인 한국군의 위치나 월남 민족주의를 수긍하는 실재계를 소환한다.

파월 초기에 월남전의 미스터리를 인지하고 있는 일선 소대장의 진술을 보자. 그는 "보잘 것 없는 무기"를 가진 '오합지졸' 베트콩[33]과 밤마다 신경전을 벌이는 일상에 분노하며, 한미월 연합군이 나서도 이기지 못하는 베트남의 신화는 지피지기를 못하기 때문이라고 진단한다.

> 우선 막강한 전투력을 과시하는 한 · 미 · 월(韓 · 美 · 越)동맹군의 실정은 어떠한가?
> 우리 한국군은 물론이요 월남전의 주인공이 월남인이어야 함에도 불구하고 월남 사람들은 전쟁을 하는건지 장난을 하는건지…월남의 수도라는 사이공에서 백주 대로에 테러가 벌어지는데도 주야로 술과 여자, 그

31) 윌리엄 C. 도울링. 2000. 『정치적 무의식』을 위한 서설』. 곽원석 역. 월인. pp.154~158 참조.

32) 한국군도 개입했던 1968년 베트남 하미 마을의 학살이 주민들에게 남긴 트라우마와 그것을 극복하려는 주민들의 노력에 대한 인상적인 연구는 권헌익 2012, 『학살, 그 이후』. 유강은 역. 아카이브 참조.

33) 신정. p.157.

리고 온갖 모리배가 득실거리는 실정이며…(중략)… 월남의 관리들이 부패했다는 여론은 이미 아무런 비밀도 아니다. 그리고 二O여 년의 전쟁을 통하여 지칠대로 지친 월남 농민의 참상은 실로 눈을 뜨고는 볼 수 없는 실정이 아니가?…(중략)… **월남 전쟁의 고충은 무더운 날씨나, 울창한 밀림, 그리고 교묘한 게릴라 전술에 있는 것이 아니라 월남 자체의 불안·부패·무질서·빈곤·문맹속에 있다는 어느 ①외국신문의 표현은 거짓이 아니다.** 더구나 낮에는 농민, 밤에는 베트콩이라는 말이 있을 정도로 베트콩의 정체를 파악하기 어렵다는 사실은 월남 전쟁을 더욱 힘들게 하고 있음이 사실이다.[34]

사변적인 『쟝글의 벽』에서 이러한 표현은 예외적인 진술이다. 해서 군인답게 그는 이런 악조건 속에서 뛰어나 전과를 울리는 맹호, 청룡 부대를 자찬하며 글을 맺지만, 인용문에는 그가 인지하는 전쟁의 대립 구도가 월남 정부:월남 농민·베트콩으로 선명하게 보인다. 이러한 시각은 ①에서처럼 베트남전쟁에 대한 외신의 시각에 동의함으로써 얻어진 것이자, 이후 「머나먼 쏭바강」, 「하얀 전쟁」, 「무기의 그늘」의 주인공들이 선보이는 질문-누구를 위한 전쟁인가?로 승계되는 근본적 물음이다. 더욱 중요한 것은 이 질문이 특파원 수기가 베트남 서설을 통해 피력했던 한월 공통점을 정면으로 부정하고 있다는 점이다.

파월 전 전쟁 개입의 정당성을 확보하려했던 논거는 베트남 서설에서 한월 운명공동체론으로 정립되었지만 정작 그는 전투 부대에서 복무하는 동안 싸울 의지가 없는 월남군의 모습을 자주 접한다. 즉 아무리 부인하려 해도 이 전쟁은 내전이면서도 냉전의 성격이 명확했던 한국전과는 다른 것이다. 그는 월남군보다 더 열심히 싸우는 외국 군대의 장교로서, 파월한 지 1년도 안되어 월남전의 본질을 인지하기 시작한다. 변소 문제나 여성의

---

34) 위의 책, pp.158~159.

재혼 등 월남의 풍속에 대해서는 특파원보다 오히려 현지인을 이해하는 관점을 가진 필자[35]이기에 군인인 그가 체감하는 전쟁의 성격은 중요하지 않을 수 없는데, 작전지에서 드물지 않게 만나는 '소녀 베트콩'들은 더욱 이런 생각을 강화시키는 계기가 된다. 소녀 베트콩 때문에 위험했던 상황은 특파원 수기에서 한 번 쯤 공통적으로 다루는, '전선 없는 전쟁'의 에피소드이다. 그런데 말을 바꾸면 이는 곧 신정이 안타까워하고, 특파원 김진석이 '사상없는 월남민의 전쟁관'이라 칭한 월남전의 특수성에 이어진다. 김진석은 어느 날 자신이 만난 한 월남인이 한국군의 참전에 항의하자 그것을 "사상의 빈곤과 주체의식의 결핍"[36]에서 비롯된 잘못이라고 단정한다. 그는 이러한 잘못이 "사이공의 휘황찬란한 풍경"과 모종의 관계가 있다고 보는데, 이 과정에서 논리적 모순에 부딪친다. 베트콩과 월남 정부에 이중으로 세금을 바치는 월남민중의 행동을 삼모작도 가능한 풍요로운 자연 환경 덕분으로 보는 것이 인식의 출발점이다.

> 월남 사람은 한국 사람처럼 가난하지 않다. 그렇다고 국민 소득이 높다는 의미는 아니다. 월남은 자연적 조건이 한국보다는 훨씬 좋다. 해안이나 델타지역의 평야지대에서는 부지런만 하다면 이모작 삼모작도 할 수 있으며…(중략)…전쟁 속에서도 별로 불편없이 농사를 질수있다는 조건과함께 최소한 목구멍에 거미줄은 치지 않는다는 생명 유지 때문에 전쟁과 생활 사이에 절박감을 느끼지 못한 듯했다.…(중략)… 오랜 전쟁에도 불구하고 피난민은 많지만 굶어죽은 사람은 석있다. ①<u>물론 전쟁의 부산물인 거지도 전연 없었다. 가난 때문에 빚어진 살인이나 큰 도둑도 거의</u>

35) 전체적으로 『장글의 벽』에는 전장에서 살아야 하는 군인의 일상은 있으나 특파원 수기에 보이는 이국 취향이나 풍물 소개는 드물다. 그러나 신정 또한 "변소 한 칸을 제대로 지을 줄 모르는" 월남인의 습성을 이해할 수 없다고 불평하지만 기혼 여성이 이빨을 검게 염색하는 것을 정조관념의 표시로 소개하고, 월남에 흔한 여성의 재혼을 전쟁의 영향으로 이해하는 등 월남 풍속을 훨씬 대범하게 수용한다. 위의 책, pp.184~185 참조.

36) 김진석, 앞의 책, p.69.

없었다. 이것이 六·二五때 공산 북괴가 현물납세라 하여 먹을 것도 남기지 않고 완전 수탈과 착취를 하여 우리 국민이 공산주의를 증오하고 저주하던 사상의 확립과는 아주 대조적이었다. 사이곤에 있는 중국계 상사는 홍콩의 은행을 통해 베트콩에게 세금을 바치고 있으며 불란서계 상사는 파리은행을 통해 세금을 바치고 오히려 전쟁경기에 재미를 보고있다고 한 것은 이미 공개된 비밀로 되어있다.[37]

인용문에 따르면 월남인의 베트콩협조는 자연환경 덕분이고 한국 전쟁은 정반대 이유로 전선이 명확했다는 것이 된다. 또한 ①은 진위가 의심스러우나 그가 겪은 월남의 인상일 터이므로 차라리 부러운 점이라 할 수 있다. 그러니 문제는 월남의 박약한 전쟁 수행 의지인데, 사실 조금만 생각해보면 이는 상기한 베트남 서설에서 필자들이 이구동성으로 지적했고, 그 자신도 사이공 시내에서 여러 번 느낀 월남 민족주의의 발현태일 수 있다. 사상의 빈곤이 아니라 연합군에 냉담한 것으로써 민족의식을 표현할 수 있는 것이다. 따라서 만약 특파원인 그가 월남 내부에서 베트콩이 더 민족주의 세력으로 받아들여진 것을 정말로 몰랐다면 월남인이 사이공에서 "당당하게 사창굴을 드나드는 미군을 꼴사납"게 미워하는 것을 "이기적이고 철저하게 배타적인 민족의 자존심"을 모욕당한 "외골수(?)의 생각"이라는 궤변은 그야말로 숭미적인 발언이 된다.[38] 외세 배척이 잘못이라면 전쟁 중인 사이공의 번영을 폄해야 할 까닭이 없기 때문이다. 또 이에 대해서는 신세훈의 고백도 참고할 만하다. 신세훈은 부대가 사이공 시내에 도착한 날 월남인의 냉담한 태도에 당황한 나머지 국내에 보도된 파월 부대 환영 기사를 의심하고 오히려 "우리들이 그들에게 너무 관심을 가지는 감이 들었다"고 쓴다.[39]

37) 위의 책, pp.68~69.

38) 위의 책, p.87.

이러한 단상이 한국군의 '위치'를 본능적으로 느끼게 한다면 사이공 표상은 한국군의 억압된 욕망을 드러낸다. 이국적인 사이공에 매료되어 사이공 풍물을 가장 열심히 소개한 이는 비전투부대원으로 자주 사이공에 드나들었던 신세훈이다. 단적으로 말해 그에게 사이공은 "20세기의 박물관"으로서 베트남이 집약된, 남성성이 박탈된 여성적인 도시이다. 사이공에는 검고 무식한 농촌 처녀들과 달리 "깨끗하고 연약해보"이는 흰 피부의 미인들이 있다.

> (1) **한마디로 말해서 쌔이곤은 여성의 도시였다. 너무나 화려하고 아름다웠다.** 이 쌔이곤에 항구가 없고 숲이 없다면 그 가치가 없을 것이다. **또한 아름다운 여자가 없는 쌔이곤이라면 무의미한 도시일 것이다.** 저쪽 대안은 가난한 어부들이 사는 움막들이 쭉뻗혀 있었다. 한국의 판자촌과 비교 할만한 곳이었다.[40]

> (2) 이 나라 청년들은 우리 한국의 청년들보다 더 많은 할 일이 있는데, 그것을 하지 않고 그들의 젊음을 성관계에만 노곤하게 보내고 있다.…(중략)… 그 반면에 어린애들은 모두가 씩씩해보이고 동작이 민첩하고 건강했다. 그런데 어른들은 왜 그럴까. 이 것은 성관계에서 오는 영향이 아닌가 싶다. 국민의 태반이 조혼이고, 더운 기후에다 잘 먹지도 못하여, 여자에게 기분좋은 괴로움을 당하는 것이다. 남자들의 자기체력의 손실도 모르고 매일 저녁 부인의 능동적인 행동에 의하여 四~五회의 성교를 한다는 것이다.[41]

---

39) "환영객들은 국민이 아니라, 시민이 아니라, 장관과 군인이 아니라, 경찰들이 아니라, 순진한 학생들이었다. 그나마 동원되어 나온 학생들이었다.…(중략)… 솔직히 말해서 선발대가 올적에 쌔이곤시민들의 열광적인 환영속에 발을 디민다는 것은 좀 생각해볼 문제였다. 우리가 거짓말이라도 이미 활자화되면 그것은 진실이라 믿는 버릇이 있다. 그 기사를 쓴 신문기자는 분명히 열광적으로 환영하는 쌔이곤 시민들을 눈으로 봤는지는 내가 알바없다. 그러나 나는 본대가 입국한 오늘 월남국민들이 우리들에게 얼마나 무관심한가를 알 수 있었다." 신세훈, 앞의 글, 1회, p.173.

40) 위의 글, p.172.

(3) 사이곤의 밤은 네온과 산데리아의 경연(競演)된 불빛으로 불야성을 이룬다. 명멸(明滅)하는 조명탄도 밤새 하늘을 밝게 누빈다. **전쟁의 수도에 등화관제가 없으니 요염한 선율은 더한층 더한층 진하게 꿈틀거린 것만 같았다. 밤의 사이곤은 빠의 문이 열리면서부터 시작된다.**…(중략)… 뒷골목을 스며들면 사창이 우글거린다. 거의가 이방인으로 득실거리는 이 환락가에는 어디나 대만원이다. 베트콩의 테러는 이런 곳에 가끔 붉은 손을 내민다. **십자군을 자처하는 미군들이 그까짓 테러 정도에 겁을 먹거나 비굴하지는 않은 것 같았다.** 미군 GI에게, 때로는 연합군 장병에게 금족령이 내려도 욕정(欲情)을 누르고 향수를 참을 만큼 발걸음은 인내력이 강하지 못했다. 二O촉도 못되는 어스름한 불빛 속에서 병사는 사이곤티로 밤을 낚기에 여념이 없다.[42)]

(1)은 (3)에도 보이듯이 특파원 수기에 나타나는 사이공 인상기와 흡사하다. (2)는 다분히 남방에 대한 판타지를 가진 독자를 의식한 듯, 군인으로서도 시인으로서도 수준 미달의 감상을 사실인 양 전달하고 있지만, 중요한 것은 (1)과 (3)에서 사이공이 월남전의 음화(淫畵/陰畵)로 표상되는 방식이다. 사이공에 대한 이러한 인상을 전적으로 개인적인 감상이라고는 폄할 수 없겠으나 1960년대에 사이공은 또한 각국에서 몰려든 특파원이 600명이나 머무르는 프레스센터[43)]이자 미군이나 월남군을 대상으로 매일 테러가 일어나고 폭탄이 터지는 살벌한 도시였다. 한 두 번의 스케치로 사이공의 복잡한 성격을 포착하기란 무리였던 것이다. 더욱이 한국군에게 사이공은 포상을 받아 나오는 외출지이므로, 도시 외곽이나 밀림에서 작전을 수행하는 한국군이 중심인 월남전 서사에서 사이공 인상기는 들어설 자리가 협소했다. 그런데도 기자들이 경쟁적으로 '사이공' 인상기를 쓴 까닭은

41) 위의 글, 2회, p.302.

42) 김진석, 앞의 책, pp.88~89.

43) 황봉구, 앞의 글, p.77.

사이공에 머물면서, 전쟁 중인 수도답지 않은 사이공으로부터 강렬한 인상을 받아서겠지만 한국군의 입장을 대리하는 그들로서는 한국군에게는 사이공이 밀림과는 완전히 다른 의미에서 정복하기 어려운 도시였던 점을 간과할 수 없다.

'동양의 파리' 사이공은 프랑스와 미국 문화가 공존하는 도시였다. 제국주의 개발 정책 때문에 수도가 갖춰야 할 기본적인 인프라는 미약했으나 사이공은 문화적으로 매우 개방적이고 근대화되어 있었다. 이러한 사이공에 포상 휴가를 받아 들어온 군인들이 어떤 느낌을 가졌을지 추측하기란 어려운 일이 아니다. 앞에서 밝혔듯이 이들의 전투는 조국 근대화 프로젝트와 이념을 공유하는 개발/정복 행위였으므로 전쟁에 구애받지 않는 듯 보이는 사이공 시민들의 모습은, 이를테면 부르주아 여성의 그것처럼 만개한 모더니티로 체험되었을 것이다. 사이공에서 한국군은 젠더화된 모더니티를 체험할 수 있었던 것이다. 보통은 부대에서 간접 정보(풍문)로 들었을 소문[44]이 신세훈의 경우는 비전투부대의 장교 신분을 누린 셈이 되었다.

그러나 어쨌든 특파원 수기는 기본적으로 한국군의 시각에서 기술되었으므로 사이공을 모더니티의 음화로 포착하는 인용문에는 보호나 정복이 필요치 않은 문명화된 도시를 바라보는 불편한 시선이 내재되어 있다. 따라서 이 시선에서는 사이공의 하층민이 아니라 개방적인 풍속을 좇는 여성들이 보인다. 같은 여성이라도 '연애할 남성'이 없어 스트립쇼를 하는 영화관을 들락거리는 사이공의 '보넌길'과 남편을 따라 부대를 따라다니는 농촌 여성은 전혀 다른 월남 여성으로 표상될 수밖에 없는 것이다. 전자가 젠더화된 모더니티를 구성하는 추상적 존재라면 후자는 모더니티와 무관한 전쟁의 희생자로서 살아가는 구체성을 획득한다.

즉 파월 수기의 월남전 서사에서 사이공은 출입이 제한되지만 남성을

44) 각주 24번 인용문 참조.

유혹하는 모더니티가 만개한 도시이다. 거칠게 말해 차라리 한국군이 접근하지 말아야 할 도시라고도 할 수 있을 것이다. 참전군인과 일부 특파원들이 수기에서 유달리 '군율이 엄한 한국군'을 강조할 때[45], 사이공을 향한 군인의 성적 욕망이 잘 통제되고 있음을 군이 알리려는 의도가 읽히는 이유가 여기에 있다. 혹여 모범적인 한국군 신화를 방해할 생리적 욕망을 잘 통제하고 있다는 소식. 아무도 믿지 않는 거짓이라 해도 그것은 중요하지 않았다. 믿음이 아니라 파월 서사의 문법을 만드는 것이 핵심이었기 때문이다. 사이공은 이렇게 해서 탈전투적이고 비정치적인 음화로 표상된다. 그렇다면 이것이 사이공의 다른 얼굴-매일 베트콩 테러가 일어나는 위험한 도시-을 보여주지 않는 것과 동일한 메커니즘을 가진 편파적인 방식임을 어렵지 않게 추론할 수 있을 것이다. 양자는 모두 사이공에서 '정치'와 '이념'을 삭제하고, 모더니티의 여성성에 집중함으로써 한국군이 주인공이 월남전 서사에서 강인한 한국군을 돋보이게 하는 반기능을 수행한 것이다.

5. 월남전 서사의 문학적 영향

그렇다면 월남전 서사는 종전과 함께 해체되고 만 것일까. 비록 국가가 주도한 서사였을망정 월남 서사는 한 시대를 풍미한 대중적 서사이기도 했다. 미국의 패배와 함께 월남전에 대한 논의 자체가 무용해져버렸지만 대중의 기억에 강력한 월남 이미지로 축적된 서사의 흔적이 씻은 듯 증발했다고 보는 것은 서사의 힘을 과소평가하는 것이다. 여기서 증발한 것과 남

45) 신정, 앞의 책, 216쪽 참조. 미군에 비해 처우가 열악한 한국군의 처지를 토로한 끝에 성매매를 자유롭게 하는 미군과 달리 이 문제에 대한 맹호부대의 군기는 엄격하기로 소문이 나 있고 경제적 여유또한 없다고 쓴다.

은 것을 따져볼 수 있는데, 중발한 것은 역시 공식적으로 파월의 명분이 되어준 자유 월남 수호일 것이다. 이념적 측면에서 초강대국 미국의 패배는 곧 연합군의 패배였으므로, 연합군의 핵심 멤버였던 한국군의 참전은 파월 당시 무한 반복된 전투미담, 곧 승전을 위주로 하는 공식적인 '전투사'가 됨으로써 제 역할을 다 했다고 보아야 한다. 그리고 이미 70년대 중반은 귀환한 '황색 거인'들의 초라한 현실이 곳곳에서 드러나던 시절이었다. 이러한 현실 속에서 개인이 겪은 이국의 이미지, 실재계의 편린들이 공식적 참전 이데올로기를 젖히고 제 모습을 드러낸다. 미개한 원주민과 씨에스타, 게으른 월남인과 매혹적인 여성이 있는 머나먼 남방 이야기는 본래 월남 서사의 곁가지에 불과했지만 이제 전투담을 대체하는 주역이 된다.

그간의 월남전 소재 소설 연구는 이를 간과했기에 월남전 소재 소설을 작가의 개별 경험에서 비롯된 월남전 인식으로 접근했고[46], 그 결과 그것이 파월 기간에 생산, 유통된 월남 서사와 깊은 관련이 있다는 데 미치지 못했다. 그러나 조금만 내부를 들여다보면 사정을 확인하기는 어렵지 않다. 이 사정을 잘 보여주는 작품이 「머나먼 쏭바강」이다. 이 작품은 당대의 베스트셀러였는데, 알려진 대로 서사의 축은 베트남 여대생 뚜이와 로맨티스트 황병장의 사랑이며, 주인공의 허무주의가 두드러진다. 작품의 완성도를 떠나 작품을 지배하는 실존주의와 감상성이 줄곧 논란이 되었다. 일리 있는 지적이다. 그러나 월남 서사의 연속성이라는 관점에서 보면 사실 이 작품의 진정한 개성은 도입부에 있다. 잘 알려진 대로 이 소설은 외

46) 대표적으로 김윤식의 논의를 들 수 있다. 「한국문학의 월남전 체험론」에서 그는 연구의 출발을 '체험적 글쓰기'로 잡고 실제로 월남전에 참전한 작가인 황석영, 박영한, 안정효의 소설을 주요한 성과로 거론한다. 또한 이 작품들의 상이한 시선이 작가의 개성만큼이나 월남전에 대한 사회적 인식 변화를 반영하고 있으며, 그 끝에 가해자의 관점을 전격 수용한 방현석의 「존재의 형식」(2003)을 놓아 성숙 정도를 설명한다. 이러한 시각은 다른 논자의 연구에도 보이는 만큼 타당성이 있지만 여전히 월남전 소재 소설을 문학사에 돌출된, 참전 작가들의 경험치로 환원시키는 데 그친다. 김윤식. 2008. 「한국문학의 월남전 체험론 상, 하」. 『한국문학』 269, 270호. 한국문학사 참조.

출 중 성매매에 나서는 한국군을 그리며 시작된다. 패배한 전쟁이라고는 해도 종전 후 겨우 4년이 지난 시점에서, 작가는 '모범적인 한국군 신화'를 정면으로 비웃듯이 처음부터 한국군의 일탈을 그리며 기존의 월남전 서사에 대항하는 새로운 문법을 창출하고 있는 것이다.

> 술 마시러 들이닥쳤던 그 원시족들의 마을에서, 그들은 젖통과 아랫도리만 겨우 가린 벙어리 처녀의 인도를 받아 사닥다리를 타고 방으로 올라갔었다. 사닥다리 끝에서 처녀가 궁둥이를 한번 흔들었다. 그리고 입을 벌려 벌겋게 눈웃음지었다. 부끄럼을 타는 모양이었다. 엉성하게 얽은 통나무짬으로 땅바닥이 훤히 내려다보이는 방이었는데, 껌껌한 구석지에 마굿간같이 짚을 깔아놓고 모기장을 친 곳이 그들의 잠자리였다. 삐꺽이며 그들이 다가가자 닭들이 소리치며 날아올랐다. 더러운 이부자리에선 돼지우리냄새가 났다.[47]

인용문의 장면 자체는 특파원 수기에 흔했던 월남 이미지를 성적 이미지로 변환한 것으로, 한국 독자들의 머릿속에 남았을 월남 이미지의 압축본이다. 「머나먼 쏭바강」은 한국군이 외출 중 이 외딴 마을을 발견하고 활개를 치는 데서 이미 월남과 한국군을 성적 정복의 구도에 놓고 있다. 이어 아름답고 총명한 뚜이가 등장하여 황병장을 매료시킴으로써 일방적인 한월 정복 구도를 피하려고 시도하나, 정작 소설에서는 동일한 모티프가 반복되면서 매음과 순결이 한데 얽힌 '카오스'로서 월남전이 각인된다. 물론 작가는 계속해서 황병장과 뚜이의 순수한 사랑을 그리며 독자가 지성인 황병장의 눈을 취하도록 요구한다. 그러나 정작 황병장은 '허깨비'를 좇듯 논리도 신념도 없이 귀국을 기다리면서 자신이 야자수와 낭만을 들먹이며 입대를 부추긴 월남 통신에 속았다는 환멸을 표출할 뿐이다. 물론 이러한

---

47) 박영한. 1992. 『머나먼 쏭바강』. 민음사. p.12.

환멸 자체는 전혀 새로운 것이 아닌데, 한국의 전후 문학에도 보이듯이 전쟁이 소재인 소설에서 환멸은 전후 문학의 일반적 특질이자 대중에게도 익숙하고 안전한 윤리 감각을 만드는 태도이기 때문이다.

그렇다면 결국 남는 것은 인용문과 같은 성적 욕망이 끓는 이역의 이미지이다. 후반부로 가면서 타락하고 부패한 월남 사회로까지 확장되는 이 이미지는 앞에서 본 바와 같이 월남 서사가 공식적으로 '기획'되어 유포되던 때부터 존재했던 상징계의 빈틈인 실재계이다. 아무리 단속해도 불쑥 솟아오르는 그것은 억지로 만들어진 서사의 유통 기한과 운명을 보여주며 참전군인의 기억과 씁쓸하게 조우한다. 신세훈은 어느 날 월남에서 초등학생의 '솔직한 위문편지'를 받고 한국군을 대표해 억지로 쓴 편지를 읽는 고충을 토로한 바 있다. 요점은 명확했다. 억지로 쓸 바에야 안 쓰는 게 나으니, 고국의 교사들은 학생들이 정성껏 '위문편지'를 쓰도록 교육해야 한다는 것이었다.[48] 그러나 편지 자체가 증거이듯이 위문편지는 쓰기 싫으면 안 써도 되는 글이 아니었다. 편지 또한 국민에게 부과된 서사 만들기의 일환이었던 것이다. 이 점에서 쓸 말이 없었던 학생들과 쓸 말이 결정되어 있었던 참전자는 모두 기획된 월남 서사의 장기말이었으나, 그것을 거스른 「머나먼 쏭바강」의 성적 모티프와 주인공의 환멸적 태도는 당시 위문편지를 쓰는 국민은 상상할 수 없었던 전장의 현실을 지금 다시금 성찰케 한다. 이는 앞으로 우리사회가 풀어야 할 숙제일 것이다. 이 논문은 우선 만들어진 월남전 서사의 문법과 유통기한에 주목하여 월남전 소설의 인식론적 기반을 통시적으로 조명해 보았다.

---

48) 신세훈, 앞의 글, 6회(1965.10), pp.363~364.

김 주 현

중앙대학교에서 현대문학을 전공했다. 박사논문으로 「1960년대 소설의 전통인식 연구」(2007)을 썼다. 주요 논문으로 1960년대 한국적인 것의 담론지형(2006), 「북간도에 투영된 개척신화와 문화적 민족주의」(2008), 「'의거'와 '혁명'사이, 잊힌 여성의 서사들」(2010)등이 있다. 현재 인제대학교 기초대학 교수이며, 한국의 베트남전쟁을 연구하고 있다.
E-mail: pale99@chol.com

1960년대 주간지의 매체적 위상

『주간한국』을 중심으로

| 전 상 기

1960년대 주간지의 매체적 위상

—『주간한국』을 중심으로—

전 상 기

1. 주간지 시대의『週刊한국』

대중매체의 하나로서 신문이 이 땅에 나타난 지 100년이 넘어가고 있다. 신문을 비롯하여 잡지, 텔레비전, 인터넷, 휴대전화에 이르기까지 대중매체의 종류와 기술적 비약은 눈부신 바가 있다. 그에 따라 매중매체는 오늘날 일상적 삶의 공간과 대중문화의 성격을 결정한다고 말해진다.[1] 교통과 통신 기술의 발달과 상호 결합된 인쇄술의 발전이 출판문화의 양산을 야기했고, 신문과 잡지 등의 매체가 지역적으로 자립 · 분리된 생활을 영위하던 신민들을 '국민' 혹은 '민족'으로 결집하여 그들의 삶에 지대한 영향을 미치는 것이다. 이전의 세계에서는 알지 못하던 먼 나라의 소식이 알려지고 중앙의 일상적 업무와 특별한 사업들, 지방의 행사와 인물의 동정이 전해져 신문의 분량과 면수에 맞게 근대 국가적 하루의 포맷이 짜여진다.

일제 강점기를 통하여 한국국민들은 신문과 더불어 하루를 시작하는 삶의 패턴이 정착되기에 이르는데, 한국전쟁을 거치고 1960년대에 이르면

1) 김상환. 1998.「매체와 공간의 형이상학」.『매체의 철학』. 김상환 외. 나남출판. 17쪽.

새로운 형태의 주간지가 등장한다.

1960년대는 주간지의 시대였다고 할 수 있다. 그러나 50년대를 주간지가 봄을 이룬 시대라고 주장하는 견해도 있다. 『週刊朝鮮』에 기고한 '서지학 전문가' 하동호의 보고에 의하면, "주간붐은 1955년 12월 末週 創刊의 「週刊希望」, 이와 겨루려던 「주간 三千里」등이 있었"[2] 다고 한다. '신문적 잡지, 잡지적 신문'을 표방한 『週刊希望』은 "한 週間을 區間삼아 이레동안의 大小의 事相을 整理하고 綜合하며 分類하여 要約하는 任務"[3]를 자임했다. 후자인 『주간 三千里』는 일제 강점기 파인 김동환의 『삼천리』정신을 이어받아 '민족정신'의 재생과 개화를 꾀했다.[4] 그렇지만 두 잡지는 수명이 길지 않았고, 60년대 주간지의 체제에 비하면 비교가 되지 않을 정도로 재정이 부실하고 기획력에서도 훨씬 떨어지며 뉴스의 심층보도나 기획기사에 치우쳐 있는, 신문의 보완 역할을 수행했으며 발행부수 역시 적었다고 한다. 또한, 두 잡지는 시기적인 차이가 존재한다. 하동호의 언급을 참조하자면 『週刊希望』과 『주간 三千里』가 모두 1950년대에 창간된 주간지로 여겨지기 쉬우나, 사실은 그렇지가 않았다. 『週刊希望』이 1955년 12월 26일 창간한 반면, 『주간 三千里』는 1960년 5월 23일에 첫호가 발행되었다. 그러니까 엄밀히 말해서 후자는 1960년대에 발행된 주간지인 것이다.

『주간 三千里』를 시작으로 60년대에 들어 주간지가 잇따라 창간된다. 두 달이 채 되지 않아 『週刊春秋』(1960년 7월 14일)가 나오고 『週刊새나라』(1961년 8월)에 이어 『週刊한국』(1964년 9월 27일)이 창간된다. 50년대의 주간지와 유사한 편집 체제와 논조를 유지했던 『週刊春秋』와 박정희 정권의 기관지 역할을 하며 '농촌판'과 '도시판'으로 나누어 발행됐던 『週刊

---

2) 河東鎬. 「韓國의 週刊紙 83年 그 略史」. 『週刊朝鮮』. 1968. 11. 17. 26면.

3) 「첫號를 내면서」. 『週刊希望』. 4288(1955). 12. 26. 창간호. 3면.

4) 하동호. 1973. 「〈週刊 三千里〉書誌考 그 特報 및 論壇을 主로」. 『출판학』 16. 6,3~16쪽 참조.

새나라』와는 달리, 『週刊한국』은 편집 방향과 창간 목적부터가 남달랐다. 딱딱한 뉴스 심층보도나 기획기사, 정치권의 동향, 세계정세 등의 무미건조한 내용을 대폭 줄이고 재미있고 풍부한 화제를 제공한다는 의도를 분명히 하여 여타의 주간지와 차별화를 시도했다. 정계 소식과 시사란이 현저히 줄어든 데 반해, 그 자리를 연예계 소식과 스포츠, 가십성 기사가 대신 채워졌다. 무엇보다도 흥미를 위주로 편집 방향이 정해지고 취재가 진행되어 기사가 작성된 까닭에, 독자들은 부담이나 하등의 거리낌 없이 주간지를 구매하여 펼쳐보았다. 종이의 질이나 인쇄 상태가 좋지 않은 만큼 가격도 저렴하고 가볍게 취급할 수 있으며 '킬링 타임'용으로도 적격이었다. 누구에게나 익숙하고 친근하며 게다가 읽기에 부담이 없는 내용이 32쪽에 걸쳐 타블로이드판에 담겨 있었다.

실제로 『週刊한국』은 선풍적으로 인기를 누렸다. 창간호와 제2호가 완전 매진되었고 창간 1주년을 맞은 1965년 9월 18일자 통권 52호는 10만 3백부를 발행했다고 보고되고 있다.[5] 모회사인 『한국일보』의 창업자이자

---

5) 조상호. 1999. 『한국언론과 출판저널리즘』. 나남. 118쪽; 강준만. 2007. 『한국대중매체사』. 인물과 사상사. 424~426쪽.
그 외에도 당시 『주간한국』의 초대 부장이었던 김성우의 회고에서도 "43만 5천부까지" 발행했다는 증언이 나온다. "유일의 주간지는 온 나라의 주력(週歷)이었고 주말의 유원지였다. 토요일이면 새벽부터 수백 명의 가판 소년들이 신문사 앞에 떼로 몰렸다. 서로 먼저 『주간한국』을 받아가려고 아우성을 쳤다. 이들을 상대로 떡 장수 빵 장수들이 따로 진을 쳐 시장을 이루고 있었다. 세계 최고 발행부수의 신문은 프라우다였고 우리나라 최고 발행부수 신문은 『주간한국』이었다(신문 형태의 주간지였으므로). 창간 후 국내에서는 일간지까지 통틀어 『주간한국』이 가장 많은 부수를 인쇄하고 있었다. 최고부수의 일간지가 20만부도 못 미칠 당시 『주간한국』은 43만 5천 부까지 발행했다." 김성우. 1999. 『돌아가는 배』. 삶과 꿈. 173쪽.
"주간한국은 창간호 5만 1천부를 찍어낸 지 불과 1년만은 65년 9월 18일자 제52호로 10만 3백부를 발행했고 67년 3월 25일자 제 131호로 21만부, 68년 2월 10일자 177호로 33만 1천부를 발행했다.
당시 주요 일간지의 하루 평균 발행 부수는 20만부 수준이었다.
신기록 행진은 여기서 그치지 않았다. 주간한국은 68년 5월 12일자로 40만부를 돌파하더니 그 해 6월 15일지 제195호는 41만 5천부를 기록, 당시로서는 국내 일간지를 포함한 한국 정기간행물 사상 최고 발행 부수를 기록했다." 「『주간한국』창간종합 주간지 시대 개막」. 한국일보 40년사 편찬위원회. 1994. 『한국일보 40년사 1954~1994』. 한국일보사. 236~237쪽.
1968년 7월 28일자(지령 201호) 2면에는 다음과 같은 부분이 눈에 띈다. "週刊紙 의 불모지에

실질적인 주인공인 장기영의 신문관, '상업주의 지향'이라는 모토로부터 일구어낸 '성공'은 다른 신문사들에도 영향을 주어, 해당 신문사 명의의 주간지가 줄을 이어 창간된다. 『週刊中央』(1968년 8월 24일)과 『선데이서울』(1968년 9월 22일), 『週刊朝鮮』(1968년 10월 20일), 『주간경향』(1968년 11월 17일). 『주간여성』(1969년 1월 1일 한국일보사 발행)등이 대거 창간되는 것이다.

『週刊한국』의 창간사에서 피력하고 있는 세 가지 논점은 다음과 같다. 첫째, 뉴스의 정리와 종합으로 오늘의 세계상을 제시하고, 둘째, 각 방면의 건전 오락, 교양의 재료를 제공하여 생활 필수 요건을 보충하며, 셋째, 事象의 기저에서 문제의식을 끌어내고, '뉴스'의 肉化를 통해 사건의 입체감을 추구하고자 한다.[6] 창간사의 편집 방침은 여타의 잡지들과 큰 차이를 보이지 않는다. 대부분의 주간지들이 담당하는 일간지와 월간지의 중간적 위치에 서 있는 주간지만의 역할을 피력하고 있는 것이다.

하지만 창간사와는 반대로 『주간한국』은 대중오락 잡지로서의 면모를 띤다. 창간사의 둘째 항목에 언급된 '각 방면의 오락'에 주력하여 이후에 닥칠 대중문화 시대의 선행적 모습을 자신의 색깔로 드러내는 것이다. 그에 따라 주간지는 대중들의 생활에 자연스럽게 끼어든다. 자신들의 생활 속에 들어와 자리 잡은 주간지를 대중들은 이전과는 다른 흥밋거리로 받아들인다. 물론 그런 인식과 반성은 예민한 의식만이 가능하다. 실제에 있어 대중들은 새로운 독서물에 현혹되는 것이 일반적이다. 자신들도 모르는 사이에 차츰 그것에 익숙해지고 나아가서는 주말 발행의 주간지를 통해, 한

서 창간된 「週刊한국」이 우리나라에서는 단 하나밖에 없는 綜合週刊紙 로서 200週間을 자라는 동안, 마침내 40萬部를 돌파하여 우리나라 定期刊行物史上 유례없는 발행부수를 자랑하게 된 것은, 그 200週 동안 每週마다 愛讀者 여러분께서 곁을 떠나지 않고 세심한 配慮로 아끼고 꾸짖어 주셨기 때문입니다." 「週刊한국 愛讀者 大編輯會議」

6) 「眞實을 對話하자 創刊辭」. 『週刊韓國』. 1964. 9. 27. 창간호. 2면.

주간의 매듭을 짓는 도시적 주말 시간을 소비하는 삶의 스타일이 형성되기 시작한다.

개발 독재의 정치적 야심과 밀접하게 연동된 산업화의 추진 과정에서 전통적 삶의 양태가 급격하게 재편되고 환골탈태에 이르는 심리적·정신적 변화를 요구받은 한국인들은 경제개발 5개년 계획의 추친과 함께 거기에 직간접적으로 연루되고 휩쓸려감에 따라 자본주의의 한국적 삶을 창출해내는 무대 위의 광대 역할을 떠맡아 연기할 수밖에 없었다. 한국 사회 전체가 정부 주도 아래 진행되는 산업 국가형 체제로 바뀌는 가운데, 한국인들의 생활 패턴과 의식 양태도 그에 맞서/맞게 길항·주조되기에 이른 것이다. 여전히 농촌 인국가 대다수를 차지하고 1차 산업종사자가 2,3차 산업종사자에 비해 많음에도 불구하고 사회의 흐름은 산업화의 틀이 짜여지는 방향으로 흘러가기 시작했다.

압축적 근대화 기획으로 말미암아 경제를 비롯한 사회 전반의 변화 속도나 개혁의 규모, 최종 목표 등이 일목요연한 청사진으로 제시되고, 이른바 국민 경제 건설의 기치 하에 호출된 국민들의 집체적 집단의식 또한 일정한 선분을 따라 응집된다. 그도 그럴 것이, 박정희의 군사작전을 방불케 하는 일련의 경제개발 작전수행으로, 한국국민들에게는 한국전쟁과 이승만 집권기의 황폐한 혼란기를 거쳐 5·16 쿠데타에 의한 4·19 혁명의 전도(顚倒)를 겪는가 했더니, 이내 이른바 조국근대화의 역군이라는 임무가 기다리고 있는 형국이었다.

『주간한국』은 산업화 시대의 기획 신문이었다. 개발독재 국가체제의 시간표대로 구획되는 1960년대의 한국 현실에서 노동주기의 중간 매듭으로서 일주일(7일)에 한번씩 발행되는 주말판 주간지는 한국인의 현대적 삶을 다종다양하게 담아내는 대중적 보고서의 의미를 지닌다. 새로움과 속도, 젊음에 초점을 맞춘 한국사회를 만화경처럼 제시하면서 기존 한국 사회의 모습과는 분명히 다르다는 이데올로기를 스펙터클 효과로써 수행하고 있는 것이다. 또한, 그것은 권위주의 정권에 의해 폭력적으로 진행되는 경제 발전의 이데올로기를 자연스럽게 추인하게 하고, 국가 부흥의 당위성과 북한 공산주의보다 월등히 앞서는 자유민주주의의 우월성 창출이라는 공동 목표를 향해 일로매진해야만 한다는 국민동원의 논리를 공공연한 현실 원칙으로 자리잡게 하는 데 기여한다. 이른바 근대화의 이념을 전제사항으로 받아들이고 성공신화나 개발현장의 열기, 근대화 모델의 사례를 끊임없이 반복적으로 보도하는 것이다.

알다시피 매체의 한 부분으로 존재하는 주간지는 모든 사물과 사건을 '스펙타클'화할 가능성이 농후한 미디어로, 그러한 '스펙타클'들을 메시지의 형태로 전해준다. 그런 까닭에 주간지에 실리는 사물은 벤야민식으로 말해 전적으로 '전시가치'(Ausstellungwert)의 지배밑에 놓이게 된다. 대중매체는 이로써 세계의 독해체계 전체를 결정하며, 그 체계의 기술적 모델로서 메타언어의 지위를 점유한다. 따라서 대중매체에 흡수되고 정보화되는 사건들은 반면 대중매체의 기술적 추상성 안에서 등가적이고 대등한 기호가 된다.[7] 이는 그 실상대로 '선풍적인' 인기를 누렸던 『주간한국』의 기사들 자체가 1960년대 산업화 시대를 만화경처럼 전경화(前景化)함으로써 급변해가는 등가교환의 체제 감각을 기정사실로 받아들이게 하는 역할을 한다. 근대화, 즉 자본주의화로 인하여 바뀌는 모든 사회의 부면들이 시각적 쾌감을 넘어서 한국의 발전의 증거로 채택된다. 그리하여 더 많이, 더 빨리 변화되는 한국 사회의 모습을 다채롭고 풍부하게 전달하는 것이 주간지 본연의 목표로 맡겨지는 것이다. 아니, 좀더 정확히 말하면 주간지 스스로가 재빨리 포착한 근대화 판타지의 이데올로기적 구현이라고나 할까.

이 글은 한 주간지의 창간으로 독자들의 독서 관행과 생활 주기에 어떤

7) 김상환 외. 1998. 『매체의 철학』. 나남출판. 35쪽.

변화가 있었으며, 주간지의 발행 주체들은 1960년대의 사회상을 어떻게 표상하고 사회적 통합의 상징 질서 양태를 주간지의 편집체계에 어떻게 반영했는지, 그리고 그 의미는 무엇인지를 생각해 보고자 쓰여진다. 한편으로, 『주간한국』은 한국 사회의 대중적 관심사가 교직되고 유통되며 사후적으로 형성되도록 공론장을 운영하는 지배 이데올로기의 통치 효과가 대중의 동의의 방식으로 호응되고, 대중들 자신이 『주간한국』을 구입하는 열렬한 독자였다는 점에서, 한국적 근대화의 대중심리적 맥락을 살피는 생생한 자료라는 데서도 이것을 연구하는 의미를 찾을 수 있다.

2. 박정희 정권의 언론 정책과 『주간한국』의 상업적 호응의 이면(裏面)

『週刊한국』 창간호 본문의 기사가 시작되는 3면에는 「言論法」과 「自律規制」와의 對話」라는 대담이 게재된다. 당시 '韓國新聞倫理委長'인 韓格晩과 박정희 대통령의 대담 내용이 그것이다. 5·16 군사쿠데타로 집권한 박정희의 언론 정책은 발빠르게 진행되었다. 신문의 성격과 편집 기조에 비해 그들의 '거사(?)'를 지지하고 군부 쿠데타 세력에 우호적인 입장을 견지하던 『민족일보』를 폐간(1961년 5월 19일)하는 것을 시작으로 '국가재건최고회의 포고 11호'의 발표를 통해 언론에 대한 통제에 착수한다. 형식적인 명분으로는, 허정 과도내각의 자유주의적 언론정책을 그대로 계승한, 제2공화국 장면정권 아래에서 벌어진 언론사의 난립과 사이비 언론을 정비한다는 논리를 내세웠다.

허정 과도내각은 정기간행물 출판을 허가제에서 등록제로 바꾸고 '국가

보안법'의 언론제한조항을 삭제하며 '국회의원선거법'을 개정하여 '협상선거법'에 삽입됐던 언론단속조항을 삭제했다. 그러다 보니 1960년 12월 30일에 현재 한국의 언론 상황은 일간지 389종, 주간지 476종, 월간지470종, 통신사 274개에 이르는 사태까지 초래되었다. 폭발적으로 팽창한 언론기관과 기자들로 인해서 발생하는 문제는 다양했다. 일부 기자들은 철도무임승차권과 군대차량의 운용특권을 이권으로 인식하였으며, 신물을 정치적 도구로 간주하였다. 어떤 기자들은 신문기자의 신분을 이용하여 금품을 갈취하는 일도 공공연히 자행했다. 언론기관들의 난립은 무리한 선정성 기사를 남발하도록 부추기는 기반이 되었다. 많이 팔리고 많이 읽히기 위해 확인되지 않은 보도가 지면을 덮는가 하면, 무조건 정부를 비판하는 '때리기식' 논조도 등장한다. 기자들 역시 제대로 나오지 않는 월급을 벌충하는 수단으로 부적절한 관행에 몸을 담그는 것이다. 이렇듯 언론기관의 난립으로 인하여 사이비 언론, 사이비 기자의 문제는 심각한 지경이었다.[8)]

박정희 쿠데타 집권 초기부터 언론 정화에 주력한다. 1962년 6월 4일 '국가재건최고회의' 의장 박정희는 '언론정책에 관한 소신'을 밝힌다. 같은 달 군사정부는 1962년 6월 28일 '언론정책'을 발표한다.[9)] 공보부는 1962년 7월 30일 언론 정책의 '시행 기준'을 발표하는데 이것이 민정 전환 직전이 1963년 12월 12일 공포한 '신문 · 통신 등의 등록에 관한 법률'의 기준이 된다.[10)] 그리고 1964년 9월 18일 '한국신문윤리위장' 한격호를 만난 자리

---

8) 강준만. 2004. 『한국근현대사산책 1960년대편』 1~3권. 인물과 사상사. 참조.

9) "28日 革命政府는 革命直後부터 構想中이던 「言論政策」을 發意 오는 8月 15日까지 全國의 新聞, 通信業들이 이 政策에 따른 施行方針에 順應해줄 것을 强調했다. 이 「政策」은 5個基本方針과 20個 細部方針으로 나누어져 있으며, 不正 · 腐敗言論人들의 過去는 一切 묻지 않는다고 前提한 後 ①單刊制 ②群小新聞廢合 ③亂立된 通信社를 1,2個社로 統合 ④新聞의 大幅增面斷行 ⑤現實的인 報酬支拂 等 『끝까지 勸奬』할 것임을 明白히 하였다." 『경향신문』. 1962. 6. 29.(금) 석간. 1면.

10) 안병찬. 1999. 『신문발행인의 권력과 리더십 장기영의 부챗살 소통망 연구』. 나남출판. 69~113쪽: 강준만. 2004. 『한국현대사산책 1960년대편』 1~3편. 인문과 사상사. 참조.

에서 박정희의 언론 정책이 피력된다. 대통령이 된 박정희는 "新聞이 自律的으로 잘 하느냐 못하느냐의 誠意에 따라 政府의 態度를 決定짓겠다"고 언급한 뒤에 "만약 구태의연하다면 다시 法을 들먹이겠다"면서 이른바 '혁명정부'의 입장을 밝힌다.[11]

> "民主國家에서 法으로 言論自由를 누른다는 건 곤란하고 法만 갖고 버릇을 고친다는 것도 말도 안 되니 보류하기로 마음먹은 겁니다.
> 그때 속으로 錯雜했지만 政府와 言論界와 國會가 단합해서 잘해야지 서로 自己만을 主張해서는 안 된다고 생각했습니다. 그러니까 大統領이 또 번의를 했다고 한다지만 그런 번의라면 열 번 백번인들 못 하겠습니다.
> 오직 自律的이고 公正한 言論을 부탁합니다."[12]

위에 인용한 박정희의 발언 내용은 한일국교 정상화를 부추기는 언론을 통제하려하자 곧바로 일어나는 반대운동에 부딪쳐 자신의 언론 탄압 수위를 낮추겠다는 것이다. 그러나 '언론윤리위원회법 철폐 투쟁위원회'의 저항에 대한 박정희 정권의 대응은 집요하고 단호했다. 언론의 대자본 육성과 국가정책의 충실한 나팔수 역할이라는 최종적인 목표를 위해서 행한 언론 정책은 당시에 박정희 정권에 비판적이었던 『경향신문』『조선일보』『동아일보』『매일신문』을 제외하고 대부분의 언론을 장악하였을 뿐 아니라, 경향신문은 '강제경매처분'으로, 조선일보는 '현금차관'이라는 특혜로, 동아일보는 기사를 문제 삼아 굴복시켰다. 이를 통해 1960년대의 전반적인 언론 환경을 짐작하고도 남음이 있다.[13] 허정 과도내각과 장면 정권의

11) 「털어놓고 얘기합니다 「言論法」과 「自律規制」와의 對話」. 『週刊한국』. 1964. 9. 27. 창간호. 3면.

12) 앞의 대담. 3면.

13) 송용준에 의하면, 1960년대 언론인들은 국가발전을 위한 언론의 역할을 강조한 발전이론을 수용하면서 군사정권이 추진했던 언론기업화정책을 통해 자신들의 경제적 지위향상을 꾀하고 있었다는 평가를 내리고 있다. 송용준. 2001. 「1960년대 한국 언론인의 전문직화 특성에 관한 연구 발전이론과 박정희 정권의 언론정책의 영향을 중심으로」. 서울대학교 언론정보학과 석사하

언론 정책과는 확연히 다른 기조를 느낄 수 있는 바, "言論法을 폐기하는 時期는 신문의 倫理가 自律的으로 잘 되어 나가느냐 못하느냐의 誠意에 달려있어요. 誠意가 안보이면 또 들먹이죠."라는 말에 이르게 되면, 정권의 언론 장악 의지는 확고해 보인다. '오직 자율적이고 공정한 언론' 정부의 시책을 충실히 전달하고 여론을 순화시켜 반영하며 '자기만을 주장' 하지 않을 것, 이 원칙이 박정희 정권이 내놓은 언론정화의 '가이드라인'이었다.[14]

일테면 자신의 범죄 사실(쿠데타)을 감추는 방편이 오히려 언론 정화로 나타나는데, 문제는 담론 장에서 담론 생산과 담론 범위, 그리고 담론 주체의 활동 영역을 한정하여 결국에 언론의 자유만이 아니라 표현의 자유마저 위축시킨다는 점이다. 시인 김수영의 평생소원이었던 언론 자유는 그 전제로서 표현의 자유가 보장될 때에만 일정한 성과를 거둘 수 있다. 그러나 '자율규제'라는 언론인들의 자세에서도 알 수 있듯이, 내면화의 정도가 도를 넘어서 굴종의 포즈마저 보이고 있다.

> 倫理委員會에서는 이번에 倫理要綱에 상당히 많은 部分을 改正强化하고 國民이나 政府가 歡迎하는 言論으로 育成해 보렵니다. 그래서 倫理委員會에 審議室을 두고 每日每日 신문을 세밀히 檢討하고 잘못한 사실에 대

위논문(미간행) 참조.

14) 최근 식민지 시기 검열에 관련된 논의가 활발히 진행되고 있다. 권명아, 박헌호, 정근식, 최경희, 한기형, 한만수를 중심으로 일본의 제국주의 국가 통치 이념과 기술로서 식민지 조선을 효율적이고 완전하게 지배하기 위해서 조선총독부 경무국 도서과를 위시하여 조선중앙정보위원회, 경찰, 군의 검열반 운용을 통하여 출판과 방송, 신문 매체 등을 검열함으로써 '검열의 내면화'를 지속적인 제도화로 정착시켰음을 밝히고 있다.
박정희 정권 역시 일제의 미디어에 대한 검열을 자신의 통치 이념과 기술로 이용하여 역할 모델로 삼고 있음을 확인하게 된다. 문공부를 통해서 지속적이고 반복적으로 모든 미디어를 감시하는 것은 물론, 간담회나 연찬회, 그리고 이따금씩 문제 삼는 외설시비를 통해 매스 미디어에 대한 통제의 고삐를 늦추지 않는다. 그런 점에서 창간호에 박정희와 한격만의 좌담 내용을 실는『주간한국』측의 기민하고 명석한 대응은 편집 주체들의 편집 의도와 방향을 알 수 있게 해준다.

해선 謝過, 訂正, 資格停止, 除名 등을 明文化시켜 실지로 言論立法과 다름없을 程度로 해나가기로 됐습니다.[15]

비록 한격만이 박정희가 내세운 권력의 하수인이자, 당시의 언론과 언론인들이 정권의 탄압에 단순히 굴복하지 않았다는 사실을 감안한다고 하더라도, 권력의 매서운 눈초리와 유형무형의 폭력을 경험한 이상 내적인 자기 검열은 피할 수 없는 조건이었다. 이는 일제시기 조선총독부의 언론매체 검열과 비교해서 상대적으로 나은 환경이라고 항변 할 수 있을까. 그렇다면 김수영은 왜 그토록 "완전한 언론자유"를 외쳤을까.[16] 시기가 시기인지라 언론 통제의 강도가 이럴 진대. 『週刊한국』의 편집방침 역시 박정권의 의도에 충실히 따른다. 창간호부터 언론 정책에 대한 대통령의 대담을 싣는 것부터가 그 적극적인 동의 표시로 읽히는 것이다.

일제 강점기부터 조선은행에서 일하던 한국일보사의 창업주 장기영과 박정희의 인연을 생각하면 그것은 쉽게 납득이 간다. 은행가로서 활동하던 장기영이 언론계에 투신하여 조선일보 사장을 거쳐 한국일보를 창간하여 발행인, 편집인, 편집국장직을 겸직하기를 23년간, 그는 두 번의 외도를 했다. 공화당의 국회의원으로 활동한 기간(1964년 5월~1977년 4월)과 부총리 겸 경제기획원 장관으로 제직한 때(1964년 5월~1967년 10월)가 그 공백 기간들이다.[17] 그러나 장기영은 형식상으로 소유주로서의 지위에서 물러났지만, 여러 방면을 통해서 직간접적인 간섭과 권리의 행사를 통하여 한국일보사에 대한 관리와 통제를 한시도 멈추지 않았다. 따라서 『週刊한국』에 대해서도 마찬가지였으리라는 것은 짐작하고도 남음이 있다. 『주간

15) 앞의 대담 중에서 한격만의 발언.

16) 김수영. 1981. 「창작자유의 조건」. 『김수영전집2 산문』. 민음사. 131쪽.

17) 안병찬. 앞의 책 참조, 한국일보40년사편찬위원회. 앞의 책. 127~129쪽.

한국』의 창간 자체가 정부의 언론사에 대한 다른 매체 경영 허용의 실질적인 결과물이었다. 언론에 대한 감시와 탄압이 정부의 '채찍'이라면, 언론의 기업화를 위한 정부의 세 가지 대책 가운데 하나인 다른 매체경영 허용은 언론을 정부의 하수인으로 길들이는 '당근'이었다.[18)]

그에 부응하고 하려는 듯이, 『週刊한국』의 '공정성'은 정치적 방관 자세로 일관한다. 정치와 관련된 내용은 최소한도의 선에서 다루어지고 혹은 순화된다. 이전의 주간지와는 다른 체제인데, 대신 연예, 오락, 스포츠, 생활의 지혜 등의 가십성 기사가 나머지 지면을 차지한다. 이른바 '자율성'의 영역이 확장되는 것이다. 극도의 금기가 다른 영역의 개발과 지면 확장을 촉진하는 바, 장기영의 신문 발행모토였던 '상업주의'가 활동장의 범위를 확보하는 대목이다. 자율성의 순응주의가 다양성에 대한 능동주의를 무차별적으로 확장하는 메카니즘이라고나 할까. 실제 창간호 목차를 보면 '韓國人은 관연 優等國民인가', '世界의 日曜日', '엄앵란 孃의 特別手記', '비틀즈를 追擊하는 DC5', '放送文化賞得点者表 ', '讀者의 讀書評 特選作' 등이 눈에 띈다. 한 범주로 묶기 어려운 잡다한 항목의 기사들이 진열되어 있다.

에르네스트 만델은 범죄소설이 자본주의 사회의 본질을 여실히 드러내고 있으며 대중적 취향과 영합한다는 면에서 이윤 동기와 자본축적의 도구로 손색이 없음을 지적하고 있다. 자본주의 체제는 사유재산의 제도적 보장과 재산증식의 무한정한 기회 제공으로 말미암아 더 많은 이윤을 추구하기 위한 개인들 간의 대립과 갈등이 상존하는 바, 범죄의 일상화와 흉악범죄의 증가가 필연적일 수밖에 없다. 사회질서를 교란시키고 시민들의 생활에 위협을 끼치는 범죄자들에 대한 질타와 배척은 법률의 정비, 경찰력의 활동성 강화, 그리고 감옥의 운용을 통한 근대적 규율 체제의 작동 메카니

18) 이 밖에도 정부의 다른 두 가지 대책은 '연관산업의 진출 지원'과 '비연관 산업에 대한 진출 지원'이 었다.

즘을 제도화한다. 마르크스의 자본주의 체제 분석에 기대어 만델이 주목하는 것은 자본주의의 모순, 즉 생산력과 생산관계의 모순을 은폐하고 호도하기 위해서 범죄자를 타깃으로 하는 거대한 음모가 진행된다는 점이다. 범죄자의 창출과 양산 자체가 범죄를 구성해내는 자본주의 모순의 근본적 한계를 드러내는 논리임에도 불구하고, 범죄자의 체포와 처벌, 투옥으로 처리되는 지연과 상징화 효과를 적절히 구사함으로써 부르주아 계급의 존재와 죄과를 '미스테리'로 만드는 전략으로 대응하고 있다는 것이다. 더욱이 범죄소설의 형성, 대중적 확산을 조장하는 상품화의 이면에는 고도의 대중 지배와 희생양/영웅으로서의 '유명한'범죄자 띄우기라는 정치학이 자리잡고 있음을 잊지말라고 경고하고 있다.[19]

뒤 절에서 다시 언급하겠지만, 무엇을 싣겠다는 의지보다는 스펙타클로서의 사회상을 전시해주고자 하는 편집진의 흥미본위주의를 주목하는 것도 이 때문이다. 그런 점에서 보면 창간호의 표지가 재미있는 생각의 여지를 갖게 한다. 「자랑할 것 없는 우리나라…· 世界 第1은 '가을 하늘'」인데, 푸른 하늘을 배경으로 한강 하류변에 있는 '유엔'군 자유수호참전기념탑 밑을 지나는 흰염소떼가 피사체로 담겨있는 사진이다.[20] 전쟁의 기억과 폐허 의식을 깔끔하게 씻어주는 자유와 번영의 상징으로서의 푸른 가을 하늘의 대비 효과는 탑과 양떼 색깔의 하얀 캔버스 위에 그리고자 하는 민족의 어떤 미래 지향의 비전을 떠올리게 한다. 그러나 그 비전은 부끄럽고 아른아른하게 높푸른 부재(결핍)의 상황으로 초점화되고 있다. '부끄럽

19) 에르네스트 만델. 2001. 『즐거운 살인 범죄소설의 사회사』. 이동연 옮김. 도서출판 이후.

20) "언제 꺼질지 모르는 조그마한 生活을 안은 겨레들./信念이 깊은 의젓한 羊처럼 하루종일 시름없이 풀포기나 뜯자고 하는데 가도 가도 길길이 누운 荒土./풀하나 꽃하나 보이지 않는다. 저 隆隆한 漢江水 下流에 우람하게 솟는 「유엔」軍 自由守護參戰紀念塔, 勝利를 다짐하여 「V」자 모습이지만./얼마전까지 이 옆을 戰爭이 스쳐갔다. 무지한 砲聲, 죽음의 使者처럼 달리는 戰車들이 하늘을 덮어 세상은 영 다시 햇빛을 못볼듯 싶더니./季節이 지나가는 하늘은 가을로 가득차. 쳐다보면 부끄럽게 푸르다./자랑할 것 없는 나라 그러나 세계제一의 가을은 아른아른 높푸르다." 『주간한국』. 창간호. 제1면.

게' '아른아른 높푸르다'는 가을 하늘 아래 '풀하나 꽃하나 보이지 않는' '황토'에서 '언제 꺼질지 모르는 조그마한 생활을 안은 겨레들'의 관심이 향하는 곳은 이미 정해져 있기 때문이다. 청명한 가을 하늘 아래 추수할 곡식이 없고 생존 욕구만 넘치는('신념이 깊은 의젓한 양처럼 하루 종일 시름없이 풀포기나 뜯자고 하는데') 민족의 이목을 끄는 것은 잡다한 다양성으로 요약할 수 있는 기사의 내용들이다.

가을 하늘의 맑고 깨끗한 이미지로써 허전한 민족적 긍지를 삼고자 하는 자연미 제시 전략은, 그러나 자연의 거대하고 역동적인 형상이 더 이상 주체를 압도하지 못한다는 사실을 편집자도 잘 알고 있다는 점에서 실패하고 있다. 숭고라고 명명할 수 없는, 사후적 평가 대상으로서의 한국의 가을 하늘은 산업화의 필연적 결과로 초래될 대기오염에 의해 회색빛으로 바래질 전조를 드러내는 가운데, 그 하늘 아래에서 전개될 급격한 사회 변화의 혼란상이 그대로 '자랑할 것 없는' 주간지의 지면에 꽉 채워지리라는 예감을 확신하게 하는 것이다. 실제로 정부의 주도에 의해 압축근대화가 진행되는 동안 벌어졌던 산업화의 그늘로서의 가십 기사들은 주간지의 흥미유발을 목적으로 하는 담론 전략에 맞게 가공된다. 위기와 불안의 본질로서의 자본주의와 그 국가 총력전으로서의 산업화 지상주의가 생산해내는 각종 범죄 사건과 사고는 어느새 탈정치화된 엔터테인먼트의 소재로 소비자들에게 제시되는 것이다.

부정부패가 판을 치는 사회의 표면에서 인적 네트워크 부족과 경제적 곤궁 때문에 범죄자의 지위에 놓은 사람들의 실존이 희화화되거나 세태 풍자적 얘깃거리로 기획 · 편집되는 대중적 호응의 맥락을 『주간한국』의 편집자들은 제대로 포착하고 있다고 보여진다. 다른 사람의 인생 엿보기라는 관음증적 호기심을 적극적으로 활용한다거나 성공담/실패담을 게재하여 선망과 경계를 반복적으로 각성케 함으로써 현재의 무사무탈한 상황을 안도하게 하는 '일상적 교훈' 제시도 마찬가지이다. 이들에게 필요한 것은 낯익고 관습적인 방식으로 소통하는 커뮤니케이션의 안정적인 통로를 확보하고 확장하는 것이지, 질적으로 수준 높은 교양지로서의 비판적 논조를 자기들 신문에 반영하는 것이 아니었던 까닭이다. 이렇듯 주간지의 스펙타클화편집 방침은 만델이 분석하고 있는 범죄소설의 생산과 소비를 촉진하는 자본주의 사회의 기만과 호도의 방략과 마찬가지로, 박정희 정권의 군정 통치라는 범죄 사실과 밀어붙이기식 산업화 과정에서 발생하는 문제점들을 한낱 냉소나 연민, 경악으로 받아들이게 함으로써 그 사회적 · 정치적 의미를 탈각시키고 차츰 일상사로 치부하게끔 만드는 나팔수의 역할을 충실히 이행하고 있다고 하겠다.

> 그렇기 때문에(일반 신문이 전해주는 뉴스로서만 만족할 수 없기 때문에 인용자) 일반 新聞에도 近者에는 解說記事 · 特種이야기거리 · 幕後이야기 · 科學記事 등등 非「뉴스」의 記事와 더불어 많은 사진과 娛樂記事가 부쩍 늘어 讀者의 口味를 돋워주고 있기는 하지만 역시 「뉴스」報道 本位의 本來의 구실로 말미암아 讀者의 가려운 곳을 시원하게 긁어주지는 못하고 있는 것이 사실이라고 아니할 수 없다.
>
> 「주간뉴스誌」는 이와 같은 일반 新聞에 대한 欲求不滿을 充足시켜주는 가장 좋은 媒體로 시작되었고, 또한 그렇게 발전된 것이다. 現代의 복잡한 國內外 社會의 모든 面에서 일어나는 「뉴스」는 몹시 착잡하고 難解일 뿐만 아니라 때로는 너무나 平地突出格이어서 讀者와 新聞의 거리가 멀어지게 되는 나머지 이것을 메워주는 橋梁的 구실이 절실하게 요구되는 것이다. 뿐만 아니라 매일 아침 저녁으로 딱딱하고 衝激的인 「뉴스」에 지친 讀者에게 때로는 부드러운 慰安의 손길과 敎養의 素材가 또한 필요하게도 되는 것이다.[21]

21) 임근수(중앙대학교신문학교수), 「「週刊」의 存在理由『週間한국』創刊 1周年에」.

이 글은 『주간한국』창간 1주년을 맞아 주간지의 '존재이유'를 설명해 주고 있다. 이 글의 필자인 신문학자는 『주간한국』이 "일반신문에 대한 욕구불만을 충족"하는 데, 즉 '위로의 손길과 교양의 소재'가 필요했기 때문에 거기에 적극적으로 응한 『주간한국』의 공로(?)를 인정하고 있는 것이다. 스펙타클화를 통한 탈정치적 흥밋거리를 제공하고 위로 · 교양으로서의 대중적 휴식 공간을 확보했다는 점은 박정희 정권과 『주간한국』편집 주체의 일치되는 목표였다. 이와 관련하여 '성 담론'이 증가하고 그 수위가 높아지는 문제 역시 같은 맥락으로 바라볼 수 있다[22] 지령 백호를 맞아 독자들의 편지를 소개하는 '독자 페이지'란에도 빈번히 '性道9段'이 언급된다.[23] '킨제이 보고서'는 물론이고 성적인 얘기가 매호마다 거의 빠지지 않을 정도이며 연재되는 소설도 선정성의 수위가 높아지는 등 말초적인 욕망

『주간한국』, 1965. 9. 26. 4면.

22) 미셸 푸코는 '성 담론'에 대한 억압의 가설이 실제로는 "섹스에 관해 점점 더 많이 말하도록 부추기는 제도적 선동, 섹스에 관해 말하는 것을 듣고 섹스 자체로 하여금 끝없이 누적되는 세세한 것을 통해 분명히 말하도록 만들기 위한 권력의 집요한 권요"였음을 밝혀냈다. 그에 의하면 부르주아 사회야말로 음란하고 노골적이며 천박한 내용을 순화시키고 최대의 신중함으로 다루려고 '언표를 단속'하고 '언술을 통제'하지만, 결과적으로는 '섹스의 담론화'가 활성화되었다고 한다. 뿐만 아니라, 이 시대에 들어서 성적 도착이 확립되었다고 분석한다. 그리하여 섹스는 '전형적' 비밀로 내세워짐으로써 언제나 섹스에 관해 말할 수 있는 여건 또한 갖춰지게 됐다는 것이다. 미셸 푸코, 2004(재판), 이규현 옮김, 『성의 역사1 앎의 의지』, 나남, 37~71쪽. 서슬 퍼런 권위주의 정권의 미풍양속 단속에 연계된 음란물 지정과 주간지 편집진의 자체 검열이 빚어내는 성 담론의 공공연한 금기/증대는 푸코가 분석한 서양의 사례가 다만 서양만의 특수성이 아니었다는 점을 보여주고 있다. 박정권의 금욕주의는 주간지의 선정주의와 만나 '서로 뒤쫓고 서로 겹치며 서로 재활성화'하는 '자극과 선동의 메카니즘'을 구현하고 있는 것이다.

23) ◀ 日刊에서 볼 수 없는 記事가 多彩롭게 展開되어 읽을만하다. 그런데 學術誌가 아닌 以上 어떻게 노골적인 記事를 낼 수 있겠나? 가령 「性道9段」「惡德日本國會議員行脚」 같은 記事는 性的인 表現이 너무 노골화되어 있어서 子女들의 家庭敎育에 「마이너스」를 초래할 판이니 말이다. (朴南秀 · 詩人)

◀ 특히 外信記事는 재미있고 구체적이다. 흥미만점의 「週刊한국」에 보다 알찬 교양면 기사를 실어주었으면…. 독자구미에만 아부말고 신기한 「뉴스」원을 찾았으면 한다. 너무 「에러티크」한 기사가 종종 보이는데는 숫제 눈을 딱 감는다.
(皮千得 · 英文學者)

◀ 記事의 多樣性에 매력을 느꼈다. 흥미본위의 「에러티크」한 기사의 노출(性道9段등)은 非倫理的이라고나 할까? (千鏡子 · 畫家) 『週刊한국』, 1966. 8. 21(지령 100호), 2면.

을 부추기는 기사들이 넘쳐나기에 이른다. 그 대표적인 사계가 정을병의 연재 소설 『有医村』일 것이다. 이 작품은 '의료계의 치부와 위선'을 파헤치겠다는 작가의 의도[24]와는 무관한, 지나치게 선정적인 표현이 문제가 돼서 '韓國週刊新聞倫理委員會'에 제소된다.[25] 이에 『주간한국』 측도 3주간 休載를 했다가 연재를 계속하는 해프닝을 연출한다. 재미있는 것은 「「서비스 · 걸」에게 가장 귀찮은 男性은 教授「바」 · 「비어올」「호스테스」의 身上明細書」나 「옛날에 鍾三이란 데가 있었다」, 「淪落의 病理」, 「處女에겐 「兄夫」와 「여름」과 「산」이 强敵이다 女工들의 性報告書」등의 기사는 어떤 제재도 받지 않고 심심치 않게 실린다는 점이다. 부도덕하고 외설적인 표현에 대해 일침을 가하고 저속성을 타매하면서도 경고라는 솜방망이로 편집의 다른 전략을 꾀하게 부추기고 있다. 이는 도가 지나치면 지나칠수록 화제를 몰고 온다는 상업주의 전략과 언론 정화에 힘을 기울였던 정권의 언론정책이 조응한 결과였다. 박 정권의 권위주의적 질서 체제가 성적 무질서의 조장과 무분별한 쇄말적 호기심을 전략적으로 채택하는 지점에 『週刊한국』이 자리하고 있음을 의미하는 것이다.

24) 「作者의 말」. 1968. 6. 2. 30면.

25) 가톨릭의과대학 부속 '성모병원' 최창락, 이용우 외 58인의 제소로 이루어진 한국주간신문윤리위원회의 결정문에 의하면, 문제된 부분이 다음과 같다. "週刊한국 1968年 6月 9. 16. 30日字 揭載小說 「有醫村(作家鄭乙炳) 中 「빵꾸가 나서 헐렁헐렁해진년」 云云한 部分(6月10日字 第3段 8行에서 12行까지) 「간호원이라기보다는 양동에 암내풍기는 창녀같은 타입」 云云한 部分(6月 16日字 제 3段 18行) 「다리 사이의 수풀을 만져~다리 사이에 있는 물렁한 꽃병에다 꽂아주었다」 云云한 細分(6月 30日字 第5段 3行에서 12行까지)에 對하여 警告하며 此後로는 如斯한 表現을 紙面에 反映하지 말 것을 아울러 警告한다. 旦 決定文 全文늘 揭載하여야 한나." 「韓國週刊新聞倫理委員會의 決定文」. 『주간한국』. 1968. 7. 28. 30면.

3. 일회용 독서물로서의 주간지와 소비 감각의 개발

1960년과 1961년 2년간에 일어난 4·19혁명과 5·16쿠데타는 시민적 자각을 일깨우는 한편으로, 군사적 권위주의에 길들여지는 의기소침의 시간이기도 했다. 시민들의 자발성이 모아져 창간한 진보적 신문 『민족일보』가 불과 3개월을 넘기지 못하고 강제 폐간당했다는 것은 60년대 언론 환경의 분위기를 예상케 하는 대목이다.[26] 정론직필을 서슴지 않았던 『경향신문』이 공매 처분되어 군사정권의 여당지로 변하는가 하면, '코리아나 호텔' 건축의 특혜로 조선일보사가 희생하여 친여 성향을 분명히 하고, 이미 라디오와 텔레비전을 소유하고 있던 삼성 재벌의 후원 아래 『중앙일보』역시 창간 후부터 정권과의 우호적 관계 아래 급격하게 성장하고 있었다.

민정 이양의 형식을 거쳐 대통령이 된 박정희는 언론 정화에 착수 한다. 앞에서 살펴보았듯이, '자율성과 공정성'의 기준에 맞는 언론사만을 인정했던 박 정권이 자신의 기관지격인 『週刊새나라』외에 또 하나의 주간지 창간을 승인했다는 것을 무엇을 의미하는 것일까? 그것은 『週刊한국』의 성격을 통해서 드러날 수밖에 없다. 한국일보사의 창업주 장기영을 자신의 각료로 임명한 박정희는 『주간한국』의 창간을 승인한다. 자신의 정치적 구상과 농촌 부흥 정책, 월남 소식등을 싣는 『주간새나라』에 필적하는(아

26) 『민족일보』와 사장 조용수를 둘러싼 논의는 아직 역사적 평가를 받지 않은 미완의 대상으로 남아있다. 그에게 신문사 운용에 필요한 자금책을 알선해주고 여러 도움을 주었던 이영근과 자금책이었던 재일동포 사업가 박용구와의 관계는 좀더 치밀하게 연구돼야 할 것이나, 2008년 1월 16일자 일간신문과 TV 뉴서에서는 조용수 사장의 '간첩혐의 사형언도'를 "무죄"라고 판시한 법원의 판결 소식을 전하고 있다. 이로써 미루어 보건대, 조용수의 죽음과 『민족일보』의 폐간은 박정희의 쿠데타 정권 찬탈 과정에서 계획된 사법 살인이라는 대내외적 폭력을 실력 행사하는 본보기였음이 분명해 보인다. 물론 여기에서 박정희의 포석은 자신의 좌익경력 논란을 불식시키고 반공주의자로서의 면모를 과시하는 한편, 언론계를 향한 강력한 메시지를 전달하고 이후에 부르게 될 '대한민국'의 헌법 질서를 확립하는 상징적 행위를 초점화하는 다양한 전략가의 모습을 드러내는 것이었던 바, 그 사건이 언론계에 주었던 파장은 적지 않았을 것이다.

니 훨씬 뛰어넘는), 민간 자본에 의해 운영되는 『주간한국』의 의미는 대중문화의 기반 조성이었다고 판단된다. 『주간한국』창간 당시 한국 사회는 개발독재 식의 경제정책이 운용되고 있었지만, 그에 따르는 문화는 전후의 폐허 의식에서 겨우 벗어나려는 상태였다. 문화 형성의 토대가 취약하고 잠재능력 역시 기대에 미치지 못하는 상황에서 대중 문화적 감각을 주조해내고 새로운 독서물로서의 주간지를 창안해내야 할 필요성이 커졌던 것이다.

1960년대 대중문화의 지평은 정권의 방조와 언론사의 상업화 전략에 의해서 일종의 개화기를 맞았다고 할 수 있다. 근대적 산업화라는 지상 과제 앞에 대중을 '대한민국'의 국민으로 동원하는 권위주의와 선정주의의 양면성을 구사하였다. 전자는 『주간 새나라』가 맡았으며, 『주간한국』의 지면에는 대중문화의 여러 현상들이 쉽없이 게재됐다. 경제 건설 과제와 남북대치 상황이라는 긴박하고도 서슬퍼런 국가적 과제를 짊어지고 살아가는 닫힌 사회에서, 숨통을 트일 수 있는 해소책으로 선풍적인 인기를 누린 대중문화의 소비재들은 흥미로운 용소를 갖춘 다방면의 쇄사(鎖事)였다.[27] 창간호의 편집장이었던 김성우가 "TV가 발달하기 전까지 첫 주간지는 오늘의 TV역할을 대신하고 있었다"는 말처럼, 대중들에게 '유일의 주간지'는 온 나라의 "주력(週曆)"이었고 "주말의 유원지"였다.[28] 이와 같은 주간지-TV의 승인 · 성공은 엔터테인먼트의 본격적인 소비가 반공주의의 살벌한 상황 속에서 기묘하게 어우러지고 있음을 실증하는 사례라고 할 수 있다.

따라서 『주간한국』이 스포츠와 연예계에 지속적인 관심을 갖고 매호마

27) 1960년대만 하더라도 TV가 방영되고 있었지만, TV 수상기의 보급이 저조했기 때문에 대중들의 관심은 도시와 농촌을 망라하여 라디오에 쏠려 있었다. 라디오가 맡은 대중뭉화의 역할은 절대적이었고 영화 역시 무수히 만들어지고 있었는데, 대중문화의 활성화를 더욱 부채질하는 아이콘으로 부상한 것이 주간지였다.

28) 김성우. 1999. 『돌아가는 배』. 삶과 꿈. 172~3쪽.

다 이 분야들에 대한 기사를 빠뜨리지 않은 것은 당연하다. 클레이와 김기수, 박신자, 장훈, 역도산, 김일 등이 자주 등장하고 '신곡합평회' 혹은 '삼상실'은 매번 진행되었을 뿐만 아니라, '영화평'도 수시로 실렸다. 신인 가수나 신인 영화배우, 유명 배우의 염문이나 가정사가 소개되는가 하면, 외국의 유명 인사들의 사진과 동정도 심심찮게 보인다. 이따금씩 패션 소식이 전해지고 연극 공연 소식과 아울러 연극평도 실렸다.

그렇게 본다면 대중문화에 비해 문학에 관한 기사는 양적으로 훨씬 적었다. 작가들의 연재 소설을 제외하면 한 달에 한번씩 합평회가 진행되고 문학 관련 기사는 잘 찾아볼 수가 없다. 추리소설이나 만화, 베스트셀러, 방송계 톱10 보다도 비중이 많지 않은 것이다. 그렇기 때문에 1968년 1월 1일쿠터 연재를 시작한 '시인 아워' 코너[29]와 '시인이로소이다'[30](1969년 1월 1일), 그리고 '시인만세'(1967년 12월 2일) 개최는 이례적인 사건이라고 할 수 있다. 특히나 '시인만세' 이벤트는 '新時와 60年祈念'의 대향연이었는데, 규모나 호응도 면에서도 상당한 정도의 평가를 받았다.[31] 하지만 덕수궁에서 열렸던 '창간 1주년 기념 축하쇼'에 미치지 못하였을 뿐 아니라, 문단의 역사적 기념행사를 선점하고자 한 기획성 의도가 큰 것이어서 그 의미가 퇴색될 수밖에 없었다.

시인 김수영의 시 「板門店의 感傷」 역시도 '난해시'의 표본으로 선택되어 각계 인사와 독자들로부터 논의의 대상이 되었지만, 호기심과 흥미의 차원을 넘지 않았다. 김수영 자신이 직접 나서서 해명을 해보았으나 대답 없는 메아리로 끝나고 있다. 왜냐하면 대중들에게 그의 시는 다만 난해하

---

29) '詩人과 讀者의 간격없는 對話·討論의 廣場'이란 모토 아래, 종로구 서린동의 음악다방 '세시봉'에서 음악평론가 이백천의 사회로 시인이 직접 나와 자신의 시를 낭독하고 해설과 토론을 벌이는데, 거기에서 논의된 내용을 녹취하여 낭독된 시와 함께 실었다.

30) 『주간한국』이 제정한 10萬원高科當選漫畵家인 「장안치」의 작가 許漁가 1969년 1월 1일부터 '만화와 시를 결혼시키려는 초유의 시도'로 '詩人이로소이다'를 연재하고 있다.

31) 『주간한국』 1967. 12. 3(지령 167호)1면. 30~31면과 1967. 12. 10(지령 168호). 20면 참조.

고 요설을 내뱉는 인상만을 남길 뿐이기 때문이다. 그 외에도 광복 20주년을 기념하는 김종문의 시가 실리기도 했고 전봉건의 장시와 구상의 「밭日記」 등도 몇 회에 걸쳐 연재되었다.[32] 그러나 문학은 구색을 맞추기 위한 배치라는 면이 컸다. 더욱이 문학이라고 하더라도 선정주의에 포획되거나 요식적인 선발의 대상으로 택해진 이상은, 상품으로서의 가치가 우선적일 수밖에 없었다. 『주간한국』이 정기적으로 현상 모집한 '추리소설'은 문학의 위상이 엔터테인먼트로 재구축되는 국면을 예시화한다고 할 것이다. 「추리소설 쓰는 법」이라는 기사가 작성되는가 하면, 작가들이 나서서 치정살인 사건이나 엽기적이고 충격적인 사건들을 서사화하는, 이른바 '실화소설'류도 보게 된다.

그런데 앞서 지적한 모든 대중문화적 지향 속에는 산업화 시대에 걸맞는 독서물의 계발이라는 공통 목표가 담겨 있다. 다양한 소재와 쇄사의 내용들은 읽는 행위의 감각적 형식인 분량과 내용의 간편함에 맞게 가공되어야 했다. 즉, 어떤 글이 됐건 평균 분량이 타블로이드 판의 한 면을 넘어서는 안 되며, 내용 역시 복잡하고 긴 시간의 생각을 요구해서는 안 된다. 그 이유는 일회성으로 소비돼야 하기 때문이며 읽는 바로 그 자리에서 즉각적인 반응이 일어나고 그 외에는 다른 목적이 있어서는 안 되기 때문이다. 철저하게 일회성 소비재로 맞춰진 주간지의 상품적 가치가 결국은 편집 방침의 방향을 이끌어가는 국면이 전개되는 것이다.

독자들의 입장에서도 마찬가지였다. 주간지의 주된 독자[33]인 후발산업

---

32) 구상의 「밭日記」의 경우, 1970년 1월 4일자 '60년대 톱·10'으로 선정되기도 했다. 10명의 평론가(백철, 조연현, 김상일, 김현, 윤병로, 정창범, 홍기삼, 김우종, 백승철, 구중서)에 의해 선정된 문학 부문 순위는 다음과 같다. 1위 북간도(안수길작 장편), 2위 금강(고 신동엽작 장시), 3위 동천(서정주 시집), 4위 일월(황순원작 장편),5위 광장(최인훈작 장편),6위 고 김수영의 시편들, 7위 서울 1964년 겨울(김승옥단편집), 8위 등신불(김동리단편집), 9위 성북동비둘기(김광섭시집), 10위 시민문학론(백낙청 평론) 18~19면.

33) 창간 1주년을 결산하는 「讀者와 더불어 1年, 讀者係의 中間報告」를 보면, 독자투고 총건수 3,251건 중에서 펜팔난을 분석한 대목이 눈에 띈다. 펜팔건은 전체 2,569건으로, 대학생이

국가의 도시 노동자들에게 부과되는 노동 시간은 하루 8시간을 초과하기 일쑤였고 일주일 중의 6일 노동 시간을 합하면 60시간을 오르내리는 것이 예사였으므로, 우선 무엇을 읽을 시간이 주어지지 않았던 것이다. 그런 까닭에 주간지의 모양과 크기, 그리고 주간지 자체의 존재 형식이 주말용 읽을거리라는 용도에 맞게 양식화될 필요가 있었다. 산업화의 리듬에 맞춰 생활해야 하는 대중들에게 부담없이 소비될 수 있기 위해서는 위에 언급한 사항들이 요구되었던 것이다. 값도 마친가지로 10원이어서 읽고 난 다음에 휴지통에 버려도 아깝지 않은 가격대의 소비재일 필요가 있었다.

진지한 사회적 이슈를 다루는 때와 비중이 있는 작가의 소설이 실릴 때를 제외하고는 '간편함'의 모토가 철저하게 지켜졌음을 알 수 있는 바, 타블로이드 판 주간지식 기사 유형은 '일회적 간편성'이라는 이념과 모델을 갖게 되었다. 이는 야담류의 독서물이 가지고 있는 서사적 흥미성과도 다른, 감각의 즉발적 흥미성을 추구했다는 점에서도 새로운 유형이라 할만하다. 감각의 내용과 강도 또한 압축적 근대화의 추진력에 부응하는 충동적이로 자기 촉발적일 필요가 있었다. 일간지의 기사들이 보도성과 사건성을 중시했다면, 월간지의 경우에는 심층성과 맥락성을 따졌으나 주간지는 다른 노선을 택한 것이다.

이처럼 『주간한국』의 편집체제는 오락과 흥밋거리에 맞추어져 박정희 정권이 구상하는 '이율배반적 선정주의 정책'을 충실히 이행했다고 할 수 있다. 스포츠와 영화, 성적 담론이 단골 재료로 쓰이는데는 그만한 이유가

30%(786), 회사원이 14%(362), 군인이 11%(304), 고교생이 9%(233), 공무원이 7%(193) 순이로 기재되어 있다. 물론 이는 직업을 허위로 작성한 독자들이 있을 것이고 중복 신청한 사람이 정확한 산정을 막고 있으며 나머지에 속해 있는 사람들 중에서도 노동자가 있었을 터이지만, 이들 모두가 산업화의 시간 속에서 하루, 일주일, 한달, 일년의 단위로 생활을 영위했다는 점을 감안한다면 그 기준이 되는 '도시 노동자' 설정이 무리는 아니라고 판단된다. 또한, 자신의 직업을 상향조정하거나 허위로 작성한 사례 역시 적지 않았음을 짐작할 수 있다. 『주간한국』, 1965. 9. 26. 2~3면.

있었거니와, 그것들을 끊임없이 소재 개발의 자료로 활용해야 하는 편집자의 입장에서도 긴요한 요소들일 수밖에 없었다. 산업역군으로 차출되어 국가의 경제발전에 이바지한다는 후진 자본주의 국가의 국민으로서 나날의 노동에 시달리는 가운데, 지속적인 결핍감에 시달리는 위안 기제로서의 오락물에 대한 욕구는 응당 필요한 것이었다. 조국의 영광을 위한 국민적 의무에 쫓기는 가운데, 부에 대한 강박관념은 좌절될 수밖에 없는 대중 개개인들에게 주어지는 오락물은 사실 허영과 자기만의 판타지를 충족시켜야 했다. 주간지를 매개로 하여 유포되는 대중문화를 통한 원초적 감각의 계발은 선정성의 반복적 향유를 통해 근대적 소비주의를 정형화 시키는 데 유효한 전략이었던 셈이다. 그런 점에서 보면 인식의 표층인 감각에 주목하여 그것의 활용 가능성과 반응 효과에 접목할 수 있었던 주간지 편집자들의 감각은 역설적으로 감각의 중요성을 새삼 깨닫게 해줬다고 할 것이다. 그러니까 독자들로서는 엔터테인먼트로서의 담론을 감각적으로 소비하는 것과 일회용 소비재로서의 주간지를 소비하는 이중 향유/착취의 주체로서 활동했다고 할 수 있다.

감각의 계발과 일회적 간편성을 통하여 주간지의 존재를 전국민적인 독서물로 유포할 수 있었던 『주간한국』은 이후에 창간되는 주간지의 모델을 예시해주었다. 특히, 『선데이서울』로 대변되는 옐로 저널리즘의 등장을 가능케 한 토대를 닦았다는 점이 지적될 수 있을 것이다. 본격적인 산업화 시대를 맞아 전개되는 70년대의 대중문화는 이러한 선행 모델을 모방 · 변형하면서 더욱 광범위하게 향유되었던 것이다.

4. 주말 개념의 형성과 산업화 시간의 체화

> 토요일 아침 출근 「버스」에서 내리면 맨 먼저 눈에 띄는 것이 거리 한모퉁이에 쌓여 있는 이 「週刊한국」이다. 웬만큼 바쁘지 않은 사람이면 으레 하나 사게 마련이다. 얼마 지나지 않아 「주간한국일보요!」하는 소년들의 음성이 사무실까지 울려온다. 그 무렵이면 대부분의 事務員들이 하루의 가장 바쁜 첫 일과를 대충 정리하고 한숨 돌리게 된다. 벽에 걸린 괘종시계는 10시반쯤을 가리키고, 사무실의 분위기도 이제 정돈되며, 그래서 첫 번째 방문객과 한잔의 「코피」를 위하여 다방으로 향할 여우가 생긴다. 여기서 처음으로 「週刊한국」을 펼쳐 큰 제목들을 훑어본다. 이렇게 하여 가난한 週末이 실감있게 시작되는 것이다.[34]

염무웅의 글을 통해 주간지의 대중적 친숙도를 짐작할 수 있다. 또한, 일주일 단위의 생활 주기가 전반적으로 정착되는 모습이 보고되는 국면이기도 하다. 도시적 삶의 스타일에 초점이 맞춰진 편집체제에서 '모든 局面을 포괄하는 根本構造의 문제'는 "消費主義"이다. 주간지의 존재가 일회용 소비재로 인식되었고, '어떤 판단을 요구하지 않고 읽는 것 자체의 재미를 제공'한다는 것은, 모든 기사 내용이 '도시인의 눈으로 취급'되고 '도시인의 화제를 위한 제물'이 된다는 것을 의미한다.

가령, '머슴 月給 6千 7百원整' (1969. 8. 31)이나 '대관절 얼마나 벌길래 67年度 業種別 最高額 納稅者는 이런 사람들이다' (1968. 3. 10), 혹은 '「바」·「비어홀」「호스테스」의 身上明細書'(1968.11.3.), '人工太陽으로 밤도 대낮같을 西紀2千年의 世界(1968. 9. 15), '李箱의 어머니가 살아 있다'(1968. 4. 14), 地上의 달나라'(1965. 6. 13), '다방福券붙은 「사랑방」 그 生態의 모두'(1965. 3. 7), '「고도」의 「意外」 네 女流文人의 合評'(1969. 12. 28),

34) 염무웅, 「週刊한국論」, 『주간한국』, 1967. 9. 24(통권 157호), 2면.

'異色結婚2題'(1969. 11. 23), 詩人이란 아름답고 곱게만 생긴줄 알았는데… 陸英修여사 점심을 같이한 詩人들과의 對話'(1969. 12. 21) 등의 내용들은 오직 한가지, 소비용 읽을거리로 가공되는 것이다. 주간지에 실리는 순간부터 그 내용들은 가치의 평가 대상이 아니라 동일한 수준의 흥미 거리로 전락하고 만다.

그렇기 때문에 독자들도 이제는 소비 구조의 편집 체제에 익숙해져서 아무리 심각한 사회적 사안이라도 단순하게 치부하는 체득의 메카니즘을 일상화한다. 한 주일 7일간의 세상사를 요약해주고 오락거리와 흥미로운 '센세이셔널한 사건'들을 제공해주는 주간지를 소비함으로써 일주일의 마침표를 끊는 반복과 타성의 주말 시간이 완성된다고 자족하는 것이다. 이러한 순응과 체득이야말로 개발독재의 국민통치 전략이 도모하고자 하는 바이었다. 빠르게 돌아가는 국민총동원령의 산업화 시대에 '산업화의 역군'으로 자리매김된 독자-국민들의 여가 생활은 일회용 소비재인 주간지로 갈무리하면 된다는 강령이다.

쿠데타로 집권한 군사정부가 산업화를 촉진함에 따라 가난과 무능, 게으름에 빠져 있던 나라의 시간 속도가 점차 빨리 돌아가는 것이다. 농경시대의 생활의 리듬에 안주하여 오랜 타성에서 벗어나지 못하고 전통적인 시간 단위인 절기에 따라 삶을 영위하던 국민을 산업화의 시간표에 맞춰 살도록 통제할 필요가 생긴 것이다. 다그치고 재촉하지 않으면 한번 주어진 기회를 살릴 수 없다는 초조감과 위기의식이 그 일정과 리듬에 발을 맞추듯 1면의 표지 뒤에는 언제나 '週刊한국 캘린더'가 자리잡았다. 캘린더에는 일요일부터 토요일에 이르는 날짜가 주력표(週曆表)로 제시된다. 일주일의 날씨가 '週前半'과 '週後半'으로 나누어 예보되고, '모임'과 '스포츠', '음악회', '전람회', '낚시', '관광', '종교', '연예' 등의 프로그램이 소개된다. 그리고 '소식통'란이 배치되어 정치인, 사회저명인사, 예술가, 연예인 등의 농정이 촘촘하게 기록되어 있다. 하루와 한달, 1년의 시간 단위에서 일주일씩 매듭지어지는 산업 자본주의적 삶의 패턴이 주간지의 구매와 소비 행위를 통해서 이루어지고 있는 것이다.[35)]

이로써 주말 개념이 형성된다. 그리고 주말의 여가 시간 활용이 몇가지 방식(스포츠 관람, 관광 상품, 낚시, 근교 과수원 산책 등)으로 제시되기 시작한다. 7일을 한 매듭으로 하는 생활 단위가 그 휴지기를 중심으로 구성된다. 이제 쉼없는 노동에 몰두했던 시간들에 틈이 생기면서 좋든 싫든 일중독에 빠져 있던 후발 산업군 노동자들의 정신은 그제서야 일터로부터 놓여난다. 다음주 월요일 다시 일터에 복귀할 때까지 하루 한나절의 시간이 그들에게 주어진 것이다. 그러나 무엇을 할 것인가? 휴식과 여가 선용의 필요성은 여기서 통하지 않는다. 재충전을 위한 여가 선용 시설의 태부족과 다양한 휴식 활동의 미비는 성장 이데올로기에 붙들려 있던 당시에는 당위적일 정도의 현실이었으므로, 이 상황에서 주간지는 스스로가 오락과 휴식의 대용물을 자처하는 것이다.

"선뜻 눈에 띄는 「週刊한국」의 表紙로 그 週末의 분위기를 느낀다", "多彩로운 企劃 取材로 市民生活에 파고 들고 있다"는 독자의 편지들을 보면 주말에 얻는 자신들의 시간조차 규정하고 계획하는 전도된 이념을 감지하게 된다. 주말의 공백기가 자신들의 휴식과 재충전의 욕구로 얻어낸 것이 아니라 시혜적인 방식으로 주어지고 그 시간마저도 관리·통제되는 까닭

---

35) "주간한국이 나오는 토요일 아침이면 한국일보 앞길은 주간한국을 한 부라도 더 확보하려는 가판 소년들로 가득 찼다. 가판 소년들은 수백 명씩 몰려들어 서로 먼저 받아가려고 아우성이었고 아예 택시를 대기시켜 놓고 주간한국을 받아들자마자 팔러 가는 소년들도 있었다. 종로나 명동 같은 번화가에는 주간한국 발행 날짜에 맞춰 주간한국 가판대가 일제히 들어서 시민들은 그것으로 주말 분위기를 느낄 정도였다." 한국일보 40년사편찬위원회, 앞의 책, 237쪽.
"『주간한국』의 역사는 우리나라 산업화의 역사인 동시에 현대화의 역사다. 현대사회의 풍속사요 풍물사다. 산업화와 함께 다양해져 가는 사회의 단면들을 당시의 지면 좁은 일간지들은 충분이 커버하지 못하고 있었다. 『주간한국』의 탄생은 그 사각(四角)을 조준한 것이었다. 그 공지(空地)가 주간한국의 영토였다." 김성우, 앞의 책, 172쪽.

에 주말 개념과 주말의 시간이 온전하게 향유되지 못하고 만다. 그 결과 주말의 시간은 주간지 구독의 시간이 전유하고 휴식과 재충전의 창조적 시간은 주간지에 소개되는 라디오와 TV 프로그램에 빼앗긴다.

주간지의 구매와 소비가 '읽는 것 자체의 재미'와 '도시인의 화제제공'에 기여했음에도 불구하고 생각을 요하지 않는 행위라는 점에서 소비주의에 철저히 봉사했듯이, 주간 단위의 생활 패턴 역시 '전도된 주말 이념'을 야기하는 것이다. 이제 도시인들의 라이프스타일은 주말이 시시작되는 토요일을 축으로 하여 마무리되고 시작된다. 이 과정에서 거대한 변화가 일어난다. 하루, 혹은 한달 단위의 생활 패턴이 일주일 단위의 새로운 체제로 생활의 시간틀이 획정되는 가운데, 삶의 모든 국면이 철저하게 산업화 과정의 노동과 소비에 맞추어진다. 개발 독재의 국민 개조와 산업화 시간 계획표의 전국적인 이행은 주간지의 발간과 그 안에 제시된 일주일 일정표에 영향을 받은 라이프스타일의 보편화로 가시적인 것이 됐다. 그런 점에서 『주간한국』의 창간에 이어 갈수록 늘어난 발행부수[36]는 한국 사회의 변화를 이끌어내는데 일정하게 기여했다고 할 수 있다. 이는 산업화의 프로그램에 따라 진행된 개발 독재 정권의 대중문화전략과 그 실질적 임무를 한 주간지가 얼마나 충실하게 수행했는가를 말해주는 증표로 설명할 수도 있을 것이다.

36) 김성우에 따르면, 『주간한국』은 창간호 5만부를 시작으로 1968년을 넘어서부터는 최대 43먼 5천부까지 늘어나는 비약적인 성공을 거두었다고 한다. 물론 이러한 수치를 전부 믿을 수는 없는 노릇이다. 하지만 주간지의 발전이 얼마나 비약적으로 이루어졌는지를 확인할 수는 있으며, 또한 주간 단위의 생활 패턴이 점차 자리잡아 가는데 일정한 역할을 했다는 점을 부인할 수는 없을 것이다. 김성우. 앞의 책. 173쪽. 『주간한국』. 1968. 7. 28. 2면 「週刊 한국 愛讀者 大編輯會議」 참조.

5. 맺음말

1960년대 주간지는 노동과 휴식의 조화를 주려했으나 결과적으로는 대중들을 '산업화의 역군'으로 호명하고 그들에게 소비적인 오락거리를 제공했으며 반성 시간의 집단적 착취를 감행했다고 평가할 수 있다. 「창간사」에 명기했다시피, "재미와 品位, 公正과 性格을 균형"잡겠다는 의지는 실종된 지 오래된 셈이다. '合理的 知性과 民主主義的 感覺의 高揚'을 실천하겠다는 다짐 역시 무색하다. 염무웅은 자본과 권력에 기생하여 정치적 사회적 지평으로부터 무력한 개인으로 전락한 지식인의 모습이 언론을 기반으로 도피처를 찾고 그런 부류의 동류 지식인들을 모이게 하는 장으로서의 『주간한국』을 지적한다.[37] 그리고 염무웅은 특히 '선정주의'를 지목하여 비판하기를 잊지 않는다.

그러나 물론 「센세이셔널리즘」을 독자의 요구라는 이름으로 받아들이는 것은 무능한 大衆作家와 編輯者의 상투적인 自己欺瞞에 불과하다.…… 그러나 근대사회의 知識人이란 모든 정신적 優越感에도 불구하고 돈과 권력의 小道具로 전락할 운명에 놓여있다. 「週刊한국」의 제작자들이 조성하는 「센세이셔널리즘」 역시 여기에서 그 기능을 찾을 수 있다.[38]

'선정주의'가 연출하는 지식인의 자기기만은 '모든 진지한 대결정신의 참담한 붕괴'를 드러내는 것이다. 오락적 소비주의에 몸을 맡긴 독자 대중과의 영합은 안일함에 안주하는 것이다. 창간 3주년에즈음하여 의뢰한 글에 응하면서 염무웅은 '쇼맨' 역할을 하는 자신의 행위를 인정하면서 부정적

37) 염무웅, 앞의 글, 2~3면. 물론 타당한 지적이나 지식인들의 매판적 성격만이 아니라, 독재 정권의 거대한 국가주도적 개발주의의 영향력이라는 문학장에 대한 장악과 전략을 등한시한 측면은 이후에 변신하게 되는 민족문학론자로서도 부족한 부분이 아닐까 한다.

38) 염무웅, 앞의 글, 3면

비판조차 싣는 '선정주의'의 전유능력, 즉 자신감 과시에 대해 언급한다. 선정주의야말로 판매 부수를 늘리고 대중적 영향력을 확대하여 자신의 지위를 공고히 하는 데 최고의 방법이라는 것이다. 그밖에도 모회사 한국일보사의 후언과 지지로 명성을 쌓은 김승옥 자신이 나서서 주간지를 비판하기도 하지만, 비판을 전유하기에 충분한 한국일보사로서는 전혀 그것이 문제가 되지 않았다. 오히려 주간지 스스로가 매체비평을 싣고 있다는 자기비판력의 증거로서 손색이 없는 바이기도 했다.

4·19혁명을 무화시키며 등장한 쿠데타 세력에게 국민 장악을 위한 효과적인 방도로 떠오른 것이 미디어 지배 전략이었다. 언론 정화의 시책을 발표하고 우후죽순격으로 활동하고 있는 군소언론사를 통폐합한 박정희 정권이 자신의 각료로 끌어들인 장기영에게 대중의 의식과 생활 전반을 산업화의 프로그램에 의거하여 효율적으로 교도(教導)·통합하려는 목적으로 창간을 허용해준 주간지가 『주간한국』이었다. 경제개발 5개년 계획을 추진하면서 국민들을 '산업화의 역군'으로 그리고 앞서가는 북한을 능가하여 대북 억지력을 최대한 끌어올리기 위한 '반공전사'로 만들기 위해서는 거대한 환상이 필요했다. '자랑할 것 없는 나라……대한민국', 그러나 언젠가는 전후의 폐허와 60년대의 정치적 열등감을 딛고 일어설 전국민적 이상이 요구되었던 것이다. 경제입국, 근대화 프로젝트 달성, 이러한 압축 근대화를 성공적으로 마무리하기 위해서는 바로 변화하는 세상사를 만화경과 같은 스펙타클을 통해 보어줄 필요가 있었다. 전근대와 근대의 충돌 양상을 희화화하여 가치의 우열 비교보다는 '전시가치'에 집중하여 가치등가화하는 편집방법, 성공신화의 이데올로기를 반복적으로 부추기는가 하면, 지친 노동의 위안거리라는 명목의 엄숙주의의 형태로 터부시/장려하는 '성담론'의 활성화 등으로 타블로이드판 32쪽의 지면을 채우는 것이다.

홍미위주와 일회적 간편함으로 어필하는 지면인 까닭에 대중들은 부담없이 주간지의 내용들을 소비하고 주간지를 일회용 소비재로 구입하는 관행을 습성화하기에 이르렀다. 광범위한 독자 대중에게 어필되고 공통 화제를 제공해주며, 한 주간을 마무리하는 책임을 맡은 주간지로서『주간한국』의 편집자들이 맡은 역할은 독서물의 새로운 양식과 감각의 계발이었다. 부담을 주지 않되 재미있을 것, 흥미롭되 가벼운 내용일 것, 어렵지 않고 널리 쉽게 읽힐 것, 민감한 사안은 피하되 원초적 관심을 끄는 내용일 것 등을 취재와 기사 작성, 기사 선정의 기준으로 삼는다. 이렇듯, 독자들은 주간지가 마련한 주말 개념을 익히고 주간지에서 제공하는 라디오 프로그램, 연예계 기사, 유행가 리뷰, 스포츠 기사 등으로 한 주일의 휴식을 마무리하는 것이다. 말하자면 산업화 시대의 시대 요구에 충실한 '산업전사'로서 그리고 정치적 사회적 사안에 관심을 두지 않고 가벼운 흥밋거리만을 찾는 주간지 '소비자'로서 자신의 역할을 다했다.

『주간한국』은 산업화 시대가 낳은 기획신문이었다. 국가권력은 주간지의 창간을 허용해주었고 국민들은 주간지의 판매부수를 기하급수적으로 늘려주는데 동참했다. 그렇기 때문에 급격한 산업화 시대를 맞는 국민들이 어떤 혼란과 변화를 겪는지, 또한 국민총동원령을 통해서 국민을 통치하는 국가 권력은 대중문화를 어떻게 활용하는지를 엿볼 수 있는 자료이기도 하다. 물론 전자에 대해서는 다른 자리에서 본격적으로 살펴봐야겠지만 후자를 통하여 독자들이 어떻게 대중문화 소비재로서의 주간지에 접근했는지는 이로써 논의에 가름한다.

전 상 기

성균관대학교 국어국문학과를 졸업하고, 같은 대학교에서 국문학 석사학위를, 현대문학 박사학위를 받았다. 현재 성균관대학교 국어국문학과 겸임교수로 재직하고 있다. 주요 관심 분야는 신문매체가 문학과 어떤 관련을 맺고 해당 시기의 문화형성에 이바지했는가, 1960, 70년대 문학의 동력과 한계는 무엇인가에 관심을 기울이고 있다. 주요논문으로는 「1960. 70년대 한국문학비평연구」. 「근대지식인으로서의 사회주의의 퇴조와 "중앙"의 자리」 등이 있다.
E-mail: jdaseul@daum.net

1960년대 문학과 문화의 정치

2015년 2월 6일 초판1쇄 인쇄
2015년 2월 13일 초판1쇄 발행

지은이 계명대학교 한국학연구원 편
펴낸이 신 일 희
펴낸곳 계명대학교 출판부
(704-701) 대구광역시 달서구 달구벌대로 1095
TEL: (053)580-6233
FAX: (053)580-6235
홈페이지: www.kmupress.com
출판등록: 제347-1998-1호(1970. 9. 1.)

ISBN 978-89-7585-694-5 93810
정가 30,000원
*잘못된 책은 교환하여 드립니다.

이 도서의 국립중앙도서관 출판시도서목록(CIP)은 서지정보유통지원시스템 홈페이지(http://seoji.nl.go.kr)와 국가자료공동목록시스템(http://www.nl.go.kr/kolisnet)에서 이용하실 수 있습니다.(CIP제어번호: CIP2015003963)